岳麓書社

读名著　选岳麓

古文观止 下

阙勋吾 张孝美 许凌云 曹日升 喻岳衡 导读 注译

陈蒲清 校订

岳麓書社·长沙

目 录 下册

卷之七　六朝唐文

陈情表

李密[1]

导读　本文为李密写给晋武帝的奏章，主旨是为了奉养祖母而请求让他不出去做官。文中叙述了自己幼年的不幸遭遇，家中的孤苦情况和祖母对自己的辛勤抚养，详尽委曲地说明了自己屡次辞谢晋朝征召的原因，既表达了对晋朝皇帝的感激之情，又申述了终养祖母以尽孝道的决心。文章处处有根据，句句是实情，没有空洞之言，没有浮泛之语，合情合理，感人至深。据说晋武帝看了也受感动，不仅同意他的请求，而且赐给他奴婢二人，叫郡县供给他赡养祖母的费用。该文被认定为中国文学史上抒情文的代表作之一，有"读诸葛孔明《出师表》而不堕泪者，其人必不忠；读李令伯《陈情表》而不堕泪者，其人必不孝"的说法。

原文

臣密言[2]：臣以险衅[3]，夙遭闵凶[4]。生孩六月，慈父见背[5]；行年四岁，舅夺母志[6]。祖母刘，愍[7]臣孤弱，躬亲[8]抚养。臣少多疾病，九岁不行[9]，零丁[10]孤苦，至于成立[11]。既无叔伯，终鲜[12]兄弟。

译文

下臣李密说：我因为命运险恶，罪孽深重，年幼时就遭到忧患和不幸。生下来才六个月，慈爱的父亲就去世了；刚刚长到四岁，舅舅就逼迫母亲改嫁。祖母刘氏可怜我孤单体弱，亲自来抚养我。我幼年时疾病多，九岁还不能走路，孤单困苦地生活，一直到长大成人。既没有伯伯叔叔，又没有哥哥弟弟。门庭门衰祚薄¹³,晚有儿息¹⁴。 ‖ 衰败,福气微薄,年纪很大才有儿子。

注释 1 李密(224-287):字令伯,晋犍为武阳县人。以孝养祖母,闻名当时。他曾在三国时的蜀国做过尚书郎,晋灭蜀后,晋武帝司马炎又几次召他去做官,他都因祖母年高不去就职。祖母死后,才出来任太子洗马。 2 臣密言:这是臣民向皇帝上表的开头语。 3 险衅(xìn):灾难与祸患,指命运不好。 4 夙(sù):早,指年幼时。 闵(mǐn):忧虑。 5 见背:相弃、背弃(指死亡)。 6 夺:强行改变。 母志:母亲守节抚孤的志愿。 7 愍(mǐn):怜悯。 8 躬亲:亲自。 9 不行:不能行走。 10 零丁:孤独无依的样子。 11 成立:成人自立。 12 鲜(xiǎn):少;尽。 13 祚(zuò):福气。 薄:少。 14 儿息:儿女。息,子女。

外无期功强近之亲¹,内无应门五尺之童。茕茕孑立,形影相吊²。而刘夙婴³疾病,常在床蓐⁴。臣侍汤药,未尝废离⁵。 ‖ 外面没有关系比较近的亲戚,家里没有看管门户的僮仆。孤孤单单一个人,只有自己的身子和影子互相安慰。而祖母刘氏,早就疾病缠身,经常躺在床上。我侍奉汤药,从来没有停止、离开过。

注释 1 期(jī)功:古代丧礼,凡为祖父母、伯叔父母、兄弟姐妹、妻子服丧一年,叫"期服";凡为堂伯叔、堂兄弟等服丧九个月或五个月,叫"功服"。因此这里以"期功"代指伯叔兄弟姐妹以及堂伯叔、堂兄弟姐妹等比较近的亲属。 强(qiǎng)近:比较近。 2 吊:安慰。 3 婴:缠绕。 4 蓐(rù):同"褥",被褥。 5 废:废止。离:离开。

逮奉圣朝¹,沐浴²清化。前太守臣逵,察臣孝 ‖ 等到侍奉圣明的当朝,受着清明政治教化的熏陶。前有太守逵推荐我廉;³后刺史臣荣,举臣秀才。臣以供养无主⁴,辞不赴命。

为"孝廉";后有刺史荣推荐我为"秀才"。我都因为无人供养祖母,辞谢没去就职。

【注释】 1 逮(dài):到。 圣朝:圣明的朝代,这是对晋朝恭维的说法。 2 沐浴:本指洗脸洗澡,这里比喻受到熏陶。 3 察:考察和推荐。 孝廉:和下面讲的"秀才"都是当时选拔官吏的科目。 4 无主:无人主持供养的事。

诏书¹特下,拜臣郎中²;寻蒙国恩³,除臣洗马⁴。猥⁵以微贱,当侍东宫⁶,非臣陨⁷首所能上报。臣具以表闻⁸,辞不就职。

您的诏书特地下来,授予我"郎中"的官职;不久又蒙受国恩,授给我"洗马"的职务。我这样微贱的人去侍奉太子,这不是我肝脑涂地所能报答的。我曾写了表章,一一上奏,辞谢不去就职。

【注释】 1 诏书:皇帝的命令。 2 拜:授予。 郎中:官名,在晋代是各曹司的长官。 3 寻:不久。 蒙:蒙受,得到。 4 除:授给(官职)。 洗马:太子的侍从官。 5 猥(wěi):鄙。自称之辞。 6 东宫:太子所居的地方,借指太子。 7 陨(yǔn):掉下。 8 具:全,都。 闻:报告。

诏书切峻,责臣逋慢;¹郡县逼迫,催臣上道²;州司临门³,急于星火。臣欲奉诏奔驰,则以刘病日笃⁴;欲苟顺私

现在诏书下来,急切严峻,责备我有意拖延,态度傲慢;郡县里的长官逼迫我动身;州官也上门来催,比星火还急。我本想遵奉诏书赶快上任,但是祖母刘氏的病一天比一天厉害;想暂且顺从个

情,则告诉⁵不许。臣之
进退,实为狼狈。⁶

人的私情,报告诉说又得不到准许。我的处境,实在狼狈不堪啊!

[注释] 1 切峻:急切而严厉。 逋(bū):逃避。 慢:轻慢。 2 上道:上路,动身。 3 临门:来到家里。 4 笃(dǔ):深厚。这里病笃指病重。 5 告诉:报告诉说。指陈诉苦衷。 6 进退:处境。 狼狈:困难窘迫。

伏惟¹圣朝以孝治天下,凡在故老²,犹蒙矜³育,况臣孤苦,特为尤甚。且臣少事伪朝⁴,历职郎署⁵,本图宦⁶达,不矜⁷名节。

我想圣明的当朝是以孝治天下的,凡属年老的人,还蒙受悯恤养育,何况我的孤单苦楚更为厉害呢!况且,我年轻时在伪朝蜀国做过官,担任过尚书郎的职务,本来就希望仕途显达,并不重视名誉和节操。

[注释] 1 伏惟:敬语,表示恭敬恐惧的态度。 2 故老:本指年老多阅历的人,或年高有德的人。这里是指年老的人。 3 矜:通“怜”,怜悯。 4 伪朝:指三国的蜀汉。 5 郎署:郎官的衙署。 6 宦(huàn):做官。 7 矜(jīn):夸耀。

今臣亡国贱俘¹,至微至陋,过蒙拔擢²,宠命优渥,岂敢盘桓,有所希冀?³但以刘日薄⁴西山,气息奄奄⁵,人命危浅⁶,朝不虑夕。

今天我是一个亡了国的卑贱俘虏,十分渺小,十分鄙陋,过分地蒙受提拔,恩宠如此优厚,怎么还敢徘徊不前,另有非分的期望呢?只是因为祖母刘氏好像太阳迫近了西山,呼吸微弱,生命已经很危险短暂,早晨难以预料晚上。

臣无祖母,无以至今日;祖母无臣,无以终余年[1]。母孙二人,更相为命[2],是以区区不能废远[3]。臣密今年[4]四十有四,祖母刘今年九十有六。是臣尽节[5]于陛下之日长,报刘之日短也。乌鸟[6]私情,愿乞终养。

我没有祖母,就无法活到今天;祖母没有我,也无法过完她剩下的岁月。祖母和孙儿两个,互相依靠维持生命,因此我内心确实不忍废弃供养而远离祖母。我李密现在的年纪是四十四岁,祖母刘氏现在的年纪是九十六岁。因此我为陛下效劳的日子还长,而报答刘氏的日子却是很有限了。乌鸦还有反哺其亲的私情,我恳求准许我把祖母奉养到去世。

臣之辛苦[1],非独蜀之人士及二州牧伯[2]所见明知,皇天后土[3],实所共鉴[4]。

愿陛下矜愍[5]愚诚,听臣微志。庶[6]刘侥幸,

我的辛酸苦楚,不单是蜀地的人士和两个州牧看见知道,天地神明也确确实实都看得清楚。

希望陛下同情和怜悯我的诚心,满足我微小的愿望。或许我的祖母刘氏能够侥幸地享尽余下来的天年。这样,

卒保余年。臣生当陨
首,死当结草[7]。臣不胜
犬马怖惧之情,谨拜表
以闻。

我生在世上当拼命效力,死在地下当结草报恩。我有说不尽的像犬马一样恐惧的心情,恭恭敬敬地呈上这份奏章向您报告。

[注释] 1 辛苦:辛酸苦楚。 2 牧伯:古代称一州的长官为牧,又称方伯。 3 皇天后土:指天和地。 4 鉴:详细了解。 5 矜悯:同情。 6 庶:副词,表示希望或可能。 7 结草:春秋时,魏武子病,嘱咐儿子魏颗说,自己死后要把最心爱的妾嫁出去,病危时又说要把她殉葬。武子死后,魏颗没有把父妾殉葬,而是遵照他父亲神志清醒时的嘱咐把她嫁了出去。后来魏颗和秦将杜回作战,见一老人用草绳绊倒杜回,因而捉住了杜回。夜晚魏颗梦见那老人自称是魏武子妾的父亲,结草绊倒杜回是为报答不叫他女儿殉葬的恩德。

兰亭集序

王羲之[1]

[导读] 晋穆帝永和九年(353),时任会稽内史的王羲之与友人谢安、孙绰等四十余人在兰亭举行了一次著名的诗酒集会,与会者临流赋诗,各抒怀抱。王羲之将这些诗赋辑成一集,并作序一篇。这篇序文就是《兰亭集序》。

本文通篇着眼死生二字,在一定程度上批判了当时盛行的"一死生""齐彭殇"的老庄哲学观点,于悲伤感慨中透露出对生活的热爱。

原文

永和九年[2]，岁在癸丑[3]，暮春之初[4]，会于会稽山阴之兰亭[5]，修禊[6]事也。

译文

永和九年，正值癸丑，晚春三月初，友人们在会稽山阴县的兰亭聚会，到水边嬉游，除去不祥。

注释 1 王羲之(321—379)：字逸少，东晋著名的书法家，后代称为"书圣"。 2 永和九年：公元353年。永和，晋穆帝年号。 3 岁在癸丑：这年按干支纪年属于癸丑年。 4 暮春之初：具体指三月上巳(sì)日。 5 会(kuài)稽：郡名，郡治设在山阴(今浙江绍兴)。 兰亭：在今绍兴西南二十七里的兰渚山麓。 6 修禊(xì)：古代习俗，在三月上巳(魏以后始固定为三月三日)，到水边嬉游，以消除不祥，叫修禊。

群贤毕至，少长咸集。此地有崇山峻岭，茂林修竹，又有清流激湍[1]，映带[2]左右，引以为流觞[3]曲水。列坐其次[4]，虽无丝竹管弦之盛，一觞一咏[5]，亦足以畅叙幽情[6]。

众多的贤士都到了，老老少少都聚集在一起。这地方有高山大岭，茂盛的树木，修长的竹子，还有清水急流，交相辉映，环绕兰亭两侧，我们用溪流作为漂酒杯用的曲水。大家在曲水旁边排列就座，虽然没有琴瑟箫笛演奏的繁盛场面，但饮酒几杯，赋诗几首，也足以欢畅地表述幽雅的情意。

注释 1 激湍(tuān)：流势急猛。 2 映带：景物互相衬托，彼此相连。 3 流觞(shāng)：把漆制酒杯盛酒放在曲水上，循流而下，杯子停在某人面前，某人就取杯饮酒，称为流觞。 4 列坐其次：在曲水边依次就座。次，处所，地方。 5 一觞一咏：指饮酒和咏诗。 6 幽情：深远的感情。

是日也，天朗气清，惠风和畅，仰观宇宙之大，俯察品类[1]之盛，所以游目骋怀[2]，足以极视听之娱，信可乐也。

这天天气晴朗，和风舒适，抬头纵观天地的广阔，低头审察万物的繁多，借以放开眼界，舒畅胸怀，能尽情地享受眼观和耳听的乐趣，真是高兴啊！

注释 1 品类：指天地万物。 2 游目：放眼观看，即随意观望。骋(chěng)怀：开畅胸怀。骋，奔驰，放任。

夫人之相与[1]，俯仰[2]一世。或取诸怀抱[3]，晤言[4]一室之内；或因寄所托，放浪形骸之外。虽取舍万殊，静躁[5]不同，当其欣于所遇，暂得于己，快然自足，曾不知老之将至。

人们聚居在天地间，互相往来，度过一生。有的倾吐胸中抱负，在室内对面畅谈；有的把思想感情寄托在爱好的事情上，不受约束，放纵游乐。虽然人们爱好或厌弃的千差万别，安静或急躁各不相同，但当他们对于所接触的事情感到高兴，自己所需要的暂时得到了，欢快地感到满足的时候，竟然忘记了衰老即将到来。

注释 1 相与：互相生活在一起。 2 俯仰：低头和抬头。这里有交往的意思。 3 怀抱：思想、抱负。 4 晤(wù)言：对面谈话。 5 静躁：指性情的安静和急躁。静，指"晤言一室之内"；躁，指"放浪形骸之外"。

及其所之既倦[1]，情随事迁，感慨系之矣。向之所欣，俯仰之间[2]，已为陈迹，犹不

等到对于向往的东西已经厌倦，情绪随着事物和环境的变迁而改变，接着就产生感慨了。原先高兴的，转眼之间成为过往的遗迹，还不能不因为它而激

能不以之兴怀³。况修短随化⁴，终期于尽。古人云："死生亦大矣。"⁵岂不痛哉！

起心中的感触。又何况人生的长短，完全听凭造化安排，终归要走到尽头。古人说："生死也是人生大事啊。"难道不令人悲痛吗？

注释　1 所之既倦：对于追求的东西已经厌倦。　2 俯仰之间：低头抬头之间，形容时间极短。　3 以之兴怀：因它而心中引起感触。　4 化：造化。　5 死生亦大矣：语出《庄子·德充符》。

每览昔人兴感之由，若合一契¹。未尝不临文嗟悼，不能喻之于怀²。固知一死生为虚诞，齐彭殇为妄作。³后之视今，亦犹今之视昔。悲夫！故列叙时人，录其所述。虽世殊事异，所以兴怀，其致⁴一也。后之览者，亦将有感于斯文。

我每次观察古人发生感慨的原因，往往像符契一样相合。面对古人那些文章我总是感叹悲伤，我自己心里也不明白是什么原因。本来知道把死和生看成一样是虚妄荒诞的，把长寿和短命等同起来是胡说八道。后代的人看现在，如同我们看过去。真是可悲啊！所以逐一记下此时参加兰亭集会的人，抄录他们所作的诗赋。即使将来与现在时代不同，世事有别，但是人们产生感慨的情致则是一样的。后世的读者，也将对这些诗文有所感慨。

注释　1 契：古代一种合同文书，左右二份，中间切断，双方各执其一，作为凭信。后人常以契比喻极相符合。　2 喻之于怀：从心里理解明白它。　3 一、齐：均作动词，是看成一样、视为等同的意思。　彭：指彭祖，传说他活了八百岁。　殇(shāng)：未成年而死。　4 致：情致。

归去来辞

陶渊明[1]

导读 本文是晋宋之际文学家陶渊明创作的抒情小赋,也是一篇脱离仕途回归田园的宣言。文章叙述了他弃官归田时一路上的心情,回家后的生活情趣和感受,表达了作者不愿违心混迹官场,热爱田园隐逸生活的情操。作者通过描写具体的景物和活动,创造出一种闲适宁静、乐天自在的意境,从中表达和寄托了他的生活理想。

原文

归去来[2]兮,田园将芜,胡不归!既自以心为形役[3],奚惆怅而独悲!悟已往之不谏[4],知来者之可追。实迷途其未远,觉今是而昨非。

译文

回去吧,田园快要荒芜了,为什么不回去!既然自己使心灵受形体的奴役,为什么还失意而独自伤悲!明白过去的事已不能改正,知道将来的事还可以挽回。实在是走入迷途还不远,觉悟到今天辞官的正确和过去的不对。

注释 1 陶渊明(365—427):一名潜,字元亮,浔阳柴桑(今江西九江西南)人,做过江州祭酒、镇军参军、彭泽令等小官。他生当晋、宋易代之际,政治腐败,门阀制度森严,他对此极为不满,四十一岁时即弃官归隐田园,躬耕终生。死后,友人私谥为"靖节",世称靖节先生。 2 归去来:归去之意。来,语气词。 3 心为形役:心灵受形体的奴役。指违背自己的心愿去做官。形,形体。 4 谏:劝止。这里是挽回的意思。

舟摇摇以轻扬[1]，风飘飘而吹衣。问征夫以前路，恨晨光之熹微[2]。乃瞻衡宇[3]，载[4]欣载奔。僮仆欢迎，稚子候门。三径[5]就荒，松菊犹存。携幼入室，有酒盈樽。

小船荡漾着轻快地前进，清风飘飘地吹拂着衣襟。向行人探问前面的道路，恨清晨天色还只是微明。远远地望见了自己的简陋屋宇，高兴得直向前奔。仆人们欢欢喜喜出来迎接，孩子们等候在屋门。院子里的小路已快要荒芜，松树和菊花却还保存。携着孩子走进屋里，有酒满满的一樽。

注释 1 轻扬：形容船在水面上很轻快地前进。 2 熹(xī)微：天色微明。 3 衡宇：横木为门的简陋房屋。衡，横。 4 载：又，且。语气词。 5 三径：庭院里的小路。西汉末年，王莽篡夺政权，蒋诩免官回家，在院子里的竹林下开了三条小路，只同几个高雅的人往来。

引壶觞以自酌，眄庭柯以怡颜[1]。倚南窗以寄傲，审容膝[2]之易安。园日涉以成趣，门虽设而常关。策扶老以流憩[3]，时矫首而遐观[4]。云无心以出岫[5]，鸟倦飞而知还。景翳翳以将入[6]，抚孤松而盘桓[7]。

拿起酒壶酒杯自斟自饮，斜望着庭中树木而脸色欢欣。靠着南窗寄托傲然自得的心境，深知住在仅能容膝的小屋容易安身。园子里每天走一走很有趣味，屋子虽然有门却常常关紧。挂着拐杖悠闲地散步，不时抬头自由地望远。云气自然地从山峰冒起，鸟飞累了也知道回还。日色昏暗太阳快要落山了，我抚摩着孤松徘徊流连。

注释 1 眄(miǎn)：斜视。这里指随意浏览。 柯：树枝。 2 容膝：形容屋子狭小，仅能容纳两膝。 3 策：拄着。 扶老：拐杖。 流憩：

随时随地休息。 4 矫首:举首,抬头。 退观:远望。 5 岫(xiù):山穴。
6 景:日光。 翳翳(yìyì):昏暗的样子。 7 盘桓:徘徊,流连。

归去来兮,请息交以绝游。世与我而相遗[1],复驾言兮焉求[2]!悦亲戚之情话,乐琴书以消忧。农人告余以春及,将有事于西畴[3]。或命巾车[4],或棹[5]孤舟。既窈窕[6]以寻壑,亦崎岖而经丘。木欣欣以向荣,泉涓涓而始流。羡万物之得时,感吾生之行休。

回去吧,请让我同外人断绝交游。这世道同我的意愿不合,我还驾着车出去追求什么!亲戚们谈的知心话使我高兴,又从弹琴读书中寻求快乐来解除忧愁。农夫们告诉我春天来了,该去耕种西边的田亩。有时坐着有帷幕的小车,有时独自划了一叶小舟。既弯弯曲曲地去访寻山谷,又高高下下地走过山丘。树木生机勃勃地发荣滋长,泉水从源头细细地往下流淌。羡慕那万物正得其时,感叹自己的生命行将走到尽头。

[注释] 1 相遗:相弃。形容自己不合世俗。 2 驾:驾车。 言:语助词。
3 畴:田地。 4 巾车:有帷幕的车子。 5 棹(zhào):船桨。这里用作动词,划船。 6 窈窕(yǎotiǎo):山水幽深曲折的样子。

已矣乎!寓形宇内复几时,曷不委心任去留? 胡为遑遑欲何之?富贵非吾愿,帝乡[1]不可期。怀良辰以孤往,或植杖而耘耔[2]。登东皋以舒啸[3],临清流而赋

算了吧!形体寄托在天地间还能有几时,何不随着自己的心愿任情行动?为什么这样急急忙忙,还想到哪里去?富贵不是我的愿望,仙境也没有希望追寻。爱惜这美好的时光独自出去游玩,或者把手杖插在田中操劳农事。爬上东边的山岗放声长啸,走到清澈的溪边吟诗。姑且遵

诗。聊乘化以归尽,乐
夫天命复奚疑!

循着万物的自然变化走到生命的尽头,乐
于顺从天命还有什么怀疑!

注释 1 帝乡:天帝所住的地方,即仙境。 2 植杖:把拐杖竖在一边。
耘:除草。 籽:培苗。 3 皋(gāo):水边高地;山岗。 舒啸:舒气长啸。

桃花源记
陶渊明

导读 本文借武陵渔人行踪这一线索,把现实和理想境界联系起来,
描绘了作者向往的世外桃源,也表达了对当时社会黑暗现实的不满和否
定。文章以白描的手法生动地描述了桃花源的美丽图景,曲折新奇,首
尾完整,层次明晰,语言精妙。

原文

　　晋太原[1]中,武陵[2]人捕鱼为业。缘[3]溪行,忘路之远近。忽逢桃花林,夹岸数百步,中无杂树,芳草鲜美,落英缤纷[4]。渔人甚异之。复前行,欲穷其林。林尽水源,便得一山。山有小口,仿佛若有光。便舍船,从口入。

译文

　　晋朝太元年间,有个武陵人靠捕鱼为生。一次,他沿溪划船而上,忘记了路程远近。忽然碰上一片桃花林,夹着山溪两岸,绵延几百步,当中没有一棵杂树,芳香的青草鲜嫩美丽,初开的花朵盛密繁多。渔人很惊异。他再向前划去,想走尽那片桃林。桃林尽处,正是溪水的源头,于是看到一座山崖。那山崖下面有个小洞,隐隐约约像有亮光。渔人离船上岸,从洞口摸进去。

[注释] 1 太原:应作"太元"。东晋孝武帝司马曜(yào)的年号(376—396)。 2 武陵:郡名,治所在今湖南常德。 3 缘:沿。 4 落英:初开的花。一说为落花。 缤纷:繁多的样子。

初极狭,才通人[1]。复行数十步,豁然开朗。土地平旷,屋舍俨然[2],有良田、美池、桑竹之属[3]。阡陌[4]交通,鸡犬相闻。其中往来种作,男女衣着,悉如外人。黄发垂髫[5],并怡然自乐。

洞口起初极狭窄,仅能容一人行走。走了几十步,豁然开朗。只见那地面平坦宽广,房屋整齐分明,有肥沃的田地,幽美的池塘,桑树、竹林之类。田间小路交错相通,鸡鸣狗叫此起彼伏。里面人们来来往往,耕种操作,男女穿着,完全和外边的人一样。老人和小孩个个无忧无虑,欢乐愉快。

[注释] 1 才通人:仅能容一人行走。 2 俨然:整齐的样子。 3 属:类。 4 阡陌:田间小路。 5 黄发:指老人。据说年老了头发白后转黄。垂髫(tiáo):指小孩。小孩头上下垂的短发叫髫。

见渔人,乃大惊,问所从来,具答之。便要[1]还家,设酒杀鸡作食。村中闻有此人,咸来问讯。自云先世[2]避秦时乱,率妻子邑人[3],来此绝境,不复出焉,遂与外人间隔[4]。问今是何世,乃不知有汉,无论

他们看到渔人,觉得十分惊讶,问他从哪里来的,渔人一一作了回答。就有人邀请渔人到家里去,摆酒、杀鸡、做饭招待他。村子里的人听说来了这么个客人,都赶来探问消息。他们自己说祖先躲避秦时祸乱,率领妻子儿女和乡邻们来到这块与世隔绝的地方,没有再出去,和外边的人断了来往。他们问渔人现今是什么朝代,他们这些人竟然不知道有个汉代,更

魏晋。此人一一为具言所闻,皆叹惋。余人各复延至其家,皆出酒食。停数日,辞去。此中人语云:"不足为外人道也。"

不必说三国、晋朝了。渔人把听到的一桩一件地给他们说了,他们听到这些,都惊叹惋惜。其余的人又各自邀请渔人到自己家里去,拿出酒菜饭食招待他。渔人逗留了几天,才辞别离开。这里的人告诉他说:"用不着向外边的人讲起啊。"

【注释】 1 要(yāo):同"邀"。 2 先世:前代祖先。 3 邑人:同乡人。 4 间(jiàn)隔:隔离而不相往来。

既出,得其船,便扶[1]向路,处处志[2]之。及郡下[3],诣[4]太守,说如此。太守即遣人随其往,寻向所志,遂迷,不复得路。

南阳刘子骥[5],高尚士也,闻之,欣然亲往[6],未果,寻病终。后遂无问津[7]者。

渔人出了洞,找到了他的小船,就沿着原先的来路,一处处做上标志。到了武陵郡城,便去拜见太守,说了自己所经历的一切。太守马上派人跟着他去寻找先前做的标志,竟然迷失了方向,再也找不到原来的路径。

南阳有个刘子骥,是位清高的隐士,听到这消息,很高兴地亲自去寻找桃花源,没有找到,不久生病去世。从此以后,就不再有探寻桃花源的人了。

【注释】 1 扶:沿着。 2 志:用作动词,做标记。 3 郡下:指武陵城下。 4 诣(yì):往见。 5 南阳:郡名,治所在今河南南阳。 刘子骥:晋代隐士。 6 亲往:一本作"规往"。 7 问津:原意是问渡口,这里引申为访求、寻找的意思。

五柳先生传

陶渊明

导读 本文是陶渊明代表作之一,是自传体散文。文中表明了其三大志趣,一是读书,二是饮酒,三是写文章,塑造了一个真实的自我,表现了卓然不群的高尚品格,透露出强烈的人格个性之美。

原文

先生不知何许人也,亦不详其姓字。宅边有五柳树,因以为号焉。闲静少言,不慕荣利。好读书,不求甚解,每有会意,便欣然忘食。性嗜[1]酒,家贫不能常得。亲旧知其如此,或置酒而招之。造饮辄尽[2],期[3]在必醉;既醉而退,曾不吝情去留[4]。环堵[5]萧然,不蔽风日;短褐穿结[6],箪瓢屡空[7],晏如[8]也。常著文章自娱,颇示己志。忘怀得失,以此自终。

译文

先生不知道是什么地方人,也不知道他的姓名。他屋旁有五棵柳树,就用“五柳”作他的名号了。先生安闲文静,沉默寡言,不慕荣誉,也不追逐利禄。爱好读书,而不怎么讲究对于字句的理解,往往对书中意义有所体会,便高兴得忘记吃饭。他生来爱喝酒,但家中贫穷,不能经常弄到。亲朋旧友知道他这样,有的便备酒请他去喝。他一去就要喝个痛快,图个大醉;醉了就回家,一点也不留恋。住处只有四堵墙壁,空空荡荡,不能遮蔽阳光风雨;穿着粗布短衣,还有破洞打结的地方,缺吃少喝,篮子和瓢里往往什么也没有,先生却安然自在。他常常作文自乐,很能表达自己的志趣。他忘记了世俗得失,用这种超然世外的态度度过一生。

注释 1 嗜:爱好。 2 造:往、去。 辄:总是。 3 期:希望,要求。 4 去留:复词偏义,即去,离开。 5 环堵:房屋四壁。 6 褐:粗布短衣。穿:破。 结:打结、缝补。 7 箪(dān):用苇、竹编制的放置食物的器具。瓢:舀水的器具。此处是说饮食不足。 8 晏如:安然自在。

赞[1]曰:黔娄[2]有言,不戚戚[3]于贫贱,不汲汲[4]于富贵。其言兹若人之俦[5]乎?衔觞[6]赋诗,以乐其志,无怀氏之民欤?葛天氏之民欤?[7]

评赞说:黔娄说过,不因贫贱而忧伤,不为富贵而奔走。说的就是五柳先生这一类人物吧!他饮酒赋诗,使心灵得到娱乐,是像古朴淳厚的无怀氏时代的人呢,还是像葛天氏时代的人呢?

注释 1 赞:赞语。 2 黔娄:春秋时鲁国人,不求仕进,屡次拒绝诸侯的招聘。 3 戚戚:忧虑貌。 4 汲汲:力求貌。 5 俦:类。 6 衔觞:饮酒。觞,酒杯。 7 无怀氏、葛天氏:都是传说中的上古帝王。

北山移文

孔稚珪[1]

导读 移文,是一种与檄文相似的文体,多用于晓喻或责备。北山,又名钟山,即今南京紫金山。本文用拟人手法,假托钟山写移文,以讽刺贪图高官厚禄的假隐士。文章从表彰真隐士开始,树立榜样,接着点出假隐士周颙的名,把他隐居时和出仕后判若两人的行为作了鲜明对比,层层揭露其虚伪,描绘其丑恶。

原文

钟山之英[2]，草堂[3]之灵，驰烟驿路[4]，勒移山庭[5]。

译文

北山的精英，草堂的神灵，在驿道上腾云驾雾地驱驰，要把这篇移文刻在山前。

注释　1 孔稚珪(447—501)：字德璋，会稽山阴人。曾任太子詹事等职。好诗文，能饮酒，不乐世务，爱好山水自然。　2 钟山：即今南京紫金山。因在建康城北，又叫北山。　英：精灵。此处指山神。　3 草堂：周颙在钟山隐居的屋舍。　4 驰烟：驱使着烟雾。　驿(yì)路：即驿道，为传递公文而开辟的大道。　5 勒：刻。　庭：堂阶前，这里指山前。

夫以耿介拔俗之标[1]，潇洒出尘之想，度[2]白雪以方洁，干[3]青云而直上，吾方知之矣。若其亭亭物表[4]，皎皎霞外，芥[5]千金而不盼，屣万乘其如脱[6]；闻凤吹于洛浦[7]，值薪歌于延濑[8]，固亦有焉。

那真正的隐士具有正直的仪表，潇洒清高的志向，和白雪相比正好一样洁白，超出青云直上九霄，这种人我是很仰慕了解的。至于另一种人，他们独立在世俗之外，品格高洁得像云霞一般，把千金看成草芥，不屑一顾，抛弃万乘的高位，就好像脱掉一双草鞋；洛水旁可以听到他们吹奏像凤凰鸣叫一样的乐曲，延陵水边可以遇上他们唱着樵歌，这种人也是有的啊！

注释　1 耿介：正直不苟。　拔俗：与下句"出尘"都有"超脱出世"的意思。　标：风度。　2 度(duó)：度量。　3 干：犯，凌驾。　4 若其：至于。亭亭：高耸挺立的样子。　5 芥：小草，这里用作动词，是轻视的意思。"芥千金"，即把千金当作小草。　6 屣(xǐ)：草鞋，用法同"芥"。　万乘(shèng)：万辆兵车，借指皇帝之位。这句用尧让天下于舜的故事。

7"闻凤"句：意思说这种人耳听仙乐，与仙人同游。　8"值薪歌"句：意思说这种人与高士往来，不以富贵为念。　薪歌：打柴人唱的歌。　延濑(lài)：延陵水边。

岂期终始参差[1]，苍黄反覆[2]，泪翟子之悲，恸朱公之哭。[3]乍回迹以心染[4]，或先贞而后黩[5]，何其谬哉！呜呼！尚生[6]不存，仲氏[7]既往，山阿寂寥，千载谁赏！

哪里想到另有一种人，始终不一，变化莫测，无怪乎白丝可青可黄，使墨子为它流泪；岔路可南可北，叫杨朱为它恸哭。这些人虽然暂时隐居山林，却染上了世俗的毛病，开始洁身自好，后来却同流合污，是多么荒谬啊！唉！尚子平不在人世，仲长统已经死了，山林寂寞冷落，千年以来，谁人赏识？

注释　1 参差(cī)：长短不齐，这里指前后不一。　2 苍黄反覆：青色和黄色变化无常。　3 翟(dí)子：指墨翟。　朱公：指杨朱。　4 乍：暂时。　回迹：躲避形迹，指隐居。　染：指为世俗熏染。　5 贞：正直，洁白。　黩(dú)：污浊。　6 尚生：尚子平，东汉初年隐士。　7 仲氏：仲长统。

世有周子[1]，俊俗[2]之士，既文既博，亦玄[3]亦史。然而学遁东鲁[4]，习隐南郭[5]；窃吹草堂[6]，滥巾北岳[7]；诱我松桂，欺我云壑[8]。虽假容于江皋[9]，乃缨[10]情于好爵。

现在有个姓周的人，是俗人中的俊杰，能文博学，通晓老庄之道，也了解历史源流。于是他学着颜阖遁世避俗，仿效南郭子綦那样坐以忘身；在草堂冒充隐士，滥竽充数，在北山随便穿戴隐士的衣服头巾；诱惑我的松林桂树，欺骗我的彩霞沟壑。他虽然装模作样，身在隐居，内心却向往高官厚禄。

[注释] 1 周子:指周颙。 2 俊俗:高出一般人。 3 玄:即玄学,指魏晋时期的一种思潮,是以老、庄为主要研究对象的哲学派别。 4 东鲁:指鲁国的颜阖(hé)。 5 南郭:指南郭子綦(qí)。 6 窃吹草堂:这里借用南郭先生滥竽充数的典故,说明周子是伪装的隐士。 7 滥:失实。 巾:隐者的头巾。 北岳:即北山。 8 壑:山沟。 9 江皋(gāo):江边高地,这里泛指隐者所居。 10 缨:系。

其始至也¹,将欲排²巢父,拉³许由,傲百氏⁴,蔑王侯,风情张日⁵,霜气横秋⁶。

他刚到北山的时候,自命清高,要胜过巢父、许由,傲视诸子百家,蔑视将相王侯,那风度情致,遮天蔽日,气概凛烈,比秋霜还要威严。

[注释] 1 其始至也:周颙刚到北山的时候。 2 排:排斥,超过。 3 拉:结交,或作拉下。 4 傲百氏:傲视诸子百家。 5 风情:风度情致。张(zhàng):这里有"遮住"的意思。 6 霜气:严肃如霜的神气。 横:充满。

或叹幽人¹长往,或怨王孙不游²。谈空空³于释部,核玄玄⁴于道流。务光⁵何足比,涓子不能俦⁶。

他有时感叹隐者长去不归,有时埋怨贵族公子贪恋富贵不来隐居。他按照佛经,大讲空空的佛教义理;钻研《老子》《庄子》,寻究道家的微言大义。务光哪能和他相比,涓子更不能与他同列。

[注释] 1 幽人:隐士。 2 游:指游于山林之间,即避世。 3 空空:佛家语。佛教认为一切都空。 4 玄玄:道家语。道家用"玄之又玄"形容道的微妙。 5 务光:《列仙传》说,商汤得天下后,想把帝位让给务光,务光赶紧逃跑隐居。 6 涓子:古代高士。 俦(chóu):匹敌。

及其鸣驺[1]入谷，鹤书[2]赴陇，形驰魄散，志变神动。尔乃眉轩席次[3]，袂耸筵上[4]，焚芰制[5]而裂荷衣，抗尘容而走俗状[6]。风云凄其带愤，石泉咽而下怆[7]。望林峦而有失，顾草木而如丧。

等到那皇帝的使者驾着车马进入山谷，皇帝征召的诏书送到山中，他便受宠若惊，神情恍惚。于是就在征召的筵席上，眉飞袖举，手舞足蹈，烧掉芰裳，撕破荷衣，完全显出尘世的仪容，表现出世俗的举动。北山的风云因此哀痛愤恨，石上的流泉也呜咽悲伤。只见那树林山岗，花草树木都若有所失。

注释　1 鸣驺(zōu)：指征召周颙的使者所乘的车马。驺，即驺从(zòng)，古代达官贵人出行时前后侍从的骑卒。　2 鹤书：指征召的诏书。3 尔乃：这就。　轩：高扬。　4 袂(mèi)：衣袖。　耸：高举。　5 芰(jì)制：用菱叶做的衣裳。比喻隐者的服饰。　6 抗：高举，显现出。　尘容：世俗的仪容。　走：驰赴，实行。　俗状：世俗的状态。　7 怆(chuàng)：悲伤的样子。

至其纽金章[1]，绾墨绶[2]，跨属城之雄[3]，冠百里[4]之首，张英风于海甸[5]，驰妙誉于浙右[6]。道帙长摈[7]，法筵[8]久埋，敲扑喧嚣犯其虑[9]，牒诉倥偬装其怀[10]。

等到周颙挂上县令的铜印，系上黑色的绶带，他便占据一郡中最大的一县，成了各县县令中的头面人物，英豪气概充满了滨海地区，美好的官声传遍了浙江的东边。于是，道家的书久久抛弃不用，讲佛法的坐席也被尘土封埋，鞭打刑讯的喧嚣扰乱着他的心思，忙碌的公文诉讼装满了他的胸怀。

【注释】 1 纽:系。 金章:铜印。 2 绾(wǎn):系。 墨绶:挂印用的黑色丝带。 3 跨:超越,占据。 属城:指一个郡下面所属的各县。 雄:长。 4 百里:县。汉制,县大约纵横百里。 5 张:张大。 海甸:滨海地区,这里指海盐县。 6 妙誉:美好的声誉。 浙右:浙水东面。7 道帙(zhì):道家的书。帙,书套。 摈(bìn):抛弃。 8 法筵:讲法的坐席。 9 敲扑:鞭打。 虑:心思。 10 牒(dié)诉:文书及诉讼。倥偬(kǒngzǒng):繁忙。

琴歌既断,酒赋无续。[1]常绸缪于结课[2],每纷纭于折狱[3]。笼张、赵于往图[4],架卓、鲁于前录[5]。希踪三辅豪[6],驰声九州牧[7]。

他已经放弃抚琴高歌,也断绝饮酒赋诗。常常纠缠于应付考课杂事,每每忙碌于处理诉讼案件。他还想获取比西汉张敞、赵广汉更大的名声,要超越东汉卓茂、鲁恭两人的功绩。他想追踪三辅有名的能吏,让名声在九州官吏之间远传。

【注释】 1 琴歌、酒赋:皆借指隐士高雅的生活。 2 绸缪(móu):纠缠。结课:考核政绩功过,以定升贬。 3 纷纭:多而乱的样子。 折狱:判决诉讼案件。 4 笼:包括。 张、赵:指汉代的张敞和赵广汉,两人都是当时闻名的能吏。 往图:与下文"前录",都指过去的记载。 5 架:超越。 卓、鲁:指东汉的卓茂和鲁恭。两人都做过县令,很有政绩。6 希踪:仰慕前贤的踪迹。 三辅豪:三辅当中出众的官吏。三辅,汉代将京城附近分成京兆、左冯翊、右扶风,以辅卫京城,称为三辅。 7 驰声:扬名。 九州牧:管理九州的地方官长。这里指全国各地方行政长官。

使其高霞孤映,明月独举,青松落荫,白云谁侣?[1]

他使得云霞明月没人玩赏,青松白云无人做伴。岩穴崩塌,没人回碉户摧绝无与归[2]，石径荒凉徒延伫[3]。至于还飙[4]入幕，写雾出楹[5]。蕙帐[6]空兮夜鹤怨，山人[7]去兮晓猿惊。昔闻投簪逸海岸[8]，今见解兰缚尘缨[9]。

来；石径荒凉，白白地等待。以至于回风吹入帐幕，云雾吐出堂前。蕙帐空了，深夜白鹤哀怨；人离开了，清晨猿猴惊叫。从前只听说有人弃官到海边隐居，今天却见到周颙解去兰佩走上仕途！

[注释] 1 "使其"四句：是说周颙离开北山以后，山间景物寂然，云霞明月无人赏玩，青松白云无人相伴。 2 碉户：岩穴。碉，同"洞"。 摧绝：崩塌，破坏。 3 徒：空，白白地。 延伫：久立等候。 4 还飙(biāo)：回风。 5 写：同"泻"，吐。 楹(yíng)：堂前的柱子。 6 蕙帐：用蕙做成的帐。蕙，一种香草。 7 山人：隐士，这里指周颙。 8 投簪：指弃官隐居。簪，贵人的冠饰。 逸：隐遁。 9 解兰：指放弃隐居的生活。兰，指用兰做的佩饰，为隐士所佩。 缚尘缨：指走上仕途。尘，尘世，官场。缨，系冠的带子。

于是南岳献嘲，北陇腾笑，列壑争讥，攒峰竦诮[1]。慨游子[2]之我欺，悲无人以赴吊[3]。故其林惭无尽，涧愧不歇，秋桂遣[4]风，春萝摆月[5]。骋西山之逸议[6]，驰东皋之素谒[7]。

于是南山诸峰送来嘲讽，北边群山传递哄笑，周围的沟壑争相讥刺，聚集的山峰严肃地指责。它们慨叹周颙欺我北山，悲愤无人前来劝慰。所以，山林石涧惭愧不尽，桂花在秋风中飘落，女萝在月下摇头。彼此传播着伯夷叔齐不食周粟的佳话，宣扬着东皋隐者纯朴安贫的品德。

注释 1 攒(cuán)峰:聚集在一起的山峰。 竦(sǒng):伸长脖子、提起脚跟站着。 诮(qiào):指责。 2 游子:离家远游的人。这里指周颙。 3 吊:慰问。 4 遗:另本作"遗"。 5 萝:女萝。 摆月:在月下摇动。 6 骋:和下文的"驰"都是传扬的意思。 西山:即首阳山,伯夷、叔齐隐居的地方。 7 东皋:东边近水的耕地,阮籍、陶渊明的文章都提到过。 素谒(yè):心地纯朴,安于贫贱的言论。

今又促装下邑[1],浪枻上京[2]。虽情投于魏阙[3],或假步于山扃[4]。岂可使芳杜[5]厚颜,薜荔[6]蒙耻,碧岭再辱,丹崖重滓[7],尘游躅于蕙路[8],污渌池[9]以洗耳。

今天周颙又在赶紧整顿行装,离开海盐县,行船赶赴建业京城。他虽心向官场,但还想路过北山。哪能让芳草再受羞惭,薜荔又遭耻辱,山岭岩穴重被玷污呢?他的脚步会污染香草路上隐士的足迹,会弄脏因洗耳而闻名的碧水清池。

注释 1 促装:整顿行装。 下邑:对国都而言,县称下邑。这里指海盐县。 2 浪枻(yì):划船。 上京:国都,这里指建业。 3 魏阙:指宫殿。魏,同"巍",高大。阙,官门两边的门楼。 4 假步:借道。 山扃(jiōng):山的门户。这里指周颙想游的北山。 5 杜:杜若,香草名。 6 薜荔:香草名。 7 重滓(zǐ):再次蒙上污浊。 8 尘:作动词用,污染。 游躅(zhuó):游踪。 蕙路:长着香草的路。 9 渌(lù)池:清水池。

宜扃岫幌[1],掩云关[2],敛[3]轻雾,藏鸣湍[4],截来辕[5]于谷口,杜妄辔于郊端[6]。

应该关上山的帘帐,掩闭云霞封锁的山路,收起薄雾,藏起急流,在山谷口阻拦他前来的车辆,在郊野边堵住他乱闯的马匹。

[注释] 1 扃:关上。 岫(xiù)幌:山的帘帐。 2 云关:烟云封锁的山道。
3 敛:收起。 4 鸣湍:响震山谷的急流。 5 来辕:指周颙乘坐的车。
6 杜:堵塞。 妄辔:指不该来而自来的车马,这里指周颙的车马。 郊端:
郊野的边缘。

于是丛条瞋胆[1],叠颖怒魄[2],或飞柯[3]以折轮,乍[4]低枝而扫迹。请回俗士驾,为君谢逋客。

在这种情况下,北山的丛生的树枝和重叠的草叶都愤怒了,有的扬起树干去折毁周颙的车轮,有的忽然低下枝条去扫除他的车迹。请挡回俗士的车驾,为北山之神谢绝这个逃跑了的隐士。

[注释] 1 丛条:丛生的树枝。 瞋(chēn):发怒。 2 叠颖:重重叠叠
的草叶。颖,尖端。 怒魄:内心发怒。 3 柯:树枝。 4 乍:骤然。

谏太宗十思疏

魏徵[1]

[导读] 本文是魏徵于贞观十一年(637)写给唐太宗的奏章,意在劝谏太
宗居安思危,戒奢以俭,积其德义。唐太宗初年励精图治,颇称英明,后
来逐渐骄奢,追求珍宝异物,兴建宫殿园囿。魏徵就不断用前代兴亡的
历史教训来提醒他。这一年魏徵连上四疏,本文是其中的一篇。文章从
比喻入手,通过成败得失的比较推论,归结到"可畏惟人",指出争取人心
的重要。这样反复开导,才讲出"十思"的具体内容,指出"十思"的积极
意义。本文语重心长,剀切深厚,无怪乎唐太宗十分赞赏,亲写诏书嘉许
魏徵,并把此疏放置案头,以资警惕。

原文

臣闻求木之长²者,必固其根本;欲流之远者,必浚³其泉源;思国之安者,必积其德义。

译文

我听说希望树木高大,一定要巩固它的根本;想要水流长远,一定要疏浚它的源头;想要国家安定,一定要积累恩德和道义。

注释 1 魏徵(580—643):字玄成,河北巨鹿下曲阳人。他是唐朝初年著名的政治家和历史学家。隋朝末年,因避乱,曾一度出家为道士。后参加李密的反隋起义军。李密失败,他降唐,辅佐高祖李渊和太宗李世民。拜谏议大夫、检校侍中,领导周、隋各史的修撰工作。书成,迁左光禄大夫,封郑国公。魏徵有胆识,敢直谏,前后陈二百余事,多被太宗采纳。 2 长:高大。 3 浚(jùn):疏浚,疏通水道。

源不深而望流之远,根不固而求木之长,德不厚而思国之安:臣虽下愚,知其不可,而况于明哲乎!人君当神器¹之重,居域中之大²,不念居安思危,戒奢以俭,斯亦伐根以求木茂,塞源而欲流长也。

水源不深却希望水流长远,根本不固却要求树木高大,恩德不厚却想要国家安定:我虽是下愚的人,也知道做不到,何况是英明圣哲的人呢?君主承担帝位的重任,占据天地间的重要位置,不考虑在身处安乐之时想到危难,用崇高节俭的办法来力戒奢侈,这也是砍伐根本却要求树木茂盛,阻塞水源却希望水流长远啊。

注释 1 神器:指帝位。 2 域中之大:天地之间的重要位置。

凡昔元首，承天景[1]命，善始者实繁，克终者盖寡。岂取之易，守之难乎？盖在殷忧[2]，必竭诚以待下；既得志，则纵情以傲物。竭诚，则吴、越[3]为一体；傲物，则骨肉为行路[4]。

过去所有的君主，承受着上天的大命，开始做得好的确实很多，能坚持到底的大概很少。难道是夺取天下容易，守住天下就难吗？看来是在遇到深重的忧患之时，一定竭尽诚心来对待下属；已经达到目的，就放纵情欲而傲慢待人。竭尽诚心，那么仇敌也可以团结成为整体；傲慢待人，那么亲人也会疏远成路人。

注释　1 景：大。　2 殷忧：深重的忧患。殷，深。　3 吴、越：春秋时互相敌对的两个诸侯国。这里用吴越两国比喻仇恨很深。　4 骨肉：亲属。行路：过路的人，比喻无甚关系。

虽董[1]之以严刑，振之以威怒，终苟免而不怀仁，貌恭而不心服。怨不在大[2]，可畏惟人[3]，载舟覆舟，所宜深慎。

即使用严刑来督责他们，用威势来吓唬他们，结果大家也只图免去刑罚而不会怀念恩德，外表恭顺而内心不服。怨恨不在大小，可怕的就在于百姓，他们像水一样，既能载舟，也能覆舟，这是应当特别谨慎对待的。

注释　1 董：督责。　2 怨不在大：《尚书·康诰》："怨不在大，亦不在小。"孔颖达疏："人之怨不在事大，或由小事而起。虽由小事而起，亦不恒在事小，因小至大。"　3 人：即"民"。因避李世民讳，改为"人"。

诚能[1]见可欲，则思知足[2]以自戒；将有作[3]，则思知止以安人[4]；

果真能够做到：见到合意的东西，就想到要知道满足，以警诫自己；将要兴建什么，就想到要适可而止，使人民安定；顾念高危，则思谦冲而自牧[5]；惧满盈，则思江海下百川[6]；乐盘游，则思三驱[7]以为度；忧懈怠，则思慎始而敬终；虑壅蔽，则思虚心以纳下；惧谗邪，则思正身以黜恶[8]；恩所加，则思无因喜以谬赏；罚所及，则思无以怒而滥刑。

念地位的崇高、危险，就想到要谦虚，加强自己的修养；害怕自满，就想到要像江海一样，处在河流的下游；喜好游乐，就想到"三驱"的规定，以为法度；担心松懈，就想到开始时要谨慎，结束时更要严肃；怕受蒙蔽，就想到要虚心采纳臣下的意见；担心听信谗言，接触坏人，就想到要端正自己，斥退小人；施恩给人，就想到不要因一时高兴而错误地赏赐；要惩罚人，就想到不要因为发怒而滥施刑罚。

注释 1 诚能：果真能够。按"诚能"领下十句。 2 知足：《老子》："知足不辱。" 3 有作：指兴建宫室等。作，造作，建造。 4 安人：使人民得安。 5 谦冲：谦虚。冲，虚。 牧：这里指修养。 6 下百川：居百川之下。 7 三驱：旧说谓为三面驱禽，即围合三面，前开一路，让鸟兽可以逃走，以示人君好生之德。 8 黜恶：斥退邪恶的人。

总此十思，宏兹九德[1]，简能而任之，择善而从之，则智者尽其谋，勇者竭其力，仁者播其惠，信者效其忠。文武并用，垂拱而治[2]。何必劳神苦思，代百司[3]之职役哉！

总括这十个"想到"，发扬九种美德，选拔贤能的人加以任用，选择好的意见加以听从，那么聪明的人就会献出他们的谋略，勇敢的人就会竭尽他们的力量，仁爱的人就会广施他们的恩惠，诚实的人就会献出他们的忠心。这样文武同时任用，君主就可以垂衣拱手，不用操劳而天下大治。哪里用得着自己去劳神费力，苦苦思索代替百官的职事呢！

注释　**1** 九得：九种道德标准。得，通"德"。　**2** 垂拱而治：意谓任用得人，人君不用亲自处理政务，天下就治理好了。垂，垂衣。拱，拱手。**3** 百司：百官。

为徐敬业讨武曌檄
骆宾王[1]

导读　本文是骆宾王的代表作。这篇檄文立论严正，先声夺人，将武则天置于被告席上，列数其罪，借此宣告天下，共同起兵。文章气势磅礴，语言豪壮，足以动军声、振士气，具有强烈的鼓动作用，连武则天看到这篇檄文也不得不惊叹作者的才华。

原文

　　伪临朝武氏者[2]，性非和顺，地[3]实寒微。

译文

　　窃据君位的武氏，本性并不和顺，出身实在寒微。

注释　**1** 骆宾王(638—？)：初唐文学家，婺州义乌(今属浙江)人。曾任长安主簿、临海丞等职。公元681年跟随徐敬业起兵反对武后，结果兵败后下落不明。他与卢照邻、王勃、杨炯诗文齐名，称"初唐四杰"。**2** 伪：当时认为非法的、不被人承认的政权。　临朝：亲临朝廷听政。武氏：武则天(624—705)，名曌，初唐女皇帝、杰出的政治家。并州文水(今山西文水东)人。唐太宗时被选入宫为才人。太宗死，武则天削发为尼。高宗时被召入宫为昭仪，进号宸妃。公元655年立为皇后。此后即参与国政，674年号天后，与高宗并称为"二圣"。683年中宗即位，她临朝称制，不久废中宗，立睿宗。690年，改唐为周，建号为圣神皇帝。705年中宗复位,上尊号为则天大圣皇帝,八十二岁卒。她在位十六年,掌权近半个世纪。她当政的时期经济上升,对初唐转为盛唐具有承前启后的作用。
3 地:地位、出身。

昔充太宗下陈[1],曾以更衣[2]入侍。洎[3]乎晚节,秽乱春宫[4]。潜隐先帝之私[5],阴图后房之嬖[6]。

过去充作太宗的下等侍妾,曾借侍候更衣的机会得到宠幸。到了后来,又在太子宫里荒淫秽乱。她削发为尼,掩盖曾充太宗才人的旧迹;蓄发还俗,暗里图谋高宗的嬖幸。

【注释】 1 下陈:下列。这里指姬妾。古代宫殿中,婢妾都列在堂下。 2 更衣:更换衣服。 3 洎(jì):同“及”,至。 4 春宫:太子住的地方。高宗为太子时就和武氏有暧昧关系。 5 私:爱。 6 嬖:宠幸。

入门见嫉[1],蛾眉[2]不肯让人;掩袖工谗[3],狐媚[4]偏能惑主。践元后于翚翟[5],陷吾君于聚麀[6]。

选进后宫的嫔妃,都遭到她的嫉妒,撒娇卖俏,不肯示弱让人;掩袖作态,善进谗毁之言;狐媚伎俩,偏能迷惑主上。终于登上皇后的宝座,使太宗、高宗父子落到聚麀而败乱人伦。

【注释】 1 入门见嫉:选进后宫的嫔妃,都遭到她的嫉妒。 2 蛾眉:蚕蛾之触须弯细而长,古人用来比喻女子眉毛之美。亦指貌美。 3 掩袖:以袖掩面,故作娇态。 工谗:善进谗言。 4 狐媚:相传狐善于魅人。 5 践:踩,登上。 元后:皇后。 翚翟(huīdí):野鸡。据传野鸡的配偶不乱,古人用它来象征妇德,所以皇后的车服上面画着野鸡羽毛的图样。6 聚麀(yōu):聚,共。麀,母鹿。一般说来,兽类的配偶关系是紊乱的。

加以虺蜴[1]为心，豺狼成性，近狎邪僻[2]，残害忠良[3]，杀姊屠兄[4]，弑君鸩母[5]，人神之所同嫉，天地之所不容。

加上虺蜴般的毒心，豺狼般的凶性，亲近邪僻的奸贼，残害忠心的贤臣，杀姊屠兄，弑君鸩母，真是人神都对她嫉恨，天地都不能宽容。

【注释】 1 虺蜴(huǐyì)：毒蛇、蜥蜴一类毒物，比喻害人者。 2 狎：亲近。邪僻：邪恶的人。 3 忠良：指褚遂良、长孙无忌等。 4 姊：指韩国夫人。兄：指武惟良。 5 弑(shì)君鸩(zhèn)母：这里将高宗和武则天的母亲杨氏的死都算作武后的罪过。其实，二人都是病死，并非被害。

犹复包藏祸心，窥窃神器[1]。君之爱子[2]，幽之于别宫；贼之宗盟[3]，委之以重任。

还要包藏祸心，企图窃据帝位。高宗的爱子，被幽闭在别宫；武氏的亲属，被委托以重任。

【注释】 1 神器：帝位。 2 爱子：指中宗李显。 3 贼之宗盟：指武后娘家的亲属武承嗣、武三思等人。贼指武则天。

呜呼！霍子孟[1]之不作，朱虚侯[2]之已亡。燕啄皇孙[3]，知汉祚[4]之将尽；龙漦帝后[5]，识夏庭之遽衰。

唉！像霍子孟那样安定汉室的忠臣不能再出现，如朱虚侯那样诛灭诸吕的义士早已消亡。赵飞燕残害皇孙，就知道汉代的传位将要完毕；龙沫化为帝后，可以看出夏朝的天下将要衰亡。

【注释】 1 霍子孟：即霍光。汉武帝时的大臣。 2 朱虚侯：汉初刘章的封号。 3 燕啄皇孙：汉成帝皇后赵飞燕为了专宠，把妃子生的儿子杀掉了。当时有"燕飞来，啄皇孙；皇孙死，燕啄矢"的童谣。 4 汉祚：

汉代的天下。这里指唐。　5　龙漦(lí)帝后:龙漦,传说中神龙的涎沫。《史记·周本纪》说:夏代将衰,有两神龙在帝庭,自称是褒国的两先君。经问卜认为,只有请龙留下涎沫才会吉祥。于是,龙不见了,留下涎沫,帝将它藏在柜子里。夏亡,将它传给殷;殷亡,又将它传给周,都不敢打开。至厉王末年,将柜打开,龙沫流到王庭,化为玄鼋进入后宫,有童女遇上它,于是怀孕,到成年没有结婚就生下一个女孩。她感到害怕,就将这女孩抛弃了。宣王时,弃女被人带到褒国。周幽王曾伐褒,褒人以弃女献幽王,就是褒姒,后来成为幽王的皇后。褒姒甚得幽王宠爱,幽王为她举烽火戏诸侯,遭灭国丧身之祸。这个传说成为女人是亡国祸水的依据,这里也是抱此观点,认为武后当朝,于唐不利。

敬业[1]皇唐旧臣,公侯冢子[2],奉先君之成业[3],荷[4]本朝之厚恩。宋微子[5]之兴悲,良有以也;袁君山[6]之流涕,岂徒然哉!是用气愤风云,志安社稷。因天下之失望,顺宇内之推心,爰[7]举义旗,以清妖孽。

徐敬业是唐朝的旧臣,公侯的嫡子,承奉先帝的基业,蒙受朝廷的厚恩。宋微子见到殷墟荒凉而大兴悲叹,确实很有道理!袁君山谈及权贵误国而喑呜流涕,难道竟属徒然?因此,正气可叫风云愤怒,壮志足使社稷安定。利用天下百姓对武氏失望的情绪,顺应宇内人们讨伐武氏的心愿,举起义旗,清除妖孽。

注释　1　敬业:徐敬业。他是唐初大将徐世勣(赐姓李)的孙子。高宗时历任太仆少卿,眉州刺史。684年贬扬州司马,接着在扬州起兵反对武后。兵败,被部将杀死。　2　冢子:嫡子。　3　奉:侍奉。　先君:已去世的君主。这里指唐高宗。　4　荷:担负。　5　宋微子:商纣王的庶兄微子启,宋的开国君主。他经过殷故墟,看到一片荒凉景象,十分悲痛,作"麦秀之歌"。 **6** 袁君山:即东汉袁安,仕于明帝、章帝、和帝三朝。他不避权贵,敢于面折廷争。其时,天子幼弱,外戚擅权,袁安每朝会进见,同公卿言国家事,未尝不暗呜流涕。 **7** 爰:助词。无义。

南连百越[1],北尽三河,铁骑成群,玉轴[2]相接。海陵红粟[3],仓储之积靡穷;江浦[4]黄旗,匡复之功何远。班声[5]动而北风起,剑气[6]冲而南斗平;暗呜[7]则山岳崩颓,叱咤[8]则风云变色。以此制敌,何敌不摧,以此图功,何功不克!

南面到百越边境,北面到三河尽头,铁骑成群,战车相接。海陵的粮食,仓库里储积无数;江浦的义旗,显示恢复唐室指日可待。班马鸣叫,好像北风怒号;剑气冲天,似乎与南斗星相平;胸怀怒气则山岳崩倒,厉声叱咤则风云变色。用这样的声势来制服敌人,又有什么敌人不被摧折;用这样的气概来图谋功勋,又有什么功勋不能成就呢?

[注释] **1** 百越:种族名。 **2** 玉轴:指战车。 **3** 海陵:地名,今江苏泰州,西汉吴王濞置储粟仓于此。 红粟:陈年的粟。粟因堆积年久而呈红色。 **4** 江浦:县名,今江苏浦口附近。 **5** 班声:即马鸣声。 **6** 剑气:宝剑的精气。班声、剑气,皆言士气高昂。 **7** 暗(yīn)呜:怀怒气。 **8** 叱咤:发怒声。

公等或居汉地[1],或叶周亲[2],或膺[3]重寄于话言,或受顾命于宣室[4]。言犹在耳,忠岂忘心? 一抔之土[5]未干,六尺之孤[6]何托?

诸公有的是异姓的臣子,有的属皇族的宗室,有的在外肩负使命,有的在朝受到重托。先帝的话语还余音在耳,臣子的忠心怎能忘却?一捧坟土尚未全干,六尺孤儿何所依托?

注释 1 居汉地:指异姓。 2 叶:同"协",合于。 周亲:至亲。
3 膺:接受。 4 顾命:临终之命,遗嘱。 宣室:汉宫廷名。这里指唐朝廷。
5 一抔(póu)之土:一小堆土,指坟墓。抔,捧。 6 六尺之孤:指唐中宗。

倘能转祸为福,送往事居[1],共立勤王[2]之勋,无废大君[3]之命,凡诸爵赏,同指山河。若其眷恋穷城,徘徊歧路,坐昧先幾之兆[4],必贻后至之诛[5]。请看今日之域中,竟是谁家之天下!

倘能转祸为福,慰先帝之灵,扶幼主之位,同建挽救王业的功勋,不弃先帝的遗命,那么,凡属参加起义的人,都将被加爵受赏,同指山河以为凭证。倘若留恋自己闭塞的城市,在歧路上徘徊观望,由于不明已经微露的征兆,必定遭到失期的惩罚。请放眼看吧,今天全国之内,究竟是谁家的天下!

注释 1 往:往者,死者,指高宗。 居:生者,指中宗李显。 2 勤王:本指勤于王事。后指君主遇到危难,大臣们起兵营救。 3 大君:天子,指高宗。 4 昧:不明。 先幾(jī)之兆:事先显示出的微细的征兆。幾,微。 5 贻:留。 后至之诛:事见《史记·夏本纪》。禹在会稽召集群臣开会,防风氏后至,禹把他杀了。

滕王阁序

王勃[1]

导读 本文题目全称《秋日登洪府滕王阁饯别序》,后人简称《滕王阁序》。滕王阁位于江西南昌赣江边,为唐高祖李渊之子李元婴(滕王)任洪州都督时所建,故名。本文是宴会上的应酬之作,因而有不少毫无意思的应酬话,如对主人、宾客的吹捧。但全文抒发了一片报国的热情,并表达了"老当益壮,穷且益坚"的高尚情操。全文对仗工整,声调和谐,辞藻华美,用典贴切,历来为人所传诵。

[原文]

　　南昌故郡,洪都新府。[2]星分翼轸,地接衡庐。[3]

[译文]

　　南昌是过去汉代的豫章郡,又是新设的洪州都督府治所。它在翼、轸两星区的分野,地域连接着衡山和庐山。

[注释]　1 王勃(649—676):字子安,唐代绛州龙门(今山西河津)人。二十七岁那年,前往南方探望任交趾令的父亲,渡海溺水,受惊而死。他年纪虽轻,却和当时的杨炯、卢照邻、骆宾王齐名,后人称为"初唐四杰"。相传唐初洪州刺史阎伯屿在滕王阁大宴宾客,要他的女婿事先作好了序文,恰巧王勃往交趾探望父亲,路过洪州,也被邀参加了宴会。阎伯屿假意请众宾客作序,大家都谦逊推辞,独有王勃毫不客气,提笔就写。阎伯屿很不高兴,要他手下人站在王勃身边看,写出一句就报一句。开头一大段,阎都说平平常常,到了"落霞与孤鹜齐飞,秋水共长天一色"两句,非常惊异,大为钦佩。　2 南昌:一作"豫章"。豫章是汉时郡名,郡治在南昌。　洪都:南昌的别称。南昌在唐初为洪州治所,故称洪都。3 翼轸(zhěn):两个星座名。古代分星空为二十八区,每区一星座,称二十八宿。翼、轸两星座为楚的分野。豫章古属楚地。　衡庐:衡州和庐州。

　　襟三江而带五湖,控蛮荆而引瓯越。[1]物华天宝,龙光射牛斗之墟[2];人杰地灵,徐孺下

　　前面屏障着三江,周围环绕着五湖;西边控扼着荆楚,东边牵制着闽越。物有光华,天产珍宝,古剑的光芒直射牛、斗两个星区;人多英杰,地蕴灵秀,徐

陈蕃之榻³。　‖　孺子曾被陈蕃特别敬重。

注释　1 三江:荆江、松江、浙江。　五湖:太湖、鄱阳湖、青草湖、丹阳湖、洞庭湖。　蛮荆:指今湖北、湖南一带,古为楚地,楚又称荆,居民多蛮族,故称。　瓯越:指今浙江一带,古为越国地,境内有瓯江,故称。2 龙光:宝剑的光芒。　牛斗:两个星座名。　墟(xū):区域。传说西晋时张华夜观天象,见牛、斗二星座间有紫气照射,他认为豫章一带有宝物,于是派人到南昌附近的丰城当县令,后来果然在那里掘得两把宝剑,一名龙泉,一名太阿。　3 徐孺下陈蕃之榻:徐孺,即徐孺子,名徐稚,东汉时豫章郡名士。陈蕃,东汉时有名大臣。陈蕃做豫章太守时,不接待宾客,但是专门准备一榻接待徐稚,徐走了就把榻挂起。

雄州雾列,俊彩星驰。¹台隍枕夷夏之交²,宾主尽东南之美。都督阎公之雅望,棨戟遥临;³宇文新州之懿范,襜帷暂驻。⁴　‖　雄伟的州城云雾般紧凑排列,英俊的人物像流星来往奔驰。城池位于荆州和扬州交接的地方,宾主都是东南地区的精英。阎都督声望儒雅,从远道前来镇守;宇文刺史风范美好,车驾暂且停留。

注释　1 雄州:指洪州。　俊彩:指人才。　2 台隍:指城池。台,城楼。隍,无水的护城濠。　夷:指楚地,今湖北、湖南一带。　夏:指古扬州地区,今江苏、浙江一带。　3 都督阎公:阎伯屿。唐初于各州设都督府,置都督一人。阎伯屿是洪州都督兼洪州刺史。　棨戟(qǐjǐ):有丝绸套或经过油漆的木戟,古代官员外出时的前导仪仗。　4 宇文新州:姓宇文,名不可考,因他任新州(今广东新兴)刺史,故称。一说,宇文新任澧州刺史,故称新州。　襜帷(chānwéi):马车上的帐幔。这里代指车驾。

十旬休暇,胜友如云;[1]千里逢迎,高朋满座。腾蛟起凤,孟学士之词宗;[2]紫电清霜,王将军之武库。[3]家君作宰,路出名区;[4]童子[5]何知,躬逢胜饯。

正逢十天一次的休假,才德出众的友人在这里云集;千里之远来相聚会,高贵的宾客坐满席位。文笔好像蛟龙腾空、凤凰起舞,孟学士是文章大师;兵器寒光闪闪、如电如霜,王将军的武略超群。家父在南方当县令,我前往探望路过贵地;后生小子不懂得什么,却亲身遇到这样盛大的饯别宴会。

【注释】 1 十旬休暇:唐制,官员十天休息一天,称旬休。这里指适逢十日休假的一天。休暇,一作"休假"。 胜友:才德出众的友人。 2 腾蛟起凤:写出的文章好像蛟龙腾空、凤凰起舞,形容有很高的文才。 孟学士:座中贵客。 词宗:文章大师。词,指文辞,文章。 3 紫电清霜:兵器寒光闪闪,如紫电,如清霜。 王将军:座中贵客。 武库:本指储藏武器的仓库,这里比喻王将军精通兵法,善用各种武器。 4 家君:王勃称他的父亲,犹家父。 宰:县令。王勃父名王福畤,当时任交趾(今越南河内一带)县令。 名区:指洪州。 5 童子:王勃自称。

时维九月,序属三秋[1]。潦水尽而寒潭清,烟光凝而暮山紫。[2]俨骖騑于上路[3],访风景于崇阿[4]。临帝子之长洲,得仙人之旧馆。[5]

时间正是九月,刚好秋天季节。雨后积水已经干涸,冷冽的潭水十分清澈;落日余晖宛如凝结,傍晚的山色一片青紫。收拾好车马在大路上行走,到高山上探访风景。来到当年滕王的长洲上,登上了这座仙人住过的楼阁。

【注释】 1 序:时序。 三秋:秋季三个月,即秋天。 2 潦(lǎo)水:雨后积水。　烟光:指傍晚太阳映射在云霞上发出的光辉。　3 俨(yǎn):整治,收拾。　骖(cān)𬴃(fēi):驾车的马,左称骖,右称𬴃。这里指车马。上路:地势高的路。　4 崇阿(ē):高山。　5 帝子:指滕王李元婴。他是皇帝之子,故称帝子。　旧馆:指滕王阁。

层峦耸翠,上出重霄;飞阁流丹,下临无地。鹤汀凫渚[1],穷岛屿之萦回;桂殿兰宫,列冈峦之体势。披绣闼[2],俯雕甍[3],山原旷其盈视,川泽盱其骇瞩[4]。闾阎扑地[5],钟鸣鼎食之家[6];舸舰[7]迷津,青雀黄龙之轴[8]。

只见层层的山峦一片苍翠,耸入云霄;高高的阁宇鲜红欲滴,下临清潭。仙鹤野鸭栖息的沙滩小洲,极尽岛屿曲折回环的景象;桂树兰木建造的宫殿,随着山势起伏而排列。推开彩绘的大门,低头看雕饰的屋脊,山岭平原,辽远开阔,尽入眼底;河流湖泽,浩瀚迷茫,令人惊骇。房屋遍地,均属富室贵家;船舶满江,都是龙舟雀舫。

【注释】　1 汀:水中或水边的平地。　渚(zhǔ):水中小洲。　2 披:推开。闼(tà):门。　3 甍(méng):屋脊。　4 盱(xū):广大。　瞩(zhǔ):注视。5 闾阎(lǘyán):里巷的大门,这里指房屋。　扑地:遍地。　6 钟鸣鼎食之家:古代贵族进餐,要奏音乐,桌上摆满盛有食物的鼎,所以称富贵人家为"钟鸣鼎食之家"。　7 舸(gě)舰:指大船。　8 青雀:船头作鸟雀形。　黄龙:船头作龙形。前者又叫雀舫,后者又叫龙舟。　轴:本作"舳(zhú)",即船。

虹销雨霁[1],彩彻云衢[2]。落霞与孤鹜[3]齐飞,秋水共长天一色。渔

虹销雨止,彩霞照耀在云端。满天的落霞和孤寂的野鸟,仿佛齐头并飞;碧绿的秋水和蔚蓝的长空,好像溶为一色。

舟唱晚,响穷彭蠡[4]之滨;雁阵惊寒,声断衡阳之浦[5]。

渔船上的歌声在晚空飘荡,一直传到鄱阳湖畔;雁群惊讶寒冷的来临,一路飞鸣直到衡山南面的水边。

[注释] 1 虹销:一作"云销"。 霁(jì):雨雪停止。 2 云衢:指天空。云朵交错纵横,有如衢道。 3 鹜(wù):水鸟。 4 彭蠡(lǐ):湖名。即鄱阳湖。 5 衡阳:衡山的南边。 浦:水边,岸边。

遥吟俯畅,逸兴遄飞。[1]爽籁发而清风生,纤歌凝而白云遏。[2]睢园绿竹[3],气凌彭泽之樽[4];邺水朱华[5],光照临川[6]之笔。

远眺低吟,心情欢畅,兴致横飞。爽朗的箫声吹起,仿佛清风徐徐而生;悠扬的歌声凝结不散,白云也被阻住不飞。个个都像当年梁孝王睢园的宾客,能诗善饮,豪情超过了陶渊明;又像曹操父子门下的文士,能文善书,光彩可媲美谢灵运的笔锋。

[注释] 1 遥吟俯畅:一作"遥襟甫畅",意为开阔的胸怀刚刚畅快。遄(chuán):急速。 2 籁:一种管乐器,即箫。遏(è):停阻。 3 睢(suī)园绿竹:睢园指西汉梁孝王刘武的睢阳兔园。园内多竹,刘武经常和他的宾客在其中宴饮作赋。 4 彭泽:县名,今属江西。这里是指晋末大诗人陶渊明,他当过彭泽令,好饮酒。 樽:酒杯。 5 邺(Yè)水朱华:邺,今河北临漳,曹操为魏王时的都城。曹操和他的儿子曹丕、曹植,都是诗人,并且敬重文学之士。朱华,即莲花,曹植有"朱华冒绿池"的诗句。王勃借用"邺水朱华"来比喻滕王阁的盛会。 6 临川:在今江西。这里是指南朝刘宋的著名诗人谢灵运,他当过临川内史。

四美具,二难并。¹穷睇眄于中天²,极娱游于暇日。

良辰、美景、赏心、乐事,这四件美事都齐备;贤德的主人,高贵的客人,这两件难得的事合在一起。大家尽情观赏天地间的美景,趁着空暇的日子痛快游乐。

[注释] 1 四美:良辰、美景、赏心、乐事。 二难(nán):贤主人、好宾客。 2 睇眄(dìmiǎn):环视,目光上下左右地观览。 中天:半空中。

天高地迥,觉宇宙之无穷;¹兴尽悲来,识盈虚之有数²。望长安于日下³,指吴会于云间⁴。

看到天那么高,地那么远,才觉得宇宙没有止境;高兴完了,悲伤接着来到,才认识到成败得失都有天命。遥望长安在太阳之下,指点吴会在白云之中。

[注释] 1 迥(jiǒng):遥远。 宇宙:指空间和时间。 2 盈:指成功、兴盛、得志、富贵等等。 虚:指失败、衰落、失意、穷困等等。 数:命运。 3 长安:唐代的京城。 日下:封建社会将皇帝比作太阳,将皇帝住的京城称为日下。 4 吴会:秦汉时会稽郡的郡治在吴县,郡、县相连,称为吴会。 云间:古代吴郡松江县的别称。

地势极而南溟¹深,天柱高而北辰远²。关山难越,谁悲失路之人?萍水相逢³,尽是他乡之客。怀帝阍而不见,奉宣室以何年!⁴

地势到了尽头,以南方大海最深;天柱高耸入天,还离北极星很远。关隘山岭难以行走,又有谁同情迷途的人?今天偶然聚会在一起的,都是旅居异乡的客子。怀念帝都却不能看见,想得到君王的召见不知要到哪一年!

注释 1 南溟:南方大海。王勃往交趾要南渡大海。 2 天柱:传说是昆仑山上的一根铜柱,其高入天。 北辰:北极星。 3 萍水相逢:萍,浮萍。萍随水漂流,聚散无定,故称人们偶然聚会为萍水相逢。 4 帝阍(hūn):指皇帝的宫门。阍,门。 宣室:汉朝未央宫前殿的正室。

嗚呼[1],时运不齐,命途多舛[2]。冯唐易老[3],李广难封[4]。屈贾谊于长沙,非无圣主[5];窜梁鸿于海曲,岂乏明时?[6]所赖君子安贫,达人[7]知命。

唉! 时机命运不一致,人生的道路老是不顺心。冯唐容易衰老,李广难得封侯。委屈贾谊谪官长沙,并不是那时没有圣明的君主;迫使梁鸿逃亡海滨,难道不是政治清明的时代? 好在君子安于贫困,通达事理的人懂得命运。

注释 1 嗚呼:一作"嗟乎"。 2 舛(chuǎn):不顺利,不幸。 3 冯唐易老:冯唐,西汉人,有才干而一直不受重用,很老了还只做一个职位很低的官。 4 李广难封:李广,西汉名将,抗击匈奴屡立战功,他的部下有许多人封了侯,他却始终没有封侯。 5 圣主:指汉文帝。 6 梁鸿:东汉时高士,由于受汉章帝猜忌,而隐姓埋名,躲到齐鲁一带为人作佣工。 海曲:海滨偏远地。 明时:清明的时代,指汉章帝时,历史上称章帝是"宽厚长者"。 7 达人:对人生世事看得很超脱的人。

老当益壮,宁知白首之心[1]? 穷且益坚,不坠青云[2]之志。酌贪泉[3]而觉爽,处涸辙以犹欢[4]。

年老了应当更加豪壮,有谁理解白头人的心思? 处境穷困应当更加坚强,不能败坏高尚的节操。即使喝了贪泉的水,还是觉得清爽;即使陷在困境,仍然心情愉快。

【注释】 1 宁：难道。　白首：指年老。　2 青云：比喻高。　3 贪泉：在今广州市郊。传说喝了贪泉的水，廉洁的人也会变得贪婪。晋朝吴隐之为广州刺史，不相信这话，上任时特地去喝了贪泉的水，并作诗表明自己的志节。他在广州刺史任内及以后做大官，一直保持了廉洁的节操。4 涸(hé)：水干。　辙(zhé)：车轮压出来的痕迹。涸辙比喻十分穷困的处境。暗用《庄子》"涸辙之鲋"的典故。

北海虽赊，扶摇可接；¹东隅已逝，桑榆非晚。²孟尝³高洁，空怀报国之心；阮籍猖狂⁴，岂效穷途之哭？	北海虽然很远，可以凭借扶摇大风飞到；青春虽然已经消逝，年纪老了发愤也不算晚。孟尝品行高洁，空怀着一颗报效国家的心；阮籍行为狂放，难道今天还要学他穷途痛哭？

【注释】 1 赊：远。　扶摇：自下而上的大风。　2 东隅：古人因为太阳从东方出来，故以东隅为日出处。这里借指青年时期。　桑榆：古人住宅四周多种桑树、榆树，日落时，余晖照射在桑榆上，故以桑榆指日落时。这里借指年老。　3 孟尝：东汉人，任合浦太守，有政绩，却不被重用，后辞官隐居。　4 阮籍：魏末晋初人。他对魏末的权臣司马氏不满，又怕自己被司马氏杀害，就喝酒装糊涂，有时一个人驾车出游，漫无目的，走到无路可通处，痛哭而回。　猖狂：任性。

勃，三尺微命，一介书生。¹无路请缨，等终军之弱冠；²有怀投笔，慕宗悫之长风。³	我王勃，是三尺绅带的卑微地位，无足轻重的一介书生。正好是终军那样的年龄，想为国家出力却没有门路；也美慕宗悫的远大抱负，有投笔从军的壮志。

注释 1 三尺微命:三尺,指衣带下垂部分,即"绅"的长度。三尺,是士大夫中最低一级绅的长度。微命,卑微的地位。 一介:同"一芥"。芥是小草,比喻渺小。 2 请缨:终军出使南越,欲说服南越王归附于汉,临行请汉武帝赐予长缨,并说:"必羁南越王而致之阙下。"缨,绳子。 弱冠:古代男子二十岁行加冠礼,表示已成年。弱,年少,故二十岁左右的人称弱冠。3 投笔:意为弃文就武,从军报国。东汉班超年轻时做抄写文字的小吏,但他胸怀大志,常放下笔叹息,后来从军出使西域,立大功封侯。 宗悫(què):南朝宋的将军。少年时,叔父问其志向,他说:"愿乘长风破万里浪。"

舍簪笏于百龄[1],奉晨昏于万里[2]。非谢家之宝树[3],接孟氏之芳邻[4]。

现在,我舍弃一生的功名,到万里之外去侍奉父亲。虽然不是贤能的子弟,却有幸能交结到众位贤人。

注释 1 簪(zān):簪是古人束发戴冠时用以固定冠的长针。 笏(hù):朝见皇帝时用的手版。簪、笏都是官员用的,所以这里代指官职。 百龄:百年。龄,年。 2 奉晨昏:指侍奉父亲。古人有早晚向父母问安的礼,故称。 万里:指交趾。 3 谢家之宝树:东晋谢安问侄儿谢玄:"为什么人人都希望自己的子弟好?"玄答道:"好比芝兰玉树,想要它生在自己的庭院里。"这里喻指贤能子弟。 4 孟氏:战国时孟轲(孟子)的母亲。芳邻:好邻居。传说孟母三次搬家,为的是找个好邻居,给孟子以好影响。

他日趋庭,叨陪鲤对;[1]今晨捧袂,喜托龙门。[2]杨意不逢,抚凌云而自惜[3];钟期既遇,奏流水以何惭[4]?

以后从父亲的面前经过,一定像孔鲤那样接受教诲;今天能够进见阎公,高兴得像登上了龙门。我过去逢不着杨得意那样的人,只有朗诵着自己的作品来怜惜自己;今天既然遇上钟子期这样的知音,弹上一曲高山流水又有什么惭愧?

注释 1 趋庭:古代君父坐在厅堂上,臣子经过时,要恭恭敬敬地快步走。庭,厅堂。 鲤对:有一次,孔鲤从孔子的前面走过,孔子教诲他要学《诗》;另一次,又教诲他要学《礼》。鲤,孔子的儿子孔鲤,字伯鱼。2 袂(mèi):衣袖。古人举两袖作揖,表示敬意。这里作进见、谒见解。龙门:原指山西河津西北黄河上游的一险滩,又名禹门口。古代传说,黄河的鲤鱼跳上这个险滩就会变成龙,故叫龙门。东汉时李膺(yīng),官位高,名声大,士大夫受到他的接待,立即提高了声誉,因此,当时称能会见李膺为"登龙门"。 3 杨意:西汉人杨得意(为了凑成四字一句,省略了"得"字,下句的"钟期"亦同),汉武帝身边管狗的小官,大辞赋家司马相如由于他的引荐,才得到汉武帝的赏识。 凌云:指司马相如的赋,因为汉武帝读了他的赋,非常高兴,"飘飘有凌云之气"。 4 钟期:春秋时人钟子期。他最会欣赏、理解琴音。大音乐家伯牙鼓琴,意在流水,钟子期听了就说"洋洋若江河"。这里王勃自比伯牙,把阎伯屿比作知音的钟子期。

呜呼!胜地不常,盛筵难再。[1]兰亭已矣,梓泽丘墟。[2]临别赠言,幸承恩于伟饯;登高作赋,是所望于群公。敢竭鄙诚,恭疏短引。[3]一言均赋,四韵俱成。[4]

唉!名胜的地方不能常游,盛大的宴会难得再遇。王羲之的兰亭集会早已过去,石崇的金谷园也成了废墟。临别写下几句赠别的话,有幸在这盛大饯别宴会上受到主人的恩宠;至于登上高阁吟咏诗篇,只能寄希望于各位贵宾。我尽了自己的诚心,恭恭敬敬写下这篇短序。请每人写一首诗,完成八句四韵。

注释 1 胜地:名胜之地。 盛筵(yán):盛大的宴会。 2 兰亭:见《兰亭集序》注。 梓泽:即西晋石崇的金谷园,故址在今河南洛阳。 丘墟:意为变为废墟。 3 鄙(bǐ):卑陋。鄙诚和"鄙人""鄙见"一样,是自谦之词。　疏:分条陈述。这里指写作。　引:引言,即序文。　**4** 一言均赋:"均赋一言"的倒装。赋,创作。一言,一首诗。　四韵俱成:"俱成四韵"的倒装。俱,都。四韵,四个韵,共八句。

滕王高阁临江渚, 佩玉鸣鸾罢歌舞[1]。 画栋朝飞南浦云[2], 珠帘暮卷西山雨。 闲云潭影日悠悠, 物换星移几度秋。 阁中帝子今何在? 槛外长江空自流。	滕王的高高的楼阁,俯临着江心的沙洲;佩玉鸣了,鸾铃响了,宴会已经是舞罢歌休。早晨,那南浦的彩霞,从华丽的栋宇前掠过;薄暮,那西山的烟雨,在卷起的珠帘外停留。闲淡的云,深潭的影,时光是这样悠然逝去;事物变化,星辰移转,谁知经过了多少春秋。当年建阁的凤子龙孙,如今是到哪里去了呢? 只有那危栏外的江水,仍在默默地向前奔流。

注释　1 佩玉:古时士大夫佩在身上作衣饰的玉器。　鸣鸾:古时达官贵人的马车上挂的响铃。这句的意思是:歌舞完毕,宴会结束,客人们或者步行,或者赶着车子,纷纷离去。　**2** 画栋:彩绘的屋梁。　南浦:地名,在今江西南昌西南。

与韩荆州书

李白[1]

导读　这是李白初见韩朝宗时写的一封自荐信。在这封信里,作者先借"天下谈士"的话肯定韩朝宗的德高望重、援引贤才,进而以毛遂自比,不亢不卑地表明自己的态度和心愿;然后叙述自己的经历和才能,赞颂韩朝宗的学识与声望,并反复请求援引,以见"待价而沽"的用意;接着两次引证古人并历举韩朝宗提携后进的事例,委婉曲折地说明自己之所以希望"委身国士""敢效微躯"的动机;末尾再拈"价"字作结,表示准备进献自己平日的著作,等待韩朝宗的品题。

原文

白闻天下谈士²相聚而言曰:"生不用封万户侯,但愿一识韩荆州。³"何令人之景慕一至于此⁴!

译文

我听得天下好谈论世事的士人聚在一起说:"活在世上用不着封万户侯,只愿结识一下韩荆州。"为什么人们对您的景仰和倾慕,竟达到这样的程度呢?

注释 1 李白(701—762):字太白,祖籍陇西成纪(今甘肃静宁西南)。先世于隋末流徙中亚,李白便诞生在唐代条支都督府境内的碎叶城。他是盛唐伟大的浪漫主义诗人,作品清新飘逸,热情奔放,想象奇特。 2 谈士:谈论世事的士人。 3 万户侯:食邑万户的侯。 韩荆州:指韩朝宗。 4 景慕:景仰爱慕。 一:乃,竟。

岂不以周公之风,躬吐握之事¹,使海内豪俊,奔走而归之,一登龙门²,则声价十倍。所以龙蟠凤逸之士³,皆欲收名定价于君侯。

难道不是因为您有周公的作风,亲自实践那"握发""吐哺"接待贤者的事情么?使得海内的杰出人物,都奔走着前来归附您,一旦进入您的门下,就像鱼儿跳过了龙门,声名提高了十倍。所以,那些像龙一样蛰伏待动、像凤一样振羽即飞的杰出人物,都想通过您得到应有的名声和恰当的评价。

注释 1 躬吐握之事：亲身实行像周公那样吐哺、握发以接待贤者的事情。躬，亲自。典出汉韩婴《韩诗外传》卷三，周公说："我一沐三握发，一饭三吐哺，犹恐失天下之士。"沐，洗头；哺，口中所含的食物。 2 登龙门：龙门，在今山西河津和陕西韩城之间的黄河中。其地水势湍急，常有鲤鱼洄游。传说鲤鱼能跃上龙门便化为龙。因此，"登龙门"常用来比喻士人忽然得到荣显，或由于拜见名人而身价倍增。 3 龙蟠凤逸之士：指未被任用、潜藏闲居等待时机的豪杰。龙蟠，像龙的盘屈伏藏；凤逸，像凤的安逸自在。

　　君侯不以富贵而骄[1]之，寒贱而忽之，则三千之中有毛遂[2]，使白得颖脱而出[3]，即其人焉。

　　您不因为自己富贵而傲视他们，不因为他们贫贱而忽视他们，那么三千宾客中肯定有毛遂那样的人才，如果我能遇上时机显现出来，就是毛遂那样的人啊。

注释 1 骄：傲视。作动词用。 2 "则三千"句：据《史记·平原君虞卿列传》载，战国时赵国的平原君门下有几千宾客。孝成王九年(前257)，秦军围攻赵都邯郸，赵派平原君求救于楚。平原君要从宾客中选拔文武兼备的二十人同往，挑选的结果，他认为只有十九个人够条件，其余的都不行，无法满数。这时毛遂便自我推荐，希望平原君同意他去。平原君说："夫贤士之处世也，譬如锥之处囊(袋子)中，其末(尖端)立见。今先生处胜之门下三年于此矣，左右未有所颂，是先生无所有也。先生不能，先生留。"毛遂说："臣乃今日请处囊中耳。使遂早得处囊中，乃颖脱而出，非特其末见而已。"于是平原君答应毛遂跟他一起出使楚国。后来毛遂在赵楚合纵过程中，果然立了功劳。 3 颖脱而出：锥子尖端透过布袋显现出来。比喻有才能的人遇到时机显露出来。

白，陇西布衣[1]，流落楚汉。十五好剑术，遍干诸侯[2]。三十成文章，历抵卿相[3]。虽长不满七尺，而心雄万夫。皆王公大人，许与气义[4]。此畴曩心迹[5]，安敢不尽于君侯哉！

我李白是陇西一个平民，流落在楚汉之间。十五岁时就爱好剑术，广泛求见地方长官；三十岁时写成文章，屡次去拜访达官显贵。我虽然身高不满七尺，但壮志胜过万条好汉。王公大人们都赞许我的气节和道义。这就是我从前的心事和行迹，怎么敢不全部向您陈述呢？

【注释】 1 布衣：平民。 2 干：求见。 诸侯：指镇守地方的长官。 3 卿相：指朝廷的高级官员。 4 许：赞许。 气义：气概和道义。 5 畴曩(chóunǎng)：从前，往日。 心迹：存心与行事。

君侯制作侔神明[1]，德行动天地，笔参造化[2]，学究天人[3]。幸愿开张心颜，不以长揖见拒。[4]必若接之以高宴，纵之以清谈[5]，请日试万言，倚马可待[6]。

您的功业可以和神明相比，德行感天动地；文笔精妙，深入自然的法则；学问渊博，穷究天道和人事。希望您放开襟怀，舒展容颜，不因我向您行长揖之礼而拒绝。假若您用盛大的宴会接待我，听任我尽情谈论，请您一天让我写万字的文章，我靠着马背很快就能完成。

【注释】 1 制作：这里指所建的功业。 侔(móu)：相等。 2 参：参与。造化：天地，自然。 3 究：穷尽，通晓。 天人：指天道和人事。 4 幸：希望。 开张：开展，扩大。 长揖：古时平等的相见礼，拱手高举自上而下。 5 清谈：尽情畅谈的意思。 6 倚马可待：《世说新语》载，桓温北征时，命袁宏写公告。袁靠着马起草，手不停笔，很快就写了七张纸，并且很不错。后来用"倚马可待"比喻文思敏捷。

今天下以君侯为文章之司命[1]，人物之权衡[2]，一经品题[3]，便作佳士；而今君侯何惜阶前盈尺之地，不使白扬眉吐气、激昂青云[4]耶？

当今普天之人都把您当作主管文章的"文曲星"，评定人物高下的权威。一经您的品评，就可成为品学优良的人；现在您又何必吝惜堂阶前这一尺宽的地方，不让我李白扬眉吐气，奋发得志呢？

注释 1 司命：星名，又叫文曲星，旧时迷信说它是主管文运的。 2 权衡：称物轻重的器具。引申为衡量的标准。 3 品题：品评人物，定其高下。 4 激昂青云：奋发得志。这里指因受到荐举提拔而得志。

昔王子师为豫州[1]，未下车即辟荀慈明[2]，既下车又辟孔文举[3]。山涛[4]作冀州，甄拔[5]三十余人，或为侍中[6]、尚书，先代所美。

从前王允做豫州刺史，未到任所就征聘了荀爽，上任后又荐举了孔融。山涛任冀州刺史时，考察选拔了三十多人，其中有人后来当了侍中、尚书，这是前人所赞美称道的。

注释 1 王子师：名允，东汉末年太原祁人。 豫州：治所在今河南汝南西。 2 下车：指官吏初到任。 辟：任用。 荀慈明：名爽。东汉人，曾与王允等谋诛军阀董卓，未遂而卒。 3 孔文举：名融，东汉末年人。曾为北海相，后被曹操杀死。 4 山涛：字巨源，西晋河内怀人，曾任冀州刺史。 5 甄拔：考察选拔。 6 侍中：为自列侯以下至郎中的加官，侍从皇帝左右，出入宫廷，应对顾问，魏晋时，为亲近之官。

而君侯亦一荐严协律，入为秘书郎；[1]中间崔宗之、房习祖、黎昕、许莹[2]之徒，或以才名见知，或以清白见赏。白每观其衔恩抚躬[3]，忠义奋发。白以此感激，知君侯推赤心于诸贤之腹中[4]，所以不归他人，而愿委身国士。倘急难有用，敢效微躯。

而您也曾推荐过严武，在朝中任秘书郎；中间，崔宗之、房习祖、黎昕、许莹这一批人，有的因才华横溢被您知遇，有的因廉洁清高被您赏识。我常见他们感恩戴德，出自肺腑，忠义之心，激荡流露。我因此感触很深，激动不已，知道您对于贤能之士能够赤诚相待，推心置腹，所以我不去归附别人，而愿意托身于您这位国中出类拔萃的人物。倘若急迫危难需要用人的时候，我勇于献出自己微贱的身躯。

注释　1 严协律：据说是指严武，字季鹰，唐代华阴人。协律，掌管音乐的官。　秘书郎：又叫秘书郎中，掌管图书经籍的官。　2 崔宗之、房习祖、黎昕、许莹：其事迹史书无记载。崔宗之曾任侍御史，杜甫的《饮中八仙歌》把他列为八仙之一。　3 衔恩：即不忘提拔之恩。　躬：自身。
4 推赤心于诸贤之腹中：对各种贤能之人能推心置腹。赤心，真心诚意。

且人非尧舜，谁能尽善？白谟猷筹画[1]，安能自矜[2]？至于制作，积成卷轴[3]，则欲尘秽视听[4]，恐雕虫小技，不合大人。

当然，一般人并不是尧舜，谁能完美无缺？我在政治上的谋略策划，怎敢自己夸耀？至于我的诗文创作，已经积下许多卷，想拿出来玷污您的耳目，只恐这些微不足道的技能，不合大人的心意。

注释　1 谟猷(yóu)筹画：指政治上出谋划策。谟，计谋。猷，谋划，打算。

2 自矜(jīn):自诩,自夸。 3 卷轴:古代文章书画,都裱为长卷,有轴可以舒展,所以叫卷轴。 4 尘秽视听:意为玷污您的耳目。这是作者的自谦之词。尘秽,脏物,这里用作动词。

若赐观刍荛[1],请给纸笔,兼之书人[2],然后退扫闲轩[3],缮[4]写呈上。庶青萍、结绿[5],长价于薛、卞[6]之门。幸推下流[7],大开奖饰[8]。唯君侯图[9]之!

假若您赏脸看看我这些鄙陋的文章,请赏给纸笔,并派誊写的人,然后退下去打扫一间闲静的小房子,誊抄好呈献给您。或许青萍宝剑、结绿美玉在薛烛、卞和的门下会增加价格。希望您推荐我这地位卑下的人,大大地给以鼓励赞扬。请您考虑我的要求吧!

注释 1 刍荛(chúráo):本指割草打柴的人,后转为指草野的人。这里是李白谦逊地指自己的文章。 2 书人:抄写的人。 3 闲轩:空闲的小房子。 4 缮:誊录。 5 庶:庶几,或许。 青萍:宝剑名。 结绿:美玉名。这里作者自负地用来比喻自己的文章。 6 薛、卞:薛烛、卞和,他们都是春秋时候的人,前者善于鉴别剑,后者善于鉴别玉,作者这里用来比喻会识别文章优劣的人,即恭维韩朝宗。 7 推:荐举。 下流:地位卑下的人,这是作者的谦词。 8 奖饰:相当于过奖、过誉,受者含有不敢当的意思。 9 图:考虑。

春夜宴桃李园序

李白

导读 本文是《李太白集》中用骈体写成的一篇脍炙人口的抒情小品,

也称《春夜宴诸从弟桃李园序》。它以清新俊逸的风格,转折自如的笔调,记述了作者在春光明媚的月夜,与弟兄们聚会于桃李芬芳的名园,饮酒赋诗,高谈阔论,畅叙天伦之乐的盛况。文章辞短韵长,逸趣横生,但也流露出一种浮生若梦、及时行乐的消极思想。

原文

夫天地者,万物之逆旅[1];光阴者,百代之过客[2]。而浮生[3]若梦,为欢几何[4]?古人秉烛夜游[5],良有以也[6]。

译文

天地是万物的客舍,光阴是百代的过客。人生在世好像做梦一般,寻欢作乐能有多久?所以古人拿着蜡烛在夜里游玩,实在是有道理的。

注释 1 逆旅:客舍,旅馆。 2 过客:过路的旅客。 3 浮生:人生短促,飘浮不定,好像浮萍生活在水面上一样。 4 几何:多少,多久。 5 秉烛夜游:出自《古诗十九首》:"昼短苦夜长,何不秉烛游!"秉,执持,拿。 6 良:确实。 以:道理,原因。

况阳春召我以烟景[1],大块假我以文章[2]。会桃李之芳园,序天伦[3]之乐事。群季[4]俊秀,皆为惠连[5];吾人咏歌,独惭康乐[6]。

何况温暖的春天用它瑰丽的景色在召唤着我,天地万物又提供我如锦似绣的图像。现在我们聚集在桃李芬芳的名园,畅叙父子、兄弟之间的乐事。弟兄们才华出众,都像谢惠连一样;而我吟哦诗篇,以为不如谢灵运而独自感到惭愧。

注释 1 阳春:温暖的春天。 烟景:指春天的景色,因为它常常呈现出烟雾朦胧的状态。 2 大块:天地,这里指大自然。 文章:指锦绣山河。 3 天伦:旧时用为父子、兄弟等亲属的代称。 4 群季:众位弟弟。季,幼小。　**5** 惠连:指南朝宋文学家谢惠连。他幼年能文,以诗歌擅名,与族兄谢灵运并称"大小谢",灵运极爱其才。在这里,李白是借以赞喻众弟的才华。　**6** 康乐:谢灵运是谢玄的孙子,曾袭封康乐公,世称谢康乐。这里作者是借以自喻。

幽赏未已[1],高谈转清。开琼筵[2]以坐花,飞羽觞[3]而醉月。不有佳作,何伸雅怀?如诗不成,罚依金谷[4]酒数。

幽雅地观赏大自然的美景还没有完结,高谈阔论又转入到清新的话题。大家围坐在花丛中,摆开丰盛的宴席,频频举杯,在皎洁的月光下酣醉。没有出色的作品,怎能抒发幽雅的情怀?如果有作诗不成的,就照金谷园的成例罚酒三杯。

注释　**1** 幽赏:幽雅地观赏。　已:止。　**2** 琼筵:华贵的筵宴。**3** 飞羽觞:比喻杯盏交错,开怀痛饮。羽觞,爵杯,古代的酒器。　**4** 金谷:园名。晋人石崇在金谷园宴客赋诗,凡不能写诗的,罚酒三杯。

吊古战场文
李华[1]

导读　本文以凭吊古战场起兴,抒发了作者厌战、反战的思想感情。文章着重反对秦汉以来的开边战争,却肯定了李牧破林胡、逐匈奴,以安定边疆的正义战争。唐玄宗时,开边战争大举进行,给人民生命财产带来极大的损失。故本文名为吊古,实乃伤今,主要谴责了唐王朝穷兵黩武的政策。

原文

浩浩乎！平沙无垠[2]，夐[3]不见人，河水萦带[4]，群山纠纷[5]。黯[6]兮惨悴，风悲日曛[7]。蓬断草枯，凛若霜晨。鸟飞不下，兽铤亡群[8]。亭长[9]告余曰："此古战场也，常覆三军，往往鬼哭，天阴则闻。"伤心哉！秦欤？汉欤？将[10]近代欤？

译文

浩浩瀚瀚啊！平坦的沙漠，无际无边，荒远辽阔，不见人烟，河水像带子一样环绕，群山纷纭杂乱。阴暗惨淡，风声凄厉，日色无光。蓬草枯折，寒冷得像打霜的早晨。鸟儿在空中盘旋，不敢下来；野兽拼命狂跑，顾不得同伴。亭长告诉我说："这是古代战场啊，经常在这里覆灭三军；天阴的时候，往往可以听到鬼哭的声音。"多么伤心啊！这是秦代的战场呢？汉代的战场呢？还是近代的战场呢？

注释 1 李华(715—766)：字遐叔，赞皇(今属河北)人，唐代散文家，与萧颖士齐名。他的文章承六朝文风，故多杂以骈丽之辞。但他与萧颖士等主张恢复古文，是唐代古文运动的先驱者。 2 垠(yín)：界限，边际。 3 夐(xiòng)：空旷。 4 萦带：像衣带一样环绕着。 5 纠纷：交错杂乱的样子。 6 黯(àn)：暗淡无光。 7 曛(xūn)：昏暗不明。 8 铤(tǐng)：快跑。 亡群：失群，离群。 9 亭长：古时十里一亭，置亭长一人，掌捕劾盗贼。 10 将：还是。

吾闻夫齐魏徭[1]戍，荆韩召募。万里奔走，连年暴露。沙草晨牧，河冰夜渡；地阔天长，不知归路。寄身锋刃，腷臆[2]谁

我听说齐、魏征兵防守，楚、韩招兵屯戍。将士们奔走万里，一连几年在野外暴露。早晨牧马沙草中，夜晚从冰河上渡过；路途远，时间长，不知哪里是归途。他们在刀锋下过日子，忧郁的心情

诉?秦汉而还,多事四夷;中州耗敦[3],无世无之。古称戎夏,不抗王师。[4]文教失宣,武臣用奇;奇兵有异于仁义,王道迂阔而莫为。[5]呜呼噫嘻[6]!

能向谁倾诉?秦汉以来,经常跟四夷交兵;中原地区民穷财尽,没有一个朝代没有战争。古时说边境和中原诸侯,都不对抗王师。后世不施行仁义,武将喜用奇兵诡计;奇兵不同于仁义,王道被认为迂阔不再奉行。唉,可叹啊!

注释 1 徭:劳役。 戍:守边。即征派士兵防守边境。 2 腷臆(bìyì):郁结,愤懑。 3 敦(dù):败坏。 4 戎:泛指边境地区的少数民族。 夏:指我国中原地区民族,即汉族。 王师:对帝王的军队的称呼。 5 奇兵:乘着敌人没有防备而突然袭击的部队。 迂阔:不切合实际。 6 噫嘻:感叹词。

吾想夫北风振漠,胡兵伺便。主将骄敌,期门[1]受战。野竖旄旗,川回组练[2]。法重心骇,威尊命贱。利镞[3]穿骨,惊沙入面。主客相搏,山川震眩。[4]声析江河,势崩雷电。

我想,当北风猛吹着沙漠,胡兵等候进攻的时机。主将轻敌麻痹,敌人来到营门才迎战。野地里竖满了旌旗,平川上奔驰着战士。军法苛重心里惧怕,主将威严兵命微贱。锐利的箭头射穿人骨,飞动的沙尘扑入人面。主客两军相互攻击,山川也为之震动、晕眩。声音之大可以把江河撕裂,声势之猛仿佛轰雷闪电。

注释 1 期门:指守卫军营的大门。 2 川:平川,平原。 组练:组甲和练袍,军士穿的两种衣甲。这里指披上铠甲的军队。 3 镞(zú):箭头。 4 主客:指主客两军,即防守者和入侵者。 眩:迷乱。

至若穷阴凝闭,凛冽海隅;[1]积雪没胫,坚冰在须。鸷鸟休巢,征马踟蹰;[2]缯纩无温[3],堕指裂肤。

至于严冬季节,天昏地暗,乌云四合,凛冽的寒风吹遍沙漠;积雪掩没了小腿,坚冰凝固在胡须。凶猛的鸟儿躲在巢中,战马也徘徊不肯驰驱;身穿棉衣却没有暖气,冻坏了指头和皮肤。

【注释】 1 穷阴凝闭:指严冬季节乌云四合,凝结不开。 凛冽:严寒。
2 鸷(zhì)鸟:凶猛的鸟。 踟蹰(chíchú):徘徊不进。此指畏寒而不前。
3 缯(zēng):古代对丝织品的统称。 纩(kuàng):丝绵。

当此苦寒,天假强胡[1],凭陵杀气[2],以相剪屠。径截辎重[3],横攻士卒;都尉[4]新降,将军覆没。尸填巨港[5]之岸,血满长城之窟。无贵无贱,同为枯骨,可胜言哉!

正是这样苦寒的时候,老天爷赐给强胡以机会,凭仗着严寒的天气来进攻杀戮。拦路劫取物资,侧面袭击士卒;都尉和将军们,有的被迫投降,有的全军覆没。尸体堆积在大河的岸边,血液流满了长城的穴窟。不分贵贱,一起成了枯骨。这悲惨的情状,能够讲得完吗?

【注释】 1 假:借,引申为赐予。 强胡:强大的胡人,这里借指强悍的少数民族。 2 凭陵:依仗。 杀气:寒气。 3 辎(zī)重:军用物资的统称。
4 都尉:武官名,汉代在边境各郡设都尉,掌武事。 5 巨港:大河。

鼓衰兮力尽,矢竭兮弦绝[1]。白刃交兮宝刀折,两军蹙[2]兮生死决。降矣

鼓声衰竭啊,气力已用尽,箭射完了啊,弓弦也断了。白刃交加啊,宝刀断折;两军相迫啊,拼个死活。投降

哉,终身夷狄;战矣哉,骨暴沙砾。鸟无声兮山寂寂,夜正长兮风浙浙;魂魄结兮天沉沉,鬼神聚兮云幂幂[3]。日光寒兮草短,月色苦兮霜白。伤心惨目,有如是耶!

呢,终身做夷狄;打下去呢,骨头暴露在沙砾。鸟不出声啊,山林悄悄;夜正长啊,风声浙浙。魂魄凝结啊,天色昏暗;鬼神聚集啊,云雾阴惨。日光寒冷啊,草不长,月色凄苦啊,霜更白。景象凄惨得令人不忍心看,有像这个样子的么?

［注释］ 1 绝:断绝。 2 蹙(cù):迫,逼近。 3 幂幂(mìmì):黑沉沉、阴森森的样子。

吾闻之:牧用赵卒,大破林胡。[1]开地千里,遁逃匈奴。汉倾天下,财殚力痡。[2]任人[3]而已,其在多乎?

我听说:李牧带领赵国的兵卒,大破林胡。开拓土地千里,赶跑了匈奴。汉朝动用了全国的人力物力,却落得个财尽民苦。可见只要用人得当,不在士兵的多少。

［注释］ 1 牧:李牧,战国末年赵国名将,长期防守在赵国的北边,打败东胡,降服林胡,使匈奴远遁,十余年不敢接近赵国边境。 林胡:匈奴的一支。 2 倾天下:尽全国之力。 殚(dān):竭尽。 痡(pū):病,引申为疲敝。 3 任人:指任用得人,即用人得当。

周逐猃狁,北至太原。[1]既城朔方[2],全师而还。饮至策勋[3],和乐且闲,穆穆棣棣[4],君臣之间。秦起长城,

周朝驱逐猃狁,北面到了太原,在朔方筑了一座城,就全军凯旋。告捷太庙,功劳载入简策,君臣之间和乐悠闲,谦恭文雅,互相尊敬。秦朝

竟海⁵为关,荼毒生灵,万里朱殷。⁶汉击匈奴,虽得阴山⁷,枕骸遍野,功不补患。

修建长城,关塞直到海边,百姓遭受摧残,万里长城沾满了血迹。汉朝进攻匈奴,虽然获得阴山,但是尸体堆满了山野,功绩抵不上祸患。

〔注释〕 1 猃狁(Xiǎnyǔn):古代北方的一个少数民族,即汉代的匈奴。太原:在今宁夏固原北,是太原戎所居之地。 2 城:筑城。 朔方:北方。 3 饮至:古时诸侯朝见、会盟、征伐完毕都要到宗庙里告祭祖先,饮酒庆贺。 策勋:把功劳记录在简策上。 4 穆穆:和平恭敬的样子。 棣棣(dìdì):雍容娴雅的样子。 5 竟海:一直到海。竟,终。 6 荼(tú)毒:毒害,残害。 朱殷:指赤黑色的血迹。 7 阴山:内蒙古自治区境内山脉,西起河套,东接内兴安岭。汉武帝多次伐匈奴,才夺得此山,设兵屯守,匈奴之势始衰。

苍苍蒸民¹,谁无父母?提携捧负,畏其不寿。谁无兄弟,如足如手?谁无夫妇,如宾如友?生也何恩,杀之何咎?其存其没,家莫闻知。人或有言,将信将疑。

天下众多的百姓,谁没有父母?牵着拉着抱着背着,生怕他命不长久。谁没有兄弟,就像手足一样亲近?谁没有夫妇,相敬如宾,相好如友?当他活着是受了什么恩,杀死他又是犯了什么罪?他们的生和死,家里一点也不知道。有人说起,将信将疑。

〔注释〕 1 苍苍:盛多的样子。 蒸民:同"烝民"。众多的百姓。

悁悁¹心目,寝寐见之。布奠倾觞²,哭

心中充满忧愁,睡梦里也梦见出征的亲属。摆设祭品倒满酒,望着远方放声哭。

望天涯。天地为愁,草木凄悲。吊祭不至,精魂何依? 必有凶年,人其流离。呜呼噫嘻! 时耶命耶? 从古如斯。为之奈何,守在四夷[3]。

天地为他们忧愁,草木为他们凄楚。吊祭不到,灵魂依托在哪里? 战后必有凶年,人们又要四散流离。唉,可怜啊! 是时机不好呢,还是命运不济? 然而从古以来都是这样的! 有什么办法呢? 只有施行仁义,归化四夷,让他们替天子守卫疆域。

注释 1 悁悁(yuānyuān):忧闷的样子。 2 布奠:摆设祭品。 觞(shāng):酒杯。 3 守在四夷:引自《左传·昭公二十三年》:"古者天子,守在四夷。"这是说要用仁德使四方归服,都来为天子守卫国土,就没有战争的祸患了。

陋室铭

刘禹锡[1]

导读 《陋室铭》聚描写、抒情、议论为一体,通过具体描写"陋室"恬静、雅致的环境和主人高雅的风度来表述自己两袖清风的情怀。全文不满一百字,通篇紧扣"陋室不陋"这一主旨。开头以山水陪衬陋室不陋;中间以室外景、室中人、室内事说明陋室不陋;再以诸葛庐、子云亭相比赞陋室不陋;最后引孔子的话作出权威的结论。

原文

山不在高,有仙则名;水不在深,有龙则灵。斯是陋室,惟吾德

译文

山,不在于高,有神仙住着就出名;水,不在于深,有蛟龙潜藏就显灵。这是一间简陋的住室,由于我道德高尚而散发芳

馨[2]。苔痕上阶绿，草色人帘青。谈笑有鸿儒，往来无白丁。[3]

馨。苔藓爬上台阶一片碧绿，芳草映入窗帘格外翠青。在里边谈笑的有学问渊博的学者，往来的没有无知识的俗人。

注释 1 刘禹锡(772—842)：字梦得。洛阳(今属河南)人。唐顺宗永贞元年(805)，参加了以王叔文为首的政治集团，反对宦官专权和藩镇割据。不久失败，被贬为朗州(今湖南常德一带)司马，九年之后才迁连州(今广东连州一带)刺史，历任夔、和、苏、汝、同等州刺史，最后做到太子宾客，加检校礼部尚书。他是唐代有名的文学家，也是一位具有唯物主义思想的哲学家。 2 馨(xīn)：能散布到远处的芳香，这里指德行的美好。 3 鸿儒：博学之士。 白丁：没有功名的人。这里是指无知识的俗人。

可以调素琴，阅金经。[1]无丝竹之乱耳，无案牍之劳形[2]。南阳诸葛庐[3]，西蜀子云亭[4]。孔子云："何陋之有[5]？"

在这里可以抚弄清雅的古琴，诵读金字书写的佛经。没有各种浊杂的音乐嘈耳，也没有案卷公文劳累心身。它好比诸葛亮在南阳住的茅庐，扬子云在西蜀住的草玄亭。孔子说："这有什么简陋的呢！"

注释 1 调(tiáo)：弹奏。 金经：指佛经。古人用金色颜料写佛经，故称。 2 案牍(dú)：公文案卷。这里是泛指官署公务。 劳形：使身体感到劳累。 3 诸葛庐：汉末诸葛亮隐居南阳郡的邓县隆中(今湖北襄阳西)，住的是茅庐。 4 子云亭：子云，汉代学者扬雄的字。扬雄是蜀郡成都人，他曾在成都专心著述《太玄经》，名其住室为"草玄亭"。 5 何陋之有：语出《论语·子罕》。孔子在政治上失意，想到九夷去住，有人说那里太简陋了，孔子说："君子居之，何陋之有！"

阿房宫赋

杜牧[1]

导读 本文是唐代文学家杜牧创作的一篇借古讽今的赋体散文。作者通过描写阿房宫的兴建及毁灭,生动形象地总结了秦朝统治者骄奢亡国的历史经验,并向唐朝统治者发出了警告。

本文既充分发挥了赋的长处,又能突破樊篱,骈散结合,夹叙夹议。描写处铺排夸张,概括凝练,极力形容阿房宫体制的宏丽、宫廷生活的奢侈;议论时笔锋犀利,所向披靡,着重揭露独夫民贼与广大人民的尖锐对立。两两相生,有力地突出了作品的主题。

原文	译文
六王毕[2],四海一[3],蜀山兀[4],阿房出。	六国诸侯被消灭以后,全国就统一了。秦始皇下令砍光了蜀山的树木,建起了阿房宫。

注释 1 杜牧(803—853).字牧之,祖籍京兆万年(今陕西西安)人。二十六岁中进士,曾作了十多年的幕僚。历任黄、池、睦、湖等州刺史,官终中书舍人。工诗、赋、文、辞,尤长于诗。世称"小杜",以别于杜甫。
2 六王:指楚、齐、韩、赵、魏、燕六国的君王。 毕:完结。这里指六王统治的结束。 3 四海:即全国。 一:统一。 4 蜀山:蜀地之山,即今川陕边界的山脉。 兀:山高而秃。这里指山上的树木被砍光了。

覆压三百余里,隔离天日。[1]骊山北构而西折,直走咸阳。[2]二川溶溶[3],流入宫墙。五步一楼,十步一阁,廊腰缦回,檐牙高啄,各抱地势,钩心斗角。盘盘[4]焉,囷囷[5]焉,蜂房水涡,矗不知其几千万落。[6]

阿房宫纵横绵延三百多里,遮天蔽日。从骊山北边开始修筑,再向西拐,一直伸向咸阳。渭水樊川,微波荡漾,流进了宫墙。五步一座楼台,十步一处亭阁。长廊像一条缯做的腰带,回环往复;檐头像仰天啄食的鸟嘴,翘然上指;各处建筑都随着地形的起伏而自然变化,四方向核心辐凑,又互相争雄斗势。周转回旋啊,错综纷纭啊,如同密密的蜂房,又像激流中的水涡,高高耸立,也不知有几千万座院落。

注释 1 据《三辅黄图》记载:"阿房宫,亦曰阿城。惠文王造宫,未成而亡。始皇广其宫。规恢三百余里,离宫别馆,弥山跨谷,辇道相属,阁道通骊山八百余里。" 2 骊山:在今陕西西安临潼区东南。 咸阳:秦都城,故城在今陕西咸阳东北窑店镇附近。 3 二川:渭水、樊川。 溶溶:河水流动的样子。 4 盘盘:盘旋貌。 5 囷囷(qūnqūn):曲折回旋的样子。 6 蜂房:蜂巢内的小室,比喻建筑物的多和密。 水涡:旋涡,比喻建筑物的曲折回旋;一说水涡即瓦沟。 落:院落;一说指屋檐的滴水装置。

长桥卧波,未云何龙[1]?复道行空,不霁何虹?[2]高低冥迷,不知西东。歌台暖响,春光融融;舞殿冷袖,风雨凄凄。一日之内,一宫之间,而气候不齐。

长桥横卧渭水,天空无云,何处飞来了苍龙?复道飞跨长空,不是雨后刚晴,怎么出现的彩虹?令人晕头转向,不识高低,难辨西东。歌台上笙歌嘹亮,热烈气氛宛若和暖的春光;舞厅里长袖飘逸,旋起阵阵冷风,好似秋天的苦雨凄风。在一天之内,一宫之间,气候竟然如此不同。

注释 1《周易·乾·文言》:"云从龙,风从虎。"古人迷信,认为云必伴随龙生,风必跟着虎起。 2 复道:楼阁之间架木构成的通道。 霁:雨后或雪后转晴。

妃嫔媵嫱[1],王子皇孙,辞楼下殿,辇[2]来于秦,朝歌夜弦,为秦宫人。

六国的妃子、嫔御、媵妾、女官、王子、皇孙,离开了自己的宫殿,来到秦朝的阿房宫中,清晨唱歌,傍晚弹琴,变成了秦王的宫人。

注释 1 妃:皇帝的妾,地位次于皇后。 嫔:皇帝的妾,地位次于妃。媵(yìng):妾的一种。古代贵族女子出嫁时的随嫁女子,称为媵。 嫱(qiáng):宫中女官。 2 辇:帝王和皇后所乘的车,这里作动词用。

明星荧荧[1],开妆镜也;绿云扰扰[2],梳晓鬟也;渭流涨腻[3],弃脂水也;烟斜雾横,焚椒兰[4]也;雷霆乍惊,宫车过也;[5]辘辘远听,杳不知其所之也。一肌一容,尽态极妍,缦立远视,而望幸焉。有不得见者三十六年。

明星闪闪,是美人打开了梳妆的奁镜;绿云纷纷,是美人早晨梳理着黑色的长发;渭水泛起一层油腻,是美人泼弃的胭脂水;宫中弥漫着烟雾,是焚烧着花椒与兰花;雷霆突然震响,是皇帝乘坐的宫车驶过;可车声辘辘,渐行渐远,也不知去向何方。宫中美女,千姿百态,梳妆打扮,久久站立,倚门远眺,希望得到宠幸。有些人竟这样等了三十六年,连皇帝的面孔都没有见过。

注释 1 荧荧:光明貌。 2 绿云:比喻妇女黑润而稠密的头发。 扰扰:纷纷扬扬。 3 腻:油脂。 4 焚椒兰:古代贵族妇女在房中烧香料熏室。

椒,花椒。兰,兰花。 **5** 语出《长门赋》:"雷殷殷而响起兮,声象君之车音。"汉武帝陈皇后失宠,贬居长门宫,惆怅哀婉,郁郁寡欢,文学家司马相如为她写了这篇作品。

燕、赵之收藏[1],韩、魏之经营,齐、楚之精英,几世几年,取掠其人[2],倚叠如山。一旦不能有,输来其间。鼎铛玉石[3],金块珠砾[4],弃掷逦迤[5],秦人视之,亦不甚惜。

燕国、赵国收藏的金银,韩国、魏国聚敛的珠玉,齐国、楚国挑选的珍宝,是诸侯年深日久,靠掠夺本国老百姓而积集起来的,堆积如山。一旦国破家亡,这些再也不能占有了,都被运进了阿房宫中。秦国人把宝鼎当作铜铛,美玉当作石头,金银当作泥土,珍珠当作粗砂,随便乱扔,遍地都是,秦人看见这些,也并不感到可惜。

[注释] **1** 收藏:与下两句中之"经营""精英"皆指六国搜刮的珍宝。**2** 取掠:掠夺、搜刮。 人:民。 **3** 鼎:古代食器。 铛(chēng):平底浅锅。 **4** 块:土块。 砾:粗沙。 **5** 逦迤(lǐyǐ):绵绵不绝。

嗟呼! 一人之心,千万人之心也。秦爱纷奢,人亦念其家。奈何取之尽锱铢[1],用之如泥沙! 使负栋之柱,多于南亩[2]之农夫;架梁之椽,多于机上之工女;钉头磷磷,多于在庾之粟粒;[3]瓦缝参差,多于周身之帛缕;

唉! 一个人的心愿,也就是千万个人的心愿。秦国皇族喜爱豪华奢侈,但人们也顾念自己的家呀。为什么搜刮百姓的时候,一丝一毫也不放过,用起来却跟泥沙一样? 使得宫中支承栋梁的柱子,比田野里的农夫还要多;架在梁上的椽条,比织布机上劳动的妇女还要多;密集的钉头,比放在露天谷仓里的粟粒还要多;参差不齐的瓦缝,比全身衣服上的直栏横槛,多于九土之城郭[4];管弦呕哑,多于市人之言语。使天下之人,不敢言而敢怒。独夫[5]之心,日益骄固。

纱线还要多;纵横长短的栏杆,比全国的城郭还要多;管弦奏出的嘈杂声,比集市上的人声还要多。看着这些,天下的人民,口不敢言心中却怨怒。而独夫民贼的思想,却日益骄横顽固。

注释　1 锱铢(zīzhū):古代重量单位,六铢为一锱,一铢略等于后来一两的二十四分之一。用来比喻轻微。　2 南亩:泛指田野。　3 磷磷:水里的石头密集,这里是形容显露的样子。　庾:露天谷仓。　4 郭:外城。　5 独夫:专横残暴的统治者为人民所痛恨,众叛亲离,故称"独夫"。

戍卒叫,函谷举;[1]楚人[2]一炬,可怜焦土。

戍卒大呼而起,函谷一举攻开;楚兵一把大火,把阿房宫烧成一片焦土。

注释　1 戍卒叫:指陈胜吴广起义。　函谷:函谷关(今河南灵宝西南)。秦二世三年(前207)八月,赵高杀秦二世,立子婴为帝。十月,刘邦入关,进兵灞上,子婴迎降。　2 楚人:项羽及其部队。

呜呼!灭六国者,六国也,非秦也;族[1]秦者,秦也,非天下也。嗟夫!使六国各爱其人,则足以拒秦;秦复爱六国之人,则递三世可至万世而为君[2],谁得而族灭也?秦人不暇自哀,

啊!消灭六国的,是六国自己啊,而不是秦国;消灭秦国的,是秦国自己啊,而不是天下的人民。唉!要是六国都能爱护自己的人民,那么就完全能够抵挡住秦国了;假如秦国又能够爱护六国的人民,那么皇位就可以传到三代,以至千秋万世都做皇帝,谁能够消灭他们的家族呢?秦人来不及痛惜自己的亡国,而

原文	译文
而后人哀之;后人哀之而不鉴之,亦使后人而复哀后人[3]也。	后人替他们哀伤;后人替秦人哀伤,却不以秦人作为鉴戒,只怕又会使更后的人们来哀伤他们呢!

注释 1 族:古时的一种残酷的刑罚,多至诛灭九族。 2 《史记·秦始皇本纪》载秦并六国后,始皇下诏废除谥法:"朕为始皇帝,后世以计数,二世三世至于万世,传之无穷。" 3 亦使后人而复哀后人:前一个"后人"指唐代以后的人;后一个"后人",指唐代统治者。

原 道
韩愈[1]

导读 《原道》是韩愈复古崇儒、攘斥佛老的代表作。文中观点鲜明,有破有立,引证古今,层层剖析,驳斥佛老之非,论述儒学之是,归结到恢复古道、尊崇儒学的宗旨,是唐代古文的杰作。

原文	译文
博爱[2]之谓仁,行而宜之之谓义[3],由是而之焉之谓道[4],足乎己无待于外之谓德[5]。	广泛爱人叫作仁,行动适宜叫作义,从仁义出发,去立身行事叫作道,自己本来就具有而不需要外来影响叫作德。

注释 1 韩愈(768—824),字退之,河阳(今河南孟州南)人。祖籍河北昌黎,故世称韩昌黎。他和柳宗元等倡导了中唐时期的古文运动,是杰出的散文家、有特色的诗人。 2 博爱:广泛爱人。博,大。

3 行:行为,实践。　宜:指合于人情事理所当然。　义:"仁"的具体表现。
4 是:此,指仁义。　道:应该行走的路,应遵循的道理。　5 足乎己无待于外之谓德:意谓德是内心本来具有的,加强修养,见之行动,自然心安理得,不待外来的影响。

仁与义为定名,道与德为虚位。[1]故道有君子小人,而德有凶有吉。[2]

仁与义是具有实际内容的定名,道与德是需要实际内容去填充的虚位。因为道与德是虚位,所以有君子之道,小人之道的区分,有凶德、吉德的区别。

[注释]　1"仁与义为定名"二句:谓仁与义是具体事物的固定名称,循名责实,有其实际内容。道德则可以做不同的解释,是从不同的内容和准则抽象出来的,故曰虚位。　2"道有君子小人"二句:说明道与德为什么是虚位。有君子之道,小人之道;有凶德,吉德。

老子[1]之小仁义,非毁之也,其见者小也。坐井而观天[2],曰天小者,非天小也。彼以煦煦[3]为仁,孑孑[4]为义,其小之也则宜。其所谓道,道其所道,非吾所谓道也;其所谓德,德其所德,非吾所谓德也。[5]凡吾所谓道德云者,合仁与义言之也,天下之公言也;老子之所谓

老子轻视仁义的意义,不是有意诋毁仁义,而是由于他所见狭小的缘故。正如从井中观天,说天如何小,并不是天真的这样小。他把巧言令色看作仁,细谨小节看作义,因而贬低仁义的意义,就不足为怪了。老子所讲的道,是把他对道的理解当作道,不是我所讲的道;老子所讲的德,是把他对德的理解当作德,不是我所讲的德。我所讲的道与德,都是包括仁与义来谈的,是天下的公理;老子所讲的道与

道德云者,去仁与义言之[5]也,一人之私言也。

德,都是离开仁与义来谈的,是一己的私见。

注释 1 老子:春秋时哲学家,姓李,名耳,楚国人。创立道家学派,被后来的道教奉为始祖。著有《老子》一书。 2 坐井而观天:譬喻所见不广。 3 煦煦:温润和悦貌。 4 孑孑:琐屑细小貌。 5 "其所谓道"六句:道其所道,德其所德,上"道"字、"德"字皆作动词用。《老子》:"人法地,地法天,天法道,道法自然。""上德不德,是以有德;下德不失德,是以无德。"大旨归于无为自化,与后面所引《大学》诚意、正心、修身、齐家、治国之说迥然有别,所以说"非吾所谓道""非吾所谓德"。 6 去仁与义言之:《老子》有"绝仁与义,民复孝慈"的话。

周道衰[1],孔子没[2],火于秦[3],黄老于汉[4],佛于晋、魏、梁、隋之间[5]。

自从周王朝权力衰微,孔子去世后,诗书史籍被秦烧毁,汉代受到黄老之学的影响,晋、魏、隋、梁几个朝代又受到佛教的影响。

注释 1 周道衰:指周平王东迁洛阳后,王朝权力日益削弱。 2 孔子没:孔丘死于鲁哀公十六年(前479),以后诸子百家争鸣,儒家内部也分成八派。 3 火于秦:指秦始皇焚书。火,焚烧。 4 黄老:指黄帝、老子之学,这里作动词用,谓黄老之学盛行于汉代。 5 佛于晋、魏、梁、隋之间:句法上与上句同,谓佛教盛行于晋、北魏、梁、隋几个朝代。

其言道德仁义者,不入于杨,则入于墨;[1]不入于老,则入于佛。[2]入于彼,必出于此。入

所以,谈论道德仁义的人,不是信奉杨朱的学说,就是信奉墨翟的学说;不是信奉黄老学说,就是信奉佛教学说。推崇那一说,一定排斥这一说。推崇一说,

者主之,出者奴之;入者附之,出者污之。[3] 噫!后之人其欲闻仁义道德之说,孰从而听之?

就奉为宗主;排斥一说,就看作隶属。推崇一说,就无限夸大它;排斥一说,就肆意诋毁它。唉!后学之士想要懂得儒家仁义道德的学说,从哪里去听到它呢?

[注释] 1 杨:杨朱。 墨:墨翟。 此处谓杨朱、墨翟的学说。 2 "不入于老"二句:指汉以后直至唐代黄老之学和佛教盛行的情况。 3 附:附益,增加,夸大。 污:贬低,歪曲。

老者[1]曰:"孔子,吾师之弟子也。"佛者[2]曰:"孔子,吾师之弟子也。"为孔子者[3],习闻其说,乐其诞而自小也[4],亦曰"吾师亦尝师之"云尔。不惟举[5]之于其口,而又笔[6]之于其书。噫!后之人虽欲闻仁义道德之说,其孰从而求之?

崇尚老子学说的人说:"孔子是我们先师的弟子。"信奉佛教的人说:"孔子是我们佛祖的弟子。"推崇孔子学说的人,听惯了老、佛两家的说法,赞赏他们的奇谈怪论而贬低自己,也跟着说:"我们孔子也曾向他们老师学习过呢!"不仅在他们的口里称道着,而且在他们著的书里也记载着。唉!后学之士即使想要懂得儒家仁义道德的学说,又从哪里去探求呢?

[注释] 1 老者:崇尚老子学说的人。 2 佛者:信奉佛教的人。 3 为孔子者:推崇孔子学说的人。 4 诞,荒诞,虚妄。 自小:自卑,贬低自己。 5 举:称述。 6 笔:记载。

甚矣,人之好怪也!不求其端[1],不讯其末,

人们好怪诞,也太厉害了!不推求事物的开端,不探究其发展情况和影响,

惟怪之欲闻。古之为民者四,今之为民者六;[2]古之教者处其一,今之教者处其三。[3]农之家一,而食粟之家六;工之家一,而用器之家六;贾之家一,而资焉[4]之家六。奈之何民不穷且盗也!

只爱听一些荒诞无稽的话。古时有士、商、农、工四民,今天增加僧、道,有六民了;古时士民主教化,于四民之中居其一,今天士和僧、道并主教化,于六民之中居其三。这样,一户农民,要供六户人家的口粮;一户工民,要供六户人家的器用;一户商民,要供六户人家的生活资料。如何不弄得人民穷困,被迫去做盗贼啊!

[注释] 1 端:开始。 2 为民者四:指士、农、工、商四种人。 为民者六:上述四种人加上佛教徒、道教徒。 3 "古之教者处其一"二句:谓古时士民掌教化,居四民之一;现在掌教化的增加佛、道二民,居六民之三。 4 资焉:依靠商贾以取得生活资料。

古之时,人之害多矣。有圣人者立,然后教之以相生相养之道;为之君,为之师,驱其虫蛇禽兽而处之中土[1]。寒然后为之衣,饥然后为之食。木处[2]而颠,土处而病也,然后为之宫室。为之工,以赡[3]其器用;为之贾,以通其有无;为之医药,以济其夭死;为之葬埋祭祀,以长其恩爱;为之礼,

古时候,人类遇到的危害很多。有圣人出来,教导人们共同生活和长育的道理、方法;为他们设立君主,为他们设立师长,赶跑虫蛇禽兽,让人们居住在中原地带。冷了,帮他们找穿的,饿了,帮他们找吃的。住在树上容易颠仆,住在土洞容易生病,就帮他们建筑宫室。为人们分设工民,来充分供应他们的器具;为人们分设商民,来沟通他们的有无;为人们寻找医药,来拯救他们的夭折死亡;为人们倡导葬埋祭祀,来增长他们的恩爱感情;为人们规定礼仪,来

以次其先后；为之乐，以宣其湮郁[4]；为之政，以率其怠倦[5]；为之刑，以锄其强梗[6]。相欺也，为之符玺斗斛权衡以信之[7]；相夺也，为之城郭甲兵以守之。害至而为之备，患生而为之防。

叙列他们的尊卑长幼；为人们制作音乐，来宣泄他们的抑郁苦闷；为人们布施政教，来督率怠惰；为人们设立刑罚，来锄除强暴。有欺骗别人的事，便为人们设置符节、印章、斗斛、权衡，来作为凭信；有侵略别人的事，便为人们筑城郭、造兵甲来帮助守卫。总之，有了危害就为人守备，发生灾祸就为人防范。

注释　1 中土：中原地带。　2 木处：树上架巢而居。下句"土处"指穴居野处。处，居。　3 赡：供应。　4 宣：宣泄，发舒。　湮郁：情志抑塞不舒。　5 怠倦：怠惰。　6 强梗：强暴。　7 符：竹制，分而相合以示信。　玺：印章。　斛(hú)：量器。　权：秤锤。　衡：秤杆。

今其言曰："圣人不死，大盗不止；剖斗折衡，而民不争。[1]"呜呼！其亦不思而已矣！如古之无圣人，人之类灭久矣。何也？无羽毛鳞介以居寒热也，无爪牙以争食也。

现在老子一派人的言论说："如果圣人不死，大盗窃国的事就不会停止；只有劈掉斗、折断秤，人民才不会相争。"唉！说这种话的人也实在是不去想一想罢了！如果古时无圣人，人类早绝迹了。为什么呢？人没有羽毛鳞甲来适应严寒酷热的环境，没有锐爪利牙来与禽兽争夺食物啊。

注释　1 "圣人不死"四句：见《庄子·胠箧》，庄子的意思是说大盗不但窃国，而且还利用圣人之法来维持他的统治地位。

是故君者,出令者也;臣者,行君之令而致之民者也;民者,出粟米麻丝,作器皿,通货财,以事其上者也。君不出令,则失其所以为君;臣不行君之令而致之民,则失其所以为臣;民不出粟米麻丝,作器皿,通货财,以事其上,则诛[1]。今其法曰"必弃而君臣,去而父子,禁而相生相养之道"[2],以求其所谓清净寂灭[3]者。呜呼!其亦幸而出于三代之后,不见黜于禹、汤、文、武、周公、孔子也;其亦不幸而不出于三代之前,不见正于禹、汤、文、武、周公、孔子也。

因此,君主是发布号令的;臣子是执行君王的号令并实施于老百姓的;老百姓则是生产粟米麻丝、制造器皿、流通货物,来侍奉上面的。君主不发布号令,就失掉做君主的职责;臣子不执行君主的号令并实施于老百姓,就失去了做臣子的职责;老百姓不生产粟米麻丝、制造器皿、流通货物,来侍奉上面,就应该受到责罚。现在佛、道的办法是"必须废弃你的君臣礼节,断绝你的父子亲属关系,取消你的共同生活和长育的道理、方法",用这来求得他们所谓清净寂灭的境界。唉!这些荒诞的说法,也就侥幸地出现在夏、商、周三代之后,没有被禹、汤、文、武、周公、孔子废黜掉;这些荒诞的教法,又不幸没有出现在夏、商、周三代之前,没有得到禹、汤、文、武、周公、孔子的纠正。

注释 **1** 诛:责罚。 **2** "必弃而君臣"三句:句中"而"字皆与汝、尔同义。僧人见君不下拜,所以说"弃而君臣";弃世出家,所以说"去而父子";不事生产劳动,所以说"禁而相生相养之道"。 **3** 清净寂灭:道教和佛教修行的理想境界,指一切欲望和念头以及现实世界都是虚幻的。

帝之与王,其号虽殊,其所以为圣一也。[1]夏葛而冬裘,渴饮而饥食,其事虽殊,其所以为智一也。今其言曰:"曷不为太古之无事?"是亦责冬之裘者曰:"曷不为葛之之易也?"责饥之食者曰:"曷不为饮之之易也?"

五帝三王,他们的名号虽然不同,而都有功德于民则是相同的。夏天穿麻布衣,冬天穿皮衣,口渴了饮水,肚子饿了吃饭,这些事情虽然不同,但都很明智则是相同的。现在老子一派人的言论说:"为什么不回到太古的简陋无事?"这也像责备冬天穿皮衣的人说:"为什么不干穿葛布衣那样容易的事呢?"责备肚子饿了而吃饭的人说:"为什么不干饮水那样容易的事呢?"

注释　1"帝之与王"三句:黄帝、颛顼、帝喾、尧、舜称五帝,夏禹、商汤、周文王武王称三王。时代不同,名号各异,而有功德于民则相同。

传曰[1]:"古之欲明明德于天下者[2],先治其国;欲治其国者,先齐其家;欲齐其家者,先修其身;欲修其身者,先正其心;欲正其心者,先诚其意。"然则古之所谓正心而诚意者,将以有为[3]也。今也欲治其心,而外天下国家,灭其天常[4],子焉而不父其父,臣焉而不君其君,民焉而不事其事。

解释经义的传这样说:"古时要在天下显明他的至德的人,首先必须治理他的国;要治理他的国,首先必须整肃他的家;要整肃他的家,首先必须修身;要修身,首先必须端正思想;要端正思想,首先必须诚实他的意念。"由此可知,古时讲端正思想,诚实意念,是要借此有所作为(即治国平天下)的。现在信奉佛教的人要怡养心性,却把天下国家当作外物,废止人类的天然秩序,做儿子的不孝敬他的父亲,做臣子的不尊奉他的君主,做国民的不履行他的义务。

注释 1 传:解释儒家经典的书籍。引文出自《礼记·大学》。 2 古之欲明明德于天下者:郑玄说:"明明德,显明其至德。"朱熹说:"明明德于天下者,使天下之人皆有以明其明德也。" 3 有为:有作为。 4 天常:天伦,指封建秩序如君臣、父子、兄弟、夫妇等。

孔子之作《春秋》也,诸侯用夷礼则夷之,进于中国则中国之。[1]经曰:"夷狄之有君,不如诸夏之亡[2]。"《诗》曰:"戎狄是膺,荆舒是惩。"[3]今也举夷狄之法,而加之先王之教之上,几何其不胥[4]而为夷也!

孔子作《春秋》的时候,凡中原地区的诸侯如果采用夷礼的,便把他看作夷人;夷人如果能向慕、采用中原地区礼节的,便把他看作中原地区的诸侯。《论语·八佾》说:"夷狄虽然有君主,但没有礼义,不如中国虽也偶然无君,却礼义不废。"《诗经》说:"要抗击西方北方的戎狄,要惩罚南方的荆、舒。"现在称述夷狄的教法,放在先王的教化之上,差不多叫大家都成为夷人了啊!

注释 1 "孔子之作《春秋》也"三句:《春秋》三传都认为《春秋》记载历史事实,寓有褒贬深意。其中之一,即所谓明夷夏之辨,把中国与四周少数民族国家严格区别开来。 2 诸夏:古代指中原各诸侯国。 亡:通"无"。 3 "诗曰"三句:见《诗·鲁颂·閟宫》。膺,抗击。荆,楚国。舒,服属于楚的小国,今安徽舒城一带。 4 胥:相,皆。

夫所谓先王之教者,何也?博爱之谓仁,行而宜之之谓义,由是而之焉之谓道,足乎己

我所说的先王之教是什么呢?广泛地爱人叫作仁,办事行动适宜叫作义,从仁义出发去立身行事叫作道,自己本来具有而不需要外来的影响叫作德。它

无待于外之谓德。其文《诗》《书》《易》《春秋》，其法礼乐刑政，其民士农工贾，其位君臣父子师友宾主昆弟夫妇，其服麻丝，其居宫室，其食粟米果蔬鱼肉。其为道易明，而其为教易行也。是故以之为己，则顺而祥；以之为人，则爱而公；以之为心，则和而平；以之为天下国家，无所处而不当。是故生则得其情，死则尽其常[1]；郊焉而天神假[2]，庙焉而人鬼飨[3]。曰："斯道也，何道也？"曰："斯吾所谓道也，非向所谓老与佛之道也。"尧以是传之舜，舜以是传之禹，禹以是传之汤，汤以是传之文武周公，文武周公传之孔子，孔子传之孟轲，轲之死，不得其传焉。荀与扬也，择焉而不精，语焉而不详。[4]由周公而

的典籍就是《诗经》《尚书》《周易》《春秋》，它的法度就是礼、乐、刑、政，它的人民就是士、农、工、商，它的秩位就是君臣、父子、师友、宾主、兄弟、夫妇，它的衣着就是麻丝，它的居处就是宫室，它的食物就是粟米、果蔬、鱼肉。总之，先王之教的道理容易明了，教化容易施行。因此用它来律己，就顺遂吉利；用它来待人，就仁爱公正；用它来涵养心性，就气和心平；用它来治理天下国家，采取的方针、政策，没有不周到适宜的。所以，它使人在生时言行无失、合乎情理，死去时大节已尽，终其天年；祭天时天神被感通降临，祭祖庙时祖宗来享食祭品。有人会问："这个道是什么道呢？"我回答说："这道正是我所讲的道，不是过去人们所讲的老与佛的道了。"尧把这个道传给舜，舜把这个道传给禹，禹把这个道传给汤，汤把这个道传给文王、武王、周公，文王、武王、周公传给孔子，孔子传给孟轲，孟轲死后，便找不到这个传道的人了。后来的荀况与扬雄虽然都有成就，但荀况的言论还欠简择，不精粹，扬雄阐述道理还欠详尽。从周公上推，尧舜禹汤文武在上

上,上而为君,故其事行;由周公而下,下而为臣,故其说长。

为君,所以他们的事功广泛施行;从周公下推,孔子孟轲在下为臣,所以他们的言论长久流传。

[注释] 1 死则尽其常:意谓尽了君臣、父子之义,能终其天年。常,即上文的天常。 2 郊:郊祀,祭天。 假:通"格",到。 3 庙:指宗庙祭祀。人鬼:指祖宗。 飨:同"享",享食祭品。 4 "荀与扬也"三句:荀,荀况。扬,扬雄。择焉而不精,谓荀况言论深博,但欠简择,不精粹。语焉而不详,谓扬雄言论尊圣人,但太简略,不详尽。

然则如之何而可也?曰:"不塞不流,不止不行。[1]人其人[2],火其书,庐其居[3],明先王之道以道之,鳏寡孤独废疾者有养也[4]。其亦庶乎其可也!"

既然这样,对目前情况怎么办才可以呢?回答说:"佛老之道不加堵塞、不禁止,先王之道就不能流传、不能施行。必须迫使僧尼道士返还四民之中各就本业,烧毁传布佛老教义的书,把他们住的寺观庙宇改为民用庐舍,大力宣传先王之道来引导他们,使天下的鳏夫、寡妇、孤儿、孤老、残疾,生活都有保障,这样也就差不多算可以了。

[注释] 1 "不塞不流"二句:孙汝听说:"言佛老之道不塞不止,则圣人之教不流不行也。" 2 人其人:上"人"字用如动词,意谓迫使僧尼、道士返还四民之中,各就本业。 3 庐其居:句法与"人其人"同,意谓把僧尼、道士住的寺观庙宇改为民用的庐舍。 4 鳏(guān):没有妻子的老人。独:没有子女的老人。

原 毁

韩愈

导读 此文论述和探究毁谤产生的原因。作者以儒家的道德观念为依据,从待己和待人两方面立论,以古今作比较,分析揭示了毁谤产生的根源在于懒惰和嫉妒。文章高度赞扬了"古之君子"严以律己、宽以待人的精神,抨击了惯于"怠"与"忌"、好说别人坏话的"今之君子",呼吁社会改变"事修而谤兴,德高而毁来"的嫉贤妒能的坏风气。

原文

古之君子[1],其责己也重以周[2],其待人也轻以约。重以周,故不怠[3];轻以约,故人乐为善。

译文

古时候的君子,他们要求自己严格而全面,要求别人宽容而简约。要求自己严格、全面,所以不懒惰;要求别人宽容、简约,所以别人乐于做好事。

注释 1 君子:古代指有道德修养的人。 2 责:要求。 重以周:严格而详尽,与下句"轻以约"为对文。以,连词,相当"而"。 3 怠:怠惰。

闻古之人有舜者,其为人也,仁义人也。[1]求[2]其所以为舜者,责于己曰:"彼,人也;予,人也。彼能是,而我乃不能是!"[3]早夜以思,去其不如舜者,就其

听说古代的人有个叫舜的,为人仁爱正义。他便探求舜之所以能够成为舜的道理,然后责备自己说:"他(舜)是人,我也是人。他能这样,而我却不能这样!"于是早晚思考,去掉那些不及舜的东西,发展那些与舜

如舜者。[4]闻古之人有周公者，其为人也，多才与艺人[5]也。求其所以为周公者，责于己曰："彼，人也；予，人也。彼能是，而我乃不能是！"早夜以思，去其不如周公者，就其如周公者。舜，大圣人也，后世无及焉；[6]周公，大圣人也，后世无及焉。是人[7]也，乃曰："不如舜，不如周公，吾之病[8]也。"是不亦[9]责于身者重以周乎！

相同的东西。又听说古代的人有个叫周公的，是个多才多艺的人。他便探求周公之所以成为周公的道理，然后责备自己说："他（周公）是人，我也是人。他能这样，我却不能这样！"于是早晚思考，去掉那些不及周公的东西，发展那些和周公相同的东西。舜是一个伟大的圣人，后代没有赶上的；周公是一个伟大的圣人，后代没有赶得上的。这种人却说："不如舜，不如周公，就是我的毛病。"这不是要求自己严格而全面吗？

[注释] 1 舜：虞舜。 仁义人：能行仁义的人。 2 求：探求，研究。 3 彼：指舜。 是：如此，这样。 4 去：去掉。 就：追求，成就。 5 多才与艺人：多才多艺的人。 6 圣人：贤明圣哲的人。 无及：没有能赶得上。 7 是人：这个人，指"古之君子"。 8 病：弱点，缺陷。 9 是不亦：这不是……。亦，表判断。

其于人[1]也，曰："彼人也，能有是，是足为良人[2]矣；能善是，是足为艺人[3]矣。"取其一，不责其二；即其新，不究其旧。[4]恐恐然惟惧其人之不得为善之利[5]。

他们对待别人，总是说："那个人能有这些优点，这就够得上一个善良的人了；能擅长这些事情，这就够得上一个有才技的人了。"取别人的一点优点，不再强求他还有第二点；只就别人的现在看，不追究他的过去。担心的是怕别人做了好事而得不到应得的好处。某个方一善,易修也,一艺,易能也。[6]其于人也,乃曰:"能有是,是亦足矣。"曰:"能善是,是亦足矣。"不亦待于人者轻以约乎!

面的一种善良品德是容易修养的,一门技艺是容易具备的。但他们对于别人却说:"能有这些优点,这就足够了。"说:"能长于这些,这就足够了。"这不是要求别人宽容而简约吗!

[注释] 1 其于人:他对待别人。 2 良人:善良的人。 3 艺人:有才技的人。 4 "取其一"四句:取别人的一点(优点),不强求他再有第二点;只就别人当时好的表现看,不追究他的过去。 5 恐恐然:担心的样子。惟惧:只怕。 不得为善之利:得不到做了好事而应得的好处。 6 一善:一方面或一时的好处。 一艺:一门技艺。

今之君子则不然。其责人也详,其待己也廉。[1]详,故人难于为善;廉,故自取也少[2]。己未有善,曰:"我善是,是亦足矣。"己未有能,曰:"我能是,是亦足矣。"外以欺于人,内以欺于心[3],未少有得而止矣,不亦待其身者已廉乎。

今天的"君子"却不是这样。他们要求别人详尽苛刻,要求自己太少太低。要求别人详尽苛刻,所以别人难以做好事;要求自己太少太低,所以自己获得进步不多。本来他自己没有什么善良品德,却说:"我有这些善良品德,这就够了。"自己没有长处,却说:"我长于这个,这就够了。"对外以此欺骗别人,对内以此欺骗自己,还没有一点收获就停止前进了,不是对自己要求太少太低吗?

[注释] 1 详:详尽。 廉:低。 2 自取也少:自己得益就少。 3 欺于心:心中自欺。

其于人也,曰:"彼虽能是,其人不足称也[1];彼虽善是,其用[2]不足称也。"举其一不计其十,究其旧不图其新;[3]恐恐然惟惧其人之有闻[4]也。是不亦责于人者已详乎!夫是之谓[5]不以众人待其身,而以圣人望于人,吾未见其尊己也!

他们对于别人,总是说:"他虽有这个特长,但他的人品不足称道呀;他虽然有这些善良品德,但他的才能不足称道呀。"偏举别人的一个缺点,不考虑他其他的十个优点;只追究别人的过去,不考虑他的现在。担心的是怕别人有了好的名誉。这不就是要求别人太详尽苛刻吗?这样做就叫作不用一般人的标准来要求自己,却用圣人的标准去要求别人,我看不到他是在尊重自己。

[注释] 1 人:指人品。 称:称道。 2 用:作用,指才能。 3 "举其一"二句:偏举别人的一个缺点而不考虑其他十点怎样,追究别人过去的错误而不看他现在的表现。 4 闻(wèn):声望,名誉。 5 是之谓:这就叫作。

虽然,为是者有本有原,怠与忌之谓也。[1]怠者不能修[2],而忌者畏人修。吾尝试之矣。尝试语于众曰:"某良士,某良士[3]。"其应者,必其人之与也;[4]不然,则其所疏远,不与同其利者[5]也;不然,则其畏[6]也。不若是,强者必怒于言,懦者必怒于色矣。[7]

虽然这样,这些人这样做是有思想根源的,那就是懒惰和嫉妒。懒惰的人不能够提高自己,嫉妒的人害怕别人提高。我曾经做过这样的试验。曾经试着对许多人说:"某某是好人,某某是好人。"那些应和的人,一定是那个人的好朋友;不然的话,就是那个人平时所疏远,同他没有利害冲突的人;再不然的话,那就是害怕那个人的人。如果不是这些关系,那么,强硬的人一定会愤怒地说出反对的话,懦弱的人也一定会表露出反对的神色。

注释 1 虽然:虽然这样。 怠与忌之谓:叫作懒惰和嫉妒。 2 修:指品德和学识的进步。 3 良士:犹言贤人、好人。 4 应:响应,附和。 与:朋友。 5 不与同其利者:同他没有利害关系的人。 6 畏:畏惧。 7 怒于言:在语言中表示愤怒。 怒于色:在表情上流露愤怒。

又尝语于众曰:"某非良士,某非良士。"其不应者,必其人之与也;不然,则其所疏远,不与同其利者也;不然,则其畏也。不若是,强者必说[1]于言,懦者必说于色矣。是故事修[2]而谤兴,德高而毁来。呜呼!士之处此世,而望名誉之光,道德之行,难已![3]

我又曾经对许多人说:"某某不是好人,某某不是好人。"那些不应和的人,一定是那个人的好朋友;不然的话,那就是那个人所疏远的,同他没有利害关系的人;再不然的话,那就是畏惧那个人的人。如果不是这些关系,那么强硬的人一定会高兴地说出赞同的话,懦弱的人也一定会高兴地表露出赞同的神色。正因为世俗是这样,所以事情办好了,诽谤也随着兴起;道德修养提高了,攻击的话也跟着到来。唉!士人处在这样的时代里,却希望名誉昭著,道德畅行,真难啦!

注释 1 说:同"悦",高兴。 2 事修:事情办好了。修,治理。 3 光:光大,昭著。 行:实行,贯彻。 已:同"矣",了。

将有作于上者,得吾说而存之[1],其国家可几而理欤[2]!

居于上位想要有所作为的人,得到我所说的这些道理好好记住它,他的国家大概也差不多能治理好吧!

[注释] 1 存之:记在心中。 2 几:庶几,差不多。 理:即"治",治理。唐代为避高宗讳,"治"改为"理"。

获麟解
韩愈

[导读] 韩愈在文中以麒麟自喻。他认为麒麟之所以称为仁兽,是由于出现在圣人在位的时候,如果不在圣人在位的时候出现,就是不祥之兽了。本文托物寓意,曲折地表达了对封建社会里人才不被赏识和理解的感慨,以及对"圣明之主"的幻想。本文篇幅虽小,但翻腾开阖,转折变化,委婉而劲厉,很能表现韩愈杂文的特点。

[原文]

麟之为灵[1],昭昭[2]也。咏于《诗》[3],书于《春秋》[4],杂出于传记百家之书[5],虽妇人小子,皆知其为祥[6]也。

[译文]

麟是灵异的动物,这是明明白白的。《诗经》歌咏过它,《春秋》记载过它,还零散地记录在史籍和诸子百家的书中,即使妇女和小孩都知道它是吉祥的。

[注释] 1 麟:传说中的兽名,似鹿而大,牛尾,马蹄,有一角。 灵:灵异。2 昭昭:明明白白。 3《诗》:《诗经》,我国最早的一部诗歌总集。其中《国风·周南》有《麟之趾》篇。 4《春秋》:编年史书。《春秋·哀公十四年》记载:"西狩于大野……获麟。"据说孔子作《春秋》,因此绝笔。 5 在《荀子》《大戴礼记》《史记》《汉书》中都提到过麟。 6 祥:吉祥或凶险的预兆,又专指吉兆,引申为吉祥。

然麟之为物，不畜[1]于家，不恒[2]有于天下，其为形也不类[3]，非若马牛犬豕豺狼麋鹿然[4]。然则[5]虽有麟，不可知其为麟也。角者吾知其为牛；鬣[6]者吾知其为马；犬豕豺狼麋鹿，吾知其为犬豕豺狼麋鹿。惟麟也不可知。不可知，则其谓之不祥也亦宜。

可是麟作为一种动物，不在家中畜养，不经常在天下出现，它的形状不同于普通动物，不像马、牛、狗、猪、豺、狼、麋、鹿那样。那么即使有麟，也不能知道它是麟。长角的，我们知道那是牛；有鬣毛的，我们知道那是马；狗、猪、豺、狼、麋、鹿，我们知道那是狗、猪、豺、狼、麋、鹿。只有麟不能认识。不能认识，那么说它是不祥之物也是可以的。

【注释】　1 畜：养。　2 恒：常。　3 类：相似。　4 豕：猪。　麋：像鹿，比鹿大。　5 然则：这样，那么。　6 鬣(liè)：马颈上的长毛。

虽然[1]，麟之出，必有圣人在乎位，麟为圣人出也。圣人者必知麟。麟之果[2]不为不祥也。又曰：麟之所以为麟者，以德不以形。若麟之出不待圣人，则谓之不祥也亦宜。

尽管是这样，但麟的出现，一定有圣人在位，麟是为圣人出现的啊。圣人一定了解麟。麟的确不是不祥之物啊！又可以说：麟成为麟的原因，在于道德而不在于形体。如果麟不等待圣人在位的时候出现，那么，说它是不祥之物也是可以的。

【注释】　1 虽然：虽然这样，尽管如此。　2 果：果真，确实。

杂说一
韩愈

导读 本文以龙和云的关系来说明君臣之间必须相互依赖，贤臣不可没有圣君，圣君也须依靠贤臣。写作目的在于提醒君主重用贤臣。但文章写得很含蓄委婉，其真正用意在文中始终没有明确点出。

原文

龙嘘气¹成云，云固弗灵于龙也。然龙乘是气，茫洋穷乎玄间²，薄³日月，伏光景⁴，感震电，神变化，水下土⁵，汩⁶陵谷。云亦灵怪矣哉！

译文

龙吹出气来化成云，云本来不会比龙更灵异。但是，龙乘着这云气，可以自由自在地到达青天的尽头，靠近太阳和月亮，遮盖住它们的光辉，可以感应产生惊雷闪电，神妙地发生各种变化，可以降雨润泽大地，使水在山谷间汩汩奔流。云也是很灵异的啊！

注释 1 嘘气:吹气。 2 茫洋:辽阔深远的样子。 穷:达到尽头。 乎:于，到。 玄间:指苍穹、宇宙。古人以"玄黄"分别代表天地的颜色。 3 薄:通"迫"，靠近。 4 伏光景:指龙驾着云常常可以遮蔽日月的光亮。 5 水:降雨，滋润。 下土:大地。 6 汩(gǔ):水奔流的样子。

云，龙之所能使为灵也；若龙之灵，则非云之所能使为灵也。然龙弗得云，

云，是龙使得它灵异的；至于龙的灵异，就不是云能够赋予它的。但是，龙不能得到云，便不能神妙地发出各种

无以神其灵矣。失其所凭依[1]，信不可欤！

异哉！其所凭依乃其所自为也。《易》曰："云从龙。"[2]既曰"龙"，云从之矣。

变化了。失去它所凭借依靠的东西，真的不可以啊！

奇妙啊！龙所凭借依靠的东西却是它自己创造出来的。《易经》说："云从龙。"既然真正叫"龙"，云自然会跟从它了。

注释 1 凭依：凭借依靠的东西。 2《易·乾·文言》："同声相应，同气相求：水流湿，火就燥，云从龙，风从虎。"

杂说四

韩愈

导读 本文是《杂说》的第四篇，也是最后一篇，由于通篇关乎千里马，后人也题为《马说》。作者通过千里马的不被认识，慨叹奇才异能之士的被埋没，指出善于发现人才、培养人才的人太少。

原文

世有伯乐[1]，然后有千里马。千里马常有，而伯乐不常有。故虽有名马，只辱于奴隶人之手，骈死于槽枥之间[2]，不以千里称[3]也。

译文

世上先有善于相马的伯乐，然后千里马才能被发现。千里马是常有的，但善于相马的伯乐却不常有。所以，即使有日行千里的名马，也只能埋没在养马人的手里，和平常的马一起死在马厩里，不能凭借千里马的才力受到人们称赞。

【注释】 1 伯乐:相传为春秋时善于相马的人,姓孙,名阳。 2 骈(pián)死于槽枥之间:谓和一般的马同死在马厩里。骈,并。槽,盛食料的器具。枥,马槽。 3 不以千里称:不被人称为千里马。

马之千里者,一食或尽粟一石¹。食马者不知其能千里而食也²。是马也,虽有千里之能,食不饱,力不足,才美不外见,且欲与常马等不可得,安求其能千里也。

日行千里的马,每吃一顿大约要吃一石粮食。养马的人不知道它是千里马,不按千里马的食量喂养它。这千里马虽然有驰骋千里的能力,但由于没有吃饱,力气不足,出色的才力就不能表现出来,就是想要它达到与常马相等的水平也不可能,又怎能要求它日行千里呢?

【注释】 1 一食:一餐。 一石:一百二十斤或十斗为一石。 2 食(sì)马者:喂马的人。 不知其能千里而食也:谓不当千里马去饲养它。

策之不以其道¹,食之不能尽其材²,鸣之而不能通其意³,执策而临之⁴,曰:"天下无马。"呜呼!其⁵真无马邪?其真不知马也!

驱使它不能用驾驭千里马的方法,饲养它不能按照它的才力供给饲料,听到它嘶鸣又不能理解它的意思,反而手执马鞭指着它说:"天下没有好马!"唉!难道真是没有好马吗?那是真的不认识好马啊!

【注释】 1 策:马鞭,这里作动词用。 道:办法。 2 材:这里指千里马的食量。 3 鸣之而不能通其意:谓马鸣时养马者不能通识马意。 4 执(zhí):持,握。 5 其:副词,难道。

卷之八　唐文

师　说
韩愈

导读　说，是古代议论文的一种。这篇文章阐说从师求学的道理。讽刺士大夫阶层耻于相师的世态。作者在文中提出"道之所存，师之所存""弟子不必不如师，师不必贤于弟子"等观点，在今天仍不失其积极意义。

原文

古之学者必有师。师者，所以传道、受业、解惑也[1]。人非生而知之者，孰[2]能无惑？惑而不从师，其为惑也，终不解矣。

生乎吾前，其闻道也，固先乎吾，吾从而师之；生乎吾后，其闻道也，亦先乎吾，吾从而师之。吾师道[3]也，夫庸知[4]其年之先后生于吾乎？是故无[5]贵无贱，无长无少，道之所存，师之所存也。

译文

古代求学的人一定有老师。老师，是传授道，讲授六艺经传，解答疑难的人。人不是生下来就有知识懂道理的，谁能没有疑难呢？有疑难而不去跟从老师学习，那成为疑难的问题，就永远也不能解决。

生在我以前的人，他懂得"道"本来就比我早，我跟从他向他学习；生在我以后的人，他懂得"道"如果比我早，我也跟从他向他学习。我是学"道"呀，难道管他比我先出生还是后出生吗？因此，不论地位高低，不论年龄大小，"道"在谁的手里，谁就是老师。

注释 1 道:指儒家的道,参看《原道》。 受:通"授"。 业:指儒家的经典,即下文"六艺经传"。 惑:兼指道和业两方面的疑难问题。 2 孰:谁。 3 师道:这个"师"字和前面两个"师之"的"师"字,都用作动词,即学习之意。 4 庸知:岂知。庸,岂,难道。 5 无:无论。

嗟乎! 师道[1]之不传也久矣! 欲人之无惑也难矣! 古之圣人,其出[2]人也远矣,犹且从师而问焉;今之众人,其下[3]圣人也亦远矣,而耻学于师。是故圣益圣[4],愚益愚。圣人之所以为圣,愚人之所以为愚,其[5]皆出于此乎?

唉! 从师学道的风尚有很长时间不曾传下来了! 要人们没有迷惑也就太难啦! 古代的圣人,他们超过一般人够远了,还跟从老师求教;现在的一般人,低于圣人也够远了,却耻于向老师学习。因此,圣人就更加圣明,愚人就更加愚蠢。圣人之所以成为圣人,愚人之所以成为愚人,大概都是由于这一点吧。

注释 1 师道:从师学道的风尚,从师求学的道理。 2 出:超出。 3 下:低于。 4 是故:因此。 益:更加。 5 其:表揣测语气的副词。

爱其子,择师而教之。于其身[1]也,则耻师焉,惑矣! 彼童子之师,授之书而习其句读[2]者也,非吾所谓传其道、解其惑者也。句读之不知,惑之不解,或师焉,或不[3]焉,小学而大遗[4],吾未见

人们爱自己的孩子,就选择老师来教他们。对于自己呢? 却耻于向老师学习,真是太糊涂了! 那些孩子们的老师,只是拿书本教孩子,学会其中的句读,并不是我所讲的传授儒家之道、解答疑难的老师。句读不理解,疑难不能解答,前者请教老师,后者却不这样做,小的学了而大的方面却遗弃,我看不出

其明也。

这是明智。

注释 1 身:自身。 2 句读(dòu):指文字诵读。语意尽处,古人叫作句;语意未尽,诵时须略作停顿处,古人叫作读,通作"逗"。 3 不:同"否"。 4 小:指习句读。 大:指传道、解惑。 遗:遗弃,废弃。

巫医乐师百工之人[1],不耻相师。士大夫之族[2],曰师曰弟子云者,则群聚而笑之。问之,则曰:"彼与彼年相若[3]也,道相似也。"位卑则足羞,官盛则近谀。呜呼!师道之不复[4]可知矣!巫医乐师百工之人,君子不齿[5]。今其智[6]乃反不能及,其可怪也欤!

巫医、乐师及各种工匠,他们不以互相学习为耻辱。而士大夫一类人,如果有人说起"老师""弟子"等等,那么大家就会聚在一起加以嘲笑。问他们为什么这样,就说:"他与他年龄相近,学问也差不多。"以地位低的人为老师就感到羞耻,以官职高的人为老师就认为接近于阿谀。唉!从师学道的风尚不能够恢复,从这里就可以知道了!巫医、乐师和工匠这一类人,君子不跟他们并列,现在君子的见识反而不如他们,这是大可奇怪的啊!

注释 1 巫:古代从事降神招鬼等迷信职业的人。 乐师:以歌唱、奏乐为职业的人。 百工:各种工匠。 2 族:类。 3 若:似,近。 4 不复:不能恢复。 5 不齿:不与并列,表示鄙视。齿,并列。 6 智:见识。

圣人无常师,孔子师郯子、苌弘、师襄、老聃[1]。

圣人没有固定的老师,孔子曾经向郯子、苌弘、师襄、老聃学习。郯子郯子之徒，其贤不及孔子。孔子曰："三人行，则必有我师。"[2] 是故弟子不必不如师，师不必贤于弟子。闻道有先后，术业有专攻，如是而已。

这些人，他们的道德学问赶不上孔子。孔子说："三个人走在一起，就一定有可以做我老师的人。"因此，学生不一定不如老师，老师也不一定比学生高明。懂得"道"有先有后，学问也各有专长，不过这样罢了。

注释 1 郯(Tán)子：春秋时郯国的国君。郯子朝鲁，孔子曾向他请教过关于官名的事。 苌弘：周敬王大夫。孔子至周，向他请教过音乐方面的知识。 师襄：春秋时鲁国的乐官，孔子曾从他学琴。 老聃：即老子。孔子曾向他问礼。 2 "三人行"二句：语本《论语·述而》："三人行，必有我师焉。"作者引文稍有不同。

李氏子蟠[1]，年十七，好古文，六艺经传皆通习之[2]。不拘于时[3]，学于余。余嘉其能行古道，作《师说》以贻[4]之。

李家的孩子叫蟠的，今年十七岁，爱好古文，六经的经文传文，他都全部学习了。不受时俗的影响，在我这里求学。我赞赏他能行古人的正道，就做了这篇《师说》送给他。

注释 1 李氏子蟠(pán)：李蟠，韩愈的弟子。德宗贞元十九年(803)进士。 2 六艺经传：六经的经文和传文。六艺，即"六经"，《诗》《书》《礼》《乐》《易》《春秋》。传，解释经的著作。 通：全部。 3 不拘于时：不受时俗限制。时俗是指当时耻于从师的不良风气。 4 贻：赠送。

进学解

韩愈

[导读] 进学，指在学业和德行上取得进益；解，对疑难的辨析。这篇文章是韩愈在唐宪宗元和七年(812)再度降职为国子博士后所作。本文通过设问设答，反话正说，含蓄地讽刺了当权者的不公与不明，抒发了作者长期不受重用，反遭贬斥的愤懑情绪，在一定程度上反映了当时的社会现实。名言"业精于勤荒于嬉，行成于思毁于随"即出于此文。

[原文]

国子先生晨入太学¹，招诸生立馆²下，诲之曰："业精于勤荒于嬉，行成于思毁于随³。方今圣贤相逢，治具毕张。⁴拔去凶邪，登崇俊良。⁵

[译文]

国子先生清早走进太学，召集学生站在学馆下，教导他们说："学业靠勤奋而精进，因嬉游而荒废；德行靠深思熟虑而成就，因随俗而毁败。当今贤臣圣主相遇，国家法度政令都能贯彻执行。凶险奸邪的人被除掉，德才兼备的人得到选用推重。

[注释] 1 国子先生：唐代对国子博士的尊称。此为韩愈自称。 太学：指国子监，唐代的国子监相当于古代的太学。 2 馆：学舍。 3 随：因循随俗。 4 圣贤：圣主贤臣，是对当朝君臣的赞美。 治具：指法律政令。 毕：全。 张：举，有设置、执行的含义。 5 拔去：除掉。 凶邪：凶恶奸邪的人。 登崇：选用，推重。 俊良：德才兼备的人。俊，一作"畯"。

"占小善者率以录,名一艺者无不庸。¹爬罗剔抉,刮垢磨光。²盖有幸而获选,孰云多而不扬³!诸生业患不能精,无患有司之不明;行患不能成,无患有司之不公。"

"具有一点优点的人都已录用,以一技之长著称的人也没有不提拔的。国家搜罗人才,剔除不好的,选择优秀的,然后加以精心培养训练。可能有侥幸而获选的,谁说有博学多才反而不被举用的呢?你们怕的是自己学业不能精进,不要担心官吏不明察;怕的是自己德行不能成就,不要担心官吏不公正。"

注释 1 占小善者:具有一点优点的人。 率以录:都已录用。 名一艺者:以一技之长著称的人。 庸:通"用"。 2 爬罗:发掘,挑选。 剔抉(jué):剔除不好的,挑选好的。 刮垢磨光:刮去污垢,磨出光泽,指造就人才。 3 孰云:谁说。 多:指才能多。 扬:举,用。

言未既¹,有笑于列者曰:"先生欺余哉!弟子事²先生,于兹有年矣³。先生口不绝吟于六艺⁴之文,手不停披于百家之编⁵。记事者⁶必提其要,纂言者必钩其玄⁷。贪多务得,细大不捐⁸。焚膏油以继晷,恒兀兀以穷年。⁹先生之业,可谓勤矣。

话还没有说完,有一个在行列中的学生笑着说:"先生欺骗我了!学生我跟先生学习,到现在已经很多年了。您口不停地吟诵《诗》《书》《礼》《乐》《易》《春秋》,手不停地翻阅诸子百家的著作。对于记事的著作必提出书中要点,对于理论性的著作,必探索其中精深的义理。贪图多学而又要求有所收获,大小都不舍弃。点灯熬油,夜以继日,经常终年苦学不倦。先生对待学习,可称勤奋了。

注释 1 既:完毕。　2 事:侍奉,旧时代学生跟老师学习,这种关系也称"事"。　3 于兹:到现在。　有年:多年。　4 六艺:《诗》《书》《礼》《乐》《易》《春秋》。　5 披:翻阅。　百家之编:诸子百家的著作。6 记事者:记事的著作。　7 纂言者:辑录古人言论的书。　钩:探索。玄:精深的义理。　8 细:小。　捐:弃。　9 膏油:油脂,指灯烛。　晷(guǐ):日影,指白昼。　兀兀:勤勉不懈的样子。　穷年:终年。

"觝排异端,攘斥佛老。[1] 补苴罅漏,张皇幽眇。[2] 寻坠绪之茫茫,独旁搜而远绍。[3] 障百川而东之,回狂澜于既倒。[4] 先生之于儒,可谓劳[5]矣。

"您抵制儒家之外的异端邪说,排斥佛教和道家。补充儒学的缺漏不足,阐发其精微的义理。理出茫无头绪的中断了的儒家道统,独自广泛搜求,远承前圣。防堵百川泛滥,引它东流入海,把已经倾泻的狂涛挽转过来。先生对于儒家,可称有功绩了。

注释 1 觝(dǐ)排:抵制,排斥。　异端:指儒家之外的别派学说。攘斥:排斥。　佛老:佛教和道家。　2 补苴(jū):填补。苴,本义是鞋底的草垫。　罅(xià)漏:裂缝,缺漏。　张皇:张大。　幽眇:深微,指深奥隐微之处。　3 寻:理出。　坠绪:衰落的儒学。绪,事业,这里指儒家的道统。　旁:广泛。　绍:继承。　4 障:防堵。　东之:使百川向东流。狂澜:狂涛,比喻异端。　既倒:已经倾倒。　5 劳:有功绩。

"沉浸醲郁[1],含英咀华;作为文章,其书满家。上规姚姒,浑浑无

"您埋头在内容醇厚的儒家典籍之中,品味咀嚼其中的精华;然后写成文章,著述堆满了自己的住处。向上学习

涯;²周诰殷盘,佶屈聱牙;³《春秋》谨严,《左氏》浮夸;⁴《易》奇而法,《诗》正而葩。⁵下逮《庄》《骚》,太史所录⁶;子云、相如,同工异曲。⁷先生之于文,可谓闳其中而肆其外矣⁸。

虞书、夏书的深广无边,周书、殷书的曲折艰深,《春秋》的一字不苟,《左传》的铺张华美,《周易》的奇妙而有法则,《诗经》的雅正而华丽。向下学习到《庄子》《离骚》,司马迁的《史记》,扬雄、司马相如的辞赋,好像不同的乐曲同样美妙动听。先生对于文章,可说是丰富了其内容,发展了其形式。

[注释] 1 酞郁:此处指内容醇厚的著作。 2 规:取法。 姚姒(Sì):虞舜姓姚;夏禹姓姒。 浑浑:深远的样子。 无涯:无边。 3 周诰:指代《尚书》中的"周书"。 殷盘:《尚书》中的《盘庚》篇,借指"商书"。 佶(jí):曲折。 聱(áo)牙:拗口,艰深。 4 谨严:用字不苟,褒贬谨慎。《左氏》:指《春秋左氏传》,相传左丘明作以阐述《春秋》的正文。 浮夸:文辞铺张华美。 5 奇而法:奇妙而有法则。 正:雅正,即孔子所说的"思无邪"。 葩:花,指辞藻华丽。 6 太史所录:太史公司马迁所著的书,即《史记》。 7 子云:西汉扬雄的字。 相如:西汉著名辞赋家司马相如。 同工异曲:乐曲虽不同,却同样美妙动听。 8 闳(hóng):大。 中:指文章的内容。 肆:恣肆。 外:指文章形式。

"少始知学,勇于敢为;长通于方,左右具宜。¹先生之于为人,可谓成²矣。然而公不见信于人,私不见助于友。跋前疐后³,动辄得咎⁴。暂为

"您少年时代开始懂得学习,就敢作敢为;长大后通晓为人行事的道理,左右逢源。先生对于做人,可称是成熟完备了。但是,公不被人信任,私得不到朋友的帮助。处境困顿,动不动就获罪惹祸。短暂地作了御史,便被贬斥到

御史,遂窜南夷;⁵三年博士,冗不见治。⁶ | 南方边远地区;充当博士三年,担任个闲散官职,表现不出您的政治才能。

[注释] 1 通:通晓。 方:道理,礼义。 具:都。 宜:适宜,恰到好处。 2 成:完成,成熟。 3 跋前疐(zhì)后:跋,践踏。疐,跌倒。语出《诗经·豳风·狼跋》:"狼跋其胡(下巴下垂着的肉),载疐其尾。"狼前进就踩着颔下的悬肉,后退就绊倒在尾巴上,形容处境困顿。 4 动辄得咎:一动就获罪。咎,加罪。 5 御史:也称御史大夫,专掌监察。 窜:贬逐,流放。南夷:南方荒僻地区。 6 三年博士:宪宗元和元年(806)六月至元和四年(809)六月,韩愈第二次任国子博士,共三年。 冗不见(xiàn)治:指担任的都是闲散官职,不能表现出政治才能。冗,多余。

"命与仇谋,取败几时。¹冬暖而儿号寒,年丰而妻啼饥。头童齿豁²,竟死何裨³?不知虑此,反教人为⁴!" | "命运和仇敌相遇,屡遭挫败。即使在温暖的冬天,儿女也被冻号哭;在五谷丰登的年成,妻子也挨饿哭泣。头秃齿脱,到死有什么补益呢?不知道去考虑这里面的原因,反而教别人去跟着做。"

[注释] 1 命与仇谋:命运和仇敌相结合。谋,合。 取败几时:意谓屡遭挫败。几时,无时。 2 头童齿豁:头秃,牙齿脱落,《释名·释长幼》:"山无草木亦曰童。"人老顶秃,如山无草木,故曰童。 3 竟死何裨:意谓直到死有什么补益呢?竟,终;裨,补益。 4 为:助词,表疑问语气。

先生曰:"吁!子来前!夫大木为棁¹,细木为桷²,欂栌侏儒³,椳闑 | 先生说:"唉!你到前面来!大木作屋梁,小木作椽子,斗拱、短柱、门臼、门中短木、门闩、门楔,每一种木都得到

栭楔⁴,各得其宜,施以成
室⁵者,匠氏之工也。

它的合理使用,用它们来建成房屋,这
是木匠的技巧。

注释 1 㝯(máng):大梁。 2 㭼(jué):方椽子。 3 㭼栌(bólú):斗拱,
即柱顶上承托梁的方木。 侏儒:梁上的短柱。 4 椳(wēi):承门枢的
门臼。 闑(niè):门中央所立的短木,用以阻住门窗。 㝔(diàn):门栓
木锁之类。 楔(xiē):门两旁竖立的短木,用以阻止车辆触坏门框。
5 施以成室:用来建成房屋。

"玉札丹砂¹,赤箭青芝²,
牛溲马勃³,败鼓之皮⁴,俱收
并蓄⁵,待用无遗⁶者,医师之
良⁷也。

"地榆、朱砂、天麻、龙芝、牛
尿、马屁菌,破败的鼓皮,兼收并
蓄,备齐待用而没有遗缺,这是医
师的高明技术。

注释 1 玉札:药名,即地榆。 丹砂:朱砂。 2 赤箭:天麻。 青芝:
又名龙芝。以上是延年益寿的补药。 3 牛溲:为车前草,可治水肿。
马勃:药名,菌类,可治恶疮。 4 败鼓之皮:年久败坏的鼓皮。以上三
种都是价贱的药材。 5 俱收并蓄:即兼收并蓄。 6 待用无遗:都备
齐待用,没有遗缺。 7 医师之良:医师的良术。

"登明选公¹,杂进巧
拙²,纡余为妍³,卓荦⁴为
杰,校⁵短量长,惟器是
适⁶者,宰相之方⁷也。

"选拔人才,公正无私,进用各种人
才,以屈曲、稳重、不露锋芒的为美,以超
群出众的为英杰,比较优劣长短,都使之
适合他的才具,这是宰相的治国之术。

注释 1 登明选公:提拔人才,明断无误;挑选人才,公正无私。

2 巧拙：聪慧的与拙笨的。　3 纡余：宁静的样子。　妍(yán)：美好。
4 卓荦(luò)：超群出众。　5 校(jiào)：较量，比较优劣。　6 惟器是适：
根据其才能来任用。　7 方：指治国之术。

"昔者孟轲好辩，孔道以明，辙环天下，卒老于行；[1]荀卿守正，大论是宏，逃谗于楚，废死兰陵。[2]是二儒者[3]，吐辞[4]为经，举足[5]为法，绝类离伦[6]，优入圣域[7]，其遇于世何如也？

"从前孟子好辩论，孔子之道因而著明，他周游天下，终于在旅途中度过了一生；荀况遵守正道，发扬光大了博大精深的儒学，他逃避别人的诋毁，跑到楚国，后来被废为平民，死在兰陵。这两位儒者，言论成为经典，举止成为准则，远远超越一般人，绰有余裕地进入圣人的境地，他们在当时社会上的遭遇怎么样呢？

【注释】　1 孟轲好辩：《孟子·滕文公下》："公子都曰：'外人皆称夫子好辩，敢问何也？'孟子曰：'予岂好辩哉，予不得已也。'"　孔道以明：孔子之道因而著明。　2 荀卿：即荀况，战国晚期人。　守正：遵循正道。大论：博大精深的理论。　逃谗：《史记·荀卿列传》："齐襄王时，而荀卿最为老师。齐尚修列大夫之缺，而荀卿三为祭酒焉。齐人或谗荀卿，荀卿乃适楚，而春申君以为兰陵令。春申君死而荀卿废，因家兰陵。"　兰陵：在今山东枣庄。　3 二儒者：指孟轲和荀卿。　4 吐辞：指言论。5 举足：指行为。　6 绝类离伦：指超越一般人。绝、离，超出；类、伦，同一辈人。　7 优入圣域：进入圣人的境地，绰绰有余。优，有余。

"今先生学虽勤而不由其统[1]，言虽多而不要其中[2]，文虽奇而不济

"现在先生我学习虽勤奋而不能遵循儒家学说的要领，言论虽多而不能切合儒家的关键，文章虽出众而无益于

于用[3]，行虽修而不显于众[4]。犹且月费俸钱，岁糜廪粟；[5]子不知耕，妇不知织，乘马从徒[6]，安坐而食。踵常途之役役，窥陈编以盗窃。[7]然而圣主不加诛[8]，宰臣不见斥[9]，非其幸欤？

用，举动虽有修养而不比众人显著。就这样，还每月浪费俸钱，每年耗费粮食；儿子不知道耕种，妻子不知道纺织，骑着马带着服侍的随从，安稳地享受一切。我不过是追随世俗之道而劳苦奔走，看看古书而东抄西摘。虽然这样，皇帝不加惩罚，宰相也不予斥责，这难道不是先生我的幸运吗？

[注释] 1 其统：儒家学说的纲领。 2 要(yāo)：求，掌握。 中：主旨，要害；一说指中庸之道。 3 奇：出众。 济：有益。 4 不显于众：不超出众人。 5 糜(mí)：耗费。 廪(lǐn)：米仓。 6 从徒：跟随服侍的人。 7 踵：脚后跟，此作动词用，有践履的意思。 常途：指世俗之道。役役：劳苦奔走，一作"促促"。 陈编：古旧书籍。 盗窃：指抄袭，是作者的谦词。 8 圣主：皇帝。 诛：责罚。 9 见斥：被斥逐。

"动而得谤，名亦随之[1]。投闲置散，乃分之宜。[2]若夫商财贿之有亡[3]，计班资之崇庳[4]，忘己量之所称[5]，指前人之瑕疵[6]，是所谓诘匠氏之不以杙为楹[7]，而訾医师以昌阳引年[8]，欲进其豨苓[9]也。"

"虽然一举一动都得到毁谤，但名声也跟着来了。把我安置在闲散的位置上，这是理所当然的。如果计较俸禄的多少，较量官位的高低，忘记了自己能力同什么职位相称，却去指责当权者的过失，这就好比责问木匠不用小木桩作柱子，诋毁医师用菖蒲益寿而自己想进用猪苓延年一样。"

注释 1 名亦随之:名声跟着也有了。 2 投闲置散,乃分(fèn)之宜:安置在闲散的职位上,是理所当然的。 3 若夫:至于。 商:计较。财贿:指俸禄。 亡:同"无"。 4 班资:班次,指品秩(官位)。 崇庳:高低。庳,同"卑"。 5 称(chèn):适合,相称。 6 前人:指执政的人。瑕疵(xiácī):玉上的斑点。借指人的缺点。 7 诘:责问。 杙(yì):小木橛。楹:柱子。 8 訾:诋毁。 昌阳:即昌蒲。 引年:延年,传说久服菖蒲可以延年。 9 豨(xī)苓:又名猪苓,利尿药,久服损肾。

圬者王承福传

韩愈

导读 本文是韩愈为一个名叫王承福的泥瓦匠作的传。王承福世代都是京都长安人,天宝之乱时他打仗立了功勋,朝廷给他封功,他却没有接受,而是回到家乡做一名泥瓦匠。韩愈"听其言,约而尽",进一步与他聊天,从他身上发现了许多独特的观点。

原文

圬之为技[1],贱且劳者也。有业之[2],其色若自得者。听其言,约而尽[3]。问之,王其姓,承福其名,世为京兆长安[4]农夫。天宝之乱[5],发人为兵,持弓矢十三年,有官勋[6],弃之来归,

译文

粉刷墙壁作为一种手艺,是卑贱而且辛苦的。有个人以此为职业,样子却好像自在满意。听他讲的话,言词简明,意思却很透彻。问他,他说姓王,承福是他的名,祖祖辈辈是长安的农民。天宝年间发生安史之乱,抽调百姓当兵,他也被征入伍,手持弓箭战斗了十三年,有官家授给的勋级,他却放弃官勋回到家乡来,由于

丧其土田,手镘衣食⁷。 | 丧失了田地,就靠拿着镘子维持生活。

注释 1 圬(wū):粉刷墙壁。 技:技能。 2 业之:以此为职业。
3 约:简约,简单扼要。 尽:详尽,这里可引申为透辟、透彻。 4 京兆
长安:京兆,原意是地方大而人口多的地方,指京城及其郊区。京,大;兆,
众多。唐时长安属京兆府,故称京兆长安。 5 天宝之乱:天宝,唐玄宗
年号。天宝十四载(755),边将安禄山、史思明起兵叛唐,史称"安史之乱"。
玄宗曾命荣王(李琬)为元帅,在京师招募士兵十一万讨伐安禄山。
6 官勋:官家授给的勋级。唐制,有功劳者授以没有实职的官号,叫勋官。
勋官有十二级。 7 手镘衣食:用手拿着镘子干活来维持生活。镘,镘子,
泥瓦匠抹墙的工具,也叫"圬"。衣食,这里指获取衣食。

余三十年,舍于市¹之主人,而归其屋食之当焉²。视时屋食之贵贱,而上下其圬之佣以偿之。³有余,则以与道路之废疾饿者焉。 | 此后三十多年,他寄居在街上的屋主家里,并付给适当的房租、伙食费。根据当时房租、伙食费的高低,来增减他粉刷墙壁的工价,归还给主人。有钱剩,就拿去给流落在道路上的残疾、贫病、饥饿的人。

注释 1 市:街市。 2 屋食:房租和伙食费。 当:适当的价值。
3 视时:根据当时。 佣:受雇为人劳动。这里作"工价"解。

又曰:"粟,稼¹而生者也。若布与帛,必蚕绩而后成者也。其他所以养生之具,皆待人力而后 | 他又说:"粮食,是人们种植才长出来的。至于布匹丝绸,一定要靠养蚕、纺织才能制成。其他用来维持生活的物品,都是靠人们劳动然后才完备的,

完也,吾皆赖之。然人不可遍为,宜乎各致[2]其能以相生也。故君者,理[3]我所以生者也;而百官者,承君之化[4]者也。任有小大,惟其所能,若器皿焉。食焉而怠其事,必有天殃。故吾不敢一日舍镘以嬉。

我都离不开它们。但是人们不可能样样亲手去制造,最合适的做法是各人尽他的能力,相互协作来求得生存。所以,国君的责任是治理我们,使我们能够生存;而各种官吏的责任则是秉承国君的旨意来教化百姓。责任有大有小,只有各尽自己的能力去做,就好像器皿的大小虽然不一,但是各有各的用途。如果光吃饭不做事,一定会有天降的灾祸。所以我一天也不敢丢下我的泥镘子去游玩嬉戏。

注释 1 稼:种植。 2 致:尽。 3 理:治。因唐高宗名治,唐人避讳,用"理"代"治"。 4 化:教化。

"夫镘易能[1],可力焉。又诚有功,取其直[2],虽劳无愧,吾心安焉。夫力易强而有功也,心难强而有智也。[3]用力者使[4]于人,用心者使人,亦其宜也。吾特择其易为而无愧者取焉。

"粉刷墙壁是比较容易掌握的技能,可以努力做好。又确实有成效,还能取得应有的报酬,虽然辛苦,却问心无愧,因此我心里十分坦然。力气容易勉强使出来并且取得成效,脑子却难以勉强使它获得聪明。这样,干体力活的人被人役使,用脑力的人役使人,也是应该的。我只是选择那种容易做而又问心无愧的活来取得报酬罢了。

注释 1 易能:容易掌握的技能。 2 直:同"值",价值,这里指报酬。

3 力:指干体力活。 强(qiǎng):迫使。 心:指脑力劳动。 4 使:使用,引申为统治。

"嘻! 吾操镘以入富贵之家有年矣。有一至者焉,又往过之,则为墟[1]矣。有再至、三至者焉,而往过之,则为墟矣。问之其邻,或曰:'噫! 刑戮也。'或曰:'身既死而其子孙不能有也。'或曰:'死而归之官也。'吾以是观之,非所谓食焉怠其事而得天殃者邪? 非强心以智而不足,不择其才之称否而冒之者邪[2]? 非多行可愧,知其不可而强为之者邪? 将富贵难守,薄功而厚飨之者邪? 抑丰悴有时[3],一去一来而不可常者邪? 吾之心悯焉,是故择其力之可能者行焉。乐富贵而悲贫贱,我岂异于人哉!"

"唉! 我拿着镘子到富贵人家干活有许多年了。有的人家我只去过一次,再从那里经过,当年的房屋就成为废墟了。有的我曾去过两次,三次,后来经过那里,也成为废墟了。向他们邻居打听,有的说:'唉! 他们家主人被判刑杀掉了。'有的说:'原主人已经死了,他们的子孙不能守住遗产。'也有的人说:'人死了,财产都充公了。'我从这些情况来看,不正是光吃饭不做事遭到了天降的灾祸吗? 不正是勉强自己去干才智达不到的事,不选择与他的才能相称的事却要去充数居高位的结果吗? 不正是多做了亏心事,明知不行,却勉强去做的结果吗? 也可能是富贵难以保住,少贡献却多享受所造成的结果吧! 也许是富贵贫贱都有一定的时运,一来一去,不能经常保有吧! 我的心怜悯这些人,所以选择力所能及的事情去干。喜爱富贵,苦恼贫贱,我难道与一般人不同吗?"

注释 1 墟:废墟。 2 称(chèn):相当。 冒:假冒。这里是勉强充任、滥竽充数的意思。 3 丰悴:同"盈虚"。"丰"指富足、显达、成功等。"悴"指贫困、低贱、失败等。丰悴有时,即富贵贫贱有定数。

又曰:"功大者,其所以自奉也博,妻与子,皆养于我[1]者也。吾能薄而功小,不有之可也。又吾所谓劳力者,若立吾家而力不足,则心又劳也。一身而二任[2]焉,虽圣者不可为也。"

他还说:"贡献大的人,他用来奉养自己的东西多,妻室儿女都能由自己养活。我能力小,贡献少,没有妻室儿女是可以的。再则我是个干体力活的人,如果成家而能力不足以养活妻室儿女,那么也够操心的了。一个人既要劳力,又要劳心,即使是圣人也不能做到啊!"

注释 1 养于我:这个"我"不是王承福的自称,而是指"功大者"自己。 2 二任:既要劳力,又要劳心。

愈始闻而惑之,又从而思之,盖[1]贤者也,盖所谓"独善其身[2]"者也。然吾有讥[3]焉,谓其自为也过多,其为人也过少,其学杨朱[4]之道者邪?杨之道,不肯拔我一毛而利天下。而夫人以有家为劳心,不肯一动其心以畜其妻子,其肯劳其心以为

我刚听到这些话,感到迷惑不解,又接着想了一下,这大概是一个有德行的人,大概就是人们所说的"独善其身"的人啊。不过我还有意见,认为他替自己想得太多,为别人想得太少,该是个学"杨朱之道"的人吧?杨朱的学说是不肯拔掉自己一根毫毛去造福天下。这王承福认为有个家是劳心,竟不肯开动脑筋去养活妻室儿女,哪还肯操劳心思去为别人呢?虽然这样,他比世上那

人乎哉？虽然，其贤于世之患不得之而患失之[5]者，以济其生之欲、贪邪而亡道[6]以丧其身者，其亦远矣。又其言有可以警余者，故余为之传，而自鉴焉。

些患得患失、只求满足自己的生活欲望、贪婪邪恶、没有道德以至丢掉性命的人，可要好得多了！加上他的话有些是可使我警惕的，所以我给他写了这篇传记，作为自己的鉴戒。

[注释] 1 盖：发语词，兼表推测。 2 独善其身：封建社会一部分知识分子的处世哲学。当他们政治上顺利的时候，就想推行一些有益于社会的措施；当他们在政治上处于困境的时候，则力求洁身自好。这叫"达则兼济天下，穷则独善其身"。 3 讥(jī)：指责，批评。 4 杨朱：战国时期的思想家，魏国人。 5 患不得之而患失之：指一些贪求富贵的人，当他没有得到富贵时，心中只怕得不到；当得到富贵后，又怕失掉富贵。 6 亡道：即无道。亡，通"无"。

讳 辩

韩愈

[导读] 《讳辩》即关于名讳的辩白。当时的著名诗人李贺因避父亲的名讳而不能参加进士科考，韩愈写信劝他去考。与李贺争名的人恣意毁谤，韩愈就写了此文来论述此事，表达他反对将"避讳"搞得太泛滥的主张。

[原文]

愈与李贺[1]书，劝贺举进士。贺举进士有名[2]，与贺争名者毁之曰："贺父名

[译文]

我给李贺写信，劝李贺去考进士。李贺考进士已被提名推荐，跟李贺争名的人毁谤他，说："李贺的

晋肃,贺不举进士为是,劝之举者为非。"听者不察也,和而倡之,同然一辞。皇甫湜³曰:"若不明白,子与贺且得罪。"愈曰:"然。"

父亲名晋肃,李贺不去考进士是对的,劝他去考的人错了。"听的人不加分辨,随声附和,众口一辞。皇甫湜说:"假如不辩论清楚,你和李贺都将得到罪罚。"我说:"对!"

[注释] 1 李贺(790—816):字长吉,唐代杰出诗人,十几岁即工诗,得到韩愈、皇甫湜等人的赏识。死时年仅二十七岁。 2 有名:荐举的名单里有名字。 3 皇甫湜(约777—约835):字持正,唐代文学家,元和进士,官至工部郎中。从韩愈学古文。文才敏捷,在古文运动中起过积极作用。

律曰:"二名不偏讳¹。"释之者曰:谓若"言'徵'不称'在',言'在'不称'徵'"是也²。律曰:"不讳嫌名³。"释之者曰:谓若"禹与雨""丘与蓲"之类是也⁴。

律令上说:"名有两个字就不单独讳其中的一个字。"解释它的人说:譬如孔子的母亲名徵在,说了"徵"字就不说"在"字,说了"在"字就不说"徵"字,就属于这种情况。律令又说:"与名同音的字不避讳。"解释它的人说:譬如"禹和雨""丘和蓲"这一类就是这样。

[注释] 1 二名不偏讳:名有两个字就可不讳其中独立的一个字。讳,旧时对帝王及尊长不敢称其名,叫避讳。因亦以指所讳者的名字。 2 "谓若"二句:《礼记·檀弓》:"二名不偏讳。夫子之母名徵在,言在不称徵,言徵不称在。" 3 嫌名:指与人姓名字音相近的字。下句中的"禹"与"雨","丘"与"蓲"都是同音字。 4 禹与雨:禹和雨同音,只讳禹而不讳雨。丘与蓲:丘与蓲音同,只讳丘而不讳蓲。

今贺父名晋肃,贺举进士,为犯二名律乎?为犯嫌名律乎?父名晋肃,子不得举进士;若父名仁,子不得为人乎?夫讳始于何时?作法制以教天下者,非周公孔子欤[1]?周公作诗不讳[2],孔子不偏讳二名[3],《春秋》不讥不讳嫌名[4]。康王钊之孙实为昭王[5];曾参之父名皙,曾子不讳"昔"[6]。

现在李贺的父亲名晋肃,李贺去考进士,是犯了"二名律"呢,还是犯了"嫌名律"呢?父亲名晋肃,儿子就不能考进士;假如父亲名"仁",儿子就不能做人了吗?避讳是从什么时候开始的呢?创立法制来教导天下的人不是周公和孔子吗?周公作诗不避讳,孔子对母名的两个字也不单独讳其中的一个,孔子作《春秋》,也不讥刺谁不讳与君父的名同音的字。康王钊的孙子(应为儿子)谥号就叫昭王,曾参的父亲名皙,曾子也不讳"昔"字。

[注释] 1 周公:姓姬,名旦,西周初年政治家。 2 周公作诗不讳:周公之父周文王名昌,其兄周武王名发,而《诗经》中不讳"昌""发"二字,如《周颂·臣工·雍》有"克昌厥后",《噫嘻》有"骏发尔私"等。 3 孔子不偏讳二名:如孔子母名徵在,但《论语·八佾》有"宋不足徵也",《卫灵公》有"某在斯"。 4 《春秋》:春秋时鲁国的史书,据说经过孔丘删订。 不讥不讳嫌名:不以为犯讳而加讽刺。 5 康王钊:周康王,名钊,公元前1020年至公元前996年在位。 昭王:周昭王,名瑕,周康王之子(韩愈误记为孙)。钊、昭同音,不为犯讳。 6 曾子不讳"昔":如《论语·泰伯》:"曾子曰:……昔者吾友。"皙、昔同音,曾子不以为犯讳。

周之时有骐期[1],汉之时有杜度[2],此其子宜如何讳?将讳其嫌,遂

周朝有个人姓骐名期,汉朝有个人姓杜名度,他们的儿子该怎样避讳呢?为了避讳同音字,就连姓也不

讳其姓乎？将不讳其嫌者乎？汉讳武帝名"彻"为"通"[3]，不闻又讳车辙之"辙"为某字也。讳吕后[4]名"雉"为"野鸡"，不闻又讳治天下之治为某字也。今上章及诏[5]，不闻讳"浒""势""秉""机"[6]也。惟宦官宫妾乃不敢言"谕[7]"及"机"，以为触犯。士君子立言行事，宜何所法守也？今考之于经，质之于律，稽之以国家之典，贺举进士为可邪[8]？为不可邪？

要了呢，还是不避讳同音字呢？汉武帝名彻，汉人为了避讳，把"彻"改作"通"，但没听说把车辙的辙字改为某字。吕后名雉，汉人把雉叫作野鸡，但没听说又把治天下的治字改为某字。现在向皇帝上奏章或皇帝下诏书，没有听说"浒""势""秉""机"这些字也避讳的。只有宦官和宫中侍妾才不敢说"谕"字和"机"字，以为触犯名讳。士君子说话做事，应该遵循怎样的法则呢？现在从经典来考据，据法律来质对，用国家制度来考查，李贺考进士，到底是可以呢，还是不可以呢？

[注释] 1 骐期：春秋时楚国人。 2 杜度：字伯度，东汉人，工草书。 3 武帝：汉武帝，名彻，公元前141—前87年在位。名"彻"为"通"：汉人为避武帝讳，把"彻"字改为"通"字，把"彻侯"叫"通侯"，改"蒯彻"为"蒯通"之类。 4 吕后：汉高祖刘邦的皇后，名雉。 5 章：奏章。诏：诏书，皇帝的命令。 6 "浒""势""秉""机"：唐高祖李渊的祖父名虎，后追尊为景皇帝，庙号太祖，虎与浒同音。唐太宗李世民，世与势同音。李渊的父亲名昞，昞与秉同音。唐玄宗名隆基，基与机同音。 7 谕：唐代宗名豫，豫与谕同音。 8 邪：同"耶"，表疑问的语气词，下同。

凡事父母，得如曾参，可以无讥矣；作人得如周

一般说来，侍奉父母，能够像曾子一样，就可以不被讥刺了；做人能够

公孔子,亦可以止矣。今世之士,不务[1]行曾参、周公、孔子之行,而讳亲之名,则务胜于曾参、周公、孔子,亦见其惑也。夫周公、孔子、曾参卒不可胜[2]。胜周公、孔子、曾参,乃比于宦官宫妾,则是宦官宫妾之孝于其亲,贤[3]于周公、孔子、曾参者邪?

像周公、孔子一样,也可以说到达顶点了。现在世上这些士大夫,不专心去实践曾参、周公、孔子的品行,而在避父母的名讳方面却要求超过曾参、周公、孔子,从这里就可以看出他们的糊涂了。周公、孔子、曾参终究是不会被他们超越的。想胜过周公、孔子、曾参,却自己等同于宦官宫妾一类的人物,那么难道宦官宫妾孝顺父母,比周公、孔子、曾参还做得好吗?

[注释] 1 务:致力。 2 夫(fú):发语词。 卒:终于。 3 贤:超过。

争臣论[1]

韩愈

[导读] 这是一篇从当时政治出发,有的放矢的重要论文,其中评论的人是真人,事是真事。作者直言不讳地发表意见,表现了敢于面对现实的勇气。韩愈认为,身为谏官却不问政事得失,这是放弃职守的行为,不能算是道德高尚。尽管韩愈所议的出发点是为了巩固封建政权,但他所主张的"在其位则谋其政"的原则,在今天仍有积极的作用。

原文

或问谏议大夫阳城[2]于愈:"可以为有道之士[3]乎哉?学广而闻多,不求闻于人也。行古人之道,居于晋之鄙[4],晋之鄙人薰其德而善良者几[5]千人。

译文

有人向我问起谏议大夫阳城:"他可以算是有道之士吗?学识渊博,懂得很多,不求被世人知道。推行古人之道,住在山西的边境,山西边境的人,受到他品德的感化而行事善良的,将近千把人。

注释 1 本文一作《诤(zhèng)臣论》。诤臣,指能以直言规劝君主的臣子。 2 阳城:字亢宗。定州北平(今北京)人。中进士后,隐居中条山,有贤德之名。唐德宗召为谏议大夫。 3 有道之士:指有学识、有操守的人。 4 晋:指山西夏县。阳城中进士后,曾隐居夏县中条山中。鄙:边远之地。 5 几(jǐ):接近。

"大臣闻而荐之[1],天子以为谏议大夫[2]。人皆以为华,阳子不色喜。居于位五年矣,视其德如在野。彼岂以富贵移易其心哉!"

"大臣听说后向朝廷推荐他,皇帝任命他做谏议大夫。大家都认为光荣,阳城却并不显得高兴。在这个职位上五年了,看他的品德还像在野时一样。他哪里会因为富贵就改变他的初衷呢!"

注释 1 大臣:指李泌,他曾为陕虢观察使,闻阳城之名,后入相,荐城为著作郎。 2 谏议大夫:官名。职责是做皇帝的侍从,规劝皇帝的过失。

愈应之曰:"是《易》所谓'恒其德贞'而'夫子凶'者也[1],恶得为有道

我回答他说:"这就是《易经》上所讲的:保持那种柔顺之德,并不是男子大丈夫的正道啊!阳城怎能算是有道

之士乎哉！在《易》蛊之上九云：'不事王侯，高尚其事。'[2] 蹇之六二则曰：'王臣蹇蹇，匪躬之故。'[3] 夫亦以所居之时不一，而所蹈之德不同也。若《蛊》之上九，居无用之地，而致匪躬之节，以《蹇》之六二，在王臣之位，而高不事之心，则冒进之患生，旷官之刺兴。[4] 志不可则，而尤不终无也。[5]

之士呢？《易经》蛊卦上九爻辞说：'不奉事王侯的时候，要保持自己的高尚节操。'蹇卦六二爻辞却说：'当臣子的要勇于赴难，不顾自己。'这也是由于所处的时候不一样，所实行的原则便不同。如果像蛊卦的上九那样处于无用的地位，却要去忘我地工作，像蹇卦的六二那样，在臣子的位置上，却以不侍奉王侯为高尚，那么，前者就会产生钻营利禄的祸害，后者便会引来玩忽职守的责备。这都不值得效法，而且过错也难于避免。

[注释] 1《易》：指《易经》。"恒其德，贞""夫人凶"句，是《易经》恒卦六五的爻辞。原文是："恒其德，贞，妇人吉，夫子凶。"意思是说：以柔顺从人，始终不变其德，有操守，此乃妻妇之道，所以吉；男子大丈夫要决断大事，不能随便顺从，所以凶。 夫子：男子。 **2** 蛊(gǔ)之上九：《易经》蛊卦上九的爻辞。 "不事王侯"二句：说君子没有出去做官侍奉王侯，应该修德乐道，提高自己的节操。 **3** 蹇(jiǎn)之六二：《易经》蹇卦六二的爻辞。"王臣蹇蹇"二句：是说当王朝遭大难的时候，做臣子的要忠诚努力，不顾个人。蹇，危难。蹇蹇，忠诚。匪，非。躬，自身。 **4** 冒进：侥幸求进，指钻营利禄。 刺：批评。 兴：引起，引出。 **5** 则：法，仿效。 尤：弊病。

"今阳子在位，不为不久矣，闻天下之得失，不为不熟矣，天子待之，不为不

"现在，阳城在位不能说不久了，听到天下的得失，不能说不熟悉了，皇帝待他，不能说不优厚了，但他从来

加矣,而未尝一言及于政。视政之得失,若越人视秦人之肥瘠[1],忽焉不加喜戚于其心。问其官,则曰谏议也;问其禄,则曰下大夫之秩也[2];问其政,则曰我不知也。有道之士,固如是乎哉!且吾闻之:'有官守者,不得其职则去;有言责者,不得其言则去。'[3]今阳子以为得其言,言乎哉[4]?得其言而不言,与不得其言而不去,无一可者也。阳子将[5]为禄仕乎?

没有讲一句关系政事的话。他看待政事的好坏,就好像越人看待秦人的肥瘦那样,毫不注意,心里不高兴也不悲哀。问他的官职,说是谏议;问他的俸禄,说是下大夫的品级;问他的政事,却说我不知道。有道之士,真是这样的吗?而且,我听说过:'有官职的人,不能尽他的职责,便辞官而去;有进言责任的人,不能尽他进言的责任,便辞官归去。'现在阳城可以算是得到进言的官职了,但他进过言吗?有进言的责任而不进言,或不能尽到进言的责任却不离开,没有一件是可以的。阳城难道是为了利禄才出来做官的吗?

[注释] 1 越人:浙江一带人。 秦人:陕西一带人。 2 下大夫:古官名。 秩:品级。 3 "有官守者"四句:引自《孟子·公孙丑下》。官守,居官守职。 4 "今阳子"句:原文作"今阳子以为得其言乎哉",这里据《韩昌黎集》校改。 5 将:殆,莫非。

"古之人[1]有云:仕不为贫,而有时乎为贫,谓禄仕者也。宜乎辞尊而居卑,辞富而居贫,若抱关击柝者可也[2]。盖孔子尝为委吏[3]矣,尝为乘

"古时的人说过:做官不是为了贫穷,但某种时候却是为了贫穷,指的就是为了俸禄而去做官。不过,那就应该辞去尊贵的职务,处于卑贱的地位,辞去优厚的俸禄,接受菲薄的待遇,像那些守关打更巡夜的人一样。孔子曾经

田⁴矣,亦不敢旷其职,必曰会计当而已矣⁵,必曰牛羊遂⁶而已矣。若阳子之秩禄,不为卑且贫,章章⁷明矣,而如此,其⁸可乎哉?"

做过仓库保管员,又曾经做过牧场管理员,也不敢玩忽职守,一定要说'账目都清楚了',一定要说'牛羊都顺利成长了'。像阳先生的品级俸禄,不算卑贱菲薄,那是十分清楚的,而他却这样,难道行吗?"

【注释】 1 古之人:指孟子。以下十三句,均引自《孟子·万章下》,但句子有变动。 2 抱关:守关门。 击柝(tuò):打更。柝,打更用的梆子。 3 委吏:古代负责仓库保管、会计事务的小官。 4 乘田:古代负责管理牧场,饲养牲畜的小吏。 5 会(kuài)计:管理财、物及出纳事务。 当:妥当,合适。 6 遂:顺利成长。 7 章章:明白显著。 8 其:同"岂"。

　　或曰:"否! 非若此也。夫阳子,恶讪上者¹,恶为人臣招²其君之过,而以为名者,故虽谏且议,使人不得而知焉。《书》³曰:'尔有嘉谟嘉猷⁴,则入告尔后⁵于内,尔乃顺之于外,曰:"斯谟斯猷,惟我后之德。"'夫阳子之用心,亦若此者。"

　　有人说:"不对! 不是这样的。阳城是讨厌毁谤上司的人,讨厌当臣子却宣扬君主的过失而为自己求名的人,所以他尽管进谏和建议,却不让别人知道。《尚书》上说过:'你有好的计划建议,进去告诉你的君主;在外面你就顺从地说:"这些好计划好建议,都是出于我们君主的英明。"'那阳城的用心,也是这样的。"

【注释】 1 恶(wù):讨厌。 讪(shàn)上:谤毁上司。讪,讥笑,诽谤。 2 招:举,引申作宣扬。 3《书》:指《尚书》,见伪古文尚书《周书·君陈》。 4 猷(yóu):计划,谋划。 5 尔后:你的君主。

愈应之曰:"若阳子之用心如此,滋¹所谓惑者矣!入则谏其君,出不使人知者,大臣宰相之事,非阳子之所宜行也。夫阳子,本以布衣隐于蓬蒿²之下,主上嘉其行谊³,擢在此位,官以谏为名,诚宜有以奉其职,使四方后代,知朝廷有直言骨鲠⁴之臣,天子有不僭赏⁵从谏如流之美;庶岩穴之士⁶,闻而慕之,束带结发⁷,愿进于阙下⁸,而伸其辞说,致吾君于尧舜,熙鸿号于无穷也⁹。若《书》所谓,则大臣宰相之事,非阳子之所宜行也。且阳子之心,将使君人⁹者恶闻其过乎?是启¹⁰之也!"

我回答他说:"假如阳城的用心是这样,那就更加迷惑不解了!进去对君主进谏,出来不使别人知道,这是大臣宰相的事情,不是阳城应该做的。阳城本来是个平民,隐居在乡野中,皇帝赞赏他的品行道德,提拔在这个位置上,官职的名称是谏议大夫,确实应该拿出具体行动来尽他的职责,使四方后代的人知道朝廷上有刚正敢说话的臣子,皇帝有不滥赏、从谏如流的美德;使得山林隐士,听到以后美慕他,整理好衣冠,修饰好仪容,愿意到朝廷来贡献出自己的意见,使皇帝成为尧舜那样的圣主,把美名留传到千秋万世之后。像《尚书》上所讲的那是大臣宰相之事,不是阳城应该做的。而且阳城的本意,将要使君临百姓的人不喜欢听到自己的过失吗?如果这样,就是引导君主文过饰非啊。"

注释 1 滋:益,更加。 2 蓬蒿:本为草名,借指草野之间。 3 行谊:德行道谊。谊,同"义"。 4 骨鲠:比喻刚直。指逆耳的忠言,好像鱼骨鲠在喉间。 5 僭(jiàn)赏:滥赏。 6 庶:庶几,表示推测希望语气。岩穴之士:指隐居在山野的人。 7 束带结发:束带,整理好衣冠。结发,结好头发,指修饰好仪容。这是说隐士做好出来做官的准备。 8 阙下:

宫阙下面,指朝廷中。 **9** 熙:明,昌明,光大。 鸿号:伟大的名声。
10 君人:君,用作动词,统治,君临。人,指百姓。 **11** 启:教导,引导。

或曰:"阳子之不求闻而人闻之,不求用而君用之。不得已而起,守其道而不变,何子过[1]之深也?"

愈曰:"自古圣人贤士,皆非有求于闻用也,闵其时之不平,人之不乂[2];得其道,不敢独善其身,而必以兼济天下也。孜孜矻矻[3],死而后已。故禹过家门不入[4],孔席不暇暖[5],而墨突不得黔[6]。彼二圣一贤者,岂不知自安佚之为乐哉?诚畏天命而悲人穷也。夫天授人以贤圣才能,岂使自有余而已,诚欲以补其不足者也。耳目之于身也,耳司闻而目司见,听其是非,视其险易,然后身得安焉。圣贤者,时人之耳目也;时人者,圣贤之身也。且阳子之不贤,则将役于贤以奉其上矣;若果

有人说:"阳城不求出名,却被人们知道;不求君主任用,却被君主任用。不得已才出来,坚持不改变他的作风,为什么您责备他那么厉害呢?"

我说:"自古的圣人贤士,都不是追求闻名重用的,而是哀怜世道的不太平,人民的不得安定;他懂得了圣人的道德学说,不敢只单独搞好自己的修养,一定要同时使天下的人都得到好处。勤勤恳恳,至死方休。所以,夏禹经过家门却不进去,孔子的坐席没有坐暖和过,墨子的烟囱没有被熏黑过。那两个圣人、一个贤人,难道不知道享受个人安逸的快乐吗?实在是畏惧天命而又同情人民疾苦啊。上天把贤圣才能传授给人,难道只是使他们自己有余就算了,确实还要补充别人的不够啊。耳目在身上的用处,耳管听,目管看,听清了是和非,看出了安和危,然后身子才能得到安全。圣贤是世人的耳目,世人是圣贤的身子。假如阳城不是贤者,那他就应当被贤者役使去奉事君上;如果真是贤者,那就

贤,则固畏天命而闵人穷也,恶得以自暇逸乎哉!"

一定会害怕天命并同情人民的疾苦,怎么能够只顾自己的清闲安逸呢?"

注释 1 过:责备。 2 乂(yì):治理,安定。 3 孜孜(zīzī):勤勉。矻矻(kūkū):劳累。 4 禹过家门不入:相传夏禹治水,曾三过家门而不入。 5 孔席不暇暖:出自班固《答宾戏》。孔,指孔子。孔子存心济世,周游列国,到哪里都不能久住,席子还没有坐暖就走了。 6 墨突不得黔:出处同上。墨指墨翟,突指烟囱,黔,黑色。墨子为了宣传他的主张,到处奔走,很少在家里,所以他家的烟囱也很少冒烟,没有熏黑。

或曰:"吾闻君子不欲加诸人,而恶讦[1]以为直者。若吾子之论,直则直矣,无乃伤于德而费于辞乎?好尽言以招人过,国武子[2]之所以见杀于齐也,吾子其亦闻乎?"

愈曰:"君子居其位,则思死其官;未得位,则思修其辞以明其道。我将以明道也,非以为直而加人也。且国武子不能得善人,而好尽言于乱国,是以见杀。《传》[3]曰:'惟善人能受尽言。'谓其闻而能改之也。子告我曰:'阳子可以

有人说:"我听说君子不肯把罪名加到别人身上,厌恶攻击别人的短处来博得正直的名声。您的论调,直率倒还直率,未免有点损伤德行而又浪费言辞吧?喜欢毫无保留地说话来招致别人的责备怨恨,是国武子在齐国被杀的原因,您大概也听说了吧?"

我说:"君子在他的官位上,便准备殉职;不能得到官位,便打算修饰文辞来阐明圣贤之道。我要做的是阐明圣贤之道,不是自认为正确而强加于人。而且,国武子没有碰上好人,却在纷乱的国家里说毫无保留的话,所以被杀。《国语》说:'只有好人才能接受毫无保留的话。'这是说他听了就能改正。您告诉我说:'阳城可

为有道之士也。'今虽不能及已,阳子将不得为善人乎哉!"	以算是有道之士。'我看现在他虽然还达不到,难道阳城不能够算一个好人吗?"

注释 **1** 讦(jié):攻人短处。 **2** 国武子:春秋时齐大夫,名国佐。曾参加柯陵之会,单襄公见他好尽言,说:"立于淫乱之国而好尽言,以招人过,怨之本也。"鲁成公十八年,齐庆克与齐灵公的母亲声孟子通奸,国武子责备他。庆克告诉声孟子,声孟子在齐灵公面前说国武子的坏话,齐灵公就把国武子杀了。 **3**《传》:指《国语》。文见《国语·周语下》。

后十九日复上宰相书

韩愈

导读 本文与下一篇《后廿九日复上宰相书》,是韩愈在唐德宗贞元十一年(795)写给宰相的两封书信。当时,韩愈二十八岁,已经考取进士四年,但被阻于吏部的博学宏词科,一直没有得到官职。其间,他曾向一些达官贵人上书,希望得到荐举,都毫无结果。这年年初,他在一个多月内,连续三次给宰相们上书陈诉,本文是第二次上书。信中以动人之笔,比喻自己处境艰难如同陷入水深火热之中,试图以此来打动宰相。

原文

二月十六日[1],前乡贡进士[2]韩愈,谨再拜言相公[3]阁下:

向上书及所著文后,待

译文

二月十六日,前乡贡进士韩愈恭谨地再次拜谒上书宰相阁下:

前次呈上了信件和文章,后来我等候回音一共十九天,一直没有命凡十有九日,不得命。[4]恐惧不敢逃遁,不知所为。[5]乃复敢自纳于不测之诛[6],以求毕[7]其说,而请命于左右。

得到指示。惶惑害怕但又不敢离开,真不知道该怎么办好。于是大胆地再次自己招惹不可测度的责罚,以求得讲完我的话,向您请求指示。

注释 1 二月十六日:指唐德宗贞元十一年(795)二月十六日。 2 乡贡进士:唐代分科选拔官吏,其中以进士科最为人重视。凡经州县考试及格,由州贡到尚书省参加进士科考试的,称乡贡进士。 3 相公:古代对宰相的称呼,"公"是推尊之辞。 4 向:从前。 待命:等待指示。按韩愈曾在这年正月二十七日第一次上书宰相,故云。 5 逃遁:逃走,这里指离开。 不知所为:不知道怎么办。 6 复:再,又一次。 自纳于不测之诛:自己去招惹不可测度的责罚。诛,责备。 7 毕:完毕。

愈闻之,蹈水火者之求免于人也[1],不惟其父兄子弟之慈爱,然后呼而望之也;将有介于其侧者,虽其所憎怨,苟不至乎欲其死者,则将大其声疾呼,而望其仁之也。[2]彼介于其侧者,闻其声而见其事,不惟其父兄子弟之慈爱,然后往而全之[3]也;虽有所憎怨,苟不至乎欲其死者,则将狂奔尽气,濡手足,焦毛发,救之

我听说,遭遇到水火灾害的人请求别人营救,不限于是慈爱自己的父兄子弟,然后才呼叫着期待他们;如果有处在他旁边的人,虽然为他所憎恶怨恨,只要是不至于想他死的人,那就将放大他的声音急速地呼喊,希望那个人对他施加仁爱。那个处在他旁边的人,听到他的呼救,看到他的遭遇,也不限于是慈爱他的父兄子弟,然后才上前搭救他;即使平常对他有些憎恶怨恨,只要是不至于想他死的人,也就会快步跑得上气不接下气,不顾打湿手脚,烧焦毛发,前去搭救他而不退却。

而不辞也。⁴若是者何哉？
其势⁵诚急，而其情诚可
悲也。

像这样是为了什么呢？正由于他所
处的形势的确危急，他的情况实在
可悲啊。

注释 1 蹈水火者：遭遇到水灾或火灾的人。 免：指免除灾害。 2 将：
表假设之词。 介于其侧：处在他的旁边。介，接近。 仁：名词用作动
词，施行仁爱。 3 往而全之：上前搭救保全他。 4 狂奔尽气：快步奔
跑使尽气力。 濡(rú)：沾湿，打湿。 焦：被火烧伤。 辞：推却。 5 势：
形势、趋势。

　　愈之强学力行¹有
年矣。愚不惟道之险夷²，
行且不息，以蹈于穷饿之
水火，其既危且亟矣³。大
其声而疾呼矣，阁下其亦
闻而见之矣。其将往而全
之欤？抑将安而不救欤⁴？
有来言于阁下者曰："有观
溺于水而爇于火者，有可
救之道而终莫之救也。"⁵
阁下且以为仁人乎哉⁶？
不然，若愈者，亦君子之所
宜⁷动心者也！

　　我勉力学习和实践已经多年了。
性情愚笨，不考虑道路的艰险或平坦，
前进从不停止，以致陷于贫穷饥饿的
水火之中，是已经很危险并且很急迫
了。我已放大声音用力呼救，宰相您
也听到并看见了。是前来搭救保全我
呢，还是安然不动坐视不救呢？如果
有人来告诉您说："有人看到别人被淹
没在水中或被围烧在火中，本来有能
够搭救的办法然却终究不去搭救他。"
您难道会认为这是仁慈的人吗？否
则，像我这样的人，也是仁人君子所应
当动怜惜之心的人啊！

注释 1 强学力行：奋发学习，努力实践。强、力，皆勉力的意思。
2 愚不惟道之险夷：愚笨从不考虑道路的危险和平安。 3 其既危且亟

矣:已经危险而急迫了。其,加强语气的副词。 4 抑将安而不救欤:还是安然不动坐视不救呢? 5 爇(ruò,旧读 rè):燃烧。 有可救之道而终莫之救:有能够搭救的办法但终竟不去搭救他。 6 且:将。 仁人:仁爱的人。 7 宜:应当。

或[1]谓愈:"子言则然矣,宰相则知子矣。如时不可何!"[2]愈窃谓之不知言者[3]。诚其材能不足当吾贤相之举耳[4],若所谓时者,固在上位者之为耳,非天之所为也。[5]

有的人告诉我说:"您所讲的倒是对的,宰相也了解您。但是时机不允许,有什么办法呢?"我私下认为他是不懂情况的人。实在是我的才能不堪承当贤明宰相的荐举那就算了,要是说所谓时机,本来是居在上位的人所造成的,绝不是天所造成的。

[注释] 1 或:有的人。 2 子言则然矣:你所讲的是对的。 如时不可何:时机不允许,奈何。 3 窃:私自。 不知言者:不懂情况的人。 4 诚其材能不足当吾贤相之举耳:意思是果真我的才能不值得被贤能宰相荐举就算了。材能,犹"才能"。 5 "若所谓时者"三句:要是讲所谓时机的话,本来是居于上位的人造成的,而不是天所造成的。

前五六年时,宰相荐闻[1],尚有自布衣蒙抽擢者[2],与今岂异时哉?且今节度、观察使及防御、营田诸小使等,尚得自举判官,无间于已仕未仕者[3];况在宰相,吾君[4]所尊敬

前五六年的时候,宰相所推荐奏闻的,尚且有从平民蒙受选拔提升的人,这和今天难道时机不同吗?况且现在的节度使、观察使以及防御、营田等小使,还能够自己荐举判官,不区别是已做官的还是没有做官的人;何况宰相是皇上所尊重敬仰的人,却能够说不可以

者,而曰"不可"乎? 古之进人者,或取于盗,或举于管库。5 今布衣虽贱,犹足以方于此。6 情隘辞蹙,不知所裁,亦惟少垂怜焉。7 愈再拜。

荐举人才吗? 古时候荐举人才,有的从小偷中选取,有的从管理仓库的小吏中提拔。今天我这样的平民虽然卑贱,还足够和这些人相比拟。我的性情狭隘,语言迫促,不知道怎样处置,希望稍加哀悯怜惜。愈再拜。

注释 1 荐闻:推荐奏闻。 2 尚:且。 抽擢(zhuó):选拔提升。 3 节度:唐置地方军政长官,辖管一道或数州,称节度使。 观察使:即经略观察使。 防御:唐于大郡要害之地置防御使,治理军事,多由当地刺史兼任。 营田:指掌管军队屯垦的营田副使,军队万人以上设一名。 小使:防御使、营田副使,与节度使、观察使相比,无论地位权力都小得多,所以称小使。 判官:节度使、观察使、防御使的僚属,佐理军政。 间:区别。 仕:做官。 4 君:皇帝。 5 进人:荐举人才。 管库:管理仓库的小吏。 6 贱:卑贱。 方:比拟。 7 蹙(cù):迫促。 惟:希望。 垂怜:加以怜惜。

后廿九日复上宰相书

韩愈

导读 韩愈在唐德宗贞元十一年(795)连续三次给宰相上书求仕,但都毫无结果。这是韩愈三上宰相书的第三封。这封信与第二封信的自诉困穷、苦求哀悯有了很大的不同。信中把对待他的上书的态度,提到是否重视人才的高度。韩愈赞颂了周公"一食三吐哺""一沐三握发"、求贤若渴地对待人才的态度,质问了当时宰相对待人才"默默而已"的态度,讽刺了权贵们封闭贤路的做法,并申明自己是出于"忧天下之心"、不愿独善其身才求仕进的。

原文

三月十六日,前乡贡进士韩愈,谨再拜言相公阁下:

愈闻周公之为辅相[1],其急于见贤也,方一食,三吐其哺;[2] 方一沐,三握其发。[3]

译文

三月十六日,前乡贡进士韩愈恭谨地再次拜谒上书宰相阁下:

韩愈听说周公作宰辅时,他是多么急于接见贤才啊,在吃一顿饭的时间里,却三次吐出口中的食物出来迎宾;在洗一次发的时间里,却三次握着头发出来见客。

注释 1 辅相:指宰相。辅、相二字都是辅佐的意思,宰相辅佐帝王治理天下,所以称为辅弼、辅相。 2 方:正当。 哺:口中嚼食,这里指衔在口里的食物。 3 沐:洗头发。 三握其发:指周公三次握着已经披散洗湿的头发出来见客。

当是时,天下之贤才,皆已举[1]用;奸邪谗佞欺负之徒[2],皆已除去;四海皆已无虞[3];九夷八蛮之在荒服之外者[4],皆已宾贡[5];天灾时变,昆虫草木之妖[6],皆已销息[7];天下之所谓礼乐刑政教化之具[8],

那时候,天下的贤才都已经提拔重用了;邪恶凶顽、图谋不轨、谄媚逢迎、暗地害人、虚伪欺诈、背弃信义的一干坏人,都已经清除掉;整个天下都已经没有什么可忧虑的了;处在极边远地方的许多蛮夷部族,都已经派人来朝见进贡;水旱节候的灾害,昆虫草木的反常现象,都已经销声匿迹;国家的礼、乐、刑、政这些教育感化人的工具,都已经整理完善;社会的皆已修理;风俗皆已敦厚[9];动植之物,风雨霜露之所沾被[10]者,皆已得宜;休征嘉瑞、鳞凤龟龙之属[11],皆已备至。

风俗都已经淳厚朴实;动物、植物,凡属风雨霜露所浸润覆盖的一切,都已经得到适宜的环境和合理的利用;美好吉祥的迹象,麟、凤、龟、龙这四种灵物,都已经全部出现。

【注释】 1 举:起,提拔。 2 奸邪:凶恶。 谗(chán):背后说别人坏话。 佞(nìng):谄媚逢迎,花言巧语。 欺负:虚伪欺诈,背弃信义。 3 虞:忧。 4 九夷八蛮:泛指处在边远地区的一些部族。 荒服之外:指非常偏僻的边远地区。 5 宾贡:宾,归服。贡,贡纳物产。指派使者来朝见。 6 时变:指季节、气候的变异。 妖:反常的变化。 7 销息:消失停止。"销"与"消"通。 8 教化之具:古代统治阶级认为礼、乐、刑、政都是或从积极方面诱导或从消极方面禁止而使人民服从他们统治的手段。 9 敦厚:淳厚朴实。 10 沾被:沾,浸润;被,覆盖。 11 休征:休,美好;征,迹象。 嘉瑞:嘉,吉祥;瑞,预兆。 属:类。古人把麟、凤、龟、龙称为四灵。国家大治,天下太平,上天就要显示出种种美好吉祥的迹象,这四种灵物也会出现。

而周公以圣人之才,凭叔父之亲,其所辅理承化[1]之功,又尽章章[2]如是。其所求进见之士,岂复有贤于周公者哉?不惟不贤于周公而已,岂复有贤于时百执事[3]者哉?岂复有所计议能补于周

而周公凭着圣人的大才,借助于成王叔父这样至亲的关系,他所辅佐治理奉承教化的功绩,又都这样显著。那些请求进见的人,难道再有比周公更贤能的吗?不只不会比周公贤能而已,难道再有比当时的百官更贤能的吗?哪里还能有什么计策、议论能够对周公的教化有所补益呢?可是周公

公之化者哉?然而周公求之如此其急,惟恐耳目有所不闻见,思虑有所未及,以负成王托周公之意,不得于天下之心。如周公之心,设使其时辅理承化之功未尽章章如是,而非圣人之才,而无叔父之亲,则将不暇食与沐矣,岂特吐哺握发为勤而止哉?维其如是,故于今颂成王之德,而称周公之功不衰。

访求他们是这样的急切,只担心自己的耳朵、眼睛有什么听不见看不到之处,自己的思索考虑有什么不周全之处,以致辜负成王托政给周公的深意,得不到天下人心的拥护。像周公这样的用心,假使那时辅佐治理奉承教化的功绩并没有像那样显著,又不是圣人的大才,又没有叔父的至亲关系,那么他将没有空时间去吃饭和洗头了,难道只是止于辛勤地"吐哺握发"吗?正因为他的用心能够这样,所以到现在,人们歌颂成王的大德,称赞周公的功绩,还没有减弱。

【注释】 1 辅理承化:辅佐帝王治理国家,奉承帝命施行教化。理,治。 2 章章:明白显著。 3 百执事:即百官。供使令的人称为执事。

今阁下为辅相亦近[1]耳。天下之贤才,岂尽举用?奸邪谗佞欺负之徒,岂尽除去?四海岂尽无虞?九夷八蛮之在荒服之外者,岂尽宾贡?天灾时变,昆虫草木之妖,岂尽销息?天下之所谓礼乐刑政教

现在阁下作为宰相,身份与周公也相近了。天下的贤才,难道都已经提拔重用了?邪恶凶顽、图谋不轨、谄媚逢迎、暗地害人、虚伪欺诈、背弃信义的坏人,难道都已经清除掉?整个天下难道都已经没有什么可忧虑的了?处在极边远地方的蛮夷部族,难道都已经派人来朝见进贡?水旱节候的灾害,昆虫草木的反常现象,难道都已经销声匿迹?国家的礼、乐、刑、

化之具，岂尽修理？风俗岂尽敦厚？动植之物，风雨霜露之所沾被者，岂尽得宜？休征嘉瑞，麟凤龟龙之属，岂尽备至？其所求进见之士，虽不足以希望盛德，至比于百执事，岂尽出其下哉？其所称说，岂尽无所补哉？今虽不能如周公吐哺握发，亦宜引而进之，察其所以而去就之 [2]，不宜默默而已也。

政这些教育感化人的工具，难道都已经整理完善？动物、植物，凡属风雨霜露所浸润覆盖的一切，难道都已经得到适宜的环境和合理的利用？美好吉祥的迹象，麟、凤、龟、龙这四种灵物，难道都已经全部出现？那些请求进见的人，虽则不能够期待他有您那样的大德，至于同您手下那些官吏相比，难道全都不如吗？他们所提所说的意见，难道全都对政事毫无补益吗？现在您即使不能像周公那样吐哺握发，也总应该引进、接见他们，考察他们究竟如何而决定用谁不用谁，不应该无声无息、不闻不问了事啊！

注释 1 近：指地位职权与周公相近。不说"同"而说"近"，因为当时宰相不见得有圣人之才，也没有"叔父之亲"。 2 所以：根据的是什么。去就：去，离开；就，趋近。这里相当于用或不用。

愈之待命，四十余日矣。书再上而志不得通，足三及门而阍人辞焉 [1]。惟其昏愚，不知逃遁 [2]，故复有周公之说焉。阁下其亦察之！古之士，三月不仕则相吊，故出疆必载

韩愈等候召见已四十多天了。上了两次书而心愿不能够表达，脚三次走到您的大门前，却被守门人谢绝了。只因为我糊涂愚顽，不知道逃隐山林，所以又有上述关于周公的一番议论。阁下还是考察一下吧！古代的读书人，只要有三个月不作官任职，相互之间就要慰问，所以他们只要走出本国疆界，车子上就一定载着准

质。[3] 然所以重于自进者，以其于周不可，则去之鲁；于鲁不可，则去之齐；于齐不可，则去之宋，之郑，之秦，之楚也。

备随时进见用的礼品。然而他们不肯轻易自己主动要求做官的原因，是他们在周不可能，就可以离开到鲁国去；在鲁不可能，就离开到齐国去；在齐国不可能，就离开到宋国去，到郑国去，到秦国去，到楚国去。

注释 1 及：到。 阍(hūn)人：守门的人。 2 逃遁：指归隐山林。 3 吊：慰问。 质：通"贽"，初次进见君主或大臣所持的礼品。

今天下一君，四海一国，舍乎此，则夷狄矣，去父母之邦[1]矣。故士之行道者，不得于朝，则山林而已矣。山林者，士之所独善自养，而不忧天下者之所能安也；如有忧天下之心，则不能矣。故愈每自进而不知愧焉，书亟[2]上、足数及门而不知止焉。宁独[3]如此而已，惴惴焉惟不得出大贤之门下是惧[4]。亦惟少垂察焉[5]！渎冒威尊，惶恐无已[6]。愈再拜。

现在天下只有一个君主，四海之内统一为一个国家，离开这里，那就是夷狄了，就离开自己的祖国了。所以读书人中间那些想实行自己主张的人，不被朝廷任用，就只有入山林当隐士了。隐居山林，只有读书人中那些独善其身、自己顾自己而不忧虑天下的人才能安逸住下；如果他有忧天下的心思，就不能够了。因此韩愈每次自求进见而不知羞愧，频频上书、多次上门而不知道止步啊。岂只如此而已，心里经常惶恐不安，只怕不能够从您这样的大贤人门下求得出身。也望您稍加俯问以体察啊！烦扰冒犯了您的威严，内心惶恐不已。韩愈再拜。

注释 1 父母之邦:父母之国,祖国。 2 亟(qì):频,多次。 3 宁独:岂只。 4 惴惴(zhuìzhuì):惶恐不安的样子。 大贤:恭维当时宰相的话。 5 惟:希望。 垂:由上向下地悬垂。地位低下的人要求尊长采取某种态度往往用"垂"字表示恭敬,如"垂怜""垂察"等。 6 已:止。

与于襄阳书

韩愈

导读 《韩昌黎集》有两篇《与于襄阳书》,这是第一篇,写于唐德宗贞元十八年(802)。于襄阳,名顿,贞元十四年为山南东道节度使,由于做过襄阳大都督,故称于襄阳。贞元十七年,韩愈被任命署理国子监四门博士,正式在京师做官。博士职乃闲官,地位不高,很难施展抱负,为此,他给于襄阳写信请求引荐。

原文

七月三日,将仕郎守国子四门博士韩愈[1],谨奉书尚书阁下[2]:

士之能享大名、显当世者,莫不有先达之士、负天下之望者为之前焉[3];士之能垂休光[4]、照后世者,亦莫不有后进之士、负天下之望者为之后焉[5]。莫为之前,虽美而不彰;莫为之后,虽

译文

七月三日,将仕郎任国子监四门博士韩愈,恭谨地上书给尚书阁下:

读书人能够享有大名、显荣于当世的原因,莫不有先通显而负天下重望的人做他们的引导者;读书人能够留下壮美的光辉、照耀着后世的原因,也莫不有后通显而负天下重望的人做他们的继承者。没有人做他们的引导者,即使才德美好却不会彰明;没有人做他们的继承者,即使功

盛而不传[6]。是二人者，未始不相须也[7]。

业盛大却不会流传。这两种人未尝不互相依赖。

注释 1 贞元十八年春，韩愈为四门博士。国子，即国子监，唐代最高学府，下分七馆：国子、太学、广文、四门、律、书、算。四门博士，即四门馆教授。将仕郎，官阶，唐属从九品。守，任的意思。 2 尚书阁下：于頔是时为尚书左仆射，同中书门下平章事，故称他"尚书阁下"。 3 先达之士：先通显的人。 负：肩负。 为之前焉：做他们的引导者。 4 休光：盛美的光辉。 5 后进之士：后通显的人。为之后焉：做他们的继承者。 6 虽盛而不传：即使成就卓越却不会流传。 7 未始：未尝。 相须：互相依赖。

然而千百载乃一相遇焉！岂上之人无可援，下之人无可推欤？[1] 何其相须之殷而相遇之疏也[2]？其故在下之人负其能不肯诣其上[3]，上之人负其位不肯顾[4]其下，故高材多戚戚[5]之穷，盛位无赫赫[6]之光。是二人者之所为皆过也。未尝干之[7]，不可谓上无其人；未尝求之，不可谓下无其人。愈之诵[8]此言久矣，未尝敢以闻于人。

不过这种情况要经过千百年才能够碰上一次啊！难道是在上位的人没有可以攀援的，在下位的人没有值得推举的吗？为什么互相依赖这样密切，而互相遇合却这样少呢？它的原因在于在下位的人仗恃自己的才能不肯讨好上面的人，在上位的人仗恃自己的权位不肯关心下面的人，因此有杰出才能的人往往处于忧伤的不得志之中，身居高位的人也没有发出显赫的光辉。这两种人的行为都是不对的。没有去请求他，不可以说上面没有提携后进的人；没有去物色他，不可以说下面没有值得推举的人。我叨念这些话好久了，没有敢把它讲给别人听。

[注释] 1 援:攀援。 推:推举。 2 殷:多、盛,这里引申作密切解。相遇:互相遇合。 3 负:仗恃。 诏:讨好。 4 顾:照顾关怀。 5 戚戚:忧虑的样子。 6 赫赫:威显的样子。 7 干之:求他。干,求。 8 诵:嘴里叨念。此处有思考、琢磨之义。

侧闻[1]阁下抱不世之才,特立而独行,道方而事实[2],卷舒[3]不随乎时,文武[4]唯其所用,岂愈所谓其人哉!抑未闻后进之士,有遇知[5]于左右,获礼[6]于门下者,岂求之而未得邪?将[7]志存乎立功,而事专乎报主,虽遇其人,未暇礼邪?何其宜闻而久不闻也。愈虽不材,其自处不敢后于恒人。阁下将求之而未得欤?

我从旁边听说阁下具有不平凡的才能,立身行事不同一般,道德方正而工作讲究实际,进退不跟着时俗转,文武人才都加以使用,难道不正是我所说的那种能引导后进的人吗?但是没有听到哪个后进之士得到您的赏识,受到您的推崇,难道是物色人才而没有得到吗?或者是志向倾注在立功上,行事一心在报答君主上,虽然遇到可以推举的人却没有空闲以礼相待吗?为什么本应该听到您举荐人才的消息而长久听不到呢?我虽然才能低下,可是自己立身处世从来不敢落后于一般人。阁下可能是寻找人才却没有得到吧?

[注释] 1 侧闻:从旁边听说,表示谦恭。 2 道方而事实:道德方正而工作讲究实际。 3 卷舒:卷缩舒展。这里是进退之意。 4 文武:具有文、武才能的人。 5 遇知:受到赏识。 6 获礼:得到尊敬。 7 将:或者的意思。

古人有言:"请自隗始[1]。"愈今者惟朝夕刍米仆赁之资是急[2],不过费阁下一朝之享而足也。如曰吾志存乎立功,而事专乎报主,虽遇其人,未暇礼焉,则非愈之所敢知也。世之龊龊者[3],既不足以语之[4],磊落奇伟之人,又不能听焉,则信乎命之穷也[5]。

谨献旧所为文一十八首,如赐览观,亦足知其志之所存[6]。愈恐惧再拜。

古人有句话:"(招揽人才)请从我郭隗开始。"现在我急需早晚买草料、口粮、雇用仆人、租赁房屋的资金,这些只不过花上您一天享受的费用就足够了。如果您说"我的志向倾注在立功上,行事一心在报答君主上,虽然遇上可推举的人,却没有空闲以礼相待",那就不是我韩愈所敢于知道的。社会上狭隘而无远见的人,既然不值得把情况告诉他,磊落而卓越伟大的人,又不肯听我的倾诉,那我就只好相信自己命运困窘了。

我恭谨地呈上过去写的十八篇文章,如果蒙您给看一下,也足够了解我的志向所在。韩愈恭恭敬敬地再次拜上。

[注释] **1** 请自隗(wěi)始:《战国策·燕策》记载燕国被齐国打败后,燕昭王想招揽人才,以求振兴。郭隗说:"今王诚欲致士,先从隗始,隗且见事,况贤于隗者乎!"韩愈以郭隗自比,用谦逊的口气希望获得提拔。**2** 惟朝夕刍米仆赁之资是急:只急需早晚买草料、口粮、雇仆人、租房屋的资金。惟,只有。是,使宾语提前的助词。刍,喂牲口的草。赁,租用。**3** 龊龊(chuòchuò)者:狭隘而无远见的人。 **4** 语之:告诉他。 **5** 则信乎命之穷也:那就确实是命运困窘了。信,实。 **6** 所存:所在。

与陈给事书[1]

韩愈

[导读] 唐德宗贞元十九年(803)冬,韩愈被贬为广东阳山县令。他在离开京城之前,给新迁给事中的陈京写了这封信。信中历叙几次进见陈给事的情况,就陈给事的态度由热情变为冷淡陈述自己的苦衷,请求对方谅解,侧面反映出封建官场等级森严、奔竞成风的陋习和地位低微的小官的艰难处境。与这种艰难的处境相应,信中措辞极其委婉,处处自贬自责。但在写法上却围绕着一个"见"字,从见说到不见,又从不见说到要见,在诚惶诚恐的心态中又微露出并不甘于低首乞怜的慷慨之情。

[原文]

愈再拜:愈之获见于阁下[2]有年矣,始者亦尝辱[3]一言之誉。贫贱也,衣食于奔走,不得朝夕继见。其后阁下位益尊,伺候于门墙者日益进[4]。夫位益尊,则贱者日隔;伺候于门墙者日益进,则爱博而情不专。愈也道不加修,而文日益有名。夫道不加修,则贤者不与[5];文

[译文]

韩愈再拜:韩愈与您结识已经多年了。开始也曾经蒙受过您的片言称赏。因为贫贱,不能不为谋衣谋食的事情奔波,所以不能够随时继续拜见您。以后您的地位更高了,守候在您家门外要求进见的人一天比一天多。地位更高,贫贱的人就自然一天天隔得远了;守候在家门要求进见的一天天多,您垂爱的对象也就更加广泛而感情不能集中于某一人了。我呢,道德并没有比以前修养得更好,倒是文章却一天比一天有名。道德不能修养得更好,那么贤人就不愿赞

日益有名,则同进者忌。始之以日隔之疏,加之以不专之望,以不与者之心,而听忌者之说,由是阁下之庭,无愈之迹矣。

许;文章一天比一天有名,那么同时进见的人就会产生忌妒。从一天天隔离疏远的状况开始,加以您并不专一望我来见,又怀着不赞许我的情绪,而听了一些忌妒者的话,于是,您的门庭之内,便自然没有我的足迹了。

[注释] 1 给事:官名,即给事中。 陈给事,名京,字庆复。 2 阁下:对对方的尊称。 3 辱:自谦之辞,表示受之有愧,不敢当。 4 伺候:等候。门墙:旧时指师长之门。 进:增加。 5 与:赞许。

去年春,亦尝一进谒于左右矣。温乎其容,若加其新也;属乎其言,若闵其穷也。退而喜也,以告于人。其后如东京取妻子,又不得朝夕继见。及其还也,亦尝一进谒于左右矣。邈乎其容,若不察其愚也;悄乎其言,若不接其情也。退而惧也,不敢复进。

去年春天,我也曾到府上拜见过您一次。您的容貌是那么温和,像是接待那新见到的人一样;您的谈话连续不断,像是很怜悯我的困窘呢。我退出来十分高兴,把您接见我的情况说给别人听。那以后我往东京去接妻小,又不能够早晚继续来拜见。等到从东京回来,也曾经拜见过您一次。而您的表情似乎很疏远,像是不体察我的愚衷;您的言语极少,仿佛不愿领受我的情意。我退出来内心惶恐不安,也就不敢再来进见。

[注释] 1 进谒(yè):进见。一般用于下对上。 2 温:温和。 容:容貌。 3 若加其新:指温和的颜色像是施加给那些新进见的人一样。加,附于……之上,这里是对待的意思。 4 属:连续。 5 如:往。 东京:

唐代以洛阳为东京。　6 邈：远。这里指容色冷淡，显得很疏远。
7 悄乎其言：态度沉默，说话不多。悄，静。　8 接：接纳，领受。

今则释然[1]悟，翻然[2]悔曰：其邈也，乃所以怒其来之不继也；其悄也，乃所以示其意也。不敏之诛[3]，无所逃避。不敢遂进，辄自疏其所以[4]，并献近所为《复志赋》[5]以下十首为一卷，卷有标轴[6]。《送孟郊序》[7]一首，生纸[8]写，不加装饰。皆有揩字注字处[9]，急于自解而谢[10]，不能俟更写，阁下取其意而略其礼可也。愈恐惧再拜。

我现在才恍然大悟，回头来懊悔，心想：您那疏远的表情，其实是表示对我不继续来进见的不满；您的沉默，正是以此向我示意啊！不能敏锐地领会您的深意，我是无法逃避这种责备的。不敢径直来见您，特地写这封信陈述这一原委，并献上近年来所作的《复志赋》等十篇诗文，作为一卷，卷端有标了题号的轴子。其中《送孟郊序》一篇，是用生纸写的，没有加以装饰。各篇都有涂抹添字的地方，因自己急于要解释、请罪，不能等候重新抄写，您就取其心意而忽略那礼节方面的不周到吧。韩愈内心惶恐，谨再拜。

注释 1 释然：疙瘩解开突然明白的样子。　2 翻然：形容转变得快。3 诛：责备。　4 辄：特。　疏：条列陈述。　5《复志赋》：韩愈贞元十三年(797)在病中所写的一篇赋，抒写怀才不遇的幽愤。　6 标轴：标有题号的书轴。　7《送孟郊序》：即《送孟东野序》(见本书)。　8 生纸：唐代的纸有生纸、熟纸两种，生纸只用于丧事，用来写书赠人是不礼貌的，所以特加说明。　9 揩：涂抹。　注：添加。　10 谢：请罪。

应科目¹时与人书

韩愈

导读 这是韩愈于贞元九年(793)以进士身份参加博学宏词科考试时写给韦舍人的信,求人帮忙,把自己比喻成一个怪物。本文通过生动的比喻,巧妙地把自己的处境、心性、要求和对方的身份、作用,深刻具体地表现了出来。行文气势磅礴,曲折多变;态度不卑不亢,很有分寸。

原文

月、日,愈再拜:

天池之滨,大江之濆,曰有怪物焉,盖非常鳞凡介之品汇匹俦也。²其得水,变化风雨,上下于天不难也。其不及水,盖寻常尺寸之间耳,无高山大陵旷途绝险为之关隔也,然其穷涸,不能自致乎水,为獱獭之笑者,盖十八九矣。³如有力者,哀其穷而运转之,盖一举手一投足之劳也。然是物也,负其异于众也,且曰:"烂死于

译文

某月某日,韩愈再拜奉告:

大海的水边,大江的滩旁,传说有个怪物,它不是一般披鳞带甲之类的东西所能相比的。它到了水里,变风化雨,上天下地,都不困难。但一旦离开了水,哪怕就那么尺来远吧,又没有什么高山大丘、宽远的道路、危险的地段阻碍它,然而它也只能这么干涸着,毫无办法自己挪到水里去,因而受到大大小小的水獭的讥笑,已经不知道有多少回了。如果有那么一位有力量的人,可怜他这种处境而帮助挪动一下,也不过是一伸手、一提脚的功夫。但偏偏这个怪东西,自己背着个"与众不同"的包袱,还说:"就是死了烂在沙泥里,我也宁愿这样;如果要

沙泥,吾宁乐之;若俯首帖耳,摇尾而乞怜者,非我之志也。"是以有力者遇之,熟视之若无睹也。其死其生,固不可知也。

今又有有力者当其前矣,聊试仰首一鸣号焉,庸讵[4]知有力者不哀其穷而忘一举手、一投足之劳,而转之清波乎?其哀之,命也;其不哀之,命也;知其在命,而且鸣号之者,亦命也。

愈今者,实有类于是。是以忘其疏愚之罪,而有是说焉。阁下其亦怜察之。

低着头,垂着耳,摇着尾巴,去向别人求得怜悯,那绝不是我的意愿。"因为这样,所以有力量的人碰到它,就是经常看到,也像没有看见一样。这东西到底能继续活下去,还是很快会死呢,实在是不清楚了。

现在又有一位有力量的人到了它面前了,它姑且试着抬起头来,叫喊一声,怎么知道这位有力量的人就不同情它的处境,而忽略一伸手、一提脚的功夫,把它送到水里去呢?他能够同情它,是命运;不同情它,也是命运;知道这些都是命中注定而又偏偏要叫喊,同样是命运啊。

我韩愈今天的处境确实和上面说的这个怪物差不多了。所以不顾粗鲁和愚昧,说了上面这些话。希望阁下您也许能够哀怜体察吧。

注释 1 应科目:即应博学宏词科的考试。应,有参加考试的意思。 2 天池:《庄子·逍遥游》:"南冥者,天池也。"天池是寓言中的海。渍(fén):水边。 汇:类。 俦(chóu):伴侣。 3 獱(bīn):小水獭。十八九:十分之八九,形容多。 4 庸讵(jù):相当于"岂"。表示反问。

送孟东野[1]序

韩愈

导读 本文是韩愈为孟郊去江南任职而作的一篇赠序。孟郊四十六岁才中进士,四年后(贞元十八年,即公元802年)被选为溧阳县尉,郁郁不得志。这篇序充满着对孟郊的同情和对当权者的不满。

原文

大凡物不得其平则鸣[2]:草木之无声,风挠之鸣;水之无声,风荡之鸣。其跃也,或激之;其趋也,或梗之;其沸也,或炙之。金石之无声,或击之鸣。人之于言也亦然:有不得已者而后言。其歌也有思,其哭也有怀。凡出乎口而为声者,其皆有弗平者乎!

乐也者,郁于中而泄于外者也,择其善鸣者而假之鸣。金、石、丝、竹、匏、土、革、木八者[3],物之善鸣者也。维天之于时

译文

大凡事物得不到平衡,就要发出声音:草木没有声音,风吹动它们发出声音;水没有声音,风振荡它们发出声音。水的飞溅,是由于外物的冲激;水流得快,是由于外物的阻塞;水的沸腾,是因为用火煮它。金石没有声音,由于敲击它而发出鸣声。人们的发表言论也是一样:有不得已的地方,然后起来说话。他歌唱,是有所思念;他哭泣,是有所伤怀。凡是出于口而成为声音的,大概都有不平的地方吧。

音乐是人们将郁结在内心的思想感情向外倾泄形成的声音,选择那些善鸣的东西借着它们来奏鸣。金钟、石磬、琴瑟、箫管、匏笙、土埙、鼓、柷敔这八类东西,是物品中善于发出鸣声的。天对

也亦然,择其善鸣者而假之鸣。是故以鸟鸣春,以雷鸣夏,以虫鸣秋,以风鸣冬。四时之相推敚⁴,其必有不得其平者乎!

于时令的变化也是这样,选择善于鸣的事物借着它们来鸣。所以用鸟来鸣春,用雷来鸣夏,用虫来鸣秋,用风来鸣冬。四时的互相推移变化,那必定也是得不到平衡吧!

注释　1 孟东野:名郊,湖州武康人。唐代诗人,四十六岁才中进士,终生贫困,有诗集行世。　2 平:含有平衡、公平、安定、顺畅等意思。　鸣:本意是发出声音,这里含有表现、抒发思想感情、志趣等意思。　3 金、石、丝、竹、匏(páo)、土、革、木:八种物质都能制作乐器,古人称为八音,故以此作为古代乐器的代词。　4 推敚:推移变化。敚,同"夺"。

　　其于人也亦然。人声之精者为言,文辞之于言,又其精也,尤择其善鸣者而假之鸣。其在唐、虞,¹咎陶²、禹,其善鸣者也,而假以鸣。夔弗能以文辞鸣,又自假于《韶》以鸣。³夏之时,五子以其歌鸣⁴。伊尹鸣殷⁵,周公鸣周。凡载于《诗》《书》六艺⁶,皆鸣之善者也。

对于人来说也是这样。人的声音的精华是语言,文辞对于语言来说,又是其中的精华,尤其要选择那些善鸣的借他们来鸣。在唐尧、虞舜时代,咎陶、禹是当时善鸣的,就通过他们来鸣。夔不能用文辞来鸣,就借着自己制作的韶乐来鸣。夏朝的时候,太康的五个兄弟用他们的歌来鸣。伊尹鸣于商代,周公鸣于周代。凡是载在《诗经》《尚书》等六部经书上的,都是鸣得最好的。

注释　1 唐:帝尧的国号。　虞:帝舜的国号。这里指他们所在的时代。
2 咎陶(Gāoyáo):人名,相传是唐虞时代制作掌管法律等典章制度的人。

3 夔(kuí):人名,相传为虞舜时的乐官。 《韶》:相传为夔在舜时所作的乐曲名。 4 五子:指夏代帝启的五个儿子,即太康的五个弟弟。夏代国君太康游荡失国,他的五个弟弟作《五子之歌》,表示怨愤和进行劝诫。 5 伊尹:商朝初年的宰相。 殷:即商朝。 6 六艺:指《诗经》《尚书》《易》《礼》《乐》《春秋》。

　　周之衰,孔子之徒鸣之,其声大而远。传曰:"天将以夫子为木铎。"¹ 其弗信矣乎? 其末也,庄周以其荒唐之辞鸣²。楚,大国也,其亡也,以屈原鸣。臧孙辰、孟轲、荀卿,³以道鸣者也。杨朱、墨翟、管夷吾、晏婴、老聃、申不害、韩非、眘到、田骈、邹衍、尸佼、孙武、张仪、苏秦之属,⁴皆以其术鸣。

当周朝衰微的时候,有孔子和他的学生一班人善鸣,他们的言论影响大,流传得久远。《论语》上说:"上天是要把孔夫子作为晓谕众人的木舌金铃。"这能不相信吗? 到周朝末年,庄周以他气势宏大的文章鸣。楚是大国,在它灭亡的时候,有屈原来鸣。臧孙辰、孟轲、荀卿,都是以儒家的道理鸣于世。杨朱、墨翟、管夷吾、晏婴、老聃、申不害、韩非、慎到、田骈、邹衍、尸佼、孙武、张仪、苏秦这些人,都以他们的学说主张鸣于当世。

[注释] 1 这句话见于《论语·八佾》。木铎,是一种安有木舌的金属玲子。古代当权者发布政令,常摇木铎以号召百姓。这里是比喻孔子著书授徒,影响深远。 2 庄周:战国时思想家,著有《庄子》。 荒唐:广大无边的样子。这里指《庄子》为文汪洋恣肆,旨趣深奥。 3 臧孙辰:春秋时鲁国大夫臧文仲。 孟轲:即孟子,战国时邹人,著名儒家,与孔子并称"孔孟",今存《孟子》七篇。 荀卿:名况,战国时赵人,儒家,著有《荀子》。 4 杨朱:战国时思想家,字子居,魏人。 墨翟:春秋战国宋国人,

后长期居鲁。思想家,墨家学派创始人,言论见《墨子》一书。 老聃:姓李名耳,字伯阳,聃是死后的谥。春秋末期楚国人,做过周守藏室史(藏书室的史官),著有《老子》上下篇。 申不害:战国时韩昭侯的宰相,法家,著有《申子》。 韩非:战国时韩国公子,法家,入秦为李斯所杀,著有《韩非子》。 眘到:即慎到("眘"是古"慎"字),战国时赵人,法家,著有《慎子》。 田骈:战国时齐人,齐宣王时为上大夫,道家,著有《田子》。 邹衍:战国时齐人,阴阳家,著有《终始》《大圣》。 尸佼(jiǎo):晋人,杂家,曾作商鞅门客,著有《尸子》。 孙武:春秋时齐人,我国古代有名的军事家,著有《孙子》。 张仪:战国时魏人,后为秦相,主张"连横",游说六国单独和秦讲和,破坏了苏秦主张"合纵"抗秦的联盟。

秦之兴,李斯鸣之。汉之时,司马迁、相如、扬雄[1],最其善鸣者也。其下魏晋氏,鸣者不及于古,然亦未尝绝也。就其善者,其声清以浮,其节数以急,其辞淫以哀,其志弛以肆,其为言也,乱杂而无章。将天丑[2]其德莫之顾邪?何为乎不鸣其善鸣者也?

秦代兴起,李斯为它鸣。汉朝的时候,司马迁、司马相如、扬雄是最善于以文辞鸣的。以后到了魏晋时代,鸣于世的人不及古时,然而也未尝断绝。就那些善鸣的人看,他们的文辞,声音清丽而浮夸,节拍频繁而急促,语言放荡而悲凉,思想感情颓唐而放纵,这样的著作杂乱无章,没有系统。这大概是上天认为那个时代德行丑恶而不顾念它吧?不然,为什么不叫那些善鸣的人来鸣呢?

注释 1 扬雄:字子云,汉成都人,儒家思想家兼辞赋家。 2 丑:以之为丑,憎恶。

唐之有天下,陈子昂、苏源明、元结、李白、杜甫、李观,[1]皆以其所能鸣;其存而在下者,孟郊东野始以其诗鸣。其高出魏晋,不懈而及于古,其他浸淫[2]乎汉氏矣。从吾游者,李翱、张籍其尤也[3]。三子者之鸣信善矣。抑不知天将和其声而使鸣国家之盛耶?抑将穷饿其身,思愁其心肠,而使自鸣其不幸邪?三子者之命,则悬乎天矣。其在上也奚以喜?其在下也奚以悲?东野之役于江南[4]也,有若不释然者,故吾道其命于天者以解之。

唐代有了天下以来,陈子昂、苏源明、元结、李白、杜甫、李观,都以他们的所长鸣于当世;现在还活着而处在下位的,便是孟东野,开始用他的诗鸣于当世。他的诗高出魏晋诗文之上,不懈怠地努力创作,可以赶得上古人,其他美妙之处,可以渐渐比得上汉代的诗文了。跟我交往的人,李翱、张籍是其中杰出之士。他们三个人鸣于世的诗文,的确是很好的了。还不知道天意将和谐他们的声音,使他们歌颂国家的兴盛呢?还是将使他们处境困窘,心情愁苦,而歌唱他们自己的不幸呢?他们三人的命运如何,完全决定于天意了。他们身处上位何足为喜,身处下位又何足为悲?东野要去江南任职,好像有些不愉快的样子,所以我谈谈命运决定于天意的道理来劝解他。

[注释] 1 陈子昂:字伯玉,梓州射洪县(今属四川)人,初唐著名诗人。苏源明:字弱夫,京兆武功(今陕西武功西北)人,唐代文学家。 元结:字次山,河南(治今河南洛阳)人,唐代诗人,有《次山集》。 杜甫:字子美,原籍襄阳,曾祖时迁居洛阳附近的巩县,唐代大诗人,曾为检校工部员外郎等官,有《杜工部集》。 李观:字元宾,赵州赞皇(今河北赞皇)人,唐代文学家,有《李元宾文集》。 2 浸淫:逐渐渗透,这里比喻接近。 3 李翱:字习之,唐赵郡(今河北赵县)人,一说成纪(今甘肃静宁西南)人,

以古文著称,著有《李文公集》。 张籍:字文昌,唐苏州(今属江苏)人,善古体诗,尤擅乐府。 **4** 役于江南:指孟郊就任溧阳县尉,溧阳唐朝属江南道。

送李愿归盘谷序
韩愈

导读 这是韩愈写给友人李愿的一篇赠序。李愿"不遇于时",要到盘谷去隐居。此时韩愈担任太学四门博士,也不甚得志,所以序中极力赞美隐居的清高,称道隐居的乐趣,甚至表示自己也要去做隐士。韩愈把当时官场的得意者和拼命钻营者的丑态,刻画得淋漓尽致,揭露了封建统治阶级的荒淫腐败黑幕。

原文

太行之阳有盘谷[1]。盘谷之间,泉[2]甘而土肥,草木藂茂,居民鲜少。[3]或曰,谓其环两山之间,故曰盘。或曰,是谷也,宅幽而势阻,隐者之所盘旋。[4]友人李愿[5]居之。

译文

太行山的南面有个盘谷。盘谷中间的泉水甘美,土地肥沃,草木密茂,居民稀少。有人说,因为它环抱在两山之间,所以叫盘。有人说,这个山谷,位置偏僻,地势闭塞,是隐士盘桓往来的地方。我的朋友李愿住在那里。

注释 **1** 太行:山名。 盘谷:在今河南济源。 **2** 泉:泛指盘谷中的泉水、溪流。 **3** 藂(cóng):同"丛"。 鲜(xiǎn):稀少。 **4** 宅:环境,位置。 盘旋:盘桓往来。 **5** 李愿:旧说误认为是西平王李晟的儿子。

愿之言曰："人之称大丈夫者，我知之矣！利泽施于人，名声昭于时。[1] 坐于庙朝[2]，进退百官，而佐天子出令。其在外，则树旗旄[3]，罗[4]弓矢，武夫前呵[5]，从者塞途，供给之人，各执其物，夹道而疾驰。喜有赏，怒有刑。才畯[6]满前，道古今而誉盛德，入耳而不烦。

李愿有这样的话："那些被称为大丈夫的人，我是知道的了！施给别人利益恩惠，当时名声显赫。坐在朝廷上，决定百官的进退，辅佐皇帝发号施令。他在外地，就竖起旗帜，排列着弓箭，武士在前面吆喝开道，随从挤满了大路；供他役使的人，每个手里拿着物件，在大路两边骑马快跑。高兴了就赏赐，发怒了就惩罚。许多才学出众的人在他面前，说古道今，称颂他的美好品德，听在耳里并不感到厌烦。

注释 1 施：施给。 昭：显赫。 2 庙朝：庙，庙堂；朝，朝廷。 3 旗旄(máo)：古代大臣出使，大将出征，皇帝赐旗，旗上系旄牛尾或鸟羽，作为有指挥权的标志。 4 罗：排列。 5 呵(hē)：大声喝斥。 6 畯(jùn)：通"俊"。

"曲眉丰颊，清声而便[1]体，秀外而惠[2]中，飘轻裾[3]、翳[4]长袖、粉白黛[5]绿者，列屋而闲居，妒宠而负恃[6]，争妍[7]而取怜。大丈夫之遇知于天子，用力于当世者之所为也。吾非恶此而逃之，是有命焉，不可幸

"那些眉毛弯曲，脸颊丰腴，声音清亮，体态轻盈，外貌秀美，资质聪慧的美人，穿着轻软的衣服，拖着长长的衣袖，脸上搽满白粉、眉毛画着黛绿的姬妾，在一排排的房子里闲住着，嫉妒别人得宠，总以为自己是天姿国色，互相比赛打扮，希望得到爱怜。这是被皇帝赏识信任、在当时拥有很大权势的大丈夫的所作所为。我不是讨厌这些才逃避它，那是命

而致也。

里注定的,不能侥幸求得呀。

[注释] 1 便(pián):安逸。 2 惠:通"慧",聪敏。 3 裾(jū):衣服的前襟。
4 翳(yì):轻轻舞动。 5 黛(dài):古时女子画眉的颜料。 6 负恃:自
以为有倚仗,意即自恃美貌。 7 妍(yán):美丽。

"穷居而野处,升高
而望远,坐茂树以终日,
濯[1]清泉以自洁。采于
山,美可茹[2];钓于水,鲜
可食。起居无时,惟适之
安。与其有誉于前,孰若
无毁于其后;与其有乐于
身,孰若无忧于其心。车
服不维[3],刀锯[4]不加,理
乱[5]不知,黜陟不闻[6]。
大丈夫不遇于时者之所
为也,我则行之。

"住在穷乡僻野,登上高山眺望远
景,坐在茂密的树荫下过日子,用清冽
的泉水把自己洗得干干净净。山里采
的野菜,甜美可口;水里钓的鱼虾,味鲜
好吃。起居没有一定时间,只求舒适安
逸。与其当面受人称赞,不如背后没人
毁谤;与其享受形体上的快乐,不如精
神上没有忧虑。功名利禄不会束缚我,
惨酷的刑罚不会触及我,政事的好坏不
理会,官职的升降不关心。这是没有遇
上时机的大丈夫的所作所为啊,我就要
这样去做。

[注释] 1 濯(zhuó):洗涤。 2 美:味美。 茹(rú):食。 3 车服:车
马服饰。古时的封建等级制度,在车马服饰上分得很明显,官位越高,车
马服饰越华丽,所以这里用以代指官位,也就是功名利禄。 维:本指系
物大绳,引申作束缚解。 4 刀锯:古代刑具,用以砍头、断手足。这里
泛指刑罚。 5 理乱:治和乱。唐人避高宗李治的名讳,凡是用"治"字
的地方,都改写为"理"。 6 黜(chù):降职。 陟(zhì):升官。

"伺候于公卿之门，奔走于形势之途；[1] 足将进而趑趄[2]，口将言而嗫嚅[3]；处污秽[4] 而不羞，触刑辟[5] 而诛戮。侥幸于万一，老死而后止者，其于为人贤不肖何如也。"

"守在贵族大官的门口等待接见，在有权势的人家来往奔走；脚将要跨进人家的大门又不敢进去，口将要说话又不敢说出；处在卑下污辱的地位却不感到羞耻，触犯了刑律就被杀死。这种为了侥幸得到一个时机，直到老死才罢休的人，他们的为人是好还是不好，又怎么样呢？"

【注释】 1 公卿：指贵族大官。 形势：人事盛衰强弱之势。 2 趑趄 (zījū)：想进又不敢进去的样子。 3 嗫嚅 (nièrú)：想说又吞吞吐吐不敢说的样子。 4 污秽 (wūhuì)：肮脏，丑恶。 5 刑辟 (bì)：刑法。辟，法。

昌黎韩愈闻其言而壮之，与之酒而为之歌曰：

盘之中，维子之宫[1]。盘之土，可以稼[2]。盘之泉[3]，可濯可沿。盘之阻，谁争子所？窈而深，廓其有容。[4] 缭而曲，如往而复。[5] 嗟盘之乐兮，乐且无央[6]。

昌黎韩愈听了他的话非常赞赏他的豪壮。敬了他一杯酒，并为他写了一首歌：

盘谷里面，是您的居室。盘谷的田土，可以种五谷。盘谷的溪流，可以洗浴也可以沿着它闲游。盘谷地势险阻，又有哪个来争夺你的住所？既寂静又幽深，空阔得能把万物包容。绕来绕去，弯弯曲曲，好像向前走却回到了原处。盘谷中的乐趣啊，快乐得没尽没完。

【注释】 1 宫：古代对房屋的通称。秦、汉以后才专指帝王的房屋。 2 稼：播种五谷。 3 泉：溪水。 4 窈 (yǎo)：幽静。 廓：空阔。 5 缭 (liáo)：缠绕。 复：回转。 6 无央：没有完尽，无穷无尽。

虎豹远迹兮,蛟龙遁藏。鬼神守护兮,呵禁不祥[1]。饮且食兮寿而康,无不足兮奚所望?膏吾车兮秣吾马[2],从子于盘兮终吾生以徜徉[3]。

虎豹跑得远远的啊,蛟龙也逃开躲藏。鬼神守护着啊,呵叱禁止各种不吉祥。喝着盘谷的水吃着盘谷的食物啊,延年益寿又安康,没有什么不满足的啊,还有什么企望?准备好我的车啊喂饱我的马,跟您去盘谷隐居啊,且让我这一生逍遥舒畅。

注释 1 不祥:指鬼怪凶神。 2 膏(gào):用油脂润滑车轴。 秣(mò):以饲料喂马。 3 徜徉(chángyáng):自由自在地走动。

送董邵南序

韩愈

导读 韩愈的朋友董邵南,寿州安丰(今安徽寿县)人,因多次投考进士未中,郁郁不得志,想离开京城,投靠藩镇。韩愈是反对封建割据的,所以在这篇序中,委婉地表示他希望董邵南不要前去。全文只有一百多字,先从一般的慰勉说到去燕赵地方会有好的机遇;但笔锋马上一转,指出"风俗与化移易",是不是有好的机遇还不一定;最后从吊念乐毅、致意高渐离的话中,明白表示有才能的人应该出来为朝廷效力,不应归依藩镇。本文文字精炼,结构紧凑,欲抑先扬,波澜起伏,宛转含蓄,耐人寻味。

原文

燕赵¹古称多感慨悲歌之士。董生举进士²，连不得志于有司³，怀抱利器⁴，郁郁适兹土。吾知其必有合⁵也。董生勉乎哉！

译文

燕赵地方自古以来都称说有很多慷慨悲歌的豪侠人物。董君被贡举参加进士科考试，在吏部一连几次失败，怀抱着杰出的学识才能，心情烦闷地往这个地方去。我知道他一定会受到赏识重用。董君，您努力吧！

注释 1 燕(Yān)赵：战国时燕国和赵国的地方。燕在今河北省北部，赵在河北省南部和山西北部。 2 董生：指董邵南，寿州安丰人。当时河北一带是藩镇势力范围，不经朝廷允许，自己使用士人，董邵南想去投靠他们。 举进士：唐代考试制度，在家自学的士人，可以向州、县要求荐举，经考试及格，参加进士科的考试，叫举进士。 3 有司：这里指主管考试的官员。 4 利器：本指精良的工具。这里比喻杰出的才能。 5 合：遇合，即受到赏识重用。

夫以子之不遇时，苟慕义强仁¹者，皆爱惜焉。矧²燕赵之士，出乎其性者哉！然吾尝闻风俗与化移易，吾恶³知其今不异于古所云邪？聊以吾子之行卜之也。董生勉乎哉！

吾因之有所感矣。为我吊望诸君⁴之墓，而

凭您的才能而在当世不得志，如果是仰慕正义、推行仁德的人，都会爱护同情的。何况燕赵间的豪侠人物，出于他们的天性呢！但是我曾经听说风俗是随着教化改变的，我怎么知道那里今天同古代所说的没有两样呢？姑且拿您这次燕赵之行去测验一下吧。董君，您努力吧！

我因为您去那里有一些感想。请您代我去凭吊一下望诸君乐毅的坟墓，

观于其市,复有昔时屠狗者⁵乎?为我谢曰:"明天子在上,可以出而仕矣。"	并且到市井上看看,还有从前那种隐居屠狗的人吗?替我致意,说:"圣明的皇帝在上面,可以出来做官了。"

注释 1 强(qiǎng)仁:勉力为仁。 2 矧(shěn):何况。 3 恶(wū):同"乌",怎么。 4 望诸君:战国时燕国名将乐(Yuè)毅。 5 屠狗者:指高渐离。这里是借指隐居市井的有才能的人。

送杨少尹¹序
韩愈

导读 这是韩愈为送同僚杨巨源辞官返乡写的一篇赠序。文中把杨辞职归乡的情景跟历史上有名的二疏具体进行比较,从而突出了杨巨源思想品德之美。写法上注意前后照应,富于变化,并且反复咏叹,言婉情深,作者的思想感情灼然可见。

原文

昔疏广、受²二子,以年老,一朝辞位而去。于时,公卿设供张³,祖道⁴都门外,车数百两⁵;道路观者,多叹息泣下,共言其贤。汉史⁶既传其事,而后世工画者,又图其迹,

译文

从前疏广、疏受两位先生,因为年老,在某一天辞了官职离开朝廷。这时公卿大臣都到都门外陈设帐席举行宴会替他们饯行,车子有几百辆;路旁围观的人,大多赞叹,甚至感动得流泪,都说他们是贤人。《汉书》上已经传述了这件事,而后世善绘画的人又画了这个动人的场面,直到今天,还呈现在人们的眼前,回响在大家

至今照人耳目,赫赫若前日事。

的耳边,清清楚楚,就好像是前几天发生的事情。

注释　1 杨少尹:即杨巨源。少尹,官名,唐代州府长官的副职。
2 疏广、受:即疏广、疏受,西汉人,疏广为太傅,其侄疏受为少傅。年老同时辞官,百官盛会欢送,传为美谈。　3 设供张:即供帐,陈设帐席举行酒宴。　4 祖道:古代一种在道旁设宴饯行的仪式。祖,祭祀道神。
5 两:同"辆"。　6 汉史:指《汉书》。

国子司业 [1] 杨君巨源,方以能诗训后进,一旦以年满七十,亦白 [2] 丞相去归其乡。世常说古今人不相及,今杨与二疏,其意岂异也。予忝 [3] 在公卿后,遇病不能出,不知杨侯去时,城门外送者几人,车几两,马几匹,道边观者,亦有叹息知其为贤与否;而太史氏又能张大其事,为传继二疏踪迹否,不落莫否。见今 [4] 世无工画者,而画与不画,固不论也。然吾闻杨侯之去,丞相有爱而惜之者,白以为其都少尹,不绝其

国子司业杨先生巨源,正在凭善于写诗培养后辈,一时因为年满七十,也请求丞相允许他辞掉官职,回到家乡去。世人常常说古人和今人不能比较,现在杨和二疏,他们的思想意趣难道有什么两样吗?我虽然惭愧地排在公卿的后面,但是碰上害病,不能出去送别,不知道杨侯离京的时候,到城门外送行的有多少人,车子有多少辆,马有多少匹,路旁围观的人,是不是也有赞叹并且知道他是贤人的;而史官又能不能渲染传扬这件事,写成传记比美二疏的事迹,是否不至于冷落寂寞。现今世上没有善于绘画的人,当然,画与不画,实在可以不必去议论它。然而我也听说杨侯离京,丞相中有爱护和惋惜他的,奏明朝廷,要杨侯担任他

禄;又为歌诗以劝之,京师之长于诗者,亦属而和之。又不知当时二疏之去,有是事否。古今人同不同,未可知也。

家乡的少尹,不停止他的俸禄;又作诗来勉励他,京都那些长于写诗的人,也接连着和了诗。又不知道当时二疏离京,是不是有这样的事。古人和今人同与不同,就不知道了。

注释 1 国子司业:国子监的司业。国子监,唐代最高学府。司业,学官,是国子监的副职。 2 白:告诉。 3 忝(tiǎn):有愧于。谦词。当时韩愈任吏部侍郎。 4 见今:现今。见,同"现"。

中世士大夫,以官为家,罢则无所于归。杨侯始冠[1],举于其乡,歌《鹿鸣》[2]而来也。今之归,指其树曰:"某树,吾先人[3]之所种也;某水某丘,吾童子时所钓游也。"乡人莫不加敬,诫子孙以杨侯不去其乡为法。古之所谓乡先生,没而可祭于社[4]者,其在斯人欤?其在斯人欤?

中世以来的士大夫,以官府为家,离开官职,就没有归宿的地方。杨侯年轻的时候,在他家乡被荐举,参加了"鹿鸣宴"来到京师。今天他回乡,指着那些树说:"那棵树,是我的先人栽种的;那条河,那座山,是我小时候在那里钓鱼和玩耍的。"家乡的人都特别尊敬他,教育子孙要以杨侯不离开他的家乡为榜样。古人所说的乡先生,死了之后可以入乡贤祠受到祭祀的,就是这样的人吧?就是这样的人吧?

注释 1 冠:指年轻时。古人年满二十举行冠礼,以示成年。 2《鹿鸣》:《诗经·小雅》的诗篇名。唐代州、县考试完毕,地方长官要出面主持乡酒礼,歌《鹿鸣》之诗。后来把这种乡酒礼叫作"鹿鸣宴"。 3 先人:祖先,包括已死的父母。 4 社:祭土地神的处所。这里指乡贤祠一类的祠庙。

送石处士¹序

韩愈

导读 这篇序文是韩愈送石处士前往乌重胤处就职时写的。全文主要由两部分组成。第一部分是记叙乌重胤和从事的对话,通过几问几答,石处士的品性才学,跃然纸上。第二部分是记叙送行者的祝酒辞,频频叮嘱,语重心长,既肯定了"大夫真能以义取人,先生真能以道自任",又在祝贺、期望之中,表露出担心、忧虑和劝勉。

原文

河阳军节度、御史大夫乌公²,为节度之三月,求士于从事³之贤者。

译文

河阳军节度、御史大夫乌公,担任节度的第三个月,向从事中的贤能人士征聘人才。

注释 1 石处士:即文中的石先生,姓石名洪,字濬川,洛阳人,辞去黄州录事参军后,退居洛阳,十年不曾外出做官,所以称处士。元和五年(810),应河阳军节度使乌重胤的聘请,再次任事,所以韩愈写了这篇序送他。 2 节度:节度使,唐代官名,主持一个地区军、政的最高长官。河阳军治所在今河南孟县境内。 乌公:指乌重胤。公,尊称。 3 从事:官名。五代以前州郡长官自己聘用的幕僚属官,多称从事。

有荐石先生者。公曰:"先生何如?"曰:"先生居嵩、邙、瀍、毂

有推荐石先生的。乌公说:"这位石先生怎么样?"从事说:"石先生住在嵩、邙两山和瀍、毂两水之间。冬天

之间[1]。冬一裘,夏一葛。食,朝夕饭一盂,蔬一盘。人与之钱,则辞。请与出游,未尝以事辞。劝之仕,不应。坐一室,左右图书。与之语道理、辨古今事当否,论人高下,事后当成败,若河决下流而东注;若驷马驾轻车就熟路,而王良、造父[2]为之先后也;若烛照、数计而龟卜也[3]。"

穿一件皮衣,夏天穿一件麻衣。早晚两餐,都是一钵粗饭,一盘蔬菜。别人送钱给他,他辞谢不受。邀他一起出去游玩,他从来没有因为什么事情不去的。劝他做官,不答应。坐在一间房子里,左右都是图书。跟他谈论道理、分辨古今大事是否处理得当,评论人物的优劣,将来是成功还是失败,他的言论就像黄河下游决口的急流向东汇注;又像四匹壮马拉着轻车奔跑在熟悉的道路上,而且有王良、造父这样的车把式在前后驾驭;又像火把那样明亮,卜卦那样准确。"

[注释] 1 嵩(sōng):嵩山。 邙(máng):北邙山。 瀍(chán)、穀:瀍河和穀水。 2 王良、造父:人名,相传是古代两个最会驾车的人。 3 烛照:烛火照明,比喻见事明察。 数计:用蓍草算卦决定行事,比喻料事准确。龟卜:用龟甲灼裂来预卜吉凶,比喻善于推断,有预见。

大夫曰:"先生有以自老,无求于人,其肯为某来邪?"从事曰:"大夫文武忠孝,求士为国,不私于家。方今寇聚于恒,师环其疆;[1]农不耕收,财粟殚

大夫说:"这石先生看来已决心在那里终老了,又没有什么事要去求人,他肯为我来吗?"从事说:"大夫您文武双全,忠孝具备,为国家求人才,又不是为了私人。特别是今天,叛军集中在恒州一带,我军包围了它的辖地;农民不能耕种、收获,钱财、粮食都消耗完了。我们所处的地方,

亡。吾所处地,归输之涂[2],治法征谋,宜有所出。先生仁且勇,若以义请而强委重焉,其何说之辞?"于是撰书词,具马、币[3],卜日以授使者,求先生之庐而请焉。

是供给、运输的要道,治理地方的办法,征讨敌人的谋略,应该有人出主意。石先生的为人,仁义而且勇敢,如果拿治国安民的大义去聘请而又诚心诚意地委以国家重任,他还有什么话可说呢?"就这样,写好了书信,办备了马匹、礼物,选了好日子,把任务交给使者,寻找先生的住处恭请他出来。

注释 1 "方今寇聚于恒"二句:元和四年(809),成德军节度使王士真死,其子王承宗叛乱,朝廷命吐突承璀率领各道军队证讨。 恒:恒州,即成德军所在地区,治所在今河北正定。 2 归输之涂:馈送运输军需品的要道。归,同"馈",送给。涂,同"途"。 3 币:聘币,礼物。

先生不告于妻子,不谋于朋友,冠带[1]出见客,拜受书礼于门内。宵则沐浴,戒[2]行李,载书册,问道所由,告行于常所来往。晨则毕至,张上东门外[3]。酒三行且起,有执爵[4]而言者曰:"大夫真能以义取人,先生真能以道自任,决去就。为先生别。"

先生不告诉妻子儿女,不跟朋友商量,穿戴好衣服帽子出来见客,在屋里接受了书信和礼物。当天晚上,洗了澡,准备好行李,装载了书册,打听路怎么走,把要动身的消息告诉经常往来的朋友。第二天清早,朋友都来了,在上东门外摆下筵席。酒斟了三次,石先生准备站起来告别,有个人端着酒杯说:"乌大夫真能以义选用人才,石先生真能以道作为自己的责任,来决定取舍。干了这杯,为先生送行!"

【注释】 1 冠带:戴好帽子,穿好衣服,表示郑重。冠,帽子;带,束衣的带子。 2 戒:准备。 3 张:供张。为饯别在郊野设置的宴席。 上东门:洛阳城北门。 4 爵:古代盛酒和温酒的器皿,三足。这里指酒杯。

又酌而祝曰:"凡去就出处何常? 惟义之归,遂以为先生寿[1]。"又酌而祝曰:"使大夫恒无变其初,无务富其家而饥其师,无甘受佞人而外敬正士,无昧于谄言[2],惟先生是听。以能有成功,保天子之宠命[3]。"又祝曰:"使先生无图利于大夫,而私便其身。"先生起拜祝辞曰:"敢不敬,蚤夜以求从祝规[4]。"于是东都之人士,咸知大夫与先生果能相与以有成也。遂各为歌诗六韵,遣愈为之序云。

接着又斟了一杯,祝愿说:"取舍、去留有什么标准呢?只有回到'义'上来。因此,向先生敬了这杯酒!"又斟了一杯,说:"希望乌大夫坚持不改变原来的心意,不要只顾自家发财而使士兵饥饿,不要舒适地听信阿谀奉承的人而只在表面敬重正直的贤士,不要被那些花言巧语所蒙蔽,而能专一听取先生的意见。这才能够成功,保全天子加恩特赐的任命。"又祝愿说:"希望先生不要在大夫那里图谋利益,而私自利用方便谋个人的好处。"先生起身拜谢,并致辞说:"我怎敢不恭敬地早晚拿诸位的希望来要求和约束自己。"就这样,东都的人士都知道大夫和先生一定能互相合作而有所成效。于是,每个人都作了一首六个韵的诗,叫我韩愈为它作序。

【注释】 1 寿:祝酒,敬酒。 2 谄(chǎn)言:阿谀奉承之类的语言。 3 宠命:加恩特赐的任命,即封赐的高官显爵。 4 祝规:希望和规劝。

送温处士赴河阳军序

韩愈

[导读] 本篇是《送石处士序》的姊妹篇。但两篇文章的立意、构思都迥然有别。本篇围绕着"伯乐一过冀北之野而马群遂空"这个新奇的譬喻展开论述,以伯乐比喻河阳军节度使乌重胤善于荐拔人才,以良马比喻温造才德出众,并以石洪作为陪衬,表达了为朝廷得到人才而欣慰以及自己失友的惋惜心情。

[原文]	[译文]
伯乐一过冀北之野而马群遂空 [1]。夫冀北马多天下,伯乐虽善知马,安能空其群邪? 解之者曰:"吾所谓空,非无马也,无良马也。伯乐知马,遇其良,辄取之,群无留良焉。苟无良,虽谓无马,不为虚语矣。"	伯乐一经过冀北的原野,那里的马群就空了。冀北的马比天下其他地方都多,伯乐虽然善于相马,又怎么能叫马群一空呢? 解释的人说:"我所讲的空,不是说没有马,而是说没有良马啊。伯乐很了解马,遇到了其中的良马就取走,马群中就没有良马了。如果没有良马,即使说没有马,也不算什么虚夸的话了。"

[注释] 1 伯乐:传说中古代善于相马的人。 冀(Jì):冀州,古地名。

东都 [1],固士大夫之冀北也。怀才能深藏而不	东都洛阳,本来是士大夫的冀北啊。怀抱着才能而深深隐居不愿做官

市者²，洛之北涯曰石生，³其南涯曰温生⁴。大夫乌公，以铁钺镇河阳之三月，以石生为才，以礼为罗，罗而致之幕下。⁵未数月也，以温生为才，于是以石生为媒，以礼为罗，又罗而致之幕下。东都虽信多才士，朝取一人焉，拔其尤⁶；暮取一人焉，拔其尤。

的人，洛水北岸的叫石洪先生，那南岸的叫温造先生。御史大夫乌公，秉着军权镇守河阳的第三个月，便认为石先生有才干，以礼相邀，把他请到幕府中。没过几个月，又认为温先生有才干，于是请石洪作介绍人，以礼相邀，把他招到幕府中。东都洛阳即使真正有很多突出的人才，又怎么禁得起早晨选拔一个，挑其中最突出的，晚上又选拔一个，挑其中最突出的呢？

【注释】 1 东都：唐代以洛阳为东都。　2 特：一本作"怀"。　市：买卖，这里指特能求官。　3 涯(yá)：水边。　石生：石洪，见《送石处士序》。4 温生：温造，字简舆，后官至礼部尚书。　5 见《送石处士序》。　铁钺(fūyuè)：古代军中杀人的大斧，象征军权。　6 尤：突出的。

自居守河南尹以及百司之执事¹，与吾辈二县之大夫²，政有所不通，事有所可疑，奚所咨而处焉³？士大夫之去位⁴而巷处者，谁与⁵嬉游？小子后生，于何考德而问业焉？缙绅⁶之东西行过是都者，无所礼于其庐。若是而称曰："大夫乌公一

今后，从东都留守、河南府尹，到府中的百官和我们两县的官员，遇到施政有不顺利的地方和疑难的事情，向什么地方去询问从而妥善处理呢？离职而闲居在家的官员、读书人，又跟谁去交游呢？年轻求学的人，又到哪里去检验自己的德行、询问自己的学业呢？东来西往经过东都的官员，在他们的旧居也无从找到他们致以敬意了。像这样的情况，人们赞扬说："御史大夫乌公一镇守河

镇河阳，而东都处士之庐无人焉。"岂不可也？

阳，东都没有做官的杰出人才的房子都空无一人了。"难道不可以这样说吗？

注释 1 居守：东都留守。 河南尹：河南府的行政长官。河南府的治所洛阳是东都，所以行政长官称"尹"。 2 二县：东都辖下的洛阳县与河南县。当时，韩愈任河南县令，故说"吾辈二县之大夫"。 3 奚(xī)所：什么地方。奚，何。 咨(zī)：询问。 4 去位：离职。 5 谁与：与谁，疑问代词宾语前置。 6 缙绅(jìnshēn)：古代官员插笏于绅带间。这里指官员。

夫南面[1]而听天下，其所托重而恃力者，惟相与将耳。相为天子得人于朝廷，将为天子得文武士于幕下，求内外无治，不可得也。愈縻于兹[2]，不能自引去，资[3]二生以待老。今皆为有力者夺之，其何能无介然[4]于怀邪？生既至，拜公于军门，其为吾以前所称[5]，为天下贺；以后所称[6]，为吾致私怨于尽取也。留守相公首为四韵诗歌其事，愈因推[7]其意而序之。

天子朝南坐而治理天下，他所信任和依靠的人，就是宰相与大将。宰相在朝廷中给天子选拔人才，大将在幕府中给天子选拔谋臣武士，如果将相都这样做了，设想朝廷内外得不到治理是不可能的。我韩愈羁留在这个地方作县令，不能自动离开，全靠石洪、温造两人的帮助，直到告老还乡。现在，两人都被权力很大的人夺走了，我又怎么能没有一点怨意呢？温先生到了幕府之后，在军门拜会乌公，就替我拿前面讲的道理，为天下庆贺得到了人才；再替我拿后面讲的道理，说我私人埋怨他把人才都选拔得一个不剩了。留守相公首先作了一首四韵诗来歌吟这件事，我韩愈就势发挥他的意见写了这篇序。

注释 1 南面:古代天子面朝南坐接受群臣的朝贺。 2 縻(mí):系,羁留。 兹:此,这个地方。 3 资:依靠。 4 介然:心有所不安,不能忘怀。 5 前所称:指将相为天子选拔人才。 6 后所称:指乌公将石洪、温造选走,使河南的人才空虚了。 7 推:推广,扩充。

祭十二郎文

韩愈

导读 本文是韩愈对其侄十二郎的祭文。文章既没有铺排,也没有张扬,作者善于融抒情于叙事之中,在对身世、家常、生活遭际朴实的叙述中,表现对兄嫂及侄儿深切的怀念和痛惜,一往情深,感人肺腑。

原文

年月日[1],季父愈闻汝丧之七日[2],乃能衔哀致诚,使建中远具时羞之奠[3],告汝十二郎[4]之灵:

译文

某年某月某日,叔父韩愈在听到你去世的消息的第七天,才能够怀着悲痛来表达真诚的心意,派了建中从远道备办时鲜食物作为祭品,在你十二郎的灵前倾诉衷情:

注释 1 年月日:旧注是唐德宗贞元十九年(803)五月十六日。与祭文中所说的时间有矛盾。 2 季父:古人排兄弟次序为伯、仲、叔、季。韩愈在兄弟中最小,故对十二郎自称季父。今通称叔父。 丧(sàng):死。 3 建中:仆人名。 羞:同"馐",鲜美食品。 奠:祭,这里指祭品。 4 十二郎:韩愈的侄子韩老成,他在同辈兄弟中排行第十二,故称。

呜呼！吾少孤，及长，不省所怙，惟兄嫂是依。[1]中年，兄殁南方[2]。吾与汝俱幼，从嫂归葬河阳[3]，既又与汝就食江南[4]，零丁孤苦，未尝一日相离也。吾上有三兄，皆不幸早世[5]，承先人后者，在孙惟汝，在子惟吾，两世一身，形单影只。嫂尝抚汝指吾而言曰："韩氏两世，惟此而已。"汝时尤小，当不复记忆；吾时虽能记忆，亦未知其言之悲也。

唉！我从小就失去了父亲，到长大成人，不知道依靠谁，全赖大哥大嫂的抚养。大哥正当中年的时候，在南方去世，我和你都还小，跟着大嫂回到河阳安葬大哥，接着又和你一起去江南的庄园过日子，零丁孤苦，从来不曾有一天分开过啊。我上面有三个哥哥，都不幸死得早，接续祖宗香烟的，孙一辈只有你，儿一辈只有我，两代人都是一个，好不形影孤单。大嫂曾经抚摩着你又指着我说："韩氏两代，只有你们这两个了！"你那时年纪很小，大概不记得了；我当时虽然能够记住，也不了解这话的悲痛啊！

注释 1 少(shào)：小。 孤：古人以幼年丧父为孤。 省：明白，知晓。 怙(hù)：依靠。这里指父亲。 兄嫂是依：依靠兄嫂(韩会及其妻郑氏)。 2 兄殁(mò)南方：韩会在大历十二年(777)死于韶州(在今广东)刺史任内，年四十一岁。殁，死亡。 3 河阳：今河南孟州西，韩愈的故乡。 4 就食江南：去江南庄园过日子。就，向，归。江南，指长江以南的宣州。韩家在宣州(今安徽宣城)有座庄园。唐德宗建中二年(781)，北方几个节度使叛乱，韩家避难到宣州庄园。 5 早世：早死。

吾年十九，始来京城[1]，其后四年而归视汝。又四年，吾往河阳省坟墓，遇汝

我十九岁那年，初次来到京城，过了四年才回家去看你。又过了四年，我去河阳拜谒祖先坟墓，遇着你送我大嫂

从嫂丧来葬。[2]又二年,吾佐董丞相[3]于汴州,汝来省吾,止一岁,请归取其孥[4]。明年,丞相薨[5],吾去汴州,汝不果来。是年,吾佐戎徐州[6],使取汝者始行,吾又罢去[7],汝又不果来。吾念汝从于东[8],东亦客也,不可以久;图久远者,莫如西[9]归,将成家而致汝。呜呼!孰谓汝遽[10]去吾而殁乎!

的灵柩回家安葬。又过了两年,我在汴州协助董丞相,你来探望我,只一年,你要求回家去迎接妻子儿女。第二年,董丞相逝世,我离开汴州,你没有来得成。这一年,我在徐州节度使手下协助军务,派去迎接你的人才动身,我又辞职离开,你又没有来得成。我想你跟我到东边来,在东边也是暂时居住,不能够停留多久;从长远打算,不如回到西边,把家安置好再把你接来。唉!谁料到你突然离开我而死了呢!

注释 1 京城:指唐王朝首都长安(今陕西西安)。 2 省(xǐng):看望,探视。 丧:丧事。 3 董丞相:董晋,时为宣武军节度使,驻汴州(今河南开封),韩愈在董晋的幕下任观察推官(主管刑狱的官)。 4 孥(nú):妻子和儿女。 5 薨(hōng):古时诸侯和二品以上大官死亡称薨。 6 佐戎徐州:徐州,今属江苏省。贞元十五年,韩愈在徐泗濠节度使张建封幕下任节度推官,驻徐州。佐戎,辅助军事。 7 吾又罢去:罢,解除官职。去,离开。贞元十六年(800)夏,韩愈离开徐州往洛阳。 8 东:指汴州、徐州。 9 西:指长安。 10 遽(jù):匆忙。

吾与汝俱少年,以为虽暂相别,终当久相与处,故舍汝而旅食京师,以求斗斛之禄[1]。诚知其如此,虽万乘之公相[2],吾不以一日辍汝而就也[3]。

我和你当时都还年轻,以为虽然暂时分别,最后一定会长久住在一起,所以我丢开你来京师旅居谋生,以求得微薄的俸禄。如果知道会是这个样子,即使做有万乘车辆的三公宰相,我也不会离开你一天而去上任的。

注释 1 斗斛(hú)之禄:即微薄的薪俸。斗、斛,都是量器。禄,官吏薪俸。
2 万乘(shèng):万辆车,形容车马很多。 公:指三公,汉以丞相、太尉、御史大夫为三公。 相:宰相。 此句泛指地位显赫的官职。 3 辍(chuò):中止,离开。 就:趋从,接受。

去年,孟东野¹往,吾书与汝曰:吾年未四十,而视茫茫,而发苍苍,而齿牙动摇。念诸父与诸兄²,皆康强而早世,如吾之衰者,其能久存乎!吾不可去,汝不肯来,恐旦暮死,而汝抱无涯之戚³也。孰谓少者殁而长者存,强者夭而病者全乎!呜呼!其信然邪?其梦邪?其传之非其真邪?信也,吾兄之盛德而夭其嗣乎?汝之纯明而不克蒙其泽乎?少者强者而夭殁,长者衰者而存全乎?未可以为信也。梦也,传之非其真也,东野之书,耿兰⁴之报,何为而在吾侧也?呜呼!其信然矣,吾兄之盛德而夭其嗣矣!汝之纯明宜业其家

去年,孟东野去江南,我写信给你说:我年纪不满四十,已经视力模糊,头发花白,牙齿松动。想起伯叔和两位哥哥,都身体强壮却过早地去世,像我这样衰弱的人,怎么能够活得长久呢?我不能离开这里,你又不肯来这里,恐怕我有一天死了,使你抱着无限的忧伤啊!谁知道年轻的你死了而年长的我还活着,身强的你短命而体弱的我倒还保全了!唉!难道确实是这样吗?难道是做梦吗?难道传来的消息不确实吗?如果是确实的,我哥哥德行美好却会过早地逝去他的后代吗?你纯正聪明却不能蒙受他的德泽吗?年轻身强的早死而年长体弱的却活下来吗?不能够认为这是确实的啊!如果是做梦,传来的消息不真,那么,孟东野的信,耿兰的报告,为什么却在我的身边呢?唉!这是确实的了,我哥哥德行美好却过早地逝去他的后代了!你纯正聪明能继承家业却

者,不克蒙其泽矣! 所谓天者诚难测而神者诚难明矣! 所谓理者不可推而寿者不可知矣!

不能蒙受我哥哥的德泽啊! 这就是说,老天爷真难猜测,神灵真难明白啊! 这就是说,事理不能够推求,年寿也不能预先知道啊!

注释 1 孟东野:即孟郊,唐代诗人,韩愈的朋友。当时孟郊任溧阳尉,十二郎在宣州韩家庄园,两地相距不远,故韩愈托孟郊带信给十二郎。 2 诸父:伯父、叔父的统称。 诸兄:年谱载韩愈有兄会、介,前文说"三兄",疑有未及取名而夭者。 3 戚:悲伤。 4 耿兰:韩家仆人名。

虽然,吾自今年来,苍苍者或化而为白矣,动摇者或脱而落矣[1],毛血[2]日益衰,志气[3]日益微,几何不从汝而死也! 死而有知,其几何离;其无知,悲不几时,而不悲者无穷期矣! 汝之子[4]始十岁,吾之子[5]始五岁,少而强者不可保,如此孩提者,又可冀其成立邪? 呜呼哀哉! 呜呼哀哉!

尽管这样,我自从今年以来,花白的头发已经变为全白,松动的牙齿已经脱落,体质一天天更加衰弱,精神一天天更加萎靡,没有多久时间也可能跟你一道死啊! 人死后如果有知觉,眼下的分离就没有多长时间了;人死后如果没有知觉,这悲伤也不会有多久了,不悲伤的日子倒是无穷无尽的啊! 你的儿子才十岁,我的儿子才五岁,年轻身强的人尚且不能保全活下来,像这样的幼小孩童,又可以期望他们成长自立吗? 唉,可悲可痛啊! 唉,可悲可痛啊!

注释 1 苍苍者:指花白头发。 动摇者:指牙齿。 2 毛血:指体质。 3 志气:指精神。 4 汝之子:十二郎的儿子韩湘。 5 吾之子:韩愈的大儿子韩昶。

汝去年书云,比得软脚病[1],往往而剧。吾曰,是疾也,江南之人常常有之。未始以为忧也。呜呼!其竟以此而殒[2]其生乎?抑别有疾而致斯乎?汝之书,六月十七日[3]也。东野云,汝殁以六月二日;耿兰之报无月日。盖东野之使者不知问家人以月日,如耿兰之报不知当言月日。东野与吾书,乃问使者,使者妄称以应之耳。其然乎?其不然乎?

你去年的信中说,近来得了脚气病,时常发作很厉害。我说,这个病,江南的人经常有。并不曾把它当作可忧虑的事啊!唉!难道竟是因为这个病而夺去了你的生命吗?还是另外有别的病才到这个地步?你的信,是去年六月十七日写的。孟东野说,你去世是今年六月二日;耿兰的报告没有月和日。大概是因为东野的使者不知道向家人问你去世的月日,而像耿兰的报告,不知道应当讲明月日。东野为了给我写信,才问使者,使者就随便讲个月日回答他。是这样的呢?或者不是这样的呢?

注释 1 比:近来。 软脚病:即脚气病,以腿足软弱,病从脚起,故名。2 殒(yǔn):死亡。 3 六月十七日:这是"去年[贞元十八年(802)]"十二郎写信的日子。

今吾使建中祭汝,吊汝之孤[1]与汝之乳母。彼有食可守以待终丧,则待终丧而取以来;如不能守以终丧,则遂取以来。其余奴婢,并令守汝丧。吾力能改葬,终葬汝于先人

现在我派建中来祭你,安慰你的儿子和你的乳母。他们有钱粮可以守到丧期完毕,那就等到丧期完毕我再接他们来;如果不能守到丧期完毕,那就现在接了来。其他的仆人婢女,都要他们守你的丧。我有能力给你改葬,总归要把你葬在祖先的墓地,这样做

之兆²,然后惟其所愿。

了以后,才算了却我的心愿。

〔注释〕 1 孤:指十二郎的儿子。 2 先人之兆:祖宗墓地。兆,本指墓地的界域,也指墓地。

呜呼! 汝病吾不知时,汝殁吾不知日;生不能相养以共居,殁不能抚汝以尽哀;敛不凭其棺,窆不临其穴。¹吾行负神明,而使汝夭,不孝不慈,而不得与汝相养以生,相守以死。一在天之涯,一在地之角,生而影不与吾形相依,死而魂不与吾梦相接。吾实为之,其又何尤? 彼苍者天,曷其有极!

唉! 你得病我不知道在什么时候,你去世我不知道是什么日子;你活着的时候我们不能住在一起互相照顾,你死了我不能抚摸着你的尸体哭泣哀悼;你入殓时我不能在棺材旁守灵,你安葬时我不能亲自送你到墓穴。我的所作所为对不起神明,因而使你短命而死,我对父兄不孝,对侄儿不慈,因此不能和你生活在一起互相照顾,守在一起直到老死。一个在天的边上,一个在地的角落,你活着的时候影子不和我的形体互相依靠,你死了灵魂不和我在梦中接触。这实在都是我造成的,又能够怨谁呢? 那苍苍的老天爷啊,这悲痛难道有个尽头吗!

〔注释〕 1 敛:同"殓"。给死者穿衣入棺。 窆(biǎn):落葬,即把棺材放进墓穴。

自今以往,吾其无意于人世¹矣! 当求数顷之田于伊、颖之上²,

从今以后,我没有心思在世上混了! 应当在伊水、颖水一带置办几顷田地,来消磨剩下的日子,教育我的儿子和你的

以待余年,教吾子与汝
子,幸其成;长吾女与汝
女,待其嫁。如此而已。

呜呼! 言有穷而情
不可终,汝其知也邪?
其不知也邪? 呜呼哀
哉! 尚飨³。

儿子,期望他们长大成才;抚养我的女儿
和你的女儿,等到把她们嫁出去。就这
样罢了。

唉! 话有说完的时候,感情却不可
能有终止,你是知道呢,还是不知道呢?
唉,可悲可痛啊! 希望你来享用这些祭
品吧。

[注释] 1 人世:人世间事,意指做官。 2 顷:百亩为一顷。 伊、颍:
二水名,都在今河南省境。这里指韩愈的家乡。 3 尚飨(xiǎng):也作"尚
享",意思是希望死者来享用祭品,旧时祭文常用作结语。飨,祭品。

祭鳄鱼文
韩愈

[导读] 韩愈因谏迎佛骨被贬任潮州刺史,到任后问民间疾苦,听说有鳄
鱼为患,命属官秦济以一羊一猪投到鳄鱼出没的恶溪水中,并作此祭文。
文章劝诫鳄鱼搬迁,实则鞭笞当时祸国殃民的藩镇大帅、贪官污吏。

[原文]

维年月日¹,潮州刺史韩
愈²,使军事衙推³秦济,以羊
一,猪一,投恶溪⁴之潭水,以
与鳄鱼食,而告之曰:

[译文]

某年某月某日,潮州刺史韩
愈,派军事衙推秦济,用一只羊、
一头猪,投进恶溪的深水中给鳄
鱼吃,并且告诉它道:

[注释] 1 维:在,于;也可看作发语词,无义。祭文篇首常用此词,以便引出年月日。 年月日:指唐宪宗元和十四年(819)四月二十四日。
2 潮州:唐州名,治所在今广东潮州。 刺史:唐代州的行政长官。
3 军事衙推:刺史的属官。 4 恶溪:水名。即潮州境内的韩江。

昔先王[1]既有天下,列山泽[2],罔绳擉刃[3],以除虫蛇恶物为民害者,驱而出之四海之外。及后王德薄,不能远有,则江汉之间,尚皆弃之以与蛮、夷、楚、越[4],况潮,岭海之间,去京师万里哉!鳄鱼之涵淹卵育于此,亦固其所。

从前五帝三王统治了天下,焚烧山野里的草木,结绳为网,使用锋利的刀枪,去除掉危害民间的虫蛇恶物,把它们赶到四海以外的地方。到了东周以后的君主,德行浅薄,不能领有远处的地方,就是长江和汉水流域的土地,尚且抛弃给了蛮、夷、楚、越,何况潮州在五岭和大海的中间,距离京师有万里呢?鳄鱼在这里潜伏繁殖,也原是适合它们的地方。

[注释] 1 先王:上古的五帝三王。 2 列山泽:焚烧山野里的草木。列,通"烈"。 3 罔绳:结绳为网用于捕捉。罔,同"网"。 擉(chuō)刃:用刀枪刺杀。擉,刺。 4 蛮、夷、楚、越:古代对中国东南部外族的泛称。

今天子[1]嗣唐位,神圣慈武,四海之外,六合[2]之内,皆抚而有之;况禹迹所掩,扬州[3]之近地,刺史、县令之所治,出贡赋以供天地宗庙百神之

现在的天子继承唐朝的帝位,神圣仁慈而又英武,四海之外,普天之下,都属唐朝安抚和统治;何况潮州是与大禹的足迹所曾经到达过的古代扬州相邻的地方,是刺史、县令所治理的区域,是进呈贡物、缴纳捐税,以供天子对天地、

祀之壤者哉！鳄鱼其不可与刺史杂处此土也。刺史受天子命，守此土，治此民，而鳄鱼睅然[4]不安溪潭，据处食民畜、熊、豕、鹿、獐，以肥其身，以种其子孙，与刺史亢拒[5]，争为长雄。刺史虽弩弱，亦安肯为鳄鱼低首下心，伈伈睍睍[6]，为民吏羞，以偷活于此邪？且承天子命以来为吏，固其势不得不与鳄鱼辨。

祖宗和各种神明的祭祀的地方啊！鳄鱼是不能跟刺史同住在这个地方的。刺史受了天子的命令，镇守这块土地，治理这里的百姓，而鳄鱼凶暴地不安居在溪潭中，反而占据地方，咬百姓的牲畜和熊、豕、鹿、獐，以养肥它的身体，以繁殖它的子孙，和刺史抗拒，要争个上风。刺史即使无能懦弱，又怎肯对鳄鱼低头拜服，心怀恐惧，睁一只眼闭一只眼不敢行动，给治民的官员丢脸，而偷生在这个地方呢？并且我奉了天子的命令到这里来做官，在形势上不得不与鳄鱼辨明是非。

注释 1 今天子：指唐宪宗李纯，公元805年至820年在位。 2 六合：天、地、四方称六合。即普天之下。 3 扬州：禹分天下为九州，扬州是其中之一。潮州邻近古扬州地域。 4 睅(hàn)然：通"悍然"，凶暴的样子。不安，不老实。 5 亢拒：通"抗拒"。 6 伈伈(xǐnxǐn)：恐惧貌。睍睍(xiànxiàn)：不敢正视的样子。

鳄鱼有知，其听刺史言：潮之州，大海在其南，鲸、鹏[1]之大，虾、蟹之细，无不容归，以生以食，鳄鱼朝发而夕至也。今与鳄鱼约：尽三日，其率丑

鳄鱼有知，且听刺史的话：潮州这地方，大海在它的南面，鲸鱼和鹏鸟那样的大，虾子和螃蟹那样的小，无不被容纳而得到归宿，借着大海生存饮食，鳄鱼早晨从这里出发，晚上就可以到达那里。现在和鳄鱼约定：三天之内，

类南徙于海,以避天子之命吏。三日不能,至五日;五日不能,至七日;七日不能,是终不肯徙也。是不有刺史,听从其言也;不然,则是鳄鱼冥顽不灵,刺史虽有言,不闻不知也。夫傲天子之命吏,不听其言,不徙以避之,与冥顽不灵而为民物害者,皆可杀。刺史则选材技吏民,操强弓毒矢,以与鳄鱼从事²,必尽杀乃止。其无悔!

你得率领同伙,向南迁徙到大海里去,以便避开天子任命的官吏。三天不能够,延到五天;五天不能够,延到七天;七天还不能够,就是最终不肯迁徙了。这是不把刺史放在眼里,不肯听从他的话;假如不是这样,就是鳄鱼愚蠢顽劣,没有灵性,刺史虽有话,听不到也不知道。对抗天子任命的官吏,不听他的话,不迁徙躲避,和那愚蠢顽劣、没有灵性、害民害物的东西,都是可以杀的。那么,刺史就要选择有才干和技艺的官吏与百姓,拿了强弓毒箭,跟鳄鱼进行战斗,必定要完全杀尽方才罢休。可不要后悔!

注释 **1** 鹏:传说中的一种巨大的鸟。 **2** 从事:本来是管理、处置的意思,这里是"见个高低"的意思。

柳子厚墓志铭¹
韩愈

导读 柳宗元字子厚,是唐代杰出的文学家和进步政治家,参与过王叔文革新运动,失败后屡遭贬谪,死于元和十四年(819)。柳宗元死后,韩愈为他写下了这篇墓志铭。本文中,韩愈除概述柳宗元的生平事迹外,着重论述了他在政治、文学两方面的成就,以及他的高风亮节。文章既称颂他在遭贬谪后关心人民疾苦,充分肯定了他的政绩;又推崇他在文学辞章上的杰出成就,并指出这比做将相有价值得多。

原文

　　子厚讳[2]宗元。七世祖庆,为拓跋魏侍中,封济阴公。[3]曾伯祖奭,为唐宰相,与褚遂良、韩瑗俱得罪武后,死高宗朝。[4]皇考讳镇[5],以事母弃太常博士,求为县令江南;其后以不能媚权贵[6],失御史,权贵人死,乃复拜侍御史;号为刚直,所与游皆当世名人。

译文

　　子厚名宗元。七世祖柳庆,做北魏的侍中,封济阴公。曾伯祖柳奭,做唐朝的宰相,和褚遂良、韩瑗都得罪武后,在高宗时被杀。父亲名镇,因为要侍奉母亲,放弃了太常博士的官职,请求去江南做县令;后来因为不能讨好当权的贵人,失去了御史的官职,等到当权的贵人死了,才又被任命为侍御史;有刚直的名声,他所结交的,都是当代名人。

注释　1 墓志铭:埋入墓穴中的刻石文字,是文体的一种。分"志"与"铭"两部分,前者记述死者的姓氏、家世、经历和子孙等,后者是用韵语写的赞颂之辞。　2 讳:避讳。古人尊重死者,不直呼其名,在其名前加"讳"字。　3 七世祖庆:"七"应为"六"。柳庆在拓跋魏时任侍中,位同宰相,封平齐公。其子柳旦,北周时任中书侍郎,封济阴公。此处系韩愈误记。　4 曾伯祖奭(shì):柳奭,柳旦之孙,与柳宗元的高祖子夏为兄弟,因此这里应称为高伯祖。柳奭是唐高宗李治王皇后的舅父,曾任中书令(即宰相)。高宗废王氏立武则天为皇后,柳奭被贬为爱州(在今越南境)刺史,后来许敬宗等诬告他企图谋害皇帝、与褚遂良勾结为奸,高宗派人到爱州将他杀死。褚遂良:字登善,官至尚书右仆射。　韩瑗:字伯玉，官至侍中。两人都因劝阻高宗废王皇后立武后，遭贬斥而死。
5 皇考讳镇：指柳宗元已去世的父亲柳镇。古人称已死的父亲叫考，也叫皇考。　6 权贵：指宰相窦参。

子厚少精敏，无不通达。逮其父时，虽少年，已自成人，能取进士第[1]，崭然[2]见头角，众谓柳氏有子矣。其后以博学宏词[3]，授集贤殿正字[4]。俊杰廉悍[5]，议论证据今古，出入经史百子[6]，踔厉[7]风发，率常屈其座人，名声大振，一时皆慕与之交；诸公要人，争欲令出我门下，交口荐誉之。

子厚年轻时就精明聪敏，没有什么不通晓。当他父亲在世的时候，虽然年轻，却已自立成人，能够取得进士及第，才能表现得很突出，大家说柳氏有好儿子了。后来因为考中博学宏词科，授予集贤殿正字的官职。他为人英俊杰出，方正勇敢，所发议论，能用现在的事和古时的事作证据，广泛而深入地引用经史百家的著作，刚劲有力，意气风发，经常使同座的人折服。因此名声大振，一时人们都很仰慕，愿意和他交游；当政的人都争着使他成为自己的门生，互相推荐赞誉他。

注释　1 能取进士第：唐德宗贞元九年(793)，柳宗元参加进士科考试，及第，年二十一岁。　2 崭然：突出的样子。　3 博学宏词：唐代临时设置的考试科目之一，为考选博学能文的人而设。柳宗元在二十四岁时考中。　4 集贤殿正字：官名。掌管整理、校正书籍。集贤殿是宫廷里收藏、整理图书的机构。　5 廉：方正。悍：强劲。　6 百子：诸子百家。指各种不同的学派。　7 踔(chuō)厉：精神振奋，议论纵横。

贞元十九年，由蓝田尉拜监察御史[1]。顺宗即

贞元十九年，他由蓝田尉升任为监察御史。顺宗即位，委任他为礼部员外

位，拜礼部员外郎²。遇用事者得罪³，例出为刺史⁴；未至，又例贬州司马⁵。居闲益自刻苦，务记览为词章，泛滥停蓄，为深博无涯涘，而自肆于山水间。

郎。遇上跟他关系密切的当权者获罪，同被遣出朝廷去做州刺史；还没到任，又一道被贬为州司马。处在闲散的位置上，他自己更加刻苦，专一把所记忆和所看到的事物写成文章，他的文章像水一样，到处横溢、停聚积蓄，气势广博得没有边际，而他自己却放纵在山水之间。

【注释】 1 蓝田尉：蓝田县的县尉，掌管捕盗贼等事。 拜：古代授予官职时须举行一定的礼仪，故后来称任命官职为拜。 监察御史：掌管分察官吏，巡按州县的刑狱、军戎、祭祀、出纳等事。 2 礼部员外郎：官名。掌管辨别和拟定礼制、学校贡举等事。柳宗元因王叔文等的推荐而做官。 3 遇用事者得罪：用事者，当权的人，这里指王叔文。王叔文深得顺宗（李诵）的信任。旧派发动政变，迫使李诵退位，拥立其子李纯（宪宗），把王叔文贬黜杀死，把王伾以及柳宗元、刘禹锡等八人贬至远州。 4 例出为刺史：指永贞元年（805）柳宗元因属王叔文集团，由朝官出任邵州（治所在今湖南邵阳）刺史。例出，一道被遣出。例，一概。刺史，官名，一州的行政长官。 5 例贬州司马：指柳宗元还在赴邵州的路上，又被贬为永州（今湖南永州）司马。司马是刺史的属官，当时无实职，仅存名义。

元和中，尝例召至京师，又偕出为刺史，而子厚得柳州¹。既至，叹曰："是岂不足为政邪！"因其土俗，为设教禁，州

元和年间，曾照例被召到京师，又和别人同去外地做刺史，子厚被派到柳州。到了柳州以后，他感叹说："这里难道不能做出政绩吗？"他按照当地风俗，替百姓制定了条规和禁令，一州的人都顺从

人顺赖。其俗以男女质钱，约不时赎，子本相侔，则没为奴婢。子厚与设方计，悉令赎归；其尤贫力不能者，令书其佣，足相当，则使归其质。观察使²下其法于他州，比一岁，免而归者且千人。衡湘以南为进士者，皆以子厚为师；其经承子厚口讲指画为文词者，悉有法度可观。

和依赖。柳州风俗把儿女押给富人借钱用，约定到期限不去赎回，利钱和本钱相等时，就没收为奴婢。子厚替他们想方设法，都叫他们赎回去；对那些最穷苦无力赎回的，就下令把被质押人每天的工钱记下来，到了工钱足以抵销借款的本利时，就要债主归还被质押的人。观察使把这个办法颁行其他各州，到一年，免除为奴婢而赎回去的人将近千人。衡山和湘水以南应考进士科的人，都把子厚当作老师；那些曾经受到子厚亲自指点写文章的人，文章都有法度，值得一看。

注释 1 柳州：治所在旧马平县（今广西柳州）。 2 观察使：中央派往地方考察州县官吏政绩的官，后兼管民事。当时柳州属桂管观察使。

其召至京师而复为刺史也，中山刘梦得禹锡亦在遣中，当诣播州。¹子厚泣曰："播州非人所居，而梦得亲在堂，吾不忍梦得之穷，无辞以白其大人，且万无母子俱往理。"请于朝，将拜疏，愿以柳易播，虽重得罪，死

当他召到京师再出来做刺史的时候，中山人刘梦得（禹锡）也在被派遣之列，应当去播州。子厚流着泪说："播州不是中原人可以住的地方，而梦得还有老母在堂，我不忍看着梦得的困难，他没有办法把去播州的事告诉他的老母亲，并且万万没有母子同往播州的道理。"将要向朝廷请求，上书皇帝，愿意把柳州换播州，即使因此再加一重罪，

不恨。遇有以梦得事白上²者,梦得于是改刺连州³。呜呼!士穷乃见节义。今大平居⁴里巷相慕悦,酒食游戏相征逐,诩诩强笑语以相取下⁵,握手出肺肝相示,指天日涕泣,誓生死不相背负,真若可信;一旦临小利害,仅如毛发比,反眼若不相识;落陷阱,不一引手救,反挤之,又下石焉者,皆是也。此宜禽兽夷狄所不忍为,而其人自视以为得计。闻子厚之风,亦可以少愧矣!

死了也不怨恨。正碰上有人把刘梦得的困难向皇上说明,梦得因此改做连州刺史。唉!士人遇上穷困才能表现出节操。平日同住在里巷中,互相仰慕要好,吃喝玩乐你来我往很密切,虚伪地奉承对方,装模作样地说笑,表示互相亲热尊重,握着手像要挖出肺肝给人看,指天对日哭泣,发誓生死都不背弃变心,像真的一样可信;一旦遇到小小的利害,小得仅像毛发一样,就翻着眼睛像不认识;对方落入陷阱,不仅不肯伸手去救,反而挤他下去再投块石头的人,到处都是。这样的事情,连禽兽和野蛮人都不忍做,而那种人却自以为很有办法。他们听了子厚的作风,也该稍稍知道惭愧了吧!

注释 1 刘禹锡:字梦得,中山人。著名文学家、哲学家,因参与王叔文集团的改革而被贬职。 播州:州治在今贵州遵义。 2 以梦得事白上:指裴度、崔群曾向宪宗说明刘禹锡的困难,请求改派他到较近的地方。 3 连州:州治在今广东连州。 4 平居:平日,平时。 5 诩诩:能说会道,取悦别人。 以相取下:取,语词,无意义;相下,互相谦虚,表示尊重。

子厚前时少年,勇于为人,不自贵重顾藉¹,谓功业可立就,故坐废

子厚从前在年轻的时候,做人敢作敢为,不保重爱惜自己,以为可以很快建功立业,因此受到牵连而被贬谪。既遭贬

退。既退，又无相知有气力得位者推挽[2]，故卒死于穷裔[3]，材不为世用，道不行于时也。使子厚在台、省[4]时，自持其身，已能如司马、刺史时，亦自不斥；斥时有人力能举之，且必复用不穷。然子厚斥不久，穷不极，虽有出于人，其文学辞章，必不能自力以致必传于后如今，无疑也。虽使子厚得所愿，为将相于一时，以彼易此，孰得孰失，必有能辨之者。

谪，又无知心朋友、担任重要官职有权力的人推荐提携，所以终于死在边远的地方，才能不被当世使用，主张不能在当时推行。假使子厚在御史台和尚书省时，自己知道怎样对待自己，已经能够像后来当州司马和刺史时那样，也自然不会遭到贬斥；被贬斥之后，如果有人能够极力保举他，也一定可以再起用而不至于困窘。然而如果子厚被贬斥的时间不长，困窘不到极点，虽在功业上能出人头地，他的文学辞章，一定不能自己下苦功取得像现在这样大的成就，留传于后世，是无疑的了。即使叫子厚得以达成他的愿望，在一定时间内能够做到将相，拿那功名事业来换这文传后世，哪是得，哪是失，这一定有人能够辨明的。

[注释] 1 不自贵重顾藉：这句的意思是不尊重、爱惜自己，结交不应结交的人，指柳宗元参加王叔文集团。韩愈认为这是柳宗元的失误。 2 推挽：推举提拔。 3 穷裔：很远的边区。穷，极；裔，边。 4 台、省：台，御史台，指柳宗元曾做监察御史；省，尚书省，指柳曾做礼部员外郎。

子厚以元和十四年十一月八日卒，年四十七。以十五年七月十日归葬万年[1]先人墓侧。子厚有子

子厚于元和十四年十一月八日去世，享年四十七岁。在元和十五年七月十日运回灵柩葬在万年县柳氏先人坟墓的旁边。子厚有两个儿子：大的叫

男二人，长曰周六，始四岁；季曰周七，子厚卒乃生。女子二人，皆幼。其得归葬也，费皆出观察使河东裴君行立[2]。行立有节概，重然诺，与子厚结交；子厚亦为之尽，竟赖其力。葬子厚于万年之墓者，舅弟[3]卢遵。遵，涿[4]人，性谨慎，学问不厌。自子厚之斥，遵从而家焉，逮其死不去；既往葬子厚，又将经纪其家，庶几有始终者。铭曰：

是惟子厚之室[5]，既固既安，以利其嗣人。

周六，才四岁；小的叫周七，子厚死了以后生的。女儿两人，都还幼小。他能够运回安葬，费用都由观察使河东裴行立负担。行立有节操气概，答应人家的话就一定做到，跟子厚交情很深；子厚也很替行立尽力，终于得到了行立的帮助。安葬子厚到万年县墓地的，是他舅父的儿子卢遵。卢遵是涿县人，性情谨慎，好学不倦。自从子厚遭到贬斥，卢遵就跟着子厚以贬所为家，直到子厚死了仍不离开；他已经去万年县安葬了子厚，还要代替子厚经营管理家务，这也可算是一个有始有终的人。铭道：

这是子厚的墓穴，既坚固，又安定，以利于他的后代。

注释　1 万年：古县名，故城在今陕西西安。柳宗元的先人墓在万年县的栖凤原。　2 河东：郡名，治所在今山西永济。　裴君行立：裴行立，元和十二年(817)任桂管观察使。　3 舅弟：舅父的儿子。　4 涿：州名，州治在今河北涿县。　5 室：墓穴。

卷之九 唐宋文

驳复仇议

柳宗元[1]

导读 本文是柳宗元的一篇驳论性的奏议,反驳了陈子昂在《复仇议状》中提出的对徐元庆应"诛而后旌"的矛盾主张,认为应该"穷理以定赏罚,本情以正褒贬",赏和罚、褒和贬应该是统一的。该文高扬以人为本的思想,对弱者给予深切同情。

原文

臣伏见天后时[2],有同州下邽人徐元庆者[3],父爽,为县尉赵师韫[4]所杀,卒能手刃父仇,束身归罪。当时谏臣陈子昂建议诛之而旌其闾[5],且请编之于令,永为国典[6]。臣窃独过之[7]。

译文

我在书上看到,武后时同州下邽有个叫徐元庆的人,父亲徐爽被县尉赵师韫杀了,他最终能够亲手杀死杀父仇人,自己投案服罪。当时的谏官陈子昂建议:处死徐元庆,但在他住的地方立牌匾,以示表彰,并且请求把这种处理办法编入法令,永远作为国家法律。我个人认为这是不对的。

注释 1 柳宗元(773—819):字子厚,河东解人,唐代文学家。二十一岁考取进士,累官至监察御史里行("里行"是见习官)等职,后参与以王叔文为首的政治革新活动,改任礼部员外郎。革新失败后,被贬为永州司马,十年后改任柳州刺史,四十七岁死于柳州。 2 伏:古代臣子见皇帝,必须跪着俯伏,不敢直面,因此在奏疏中也常用"伏"字,表示敬畏。
天后:即武则天。 **3** 同州:州名,治所在今陕西大荔。 下邽(guī):县名,
在今陕西渭南。 **4** 赵师韫:曾为下邽县尉,枉法杀死徐元庆的父亲,后
升御史。徐元庆改变姓名,在驿站做佣人,乘赵旅宿驿亭时杀之,自首到
官。 **5** 谏臣:专向皇帝提批评、建议的官,唐代设有御史和拾遗等谏官。
陈子昂:字伯玉,梓州射洪(今四川射洪)人。唐初著名文学家,武则天时
任右拾遗。 旌:表彰。 闾(lú):里巷的大门,这里指代乡里。 **6** 国典:
国法。 **7** 窃:谦词。 独:个人。

　　臣闻礼之大本[1],以防乱也,若曰"无为贼虐,凡为子者杀无赦"[2];刑之大本,亦以防乱也,若曰"无为贼虐,凡为治者[3]杀无赦"。其本则合,其用则异,旌与诛莫得而并焉。诛其可旌,兹谓滥,黩[4]刑甚矣;旌其可诛,兹谓僭[5],坏礼甚矣。果以是示于天下,传于后代,趋义者不知所向,违害者不知所立,以是为典,可乎?

　　我听说礼的根本作用是防止暴乱,例如说"不许杀人行凶,凡是被害者的儿子要为父报仇,不能宽赦仇人";刑法的根本作用也是防止暴乱,例如说"不许杀人行凶,凡是当官治民的人要处死那些凶犯,不能赦免"。礼与刑法的根本作用是一致的,它们具体应用的对象、范围则不同,表彰和杀戮是不能同时用在一个人身上的。杀掉应该表彰的人,就叫作滥杀,太乱用刑法了;表彰应该杀掉的人,就是越礼,严重地破坏礼了。果真拿这个处理办法向全国公布,传给后代,那么向往正义的人就不知道朝什么方向努力,躲避祸害的人就会不知道怎么办,拿这个作为国法,可以吗?

注释 **1** 礼:社会规范和道德规范的泛称。 大本:根本。这里指根本

作用。 **2** 贼虐:行凶杀人。 为子者:指被杀害者的儿子。 **3** 为治者:指做官治民的人。 **4** 黩(dú):滥用。 **5** 僭(jiàn):过分,超越本分。

盖圣人之制,穷理以定赏罚,本情以正褒贬,统于一¹而已矣。向使刺谳其诚伪²,考正其曲直,原始而求其端³,则刑礼之用,判然离矣。何者?

圣人建立的制度是:彻底推究事理去决定赏罚,根据实际情况去正确地进行表彰和谴责,归于一个目的——防止暴乱。假使能够查明、判定事情的真假,分清它的是非,推寻出事情的本末,那么刑法和礼的应用就明显地分别清楚了。为什么这样说呢?

[注释] **1** 统于一:指统一于"防乱"。 **2** 刺:侦察,调查。 谳(yàn):审判定案,这里意为判定。 **3** 原:推究。 始、端:指事情的本末。

若元庆之父,不陷于公罪¹,师韫之诛,独以其私怨,奋其吏气,虐于非辜,州牧不知罪,刑官不知问,上下蒙冒,呼号不闻;而元庆能以戴天²为大耻,枕戈为得礼³,处心积虑,以冲仇人之胸,介然自克⁴,即死无憾,是守礼而行义也。执事者宜有惭色,将谢之不暇,而又何诛

假如徐元庆的父亲,不是犯了国法,赵师韫杀了他,只是因为个人的仇怨,仗着自己做官的权势气焰,残害无辜的人,而此州的长官不给赵师韫惩处,司法官吏不问他的罪,上下勾结进行掩盖,鸣冤叫屈也不予理睬;而元庆能够把跟仇人同时在世上活着看作极大的耻辱,把枕着武器睡觉不忘报仇视为符合礼节,处心积虑要拿刀冲向仇人的胸膛,坚定地自己下定决心,即使死了也不感到遗憾,这是既遵守礼节又履行道义的行为啊。执政的官吏应当感到羞愧,向他认错还

焉？其或元庆之父，不免于罪，师韫之诛，不愆[5]于法，是非死于吏也，是死于法也。法其可仇乎？仇天子之法，而戕[6]奉法之吏，是悖骜[7]而凌上也。执而诛之，所以正邦典，而又何旌焉？

来不及，又为什么还要杀掉他呢？假如徐元庆的父亲确实犯了死罪，赵师韫杀他，没有违背法律，这就不是死在官吏手上，而是死于法律。法律难道是可以仇视的吗？仇视天子制定的法律，而杀害执法的官吏，这是蔑视法纪、犯上作乱的行为。逮捕徐元庆处以死刑，是为了端正国法，又为什么要表彰他呢？

[注释] 1 公罪：违犯国法的罪。　2 戴天：共同生活在一个天底下。3 枕戈：枕着武器睡觉。形容时刻准备报仇。　得礼：合乎礼。　4 介然：坚定不移的样子。　自克：自胜，自己约束自己。　5 愆(qiān)：违反。6 戕(qiāng)：残害。　7 悖骜(bèi'ào)：逆乱傲慢，意即凶悍不驯，蔑视法纪。

且其议曰："人必有子，子必有亲，亲亲[1]相仇，其乱谁救？"是惑于礼也甚矣。礼之所谓仇者，盖其冤抑沉痛而号无告也，非谓抵罪触法，陷于大戮。而曰"彼杀之，我乃杀之"，不议曲直，暴寡胁弱而已，其非经背圣，不亦甚哉！《周礼》[2]："调人[3]掌司万人之仇。""凡杀人而

并且陈子昂在《复仇议状》中说："人们都有儿子，做儿子的也一定有父母，各自因爱自己的父母而互相报仇，这种混乱状态谁来制止呢？"这是太不明白礼了！礼书上所讲的仇怨，是指含冤受压，非常痛苦，而又无处申诉，不是说犯了罪，违了法，应该被处以死刑。但陈子昂又说"他杀了人，我就要杀他"，不论是非曲直，这不过是欺压孤寡威胁弱小罢了，这一观点违反儒家经典，背离圣人教导，不是已经太严重了吗？《周礼》上记载："调人主管调解人们之间的仇怨。""凡杀人杀得对，

义者,令勿仇,仇之则死。"有反杀⁴者,邦国交仇之。"又安得亲亲相仇也?《春秋公羊传》⁵曰:"父不受诛,子复仇可也。父受诛,子复仇,此推刃⁶之道,复仇不除害。"今若取此以断两下⁷相杀,则合于礼矣。

就不准报仇,报仇就要处以死刑。""有因害怕报仇而连同别人的子弟一起杀害的,全国的人都把他当作仇敌看待。"这怎么会出现"亲亲相仇"的情况呢?《春秋公羊传》上说:"父亲没犯死罪却被处死,儿子报仇是可以的。父亲犯罪应该处死,儿子报仇,这是一来一往互相残杀的做法,这样报仇并不能除掉祸害。"现在如果拿这个原则来判断他们双方互相残杀的案件,便符合礼了。

[注释] 1 亲亲:第一个"亲"字是动词,亲爱;第二个"亲"字是名词,亲人。 2《周礼》:书名。儒家经典之一。 3 调人:周代的官名。 4 反杀:指已杀人,又杀他的子弟。 5《春秋公羊传》:书名。儒家经典之一。 6 推刃:拿刀子杀过来杀过去。指互相仇杀,循环报复。 7 两下:双方。

且夫不忘仇,孝也;不爱死,义也。元庆能不越于礼,服孝死义,是必达理而闻道者也。夫达理闻道之人,岂其以王法为敌仇者哉?议者反以为戮,黩刑坏礼,其不可以为典,明矣!

请下臣议,附于令,有断斯狱者,不宜以前议从事。谨议。

况且不忘记父仇,这是孝;不吝惜死,这是义。徐元庆能够不违背礼制,尽孝为义而死,这一定是通晓事理、懂得道德的人。像这种通晓事理、懂得道德的人,难道会把王法当作仇敌吗?陈子昂反而认为可杀,这是滥用刑法,破坏礼制,这种作法不能作为国家法律,是很明显的啊!

请颁下我的建议,附在法令的后面今后有审判这一类案件的人,不应当照以前陈子昂所议的办事。我恭敬地提出这个建议。

桐叶封弟辨

柳宗元

导读 辨是一种辨察是非的论说文。但此文的重点不在于辨伪,而是围绕重臣应如何辅佐君主这一中心议题发挥议论。本文针对《吕氏春秋·重言》和刘向《说苑·君道》所载"桐叶封弟"一事进行辨正,批判了把君主言行绝对化的所谓"天子无戏言"的谬论,并借古喻今,揭露了唐代某些政治势力企图利用这种谬论来把持朝政的阴谋,指出如果君主言行不当,"虽十易之不为病"。

原文

古之传者[1]有言:成王以桐叶与小弱弟[2],戏曰:"以封汝。"周公入贺,王曰:"戏也。"周公曰:"天子不可戏。"乃封小弱弟于唐[3]。

译文

古时史书作者有这样一种说法:成王把桐叶给年幼的弟弟,开玩笑说:"我用这个封你。"周公进去祝贺,成王说:"我是开玩笑的。"周公说:"天子不能开玩笑。"于是,成王把唐地封给了年幼的弟弟。

注释 1 传(zhuàn)者:史书的作者。 2 成王:周武王的儿子,姓姬,名诵,十三岁继位。 以桐叶与小弱弟:指成王用桐叶当作珪给幼弟叔虞。珪是古代帝王用作凭证的玉制礼器。小弱弟,指成王的弟弟叔虞。 3 唐:古代一个小国,在今山西冀城一带。

吾意不然。王之弟当封邪，周公宜以时言于王，不待其戏而贺以成之也；不当封邪，周公乃成其不中[1]之戏，以地以人与小弱弟者为之主，其得为圣乎？且周公以王之言，不可苟焉而已，必从而成之邪？设有不幸，王以桐叶戏妇、寺[2]，亦将举而从之乎？

凡王者之德，在行之何若，设未得其当，虽十易之不为病。要于其当，不可使易也，而况以其戏乎？若戏而必行之，是周公教王遂过[3]也。

我认为事情不应当是那样。成王的弟弟如果应当封，周公就应该及时地向成王进言，不能等待成王开那样的玩笑，才去祝贺促成这件事；如果不应当封，周公竟然将成王这个不恰当的玩笑变为事实，将土地和人民封给年幼的弟弟，做那里的君主，这也可以称为圣人吗？也许周公以为君王说的话，不能随便了事，一定要顺着去实行吧？假如不幸，君王用桐叶跟妻妾和宦官开玩笑，也打算完全顺着办吗？

大凡君王道德的好坏，在于看他的行事怎样，假使不恰当，即使十次改变他的话也不算错。总之在于恰当，不可轻易从事，又何况是凭着君王一句开玩笑的话呢？如果开个玩笑也一定要实行，就是周公教成王将错就错了。

【注释】　1　中(zhòng)：合适，恰当。　2　妇、寺：妇人和近侍。指君主身边的妻妾和宦官，这里主要指宦官。　3　遂过：顺成过错，将错就错。遂，成。

吾意周公辅成王宜以道，从容优乐，要归之大中[1]而已。必不逢其失而为之辞；又不当束缚之，

我认为周公辅佐成王，应该用正道，从容不迫，和颜悦色，总要归于正大适中。一定不要迎合他的错误并为他掩饰；又不应当限制他的行为，或者放任

驰骤之,使若牛马然,急则败矣。[2]且家人父子尚不能以此自克,况号为君臣者邪?是直小丈夫觖觖者之事[3],非周公所宜用,故不可信。或曰:封唐叔,史佚成之。[4]

他什么都干,使他像牛马一样,催逼得太紧,就要坏事。再说家庭父子之间尚且不能靠这种办法来约束,何况是君主和臣子呢?这只是庸人耍小聪明所做的事,不是周公所宜采用的办法,因此不可信。也有人说:成王封唐地给叔虞,是太史尹佚促成的。

[注释] 1 大中:正大适中。 2 束缚:限制。 驰骤:车马奔跑。"不当束缚之,驰骤之"的意思是,对于君主,既不应当限制他的权力,也不应当让他为所欲为,既要尊重他的权力,又要引导他走向正道。 3 小丈夫:指那些不懂大中之道的庸人。 觖觖(quēquē)者:耍小聪明的人。觖,同"缺"。 4 唐叔:即叔虞,因封于唐,叫唐叔。 史佚(yì):周朝太史尹佚。周朝实行世官世禄制度,所以略去了他的姓。据《史记·晋世家》所载,促成封叔虞于唐的是史官尹佚,而不是周公。

箕子碑

柳宗元

[导读] 本文是柳宗元为箕子庙写的碑记。碑,是古代一种文体,一般由两部分组成:开头多用散文以记事,称为"碑";结尾多用韵文以赞颂,称为"颂"。箕子处在乱世,又遭受迫害,却能忍辱负重,建立功业,作者对他表示了极大的推崇和同情。文章一开头便提出伟大人物的三个标准——正蒙难,法授圣,化及民,并用这三个标准作为评价箕子的出发点,依次展开,具体论述,使箕子的人品、功业巍然兀立。

【原文】

凡大人之道有三：一曰正蒙难；二曰法授圣；三曰化及民。

殷有仁人曰箕子[1]，实具兹道以立于世。故孔子述六经之旨，尤殷勤焉。[2]

【译文】

大凡伟大人物的道德、功业有三种：第一种是坚持正义，敢于蒙受危难；第二种是建立法度，传授给圣明的君王；第三种是推行仁德，教化百姓。

商朝有一位仁人叫箕子，他完全具备这三种道德、功业，从而屹立在人间。所以孔子论述六经的要旨，对他特别关切，多次提到。

【注释】　1 殷：即商。　箕子：商末贵族，名胥余，是纣王的伯叔辈。官太师，封于箕，故名箕子。因劝谏纣王被囚禁。周武王灭商后将他释放。他向武王陈述了治理国家的大法，对周初政治起了很大作用。　2 六经：《诗》《书》《易》《礼》《乐》《春秋》。

当纣之时，大道悖[1]乱，天威之动不能戒[2]，圣人之言无所用。进死以并命，诚仁矣；无益吾祀，故不为。[3]委身以存祀[4]，诚仁矣；与亡吾国[5]，故不忍。具是二道，有行之者矣。

在纣王的时代，常理正道，都被搞得荒谬混乱了，上天用各种灾害表示震怒，不能警诫他；聪明正直人士的言论，完全不被采用。像比干那样，拼死进谏，与商王朝同命运，真算得是仁人了，但对王朝没有好处，所以箕子不愿意这么做。像微子那样，托身给周朝，从而保存商王朝的祭祀，也真算得是仁人了，但这等于参与了灭亡自己王朝的行动，所以箕子不忍心这么做。这两条道路，都有人走了。

【注释】　1 悖(bèi)：违背。　2 天威之动不能戒：上天威怒，用各种天象来警诫，却不能收到警诫的效果。这里反映了古人"天人感应"的观点。

3 进死以并命：指比干的事迹。比干是纣王的叔父，官少师，因担心国家危亡，多次进谏，最后被纣王剖心而死。　　诚仁矣：可以称为仁人。《论语·微子》："微子去之，箕子为之奴，比干谏而死。孔子曰：殷有三仁焉。"祀(sì)：祭祀。上古把祭祀看作关系国家命运的大事。　　4 委身以存祀：指微子的事迹。微子，名启，是纣王的庶兄。他预见到商朝将要灭亡，便逃走了。武王灭纣后，降周。武庚发动叛乱被杀后，封微子于宋，奉殷的祭祀。　　5 与(yù)：参与。　　亡：出走。

是用保其明哲，与之俯仰；晦是谟范，辱于囚奴。[1] 昏而无邪，陨[2]而不息。故在《易》曰："箕子之明夷[3]。"正蒙难也。及天命既改[4]，生人[5]以正，乃出大法，用为圣师，周人得以序彝伦[6]，而立大典。

因此箕子采取明哲保身的态度，跟纣王周旋；他隐藏起自己的正确主张，忍受着作囚徒的耻辱。时代黑暗，却不走邪路，世道堕落，他却奋斗不息。所以，《易经》上写道："箕子在遇到危难时善于应付。"这便是"坚持正义，敢于蒙受危难"。等到天命已经改变，百姓回到了正常轨道，箕子便献出治国大法，因此成了圣明君主的老师，周朝人因而能够顺应天地的常理，建立国家的重要法令典章。

注释　1 是用：因此。　俯仰：周旋，应付。　谟(mó)范：策略，计划。 2 陨(tuí)：堕落。 3 明夷：《易经》卦名。明，光明；夷，伤。谓光明受到损伤，比喻君子遭难退隐。　4 天命既改：指周灭商。　5 生人：即生民，百姓。唐代避太宗李世民讳，故将"民"改为"人"。　6 序：次序，这里作动词用。彝(yí)伦：人与人之间必须遵守的道德准则。

故在《书》曰:"以箕子归,作《洪范》[1]。"法授圣也。及封朝鲜[2],推道训俗,惟德无陋,惟人无远,用广殷祀,俾夷为华。[3]化及民也。率是大道,蘘于厥躬[4];天地变化[5],我得其正。其大人欤!

所以,在《尚书》上写道:"武王灭商与箕子一道归来,创作了《洪范》。"这便是"建立法度,传授给圣明的君主"。等到他被封到朝鲜,又推行仁义,教化世人,提倡道德,亲近百姓,因而扩大了殷人享受祭祀的范围,使夷族接受了中原文化。这便是"推行仁德,教化百姓"啊。所有这些伟大的道德、功业,都集中到他一人身上;在天地变化的时代,自己保持了正道。这应该算一个伟大人物吧!

注释 1《洪范》:《尚书》的篇名,传说是箕子向周武王陈述的"天地之大法"。洪,大;范,规范,法规。 2 朝鲜:古国名,包括今朝鲜半岛北部及我国辽宁、吉林东部一带。周朝初年,封箕子于朝鲜。 3 惟德无陋:即"无陋德"的倒装。不疏远道德,也就是提倡道德礼义。陋,疏远。惟人无远:不疏远人民,即亲近百姓。 俾:使。 4 蘘:聚集。 厥:其,代词。 躬:身。 5 天地变化:指社会变动,改朝换代。

於虖[1]!当其周时未至,殷祀未殄[2],比干已死,微子已去,向使纣恶未稔[3]而自毙,武庚[4]念乱以图存,国无其人,谁与兴理?是固人事之或然者也[5]。然则先生隐忍而为此,其有志于斯乎!

唉!当周朝还没有建立,商朝还没有灭亡,比干已经死了,微子已经走了的时候,假如纣王还不到恶贯满盈便自己死了,他的儿子武庚继位,考虑到国家的危乱而发奋图存,国家没有贤人,谁跟武庚一道来复兴治理呢?这本来是人事中可能发生的情况啊。那么,箕子勉强忍耐并且这样做,大概是对这种情况有所期望吧!

注释　1 於虖(wūhū)：虖，通"乎"。於乎，同"呜呼"。　2 殄(tiǎn)：灭绝。 3 稔(rěn)：本为庄稼成熟，此处作"积满"解。　4 武庚：纣王的儿子。 5 人事：人世间的各种事情。　或然：可能出现而不一定。

原文

唐某年，作庙汲郡，岁时致祀。[1]嘉先生独列于《易》象，作是颂云。[2]

译文

唐朝某年，在汲郡修了箕子庙，逢年过节祭祀他。我钦佩他能单独被写进《易》象里，就作了这篇颂。

注释　1 某年：古人写祭文、碑记一类的文章落款处署年月往往先空着，临用时才填上。　汲郡：古郡名，治所在今河南卫辉，是商的故都。 2《易》象：即指《易经》。　颂：古代文体的一种，用于歌颂咏叹。

捕蛇者说[1]

柳宗元

导读　本文是柳宗元被贬到永州以后写的。文章抓住蛇毒与苛政之毒的联系，巧用对比，通过捕蛇者与毒蛇之毒来衬托赋税之毒，突出了社会的黑暗。文章造句精炼含蓄，风格朴实深沉，寻常写来，却使人感到无限愤慨和沉痛，堪称散文中的杰作。

原文

永州之野产异蛇，黑质而白章[2]，触草木尽

译文

永州的山野里出产一种奇异的蛇，身上黑底白花，它触着草木，草木就全部

死,以啮³人,无御之者。然得而腊之以为饵,可以已大风、挛踠、瘘、疠,去死肌,杀三虫。⁴其始,太医⁵以王命聚之,岁赋其二。募有能捕之者,当其租入。永之人争奔走焉。

枯死,咬了人,没有药可以医治。然而捉到它把它晾干做成药物,可以治好麻疯、手足弯曲、脖子肿和恶疮,除去失掉机能的死肉,杀死危害人体的寄生虫。开始,太医用皇帝的命令征集这种蛇,每年征收两次,召募能够捕捉这种蛇的人,可以用它充当应交的租税。永州的人都争着去干这个差事。

注释 1 说:古代一种文体,用于论说某一种见解,类似于今天的杂文。2 质:底色。 章:花纹。 3 啮(niè):咬。 4 腊(xī):晾干。饵:食物。这里指药物。 已:止,治疗好。 大风:麻疯病。 挛踠(luánwǎn):手足弯曲不能伸展的病。 瘘(lòu):颈部生的脓肿毒疮。 疠(lì):恶疮。三虫:道家把脑、胸、腹叫作"三尸",认为这三处有虫,人就要生病。这里泛指人体内的寄生虫。 5 太医:为帝王治病的医生,又称御医。

有蒋氏者,专其利¹三世矣。问之,则曰:"吾祖死于是,吾父死于是,今吾嗣²为之十二年,几死者数矣。"言之,貌若甚戚者。

余悲之,且曰:"若毒之乎?余将告于莅事者,更若役,复若赋,则何如?"³

有个姓蒋的人专门享有这种捕蛇抵税的好处已有三代了。我问他,便说道:"我的祖父死在捉蛇这个差事上,我的父亲又死在这个差事上,现在我接替干这个差事又有了十二年,好几次几乎被蛇咬死了。"说完,样子似乎很悲伤。

我很可怜他,就说:"你怨恨这个差事吗?我打算告诉主管这件事的地方官,更换你捕蛇的差事,恢复征收你的赋税,怎么样?"

[注释] 1 专其利:专门享有这种(捕蛇抵税的)好处。 2 嗣:继承,接替。 3 毒:怨恨,惧怕。莅(lì)事者:管这件事的官吏,指地方官。

蒋氏大戚,汪然[1]出涕曰:"君将哀而生之乎?则吾斯役之不幸,未若复吾赋不幸之甚也。向吾不为斯役,则久已病矣。[2]自吾氏三世居是乡,积于今六十岁[3]矣,而乡邻之生日蹙[4]。

姓蒋的人更加悲伤,眼泪汪汪地说:"你是怜悯我,想让我活下去吗?那么,我干这个差事虽然不幸,还没有像恢复征收我的赋税那样更为不幸啊。假使我不干这个差事,那就早已困苦不堪了。自从我家三代住在这个村里,累计到现在已六十年了,乡邻的生活一天比一天困苦。

[注释] 1 汪然:眼泪瞒眶的样子。 2 向:假使。 病:这里意为困苦不堪。 3 六十岁:从写作此文时向上推六十年,即为唐玄宗天宝年间,这六十年间政治日益腐败,农民生活困苦不堪。 4 蹙(cù):迫促,困苦。

"殚其地之出[1],竭其庐[2]之入,号呼而转徙,饥渴而顿踣[3],触风雨,犯寒暑,呼嘘毒疠[4],往往而死者相藉[5]也。曩[6]与吾祖居者,今其室十无一焉;与吾父居者,今其室十无二三焉;与吾居十二年者,今其室十无四五焉。非死则徙尔,而吾以捕蛇独存。

"他们把地里的全部产出,家里的全部收入,都拿去交了赋税,哭喊着辗转流亡,饿得倒在地上,遭受风吹雨打,冒着严寒酷暑,呼吸着有毒的疫气,往往死掉的人一个压着一个。从前和我祖父住在一起的人,现在十家剩不到一家了;和我父亲住在一起的人,现在十家剩不到两三家了;和我一起住了十二年的人,现在十家也剩不到四五家了。他们不是死了就是逃亡到外地去了!唯独我靠着捕蛇这差事还活着。

注释 1 殚(dān):尽。 出:生产的物品。 2 庐:房屋。这里指家。
3 顿踣(bó):由于困苦劳累以致倒毙。 4 呼嘘:呼吸。 疠:指疫气。
5 相藉(jiè):一个压着一个,形容很多。 6 曩(nǎng):从前,过去。

"悍吏之来吾乡,叫嚣呼东西,隳突乎南北,哗然而骇者,虽鸡狗不得宁焉。¹吾恂恂而起,视其缶,而吾蛇尚存,则弛然而卧。²谨食³之,时而献焉。退而甘食其土之有,以尽吾齿⁴。盖一岁之犯死者二焉,其余则熙熙而乐,岂若吾乡邻之旦旦有是哉?今虽死乎此,比吾乡邻之死,则已后矣,又安敢毒耶?"

"凶狠的差役来到我们村里,到处狂呼乱叫,到处骚扰破坏,村民们惊慌呼叫,连鸡狗也不得安宁。我担心地起来,看看那个瓦罐里面,我的蛇还活着,就放心地去睡觉。每天细心地喂养它,到时候就把它献上去。回家来就可以甘美地吃着自己土里出产的东西,来度过我的一生。一年之内冒着死亡的危险只有两次,其余的时间就快快乐乐地过日子,哪里像我的乡邻们那样天天都有死亡的威胁呢?现在我即使死在捕蛇这个差事上,但比起乡邻们来,已是在后面了,我又怎敢怨恨呢?"

注释 1 叫嚣:大叫大闹。 隳(huī)突:破坏,骚扰。 2 恂恂(xúnxún):担心。 缶(fǒu):大肚小口的瓦罐。 弛然:放心的样子。 3 食(sì):喂养。 4 齿:这里指年纪。

余闻而愈悲。孔子曰:"苛政猛于虎¹也。"吾尝疑乎是。今以蒋氏观之,

我听了更加悲痛。孔子说:"残酷的政治比老虎还凶猛啊!"我曾经怀疑这句话。现在从蒋氏谈的情况来看,

犹信。呜呼！孰知赋敛之毒有甚是蛇者乎？故为之说，以俟乎观人风者[2]得焉。

还是可信的。唉！谁知道搜括钱粮的毒害，竟比毒蛇还厉害呢？所以我写了这篇"说"，等待那些考察民情的官吏对此有所了解。

[注释] 1 苛政猛于虎：苛酷的政治比老虎还凶猛。语出《礼记·檀弓》。政，一说通"征"，指税收。 2 观人风者：考察民情的官吏。人风，即民风。

种树郭橐驼传

柳宗元

[导读] 本文叙述了一个讽喻性极强的寓言故事。作者针对当时官吏繁政扰民的现象，通过描写郭橐驼种树之道，说明官吏治民也应该了解人民的需求、爱好和习性，使他们人丁兴旺，生活安定。作者抨击了那些昏庸官吏政乱令烦，徒然扰民，表达了革除弊政的主张。

[原文]

郭橐驼[1]，不知始何名。病偻[2]，隆然伏行[3]，有类橐驼者，故乡人号之"驼"。驼闻之曰："甚善，名我固当。"因舍其名，亦自谓橐驼云。其乡曰丰乐乡，在长

[译文]

郭橐驼这个人，不知道他原来叫什么名字。他患病成了驼背，背脊隆起，弯着腰走路，有点像骆驼的样子，所以同乡人叫他"驼"。郭听了说："很好！用这个名字叫我，的确恰当。"因而放弃了原来的名，也自称为"橐驼"。他所在的乡叫丰乐乡，在长安西面。

安西。

驼业种树，凡长安豪家富人为观游[4]及卖果者，皆争迎取养。视驼所种树，或移徙，无不活，且硕茂蚤实以蕃。[5]他植者虽窥伺效慕，莫能如也。

郭橐驼的职业是种树，凡是长安的豪富人家要培植供观赏游乐的园林，和那些以种植果树卖水果为业的人，都争着把他迎接到家里去供养。郭橐驼所种的树，或者移栽的树木，没有不成活的，而且长得高大茂盛，果实结得又早又多。别的种树人即使暗中观察，美慕仿效，也没有人能比得上他。

[注释] 1 橐(tuó)驼：骆驼。这里指驼背。 2 偻(lǚ)：背脊弯曲。 3 隆然：突起的样子，形容驼背。 伏行：面朝下走路。 4 观游：观赏游乐的园林。 5 硕：大。 蚤：通"早"。 实：结果实。 蕃：多。

有问之，对曰："橐驼非能使木寿且孳也，能顺木之天，以致其性焉尔。[1]凡植木之性：其本欲舒，其培欲平，其土欲故，其筑欲密。[2]既然已，勿动勿虑，去不复顾。其莳[3]也若子，其置也若弃，则其天者全而其性得矣。故吾不害其长而已，非有能硕茂之也；不抑耗其实而已，非

有人问他，他回答说："我郭橐驼并不是能使树木活得久，繁殖得多，只是能顺着树木生长的自然规律，让它按照自己的本性成长罢了。凡是种植树木，它的规律是：树根要舒展，培土要平匀，用土要用原有的土，筑土要密实。这样做了之后，就不要去动它，也不必挂在心上，离开它不要再管了。栽培的时候要像抚育自己的小孩一样细心，栽完放在一边就要像抛弃了一样，那就顺应了它的生长规律，能按照它的本性自然成长。所以我只是不妨害树木的生长罢了，并不是有能力使树木长得高大茂盛；只是不抑制和损伤它的果实罢了，并不是

有能蚤而蕃之也。 ‖ 有能力使它的果实结得又早又多。

注释 1 孳(zī)：繁殖。 天：自然规律。 性：本性。 2 本：树根。
故：旧，指原有的土。 3 莳(shì)：栽种。

"他植者则不然，根拳而土易，其培之也，若不过焉则不及。[1] 苟有能反是者，则又爱之太殷，忧之太勤，且视而暮抚，已去而复顾，甚者爪其肤以验其生枯，摇其本以观其疏密，而木之性日以离[2]矣。虽曰爱之，其实害之；虽曰忧之，其实仇之。故不我若也。吾又何能为哉？"

"别的种树的人却不是这样，栽树的时候，根是卷曲的，土是新换的，培土如果不是超过了限度，就是达不到要求。即使有人能反过来不是这样，又对树爱得过分，担心得太多，早晨看了，晚上又去摸，已经离开又回去看。更坏的是抓破它的皮，验看它是活着还是枯死了，摇动它的根株，看是栽得松还是紧，这样就一天天背离树木自然生长的本性了。虽说本意是爱它，其实是害它；虽说是担心它，其实是仇视它。所以他们种树不如我。其实我又有什么本事呢？"

注释 1 根拳：根部弯曲。 土易：泥土更换。 2 离：违背。

问者曰："以子之道，移之官理[1]，可乎？"驼曰："我知种树而已，官理，非吾业也。然吾居乡，见长人者好烦其令，若甚怜焉，而卒以

问的人说："把你栽树的道理，用于当官治民，可以吗？"郭橐驼说："我只知道种树而已，当官治民不是我的职业。然而我住在乡里，看见那些治民的官吏，喜欢不断地发布命令，似乎很怜惜百姓，结果却给百姓带来灾祸。从早到晚，吏

祸。² 且暮吏来而呼曰：官命促尔耕，勖尔植，督尔获，蚤缲而绪³，蚤织而缕⁴，字⁵而幼孩，遂而鸡豚⁶。鸣鼓而聚之，击木而召之。吾小人辍飧饔以劳吏者⁷，且不得暇，又何以蕃吾生而安吾性耶？故病且怠。若是，则与吾业者其亦有类乎？"

问者嘻曰："不亦善夫！吾问养树，得养人术。"传其事以为官戒也。

役来喊道：长官有命，催你们快耕田，鼓励你们快种植，督促你们快收割，早些煮你们的蚕茧抽丝，早些纺完你们的纱，要抚养好你们的小孩，要繁殖好你们的家禽和牲畜。一会儿打鼓叫人们集合，一会儿又敲梆把大家召来。我们这些小百姓停下晚饭和早饭去招待那些吏役，还忙不过来，又怎么能使我们生产兴旺、生活安定呢？所以既困苦又疲乏。像这样，那就和我所从事的职业，也有相似之处吧？"

问的人赞叹地说："这不是太好了吗！我问种树，却得到了治民的方法。"于是我把这件事记下来，作为官吏们的鉴戒。

注释 1 官理：做官治民。理，治。 2 长(zhǎng)人者：治理人民的官吏。 烦其令：烦琐地发布命令。意即乱发命令。 3 缲(sāo)：同"缫"，抽茧出丝。 而：通"尔"。你们。 绪：丝头。 4 缕：纱，线。 5 字：抚养。 6 遂：成长。 豚(tún)：小猪。 7 辍(chuò)：停止。 飧(sūn)：晚饭。 饔(yōng)：早饭。 劳(旧读 lào)：慰劳。这里有招待、应付之意。

梓人传

柳宗元

[导读] 作者借梓人的故事叙述了宰相的治国之道。他认为宰相应坚守其道，合则用，不合则去，不能屈就；宰相应抓大事，顾全局，举贤任能，不宜事必躬亲，陷入事务、文牍的圈子里去。

[原文]

裴封叔之第在光德里，有梓人款其门，愿佣隙宇而处焉。[1] 所职寻引、规矩、绳墨，家不居砻斫之器。[2] 问其能，曰："吾善度[3]材；视栋宇之制[4]，高深、圆方、短长之宜，吾指使而群工役焉[5]。舍我，众莫能就一宇。故食于官府，吾受禄三倍；作于私家，吾收其直大半焉。[6]"他日，入其室，其床阙足而不能理，曰"将求他工"。余甚笑之，谓其无能而贪禄嗜货者。

[译文]

裴封叔的住宅在长安光德里，有一个建筑师来叩他的门，希望租几间空屋居住。那工匠家里只有寻引、规矩、绳墨，而没有磨砺、砍削的工具。我问他有什么本领，他说："我善于衡量木材，观察房屋的规模，根据高深、方圆、长短的情况选择适当的木料，我一指挥，其他工匠就劳动起来。没有我，他们连一所房屋也造不成。所以，在官府做工，我得的薪俸是一般工匠的三倍；在私人家做工，我收取工钱的一大半。"一天，我走进他的卧室，见他的床铺缺了腿，他自己不会修理，说"要请另外的工匠"。我心里非常轻视他，认为他是一个没有本领、白拿工薪、贪图财物的人。

[注释] 1 裴封叔:人名,是柳宗元的姐夫。 第:住宅。 光德里:长安里弄名。 梓(zǐ)人:建筑师。 款:叩。 佣:租赁。 隙宇:空闲的房间。 2 职:掌管。这里有随身带着的意思。 寻引:度长短的工具。八尺为寻,十丈为引。 规:画圆的工具。 矩:曲尺,画方形的工具。 绳墨:墨斗,画直线的工具。 居:放置。 砻(lóng):磨砺。 斫(zhuó):砍削。 3 度(duó):衡量。 4 栋宇:屋柱和屋檐,指房屋。 制:规模。 5 群工:各种工匠。 役:劳作。 6 禄:薪俸。 直:通"值",工价。 大半:多半。

其后,京兆尹[1]将饰官署,余往过焉。委[2]群材,会众工,或执斧斤,或执刀锯,皆环立向之;梓人左持引、右执杖而中处[3]焉。量栋宇之任[4],视木之能举,挥其杖曰:"斧!"彼执斧者奔而右。顾而指曰:"锯!"彼执锯者趋而左。

后来,京兆尹将要修理官衙,我去那里看望。只见满地堆着木料,各种匠人集合在那里,有的拿着斧头,有的拿着刀锯,都围着他站成一个圆圈;那建筑师左手拿着引,右手拿着杖,站在人群中央。他估量房屋的需要,观察木料的承受能力,挥着手杖向右一指,说:"砍!"那些拿斧头的工匠都跑到右边去砍。他回过头来指着左边说:"锯!"那些拿锯子的工匠都快步奔到左边去锯。

[注释] 1 京兆尹:官名。管理京城长安,相当于郡太守一级。 2 委:堆积。 3 中处:即"处中",站在正中。 4 任:负担,引申为需要。

俄而斤者斫,刀者削,皆视其色,俟[1]其言,莫敢自断者。其不胜任者,怒而退

一会儿,拿小斧子的人也开始砍了,拿刀的人也开始削了,都看着那建筑师的脸色,等待他的吩咐,没有人敢自作主张。那些不胜任的人,建筑师对他发怒,把他撤

之,亦莫敢愠[2]焉。画宫于堵,盈尺而曲尽其制,计其毫厘而构大厦,无进退焉。[3] 既成,书于上栋曰"某年某月某日某建",则其姓字也,凡执用之工不在列。余圜视[4]大骇,然后知其术之工大矣。

换下来,也没有谁发怨言。那建筑师把房子的蓝图画在墙壁上,图不过一尺见方却详细委曲地表现出了建筑的规模与要求,一毫一厘都算了出来,根据它来建筑高大的房子,竟然没有一点儿出入。官衙修成以后,建筑师在屋柱上写"某年某月某日某建",写的是他自己的姓名,所有干活的工匠都没有列上姓名。我看了大吃一惊,这才体会到他的技术有很大的价值。

[注释] 1 俟(sì):等待。 2 愠(yùn):怨恨。 3 堵:墙壁。 曲:委曲细致。制:规格。 进退:这里指出入,差错。 4 圜(huán)视:向四周看。

继而叹曰:彼将舍其手艺、专其心智而能知体要[1]者欤?吾闻劳心者役人,劳力者役于人,彼其劳心者欤?[2]能者用而智者谋,彼其智者欤?是足为佐天子相天下法矣,物莫近乎此也。[3]彼为天下者本于人。其执役者,为徒隶,为乡师、里胥,其上为下士,又其上为中士,为上士,又

接着我便发出了感叹:这个建筑师大概是一个放弃了手艺、专门运用智慧而且能够掌握事物根本的人物吧?我听说用脑的人指挥别人劳动,用体力的人受别人指挥,这个人大概是一个用脑力的人吧?有技能的人发挥作用,有智慧的人出谋划策,这个人是一个有智慧的人吧?他的这一切举动,完全可以作为辅佐天子治理天下的法则,再没有其他事物比他的举动更与治理天下相近似了。治理天下的方法以人为根本。那些劳动奔走的人,便是徒隶以及乡

其上为大夫,为卿,为公。[4]

师、里胥;他们上面是下士,下士上面是中士、上士;再上面是大夫,是卿,是公。

[注释] 1 体要:精要,指事物的根本。 2 劳心者役人,劳力者役于人:出自《孟子·滕文公上》:"或劳心,或劳力。劳心者治人;劳力者治于人。" 3 物:事物。 近乎此:比这更相近。 4 徒隶:服劳役的人。这里泛指处于社会底层从事各种劳动的人。 乡师、里胥(xū):管理乡里的小官吏。 士:地位次于大夫的中级官吏。 大夫、卿、公:指高级官吏。

离而为六职,判而为百役。[1]外薄四海,有方伯连率[2],郡[3]有守,邑有宰[4],皆有佐政[5],其下有胥吏,又其下皆有啬夫、版尹[6],以就役焉,犹众工之各有执技以食力也。

就分工来看,中央有六种官职,还有各种各样的差役。国都以外,直到四方边境,有方伯、连帅这样的封疆大吏;每个郡有郡守,每个县有县令,而且都有副职;他们下面有胥吏;再下面都有啬夫、版尹。这些人都是供服役奔走的,就好像各种工匠都掌握一门手艺靠劳力养活自己一样。

[注释] 1 六职:指中央六部,即吏部、礼部、工部、户部、刑部、兵部。或认为指周代管理中央府库的六种官职。 百役:各种差事。 2 薄:靠近。 方伯连率:地方的高级官员。连率,即连帅。 3 郡:县以上的行政单位。 4 邑:县。 宰:县令。 5 佐政:副职。 6 啬(sè)夫、版尹:小吏。啬夫管理诉讼、赋税;版尹管理户籍、版图。

彼佐天子相天下者,举而加焉,指而使焉,条其纲纪而盈缩焉,齐其法制而整顿焉。[1]犹梓人之有规矩、绳墨以定制也。择天下之士,使称其职;居天下之人,使安其业。视都知野,视野知国,视国知天下,其远迩细大,可手据其图而究焉。[2]犹梓人画宫于堵而绩于成也。能者进而由之,使无所德[3];不能者退而休之,亦莫敢愠。不炫能,不矜名,不亲小劳,不侵众官,日与天下之英才,讨论其大经。[4]犹梓人之善运众工而不伐艺也。

那个辅佐天子治理天下的人,推举他们并给他们加上官职,指挥和使用他们,制定治理国家的纲要而加以变通,使法制规范并进行整顿。这就好像建筑师有圆规、曲尺、绳墨来决定建筑规模一样。辅佐天子治理天下的人,选择天下的人才,使职务与能力相称;又使天下的百姓都能安居乐业。他看了国都便了解郊野,看了郊野便了解各地,看了各地便了解全国的情况,那远处、近处、小事、大事,他都可以用手按着图推求出来。这就好像建筑师把宫室画在墙上便可指挥各种工匠建成房屋一样。有才能的人,按正道来提拔他,使他不感戴谁的恩德;没有能力的人,把他撤换下来,也没有谁敢怨怒。不显示自己的才能,不抬高自己的名声,不亲自去干各种琐碎的事务,不侵犯各类官员的权利,每天跟天下杰出的人才一起讨论管理国家的大政方针。这就好像建筑师善于指挥各种工匠而不夸耀自己的手艺一样。

注释 1 纲纪:纲要。 盈缩:扩大和缩小,这里有变通的意义。 齐:规范。 2 都:国都。 野:郊野。 国:指郡国。 天下:指全国。 迩(ěr):近。 据:按。 究:推究,考察。 3 德:感德。 4 炫:显示,夸耀。 矜:自尊自大。 侵:夺取别人的权利。 大经:管理国家的大政方针。

夫然后相道得而万国理矣。相道既得,万国既理,天下举首而望曰:"吾相之功也。"后之人循迹而慕曰:"彼相之才也。"士或谈殷周之理者,曰伊、傅、周、召[1],其百执事[2]之勤劳,而不得纪焉。犹梓人自名其功而执用者不列也。大哉,相乎! 通是道者,所谓相而已矣。

这样做了以后,就符合宰相的职责,能使天下各地得到治理。符合宰相的职责,使天下得到了治理以后,天下的人都会抬头仰望说:"这便是我们宰相的功劳啊。"后世的人也会遵循他的业绩,美慕地说:"那个宰相很有才能啊!"现在读书人谈到殷商和周代的政绩,一定要称赞伊尹、傅说、周公、召公,那些办理各类具体事务的官吏虽然很勤劳,却不能记载下来。这就好像建筑师在屋柱上写下自己的名字,而那些干活的工匠却不能列上姓名一样。宰相很重要啊! 通晓以上道理的人,便是大家所说的宰相了。

注释 1 伊、傅、周、召:即伊尹、傅说、周公、召公。 2 百执事:办理各类具体事务的官吏。

其不知体要者反此。以恪勤为公,以簿书为尊,[1]炫能矜名,亲小劳,侵众官,窃取六职百役之事,听听[2]于府庭,而遗其大者远者焉。所谓不通是道者也。犹梓人而不知绳墨之曲直、规矩之方圆、寻引之短

那些不能掌握事物根本的人与这种情况相反。他们把恭谨劳苦当作功劳,把处理公文当作最重要的事情,夸耀自己的能力,抬高自己的声誉,亲自处理琐碎的事务,侵犯各类官员的职权,窃取各种职务和差事,在大堂上与人争辩不休,却不考虑大事,不计划长远。这便是不通晓为相之道的人啊。就好像一个建筑师,不了解绳墨的曲直、规矩的方圆、寻

长,姑夺众工之斧斤刀锯以佐其艺;又不能备其工,以至败绩,用而无所成也。[3] 不亦谬欤?

引的长短,却胡乱地夺过各种匠人手中的斧头、刀锯,帮他们干粗活,而且又干得不好,以致把事情弄糟,因而没有什么成就。这岂不是荒谬吗?

注释 1 恪(kè):谨慎。 公:《全唐文》作"功"。 簿书:官府文书。 2 听听:即"龂龂(yínyín)",争辩的样子。 3 败绩:弄糟。用而:因而。

或曰:"彼主为室者,傥或发其私智,牵制梓人之虑,夺其世守,而道谋是用[1],虽不能成功,岂其罪耶?亦在任之而已。"余曰:不然。夫绳墨诚陈,规矩诚设,高者不可抑而下也,狭者不可张而广也。由我则固,不由我则圮[2]。彼将乐去固而就圮也,则卷其术,默其智,悠尔而去,不屈吾道,是诚良梓人耳。其或嗜其货利,忍而不能舍也;丧其制量,屈而不能守也。[3] 栋桡[4]屋坏,则曰:"非我罪也。"可乎哉?可乎哉?

有人说:"那主持建房子的人,倘若耍个人的小聪明,牵制建筑师的计划,违背累代相传的守则,却采用过路人随便发表的议论,即使不能成功,难道是建筑师的过错吗?看来能否成功,也在于任用是否专一啊。"我认为不是这样。如果绳墨、规矩已经定下来了,应该高的就不可把它压低,应该窄的就不可把它扩大。根据我的意见办就会坚固,不根据我的意见办就会倒塌。如果主人甘心抛弃坚固的建筑而宁愿它倒塌,那么建筑师就应该收藏起自己的方法和智慧,远远地离开,不放弃原则,这才真是一个好的建筑师啊。如果贪图财物,一味忍让,舍不得抛弃;丧失原则,放弃应该坚持的职责。等到屋柱折断、房子倒塌了,却说:"这不是我的过错啊。"可以这样吗?可以这样吗?

注释 1 道谋是用：要起房子却不听从内行的意见而与过路人谋划。意即意见纷纷，是不能有所成就的。 2 圮(pǐ)：倒塌。 3 嗜：爱好，贪图。货利：钱财。 制量：指规矩、法度、原则。 4 桡(náo)：弯曲变形。

余谓梓人之道类于相，故书而藏之。梓人盖古之审曲面势[1]者，今谓之都料匠云。余所遇者，杨氏，潜其名。

我认为建筑师的方法与宰相相似，所以写下来并加以留存。建筑师，大概便是古书上讲的"审曲面势者"，现在通称为"都料匠"。我所碰到的这位建筑师，姓杨，这里隐去他的名字。

注释 1 审曲面势：审察各种材料的曲直，根据建筑需要加以选择。

愚溪诗序

柳宗元

导读 柳宗元被贬到永州的第六年(810)，迁居到城郊冉溪的旁边，并把溪名改为愚溪，作《八愚诗》(已失传)歌咏附近的景物，本文是为这些诗所写的序言。文章是借冉溪而对自我的写照，表达自己济世之愿不能实现的满腔孤愤和郁结之情。

原文
灌水之阳，有溪焉，东流入于潇水。[1]或曰："冉氏尝居也，故姓是溪为冉溪。"或曰："可以染

译文
灌水的北面有一条小河，向东流入潇水。有人说："姓冉的曾经在这里居住过，所以给这条溪冠以姓氏称为冉溪。"有人说："这条溪水可以染色，用它的功

也,名之以其能,故谓之染溪。"余以愚触罪[2],谪潇水上,爱是溪,入二三里,得其尤绝者家焉。古有愚公谷[3],今余家是溪,而名莫能定,土之居者,犹龂龂然[4],不可以不更也,故更之为愚溪。

能来命名,所以称它为染溪。"我因为愚笨而犯了罪,被贬谪到潇水边上,喜爱这条小溪,沿着溪水走进去两三里,找到一个风景特别好的地方安了家。古代有个"愚公谷",今天我在这溪边安家,而它的名称没有能够定下来,当地居民还在争论着该叫什么溪,看来溪名不改不行了,所以把它改称为愚溪。

【注释】 1 灌水:在今广西境内,源出灌阳西南,流经全州注入湘江。 阳:河流的北面。 潇水:源出今蓝山南九嶷山,北流到永州苹州入湘江。 2 以愚触罪:因愚犯罪。此处指作者因参加王叔文的政治革新,失败后贬为永州司马。 3 愚公谷:在今山东临淄西。相传齐桓公时,有个老翁因当时政治不清明,官吏断案不公,一匹小马被人拉走而不敢争辩,自称所住山谷叫"愚公谷"。 4 龂龂(yínyín)然:争辩不休的样子。

愚溪之上,买小丘,为愚丘。自愚丘东北行六十步,得泉焉,又买居[1]之,为愚泉。愚泉凡六穴,皆出山下平地,盖上出也。合流屈曲而南,为愚沟。遂负土累石,塞其隘[2],为愚池。愚池之东,为愚堂,其南,为愚亭,池之

我在愚溪的上面,买了一个小山丘,把它叫作愚丘。从愚丘向东北走六十步,找到一处泉水,又把它买下来,称为愚泉。愚泉共有六个泉眼,都是从山下平地上涌出来的,原来这泉水是向上冒出的啊。泉水汇合后,弯弯曲曲地向南流去,形成一条水沟,叫愚沟。我于是挑来泥土,堆积起石块,把那狭窄的地方堵塞起来,形成一个小池,叫愚池。愚池东边的房子是愚堂,南面的亭子叫愚亭,池中一个小岛叫

中,为愚岛。嘉木异石错置[3],皆山水之奇者,以余故,咸以"愚"辱焉。

愚岛。这些地方,美好的树木和奇异的石头,交错陈列,都是山水中奇特少见的,因为我的缘故,全被"愚"的名称玷辱了。

注释 1 居:蓄积,蓄藏。 2 隘(ài):狭窄处。 3 错置:交错陈列。

夫水,智者乐也;今是溪独见辱于愚[1],何哉?盖其流甚下,不可以灌溉;又峻急,多坻[2]石,大舟不可入也;幽邃[3]浅狭,蛟龙不屑,不能兴云雨。无以利世,而适类于余,然则虽辱而愚之,可也。

流水是聪明人所喜爱的,现在这条溪水独被侮辱地称为"愚溪",是什么原因呢?那是由于它的水位特别低,不能用来灌溉;水势又险峻湍急,多小滩礁石,大船开不进来;而且位置偏僻,又浅又狭,蛟龙不屑于居住,不能兴云作雨。它对世人没有什么益处,这恰好和我相似,那么,即使屈辱它,称它为愚,也是可以的。

注释 1 见辱于愚:被愚这个名称污辱。见……于,古代汉语表示被动的一种格式。 2 坻(chí):水中小洲。 3 幽邃:幽深。这里指偏僻。

宁武子[1]"邦无道则愚",智而为愚者也;颜子[2]"终日不违如愚",睿而为愚者也。皆不得为真愚。今余遭有道而违于理,悖[3]于事,故凡为愚者莫我若也。夫然,则

宁武子"在国家无道的时候,就显得愚蠢",那是聪明人故意装傻;颜回"整天不发表不同意见,好像很愚蠢",这是通达的人貌似愚蠢,都不能算是真正愚蠢。我今天正遇上清明的时代,却违背了道理,做错了事情,所以凡是称为愚蠢的人都没有比得上我的。这样,

天下莫能争是溪，余得专而名焉。

世上就没有谁能和我争这条溪水，只有我才能占有它并为它命名。

[注释] 1 宁武子：春秋时卫国大夫宁俞，"武"是他的谥号。 2 颜子：孔丘的得意弟子颜回。 3 悖(bèi)：违背。

溪虽莫利于世，而善鉴万类，清莹秀澈[1]，锵鸣金石[2]，能使愚者喜笑眷慕，乐而不能去也。余虽不合于俗，亦颇以文墨自慰，漱涤万物[3]，牢笼百态，而无所避之。以愚辞歌愚溪，则茫然而不违，昏然而同归，超鸿蒙[4]，混希夷[5]，寂寥而莫我知[6]也。于是作《八愚诗》，记于溪石上。

愚溪虽然对世人没有什么用处，然而它能照见万物，明丽清澈，并像鸣钟击磬一样发出铿铿悦耳的声音，能使愚人喜笑颜开，留恋爱慕，快乐得不愿离开。我虽然与世俗不合，也颇能用写文章来安慰自己，选择刻画各种景物，捕捉它们的千姿百态，而不回避什么。用我的"愚辞"来歌颂愚溪，我的感情不知不觉地与愚溪的自然景物交融在一起，超脱于宇宙之外，融化到虚空之中，眼前万籁俱寂，无边无际，连自身的存在也忘记了。于是我写了《八愚诗》，记在溪边的石头上。

[注释] 1 清莹秀澈：洁净、明亮、秀丽、澄澈。 2 锵(qiāng)：象声词。金石：指古代用金属和石头制的乐器。 3 漱涤万物：指作者在文章中选择、刻画自然界的各种景物。漱涤，洗涤。 4 超：超脱。 鸿蒙：宇宙形成前的混沌状态。这里指宇宙。 5 混：混同。 希夷：指虚空。形容一种无色无声的虚寂微妙的世界。 6 寂寥而莫我知：寂静空虚，形神俱忘。

永州韦使君¹新堂记

柳宗元

导读 本文作于元和七年(812),又名《永州新堂记》。当时作者任永州司马,刺史韦宙是他的上司。在韦使君新堂落成的时候,作者以其生花妙笔,道出了韦使君的乔迁之喜、清明之治,让人心生一种顺应自然的美感和积极向上的激情。

原文

将为穿谷、嵁岩、渊池于郊邑之中,则必辇山石,沟涧壑,陵绝险阻,疲极人力,乃可以有为也。²然而求天作地生之状,咸无得焉。³逸其人,因其地,全其天,昔之所难,今于是乎在。⁴

译文

如果要在城郊乃至城中建造出深谷、峭壁、深池这一类自然风光,就必须用车子运来山石,疏通运输水道,越过险阻的地方,使老百姓费尽力气,疲惫不堪,才可以建造出来。但是,追求那自然生成的形态,还是根本不可能的。既使百姓安逸,又顺着原来的地势,保全天然的姿态,这是过去很难办得到的事情,现在却在永州出现了。

注释 1 韦使君:元和七年(812)新任命的永州刺史,名宙。 2 穿谷:深谷,谷是山间的空地或水道。 嵁(kān)岩:峭壁。 渊池:深池。 郊邑:郊指城外,邑指城中。 辇(niǎn):人力拉的车,这里作动词用。用车装载的意思。 沟:作动词用,当"疏通渠道"讲。 涧:山溪。 壑(hè):山沟。 陵绝:渡过。 人力:即"民力"。 3 天作地生:自然生成。

咸:都。　4 逸其人:使人民安逸不服劳役。　全其天:保全自然面貌。

永州实惟九疑之麓。¹其始度土²者,环山为城。有石焉,翳于奥草;有泉焉,伏于土涂。³蛇虺之所蟠,狸鼠之所游。⁴茂树、恶木,嘉葩、毒卉,乱杂而争植,号为秽墟。⁵

永州确实是九疑山的余脉。那开始规划永州城池的人,环抱山头修筑了永州城。城中有石头,却被深草遮蔽着;有泉水,却埋没在泥土中,这里成了毒蛇盘踞、野猫野鼠出没的地方。茂盛的树与恶劣的树,美好的花与有毒的草,杂乱地生在一起,彼此竞长,因此被称为荒凉污秽的地方。

【注释】 1 惟:是。　九疑:山名,或写作九嶷。在今湖南宁远南。　2 度土:指规划治水、筑城的工程。　3 翳(yì):遮蔽。　奥:深。　土涂:泥土。　4 虺(huǐ):一种毒蛇。　蟠(pán):盘踞,环绕。　狸(lí):貉(hé)子,一种耳小嘴尖的棕灰色野兽,喜昼伏夜出。或说狸即山猫。　5 葩(pā):花。　卉:草的总称。　植:生长。　秽墟:荒芜不堪的地方。

韦公之来,既逾月,理¹甚无事。望其地,且异之。始命芟其芜,行其涂,积之丘如,蠲之浏如。²既焚既酾,奇势迭出,清浊辨质,美恶异位。³

韦公来到永州做刺史已一个多月了,政事办理得很好,清平无事。他望见这块地方,认为很奇妙。这才命令割掉丛生的杂草,开通道路,割掉的杂草堆起来像小山一样,又清除河中的污泥,河水便清清的了。杂草焚烧、河道疏通以后,奇妙的地势便接连显现出来了,清浊分辨开了,美丽与丑恶不再混杂在一起了。

【注释】　1 理:治理政事。　2 芟(shān):割草。　芜(wú):丛生的杂草。
积之丘如:把割掉的杂草堆积起来像小山一样。　蠲(juān):除掉污秽。
浏如:水很清的样子。　3 釃(shī):疏导。　迭出:相连不断地出现。
辨质:因质地不同而分别开了。　异位:安置在不同的位置上。

视其植,则清秀敷
舒;视其蓄,则溶漾纤
余。¹ 怪石森然,周于
四隅,或列或跪,或立或
仆。窍穴逶邃,堆阜突
怒。² 乃作栋宇,以为
观游³。

看那树木,清翠秀丽,舒展繁茂;看
那蓄水处,微波荡漾,曲折环绕。奇形怪
状的石头,众多而且密集,环抱在四角,有
的像列队,有的像跪着,有的像站立,有的
像卧倒。洞穴曲折深远,土堆石山也挺立
着。于是在那里修建了房屋,作为游览的
地方。

【注释】　1 植:指树木。　清秀:一本作"青秀",苍翠秀丽。　敷舒:指
树木生长得舒展繁茂。　溶漾:水势广大而微波荡漾。　纤(yū)余:曲折
环绕。　2 森然:众多而整齐的样子。　窍穴:洞穴。　逶(wēi):曲折。
阜(fù):土山。　突怒:挺立的样子。　3 观游:游览的地方。

凡其物类,无不
合形辅势,效伎于堂
庑之下。¹ 外之连山
高原、林麓之崖,间
厕隐显。² 迤³ 延野
绿,远混天碧。咸会
于谯门⁴之内。

那所有的各类景物,没有一件不与地形
地势配合得非常和谐,似乎在大堂廊屋下面
献出它们的技艺。城外的连绵山峰与高大
岗峦,还有长着密林的山脚,夹杂在一起,有
的隐隐约约,有的明白清晰。近处延伸到碧
绿的原野,远处与蔚蓝的天空一色。这些景
物都汇聚到城门里。

已乃延客入观,继以宴娱。[1] 或[2]赞且贺曰:"见公[3]之作,知公之志。公之因土而得胜,岂不欲因俗以成化?[4] 公之择恶而取美,岂不欲除残而佑仁?[5] 公之蠲浊而流清,岂不欲废贪而立廉?[6] 公之居高以望远,岂不欲家抚而户晓[7]?

不久韦公邀请宾客进来观赏,接着又举行宴会娱乐。有人称赞并且祝贺说:"看了韦公的作为,便了解韦公的志向。韦公顺着地势而得到优美的风景,难道不是想顺应民间习俗而推行教化吗?韦公抛弃丑恶的东西,选取美好的东西,难道不是想除去残暴的人,保护善良百姓吗?韦公清除污浊使水流变清,难道不是想除去贪污而树立廉洁的风气吗?韦公住在高处,望向远处,难道不是想挨家挨户抚慰开导百姓吗?

"夫然[1],则是堂也,岂独草木、土石、水泉之适欤?山原、林麓之观欤?将使继公之理者,视其细知其大也。[2]"

"如果这样看,那么这座大堂,难道仅仅是为了欣赏草木、土石、水泉,观看山林吗?它将使得继承韦公来治理永州的人,看到小的方面从而了解到大的方面啊。"

宗元请志诸石[3]，措诸壁[4]，编以为二千石楷法[5]。

我请求将上面的一切刻在石碑上，放置在大堂的西北角，并编入书中，作为刺史们的榜样。

注释 1 然：这样。 2 细：指修筑新堂这件事。 大：指治理永州的志向。 3 志诸石：即刻在石碑上。 4 另本作"措诸屋漏"，《尔雅》云，房屋"西北角谓之屋漏"。措，安放。 5 二千石：按薪俸指刺史一级官吏。楷法：表率，榜样。

钴鉧潭西小丘记

柳宗元

导读 作者眼前的这些小景，幽深宜人，展示出永州山水的特有风姿。柳宗元因永贞革新遭挫，但他未改本色，于是借山水之题，发心中之气，借以寻求人生真谛。

原文

得西山后八日，寻山口西北道二百步，又得钴鉧潭。[1]西二十五步，当湍而浚者为鱼梁。[2]梁之上有丘焉，生竹树。其石之突怒偃蹇[3]，负土而出、争为奇状者，殆不可数：其嵚[4]然相累而下者，若

译文

发现西山后的第八天，沿着山口向西北的小路走了两百步，又发现钴鉧潭。潭西二十五步远，正当流急水深的地方是鱼梁。鱼梁上面有个小土堆，长着竹子树木。那里的石头像发怒一样高高地耸立，拱开泥土冲出来，争着做出各种奇形怪状的，几乎多得数不清：那凸出地面一个挨一个挤着

牛马之饮于溪;其冲然角列而上者,若熊罴[5]之登于山。

向下的,像牛马伏在溪边喝水;那像角一样排列着向上冲的,好像熊罴在山上爬着。

[注释] 1 得西山后八日:此记之前还有一篇《始得西山宴游记》,时为元和四年(809)九月二十八日。得,发现。 寻:沿着。 道:动词,行走。钻鉧(gǔmǔ)潭:潭名,在西山之西。 2 湍(tuān):水势激急。 浚(jùn):深。鱼梁:捕鱼的石堰。堰中留有缺口,安上捕鱼的竹笼。 3 突怒:岩石凸出,好像发怒。 偃蹇(yǎnjiǎn):形容山石盘曲起伏、横卧直起的姿态。4 嵚(qīn):高峻。 5 罴(pí):熊的一种,即马熊,能直立,故又叫人熊。

丘之小不能一亩,可以笼而有之。问其主,曰:"唐氏之弃地,货而不售。"问其价,曰:"止四百。"余怜而售[1]之。

李深源、元克己时同游,皆大喜,出自意外。即更取器用,铲刈[2]秽草,伐去恶木,烈火[3]而焚之,嘉木立,美竹露,奇石显。由其中以望,则山之高,云之浮,溪之流,鸟兽之遨游[4],举熙熙然回巧献技[5],以效[6]兹丘之下。

土堆小得不到一亩,可以全部买下。我问它的业主是谁,有人说:"这是唐姓的荒地,想卖出去却没人买。"问它的价钱,说:"只要四百文钱。"我很喜爱它并且同情它的遭遇,就买了它。

李深源、元克己这时和我一起游览,都非常高兴,因为出于意料之外。立即轮流拿起锄头、柴刀,割掉杂乱的野草,砍去难看的树木,并放火烧掉。于是长得好的树挺立出来了,秀美的竹子露出来了,奇形怪状的石头更明显了。从小土堆上向远处眺望,山的高峻,云的飘浮,溪水的流动,鸟兽的自由自在飞翔奔走,都欢乐地在小丘下表现它们的奇巧,表演它们的技艺。

〔注释〕 1 售：本义是卖出手，反训为买。 2 刈(yì)：割除。 3 烈火：放大火。 4 遨(áo)游：漫游。 5 举：全部。 熙熙然：欢乐的样子。回巧：指山水环绕回旋，好像在表现它们的奇巧。 献技：指浮云鸟兽飘浮嬉游，好像在表演它们的技艺。 6 效：呈献。

枕席而卧，则清泠[1]之状与目谋，潆潆[2]之声与耳谋，悠然而虚者与神谋，渊然而静者与心谋。不匝旬而得异地者二[3]，虽古好事之士[4]，或未能至焉。

铺了席子躺下，那明净的远空收入眼底，潆潆的水声进入耳中，悠闲而空虚的情状沁入心神，深沉而恬静的意趣潜入脑际。我不到十天就发现两处奇妙的地方，即使是古代喜欢游历的人，也许都不能做到。

〔注释〕 1 泠(líng)：明净。 2 潆潆(yíngyíng)：水流声。 3 匝(zā)旬：满十天。 异地者二：指西山和钴鉧潭边的小丘。 4 好事之士：喜欢多事的人。这里是指喜欢游历的人。

噫！以兹丘之胜，致之沣、镐、鄠、杜[1]，则贵游之士争买者，日增千金而愈不可得。今弃是州也，农夫渔父过而陋之，价四百，连岁不能售，而我与深源、克己独喜得之，是其果有遭乎？书于石，所以贺兹丘之遭也。

唉！凭着这个小土堆的优美风景，把它放在沣、镐、鄠、杜，那么，爱好游乐的人一定争着购买，天天加上很大的价钱却越发不能够得到。现在它被废弃在这个永州，农夫渔人走过，看不起它，价钱只要四百文，竟然连年卖不出去。可是我和深源、克己独独高兴得到它，这是它真正碰上了好机遇吗？我把这些写在石头上，用来祝贺这小土堆的好机遇啊！

注释　1 沣(Fēng)、镐(Hào)、鄠(Hù)、杜：均为地名，在唐代京都长安（今陕西西安）附近。

小石城山记
柳宗元

导读　这是《永州八记》的最后一篇。作者借小石城山景色奇秀而在荒远之地，抒发自己被贬谪到远方，不能施展才能的不平之气，并用欲擒故纵的笔法，批判了唯心主义的天命论。

原文

　　自西山道口径北，逾黄茅岭¹而下，有二道：其一西出，寻之无所得；其一少北而东，不过四十丈，土断而川分，有积石横当其垠²，其上，为睥睨梁欐³之形；其旁，出堡坞⁴，有若门焉，窥之正黑，投以小石，洞然有水声，其响之激越，良久乃已。环之可上，望甚远。无土壤而生嘉树美箭⁵，益奇而坚，其

译文

　　从西山路口一直往北走，越过黄茅岭下来，有两条路：一条向西延伸，沿途寻找胜景，毫无所得；另一条稍稍偏北又向东伸展，在不到四十丈远的地方，山土断裂，河水分流，有堆积的石块横挡在山路的边上，它的上面，有像矮墙、栋梁一般的形状；它的旁边，耸出一座天然构成的小城堡，有个地方像门，朝里看，黑洞洞的，投进一个小石子，幽深地传出水声，那声响高昂嘹亮，很久才消失。绕着积石可以上去，望得很远。这里虽然没有土壤，却从石缝里生长出美好的树木和小竹子，显得格外奇异、坚实，有的稀疏，有的茂密，

疏数偃仰,类智者所施设也。

有的倒伏,有的挺拔,好像是聪明人精心布置的。

注释 1 逾:越过。 黄茅岭:在湖南零陵县城西面。 2 垠(yín):边界,尽头。 3 睥睨(pìnì):同"埤堄",城上有孔的矮墙。 梁欐(lì):栋梁,这里借指房屋。 4 堡坞(bǎowù):村落外边,土筑的小城堡,用以守卫。 5 箭:一种竹名。因质地坚韧可作箭杆,故名。

噫!吾疑造物者之有无久矣。及是,愈以为诚有,又怪其不为之于中州[1],而列是夷狄,更千百年不得一售其伎[2],是固劳而无用。神者傥不宜如是,则其果无乎!或曰:"以慰夫贤而辱于此者。"或曰:"其气之灵,不为伟人而独为是物,故楚之南[3]少人而多石。"是二者,余未信之。

唉!我怀疑到底有没有造物主已经很久了。等到看了这些,越发以为的确是有的,但又奇怪他不把这些景物造在中原,却偏偏安放在这偏远的地方,以致经过千百年也不能向人们显示它的奇异的景色,这实在是劳而无功。神异的造物主不应该是这样,那么造物主大概真的没有吧!有人说:"小石城山是造物主用来安慰那些贤能而在这里受屈辱的人的。"有人说:"这地方的天地灵气不孕育卓越的人物,唯独造出这样的景物,所以楚地的南部,伟人少而石头多。"这两种说法,我都不相信。

注释 1 中州:中原,指现在的黄河中下游一带。 2 伎:同"技",即技巧。指小石城山的奇景。 3 楚之南:指包括永州在内的南方各地。楚在战国时疆域包含今湖南南部。

贺进士王参元失火书

柳宗元

导读 作者的友人进士王参元家遭了火灾,按常理应该去信安慰,作者却反而写信道贺。本文立意奇特,说出了一番坏事变为好事的道理。文中对朋友家遭逢火灾、财物尽毁的残酷现实表示同情,同时又以道家的无为思想对受害者进行开导劝慰,表达出作者自由旷达的人生观。

原文

得杨八[1]书,知足下遇火灾,家无余储。仆始闻而骇,中而疑,终乃大喜。盖将吊而更以贺也。道远言略,犹未能究知其状,若果荡焉泯焉而悉无有,乃吾所以尤贺者也。[2]

译文

收到杨八的来信,知道您遭了火灾,家里没有一点积蓄了。我开始听到这消息很惊骇,接着又怀疑起来,最后却大大地高兴。所以,我本要慰问您,却改为祝贺您了。由于路程隔得远,杨八的话写得很简略,我还不能完全了解火灾的情况,如果真正烧得一干二净什么也没有了,正是值得我特别祝贺的。

注释 1 杨八:姓杨,排行第八,名敬之。柳宗元的亲戚。 2 荡焉:一干二净。 泯(mǐn):尽。 悉:全部。

足下勤奉养,乐朝夕,惟恬安[1]无事是望也。今乃有焚炀赫烈之虞,以震骇左右,而脂膏

您奉养父母很尽心,早晚享受天伦之乐,只希望平安无事。现在却发生了火灾,使您震动受

瀡瀡之具，或以不给，吾是以始
而骇也。²

惊，甚至做饭菜的东西都可能缺
乏，因此我听到这消息时很惊骇。

注释 1 恬安：舒适安静。 2 炀(yàng)：火势烧得很旺。 赫烈：火
势很猛。 虞(yú)：忧虑。 左右：手下人。不直接称呼王参元，而称左右，
这是写信时的委婉说法。 脂膏瀡瀡(xiǔsuǐ)之具：调和饮食的东西。脂
膏，油脂。瀡瀡，古代烹调法，用植物淀粉拌和食品，使其柔滑。

凡人之言皆曰："盈
虚倚伏¹，去来之不可
常。"或将大有为也，乃
始厄困震悸²，于是有水
火之孽³，有群小之愠⁴，
劳苦变动，而后能光明。
古之人皆然。斯道辽阔
诞漫⁵，虽圣人不能以是
必信，是故中而疑也。

人们都这样说："盈和虚是互相依
托、互为因果的，来往变化，不能经常不
变。"有时，一个人将要大有作为，开始
反而受到惊骇困难，于是有水火造成的
灾害，也有小人的怨恨诬陷，使他辛劳困
苦，不得安宁，然后才有光明的前途。
古代的贤人都是这样。这里面的道理漫
无边际，即使圣人也难以确切地了解相
信，所以，我接着产生了怀疑。

注释 1 盈虚倚伏：盈，满，常指富足、通显、得意等。虚，亏损，常指穷
困、潦倒、失意等。倚，依托。伏，隐藏。《老子》："祸兮福之所倚，福兮祸
之所伏。" 2 厄(è)困：灾难，困苦。 悸(jì)：惊。 3 孽(niè)：灾祸。
4 愠(yùn)：怨恨。 5 斯道：指祸福变化的途径。 诞漫：没有边际。

以足下读古人书，为
文章，善小学¹，其为多能
若是，而进不能出群士之

凭着您读了很多古人的著作，会
写文章，精通小学，像这样具有多方面
才能，却不能出来担任官职，超出普通

上[2]，以取显贵者，盖无他焉。京城人多言足下家有积货，士之好廉名者皆畏忌不敢道足下之善，独自得之心，蓄之衔忍，而不出诸[3]口。以公道之难明，而世之多嫌也。一出口，则嗤嗤者以为得重赂。[4]

的人，取得显贵的地位，这没有别的原因。京城里的人大多说您家中很有钱财，所以爱惜廉洁名声的人都有顾虑，不敢说您的优点，只能独自心里领会，忍耐地藏在胸中，不敢从嘴里讲出来。因为公道的话很难说清楚，而常常引起世人的很多怀疑。一讲出来，那些嗤嗤讥笑的人便认为是得到了很多贿赂。

仆自贞元十五年[1]，见足下之文章，蓄之者盖六七年未尝言。是仆私一身而负公道久矣，非特负足下也。及为御史、尚书郎[2]，自以幸为天子近臣，得奋其舌[3]，思以发明足下之郁塞，然时称道于行列[4]，犹有顾视而窃笑者。仆良[5]恨修己之不亮，素誉之不立，而为世嫌之所加。常与孟幾道[6]言而痛之。

我从贞元十五年见到您的文章后，在胸中隐藏了六七年从没有说。这是我为自己打算，因而长久地违背了公道，不仅是对不起您。等到我做了御史和尚书郎，自认为荣幸地成了天子身边的臣子，能够尽情讲话，想说明您被压抑的才能，但是，我偶尔在同事中称道您几句，还是有互递眼色、暗暗发笑的人。我真恨自己修养不够，没有建立清白的名声，因而遭到世俗的嫌猜。我常与孟幾道讲起这件事，感到痛心。

[注释] 1 贞元十五年:即公元799年。贞元,唐德宗年号。 2 御史、尚书郎:皆官名。贞元十九年(803),柳宗元任监察御史里行。贞元二十一年(805),顺宗即位,王叔文当政,柳宗元被任命为礼部员外郎。 3 奋:举起。这里有"尽情"的意思。 舌:指对皇帝劝谏、上疏等。 4 行列:指同辈的官员,同事。 5 良:甚,很。 6 孟幾道:孟简,字幾道。

乃今幸为天火之所涤荡,凡众之疑虑,举为灰埃。黔其庐,赭其垣,以示其无有,而足下之才能,乃可以显白而不污。[1]其实出矣,是祝融、回禄之相吾子也[2]。则仆与幾道十年之相知,不若兹火一夕之为足下誉也。宥而彰之,使夫蓄于心者,咸得开其喙;发策决科者,授子而不栗。[3]虽欲如向之蓄缩受侮,其可得乎?于兹吾有望于子,是以终乃大喜也。

现在,你的家产幸亏被大火烧得一干二净,一切被大家怀疑的东西,全成了灰烬。房子被烧得焦黑,墙壁被烧成红褐色,从而显示您一无所有,于是您的才能便可以显露,而不会受到辱没。真才实学显现出来了,这是火神在帮助您呢。这么看来,我与孟幾道十年来对您的了解,还不如这场火一个晚上给您的称誉呢。从此可以得到世俗的谅解而推荐您,使那些把话藏在心里的人都能开口说话;使那些负责推荐选拔的人,授给您官职再也没有顾虑了。即使要像以前一样藏在胸中畏缩不敢讲,或讲了受到讥笑侮辱,难道还可能吗?在这一点上,我对您抱有很大希望,所以最后大大地高兴。

[注释] 1 黔:黑色。此处作动词用,意为烧成焦黑色。 赭(zhě):红褐色。此处作动词用,意为烧成红褐色。 垣:墙壁。 2 祝融:传说帝喾时代管火的官,后世尊为火神。 回禄:传说中的火神,或说祝融之后有吴回、

陆(禄)终,相继做火官,合称回禄。　**3** 宥(yòu):原谅。　咸得:都能够。喙(huì):鸟兽的嘴。这里借指人的嘴。　发策决科:指科举取士。　授:授官。　栗(lì):害怕。

古者,列国有灾,同位者皆相吊;许不吊灾,君子恶之。[1]今吾之所陈若是,有以异乎古[2],故将吊而更以贺也。颜曾之养,其为乐也大矣,又何阙焉?[3]

古代,诸侯国有灾祸,同等地位的国家都去慰问;宋、卫、陈、郑发生火灾后,许国不去慰问,有道德、见识的人都厌恶它。现在,我所说的这些情况,跟古代不同,所以正准备慰问却换成祝贺了。像颜回、曾参那样奉养父母,是一件很大的乐事,物质上的欠缺算得了什么?

[注释] **1** 许不吊灾,君子恶之:《左传·昭公十八年》记载,宋、卫、陈、郑四国发生火灾,诸侯都来慰问,只有许国不来慰问。人们判断说,许国会遭到灭亡之祸。　**2** 有以异乎古:意思是说,王参元遭受火灾不是坏事而是好事。乎,于。　**3** 颜曾之养:指奉养父母。颜,颜回;曾,曾参。两人都很穷困,但都是古代著名的孝子。　阙:废弃。这几句话的含义是:我虽然劝你出来做官,但并不是要你不奉养父母。文章有忠孝兼顾之意。

待漏院[1]记

王禹偁[2]

[导读]《待漏院记》讲的是宰相职责,反映了古代士人的政治理想。本文的特点是抓住宰相待漏片刻时的思想活动,着力渲染,深入解剖,并用对比的手法,歌颂了公忠体国的宰相,鞭挞了祸国殃民的奸贼以及无

所作为的庸人。全文以"思"字为线索展开描绘,将宰相之职责写得淋漓尽致。

原文	译文
天道不言,而品物亨、岁功成者,何谓也?[3]四时之吏[4],五行之佐,宣其气矣。圣人[5]不言,而百姓亲、万邦宁者,何谓也?三公论道[6],六卿分职[7],张其教矣。是知君逸于上,臣劳于下,法乎天也。	大自然不说话,却能使万物顺利成长,农业获得丰收,这是什么道理呢?因为有分管四时的神明,又有五行的辅佐,疏通了各个季节的气候。国君不说话,却能使百姓亲爱,万邦安宁,这是什么道理呢?因为有三公讨论政治,有六卿分管职务,宣扬了他的教化。由此可知,君主在上面安逸,臣子在下面劳苦,这是效法大自然啊。

【注释】 1 待漏院:唐元和初年开始设置,是朝廷大臣清晨等候上朝的地方。 2 王禹偁(chēng)(954—1001):北宋著名文学家。字元之,济州巨野(今山东巨野)人。曾任右拾遗,以刚直敢言著称。后屡以事贬官。在文学创作上反对宋初的浮靡文风,提倡平易朴素。所作诗文对当时政治现实颇有揭露,为后来诗文革新运动开辟了道路。著有《小畜集》。3 天道:大自然。 品物:指万物。 亨:亨通,顺利生长。 岁功成:农业丰收。 4 四时之吏:此处指分管春、夏、秋、冬四季的神。 5 圣人:指国君。 6 论道:研讨治国的方法。 7 分职:分门负责,各司其职。

| 古之善相天下者,自咎、夔至房、魏,可数也。[1]是不独有其德,亦皆务于 | 古时候善于治理天下的人,从虞舜时的皋陶、后夔到唐朝的房玄龄、魏徵,都是可以列举出来的。这不仅是他们 |

勤耳。况夙兴夜寐[2]，以事一人，卿大夫犹然，况宰相乎？

有德行，而且也由于他们都勤于职守。早起晚睡来侍奉君主，一般卿大夫尚且这样，何况是宰相呢？

[注释] 1 咎、夔：咎繇（即皋陶）、后夔。两人都是虞舜的臣子。 房、魏：房玄龄、魏徵。两人都是唐太宗的贤相。 2 夙兴夜寐：早起晚睡。

朝廷自国初，因旧制，设宰相待漏院于丹凤门[1]之右，示勤政也。乃若北阙向曙[2]，东方未明，相君启行，煌煌火城[3]；相君至止，哕哕鸾声[4]；金门未辟[5]，玉漏[6]犹滴；撤盖下车，于焉以息。待漏之际，相君其有思乎？

朝廷从开国之初起，依照唐朝传下的旧制，在丹凤门的右边设了一座宰相待漏院，借以表示臣下勤于政治。当曙光照着宫门望楼，东方还没全亮的时候，宰相开始起程，待漏院中火炬明亮地照耀着；宰相到了，只听见车铃的声音，那时宫门还没有开，玉漏还在滴着；于是撤掉车盖，走下车来，在待漏院里休息。在待漏的时候，宰相将要有所思考吧？

[注释] 1 丹凤门：大明宫的南门。 2 北阙(què)：古代宫殿北面的门楼，为臣子等候朝见或上书的地方。 向曙：天快亮。 3 火城：古代节日朝会时的火矩仪仗。 4 哕哕(huìhuì)：铃声。 鸾：车铃。 5 金门：宫门。 辟：开。 6 玉漏：用玉作装饰的漏壶。

其或兆民未安，思所泰之；四夷未附，思所来之；兵革未息，何以弭[1]之；田畴多芜，何以辟之；

有的人考虑到：百姓还没有安逸，想使他们享受太平；四夷没有归附，想教他们来朝；战争没有停止，要用什么办法才能消除它；大量田野荒芜，要怎贤人在野，我将进之；佞人立朝，我将斥之；六气²不和，灾眚荐至³，愿避位以禳之⁴；五刑未措⁵，欺诈日生，请修德以厘⁶之。

样去开辟；贤人在野，我将要引进；奸邪的人在朝，我将要斥退他们；阴阳风雨晦明没有调节，灾难常发生，我情愿退位来祈祷国泰民安；五刑没有废弃，欺诈一天天地发生，请君上修明德行去整顿它们。

[注释] 1 弭(mǐ)：止息。 2 六气：阴、阳、风、雨、晦、明，此指自然气候变化的现象。 3 灾眚(shěng)：灾异。 荐：屡次，接连。 4 避位：解除官职。 禳(ráng)：祭祷消灾。 5 五刑：五种刑罚。古时以墨、劓(yì)、刖(fèi)、宫、大辟为五刑。 措：废止。 6 厘：治理，矫正。

忧心忡忡¹，待旦而入，九门²既启，四聪甚迩³；相君言焉，时君纳焉；皇风于是乎清夷⁴，苍生以之而富庶。若然，则总⁵百官，食万钱⁶，非幸也，宜也。

心里非常忧急，等待天亮上朝，宫门开了，君上考察民情，相距很近；宰相说了，君上采纳了，国家风气从此清平，百姓因此富足。照这个样子，那么，他统率百官，每天食俸万钱，也不是侥幸的，而是应当的。

[注释] 1 忡忡(chōngchōng)：心忧的样子。 2 九门：古时天子设九门：路门、应门、雉门、库门、皋门、城门、近郊门、远郊门、关门。这里指宫门。 3 四聪甚迩：指四方的消息顺畅地传入天子耳中。四聪，国君对四方的民情随时进行考察，故称为"四聪"。 4 皇风：国家的政治风气。 清夷：清平。 5 总：统率。 6 食万钱：指俸禄优厚。

其或私仇未复，思所逐之；旧恩未报，思所荣之；子女玉帛，何以致之；车马玩器，何以取之；奸人附势，我将陟[1]之；直士抗言，我将黜[2]之；三时[3]告灾，上有忧色，构[4]巧词以悦之；群吏弄法，君闻怨言，进谄容以媚之。私心慆慆[5]，假寐而坐。

有的人在待漏的时候，觉得私仇没有报复，对于仇人，想要驱逐他们；旧恩没有报答，对于恩人，想要显荣他们；子女玉帛，用什么办法才能得到它们；车马玩器，要怎样才能取得它们；奸人前来附势，我要提拔他们；正直人士直言抗争，我要贬斥他们。春、夏、秋的时候，有人来报告灾情，君上有忧虑的面色，便编造花言巧语去向君上讨好；官吏们玩弄法令，君上听到了怨言，便用谄谀的容貌去向国君献媚。个人的打算层出不穷，常打着瞌睡坐着。

【注释】 1 陟(zhì)：提升。 2 黜(chù)：贬斥。 3 三时：指春、夏、秋三个农事季节。 4 构：编造。 5 慆慆(tāotāo)：久，没个完。

九门既开，重瞳[1]屡回；相君言焉，时君惑焉；政柄于是乎隳[2]哉，帝位以之而危矣！若然，则死下狱，投[3]远方，非不幸也，亦宜也。

宫门开了，天子的眼睛屡屡注视；宰相说了，君上受了迷惑，政权从此毁坏，帝王的地位也因此发生危险。照这个样子，那么定他死罪，关进狱里，或者流放到边远的地方，不能算是他的不幸，而是应当的。

【注释】 1 重瞳：眼睛中有两个瞳子。传说舜是重瞳子。这里指国君的眼睛。 2 隳(huī)：毁败。 3 投：放逐。

是知一国之政，万人之命，悬于宰相，可不慎欤？复有无毁无誉，旅进旅退[1]，窃位而苟禄，备员[2]而全身者，亦无所取焉。

棘寺小吏王禹偁为文，请志院壁，用规于执政者。[3]

由以上情况知道，一国的政治，万人的性命，都掌握在宰相的手里，能够不谨慎地对待么？还有那没有毁谤，也没有荣誉，跟着众人进退，窃居高位，享受厚禄，做一个充数的人员来保全自身的人，也没有什么可取的。

大理寺小吏王禹偁写了这篇文章，请记在待漏院的墙壁上，用来规劝执政的人。

注释　1 旅进旅退：无所建树，随众进退。旅，众。　2 备员：充数。
3 棘寺：大理寺，古代掌管刑狱的最高机关。　小吏：作者谦称。

黄冈竹楼记

王禹偁

导读　本文是王禹偁被贬为黄州知州时写的一篇散文。王禹偁为官敢于言事直谏，在政治上屡遭挫折，因而愤激不平，鄙视富贵，尽管如此，本文依然表达了作者豁达自适、随遇而安的思想。

原文

黄冈[1]之地多竹。大者如椽[2]，竹工破之，刳[3]去其节，用代陶瓦；比屋[4]皆然，以其价廉而工省也。

译文

黄冈这个地方竹子很多。大的竹子像椽条那么大，竹工把它破开，挖空它的节，用来代替瓦；各家各户都是这样，因为它的价格便宜，而且省工。

注释 1 黄冈:地名,今湖北黄冈。 2 椽(chuán):屋顶上支撑瓦片的木条。 3 刳(kū):挖空。 4 比屋:家家户户。比,并,连。

子城西北隅[1],雉堞圮毁[2],蓁莽荒秽[3],因作小楼二间,与月波楼[4]通。

黄州子城的西北角,上面的矮墙已经倾塌毁坏,长满杂树野草,荒凉肮脏,我就势修建了两间小竹楼,与月波楼互相连接。

注释 1 子城:大城所属的小城。 隅(yú):角。 2 雉堞(zhìdié):城墙上部呈齿状的矮墙。 圮(pǐ):倾塌。 3 蓁(zhēn)莽:密集的杂树与野草。 荒秽(huì):荒凉肮脏。 4 月波楼:黄冈城西北角的一座城楼。

远吞山光,平挹江濑[1],幽阒辽复[2],不可具状[3]。夏宜急雨,有瀑布声;冬宜密雪,有碎玉声。宜鼓琴,琴调和畅;宜咏诗,诗韵清绝;宜围棋,子声丁丁[4]然;宜投壶[5],矢声铮铮然。皆竹楼之所助也。

从楼上远望,群山的风光尽收眼底;平视过去,可以看到江滩上的急水流沙。清幽寂静,辽阔遥远,不能把它的情状一一描绘出来。夏天,最宜听急雨,好像瀑布的声音;冬天,最宜听密雪,好像撒下碎玉的声音。这里适宜鼓琴,琴声协调和谐;适宜吟诗,诗歌音韵清脆;适宜下棋,棋子落在棋盘上发出丁丁的声音;适宜投壶,箭投入壶中发出铮铮的声音。这都是竹楼的帮助啊。

注释 1 "远吞"二句:远望可以将风光尽收眼底,平视几乎可以看到沙滩上的流水。 挹(yì):汲取。这里是看的意思。 濑(lài):沙石上流过的急水。 2 幽阒(qù):清幽寂静。 辽复(xiòng):辽阔遥远。 3 具:全部。 状:描述出它的情态。 4 丁丁(zhēngzhēng):象声词。 5 投壶:古代的一种娱乐活动。向长颈壶中投箭,按投中多少分胜负。

公退¹之暇,被鹤氅衣²,戴华阳巾³,手执《周易》⁴一卷,焚香默坐,消遣世虑⁵。江山之外,第⁶见风帆沙鸟、烟云竹树而已。待其酒力醒,茶烟歇,送夕阳,迎素月,亦谪居之胜概⁷也。

我在办完公务以后的空闲时间,披着羽毛制作的外衣,戴着华阳巾,手里拿着一本《周易》,焚上一炉香,默默地坐着,消除世俗的各种杂念。除了长江、高山以外,只看到乘风前进的帆船,在沙洲上飞翔的水鸟,烟雾云霞笼罩的竹林树木。等到酒醒了,茶品完了,香炉里的烟烧尽了,便目送夕阳下山,迎来一轮明月,这真是贬官中的佳境啊。

【注释】 1 公退:指办完公务以后。 2 被:通“披”。 鹤氅(chǎng):鸟羽制成的外衣。 3 华阳巾:道士戴的一种帽子。 4《周易》:儒家六经之一,先秦的哲学著作,主要是讲阴阳变化。 5 消遣:排除。 世虑:世俗的各种杂念。 6 第:但,只。 7 胜概:佳境。概,状况。

彼齐云、落星¹,高则高矣!井幹、丽谯²,华则华矣!止于贮妓女,藏歌舞,非骚人之事,吾所不取。

那齐云楼、落星楼,高是很高;井幹楼、丽谯楼,华丽是华丽。但是,它们只是用来贮藏歌妓和能歌善舞的人,这不是文人应该干的事,我不屑于赞美它们。

【注释】 1 齐云:楼名,古名月华楼,在江苏苏州,唐代恭王所造。 落星:楼名,在南京落星山,三国时吴王孙权所造,高三层。 2 井幹(hán):楼名,在长安,汉武帝所造,高五十余丈。 丽谯:楼名,魏武帝曹操所建。

吾闻竹工云："竹之为瓦,仅十稔[1];若重覆之,得二十稔。"噫!吾以至道乙未岁自翰林出滁上[2],丙申移广陵[3],丁酉又入西掖[4],戊戌岁除日有齐安之命[5],己亥闰三月到郡[6]。四年之间,奔走不暇,未知明年又在何处,岂惧竹楼之易朽乎?后之人与我同志,嗣而葺之,庶斯楼之不朽也。[7]

我听竹工说:"用竹子作瓦,只能管十年;如果盖两层,可以管二十年。"唉!我在至道年间乙未那一年,从翰林贬出京城到了滁州;第二年丙申,调到广陵;第三年丁酉,又被召到中书省担任职务;第四年戊戌的大年三十,又命令我到黄州来,直到今年闰三月才到任所。四年里面,到处奔波,没有空闲,不知明年又在什么地方,难道还怕竹楼容易朽坏吗?后来的人如果与我志向相同,继续修理这座楼,那么这座楼也许可以不朽呢!

[注释] 1 十稔(rěn):十年。谷熟叫稔,古代一年收获一次,故一年叫一稔。 2 至道:宋太宗年号(995—997)。至道元年的干支纪年是乙未(995)。这一年,孝章皇后死,朝廷不用后礼举丧,王禹偁提出应该用后礼,因此触罪,从翰林学士被贬官滁州。 出:贬出京城。 滁上:指滁州,今安徽滁州。 3 丙申:至道二年(996)的干支纪年。这年,有人诬告王禹偁买马舞弊,幸亏宋太宗不相信,将他从滁州调往广陵。 广陵:即扬州。 4 丁酉:至道三年(997)的干支纪年。这一年朝廷将他调回中央,任知制诰(替皇帝起草诏书)。 西掖:中书省,中央的行政机构。因在皇宫西边,故称西掖,又称右曹。 5 戊戌:宋真宗咸平元年(998)的干支纪年。除日:除夕,大年三十。 齐安:即黄州,郡治在今湖北黄冈。齐安是南齐时旧名。这年,王禹偁编写《太祖实录》,因直书史事,被贬官知黄州。 6 己亥:咸平二年(999)。 到:抵达任所。 7 同志:志向相同。 嗣(sì):继续。 葺(qì):修理。 庶:表示希望与揣测的虚词,又写作"庶几"。斯:此,这个。原文下面还有写作年月:"咸平二年八月十五日记。"

书《洛阳名园记》后

李格非 [1]

导读 本文认为从园圃的兴废,可以看出洛阳的盛衰;从洛阳的盛衰,又可以看出天下的治乱。从而告诫公卿大夫不可图一己之私而忘记天下的治乱。作者借唐讽宋,表达了对衰微的国势的清醒认识和深刻忧虑。

原文

洛阳处天下之中,挟崤、黾之阻[2],当秦、陇之襟喉[3],而赵、魏之走集[4],盖四方必争之地也。天下当无事则已,有事则洛阳必先受兵。予故尝曰:"洛阳之盛衰,天下治乱之候也。"

译文

洛阳处在全国的中心,拥有崤山、渑池的险阻,把守着秦地和陇地的要害,又是赵地和魏地出入的必经之路,真是四方必争的地方。天下太平无事便罢了,如果有事,那么,洛阳必然先受兵灾。所以我曾经说道:"洛阳的兴盛与衰败,是天下太平与动乱的征候。"

注释 1 李格非:宋代学者,李清照的父亲。曾登进士第,官至翰林学士。 2 崤(Yáo)、黾(Miǎn):崤,即崤山,在今河南西部。黾,即渑池,古地名,今属河南。 3 秦、陇:今陕西、甘肃。 襟喉:喻要害之地。襟,衣襟;喉,咽喉。 4 走集:争相奔走、集会的地方。即出入必经之地。

唐贞观、开元[1]之间,公卿贵戚,开馆列第于东都[2]

唐代贞观、开元年间,公卿贵戚,在洛阳修建馆舍和府第的,号称者,号千有余邸。及其乱离,继以五季³之酷,其池塘竹树,兵车蹂躏⁴,废而为丘墟;高亭大榭⁵,烟火焚燎,化而为灰烬;与唐共灭而俱亡,无余处矣。予故尝曰:"园囿⁶之兴废,洛阳盛衰之候也。"

一千多户。等到发生战乱,四处逃散,接着是五代的残酷战祸,那些池塘竹树,被兵车蹂躏,荒废成土堆;高亭大榭,被烟火焚烧,化成了灰烬;它们跟唐朝一道灭亡,一处也没有剩下,所以我又曾经说道:"园囿的兴废,是洛阳兴盛与衰败的征候。"

【注释】　1 贞观、开元:贞观,唐太宗年号;开元,唐玄宗年号。　2 东都:即洛阳。　3 五季:即后梁、后唐、后晋、后汉、后周,史称"五代"。　4 蹂躏(cù):蹂躏,践踏。　5 榭(xiè):建筑在台上的亭阁。　6 囿(yòu):饲养动物的园地。

　　且天下之治乱,候于洛阳之盛衰而知;洛阳之盛衰,候于园囿之兴废而得,则《名园记》之作,予岂徒然哉!

　　呜呼!公卿大夫方进于朝,放乎一己之私,自为之而忘天下之治忽¹,欲退享此,得乎?唐之末路是已!

　　既然天下的太平与动乱,看了洛阳的兴盛与衰败就可以知道;洛阳的兴盛与衰败,看了园囿的兴盛与衰败就可以知道,那么,《洛阳名园记》的撰述,我难道是白花了功夫么!

　　唉!公卿大夫们,正在朝廷当权的时候,如果放纵一己的私欲,只知道为了自己,却忘了天下的太平与动乱,想要退职回来享受这园囿的清福,办得到吗?唐朝的末路就是这样啊!

【注释】　1 治忽:这里指治乱。忽,绝灭。

严先生祠堂记

范仲淹[1]

[导读] 本文约写于范仲淹出任睦州太守时期。他将汉光武帝与严子陵互相对比,目的是为了突出严子陵。"相尚以道"是全文的核心,也是对子陵与光武的交谊的高度概括。"以节高之""以礼下之"是"相尚以道"的具体体现,"大有功于名教",则是这种交谊的良好社会影响。

[原文]

先生[2],光武[3]之故人也,相尚以道。及帝握赤符[4],乘六龙[5],得圣人之时[6],臣妾亿兆[7],天下孰加焉?惟先生以节高之。

[译文]

严先生是光武的老朋友,彼此都用道义来结交。当光武帝即了帝位,适应时代的需要,统治着亿兆的民众,天下还有谁能胜过他呢?只有严先生能够凭气节在他面前显示自己的高尚。

[注释] 1 范仲淹(989—1052):北宋著名政治家、文学家。字希文,苏州吴县人。宋真宗大中祥符八年(1015)中进士,官至枢密副使、参知政事。他为官清正,关心人民疾苦,在巩固边防、改革政治方面,多所建树。工诗词散文,所作文章多指陈时弊。 2 先生:即严子陵,名光,东汉初会稽余姚人。字子陵,曾与刘秀一同游学。刘秀即位后,他改名隐居。后被召到京师洛阳,任为谏议大夫,他不肯受,归隐于富春山。 3 光武:即刘秀。东汉王朝的建立者。 4 握赤符:光武行至鄗(Hào),有微贱时长安同舍儒生强华,从关中奉"赤符"奏上,光武因而即帝位。 5 乘六龙:古代天子之车驾六马,因以"六龙"作为天子车驾的代称。 6 圣人之时:

此指圣人在位的时候。　7 臣妾亿兆：统治天下成千上万的民众。

既而动星象[1]，归江湖[2]，得圣人之清，泥涂轩冕[3]，天下孰加焉？惟光武以礼下之。在《蛊》[4]之上九，众方有为，而独"不事王侯，高尚其事"，先生以之。在《屯》[5]之初九，阳德方亨，而能"以贵下贱，大得民也"，光武以之。

后来他和光武同睡，动了星象，返回富春山，保持清高的品德，把富贵看得像泥土一样，天下又有谁能胜过他呢？只有光武能够用故人的礼节来敬重先生。蛊卦的上九爻爻辞说："大家正在有为，只有我不去侍奉王侯，保持了高尚的身份。"严先生的节操，符合这几句话。屯卦的初九爻爻辞说："阳德正在亨通，却能降低尊贵的身份去敬重贫贱，是大得民心的。"光武的礼贤下士，也很符合这几句话。

[注释] 1 动星象：传说光武与严子陵共卧，子陵把脚放在光武腹上。次日，太史奏客星犯帝座甚急，光武笑道："我不过与故人严子陵同卧而已。" 2 归江湖：光武任严子陵为谏议大夫，子陵不受，隐居耕钓于富春山（今浙江桐庐）。 3 泥涂轩冕：把官爵视如粪土。 4《蛊(gǔ)》：《易》卦名。该卦的上九爻辞是："不事王侯，高尚其事。" 5《屯》：《易》卦名。该卦的初九爻辞是："以贵下贱，大得民也。"

盖先生之心，出乎日月之上；光武之量，包乎天地之外。微[1]先生，不能成光武之大；微光武，岂能遂先生之高哉？而使贪夫廉，懦夫立，是大有功于名

原来严先生的思想，能高出日月；光武的气量，能包举天地。如果没有严先生，便不能成就光武的伟大；没有光武，又怎能成就严先生的高节呢？他们可以使得贪利的人变得清廉，懦弱的人发奋自立，这真是对名教大有

教也。

仲淹来守是邦²,始构堂而奠焉,乃复³为其后者四家,以奉祠事。又从而歌曰:"云山苍苍,江水泱泱;先生之风,山高水长⁴!"

功劳啊!

仲淹来到这里做官,才建造了祠堂祭祀严先生,又免除了他后代子孙四家的赋役,让他们管理祭祀的事。还因此作了一首歌:"云山郁郁苍苍,江水浩浩荡荡;先生的高风亮节,像山一样高,像水一样长!"

[注释] 1 微:无,没有。 2 是邦:指睦州,辖今浙江桐庐等地。 3 复:免除其赋役。 4 山高水长:指能够世代相传,与山水并存。

岳阳楼记¹
范仲淹

[导读] 《岳阳楼记》是范仲淹应好友巴陵郡太守滕子京之请,于北宋庆历六年(1046)为重修岳阳楼写的。作者用浓墨重彩的笔调出色地描写了在岳阳楼上所能见到的景物,通过不同景物与不同思想感情的对比描写,借"古仁人"的形象,抒发了作者"先天下之忧而忧,后天下之乐而乐"的生活理想,大大超出了一般"迁客骚人"的思想境界。

[原文]

庆历四年春,滕子京谪守巴陵郡。²越明年,政通人和,百废具³兴。

[译文]

庆历四年的春天,滕子京被贬谪任岳州知州。到第二年,政事通畅,上下和协,各种废置的事都兴办起来了,于乃重修岳阳楼,增其旧制,刻唐贤、今人诗赋于其上,属⁴予作文以记之。

是重修岳阳楼,扩大它原来的规模,把唐朝贤士和当代名人的诗赋刻在上面,他托我写一篇文章把这件事记下来。

注释 1 岳阳楼:在今湖南岳阳城西,临洞庭湖,建于唐代开元初年。范仲淹任参知政事时,曾联合富弼、欧阳修等提出均田赋、修武备、减徭役、择长官等十条建议,因受守旧派的反对排挤,未被采用,反被降到邓州(治所在今河南邓州)去做知州。他的这篇《岳阳楼记》就是被贬官时写的。 2 庆历四年:公元1044年。庆历是宋仁宗(赵祯)的年号。滕子京:名宗谅,河南洛阳人,与范仲淹同时中进士。因被人诬告"枉费公用钱"而被贬为岳州(治所在今湖南岳阳)知州。 谪:降职。 巴陵郡:岳州的古称,辖境相当于今洞庭湖东、南、北沿岸各县。后来的巴陵,则指今湖南岳阳。 3 具:通"俱",都。 4 属:通"嘱",嘱托。

予观夫巴陵胜状,在洞庭一湖。衔远山¹,吞长江,浩浩汤汤²,横无际涯;朝晖夕阴,气象万千。此则岳阳楼之大观也,前人之述备矣。然则北通巫峡³,南极潇湘⁴,迁客骚人⁵,多会于此,览物之情,得无异乎?

我看巴陵的美景,集中在一个洞庭湖上。大湖包含着远处的山,吞下了长江的水,浩浩汤汤,宽广无边;一早一晚,或雨或晴,气象千变万化。这就是在岳阳楼上所看到的雄伟壮阔景象,从前的人巳经描述得很详尽了。这个地方往北通到巫峡,向南通到潇湘,降职远调的官吏和路过的诗人多来这里聚会,看了这些景物以后的心情,能不有所不同吗?

注释 1 衔:包含。 远山:指洞庭湖中的君山。 2 浩浩汤汤(shāngshāng):水势浩大的样子。 3 巫峡:长江三峡之一,在湖北巴东西与重庆巫山境。　**4** 潇湘:水名。这里指湖南南部。　**5** 迁客:被贬谪的官吏。　骚人:善于作诗文的人。

若夫霪雨霏霏,连月不开;阴风怒号,浊浪排空;日星隐曜,山岳潜形;商旅不行,樯倾楫摧;薄暮冥冥,虎啸猿啼。[1]登斯楼也,则有去国怀乡,忧谗畏讥,满目萧然,感极而悲者矣。

若是连绵不断的雨细细地下着,一连几个月不放晴,寒风怒吼,浑浊的浪头几乎腾上天空;太阳和星星都隐没了光辉,高山都掩藏了外形。商人和旅客们不能行路,船上的桅杆倾斜,船桨折断;一到傍晚,天色昏暗,老虎吼叫,猿猴哀啼。登上这个楼,那就会触发离开国都、怀念家乡,担心受谤、怕人讥笑的情怀,感到满目凄凉,感慨万分而无限悲伤的了。

[注释]　**1** 若夫:与下文的"至若",都是另起一段的发语词,犹"至于"。霪雨:久雨,过多的雨。　樯(qiáng):桅杆。　楫(jí):划船用的桨。　薄:挨近。　冥冥:昏暗。

至若春和景明,波澜不惊;上下天光[1],一碧万顷;沙鸥翔集,锦鳞游泳[2];岸芷汀[3]兰,郁郁[4]青青;而或长烟一空,皓月千里;浮光耀金,静影沉璧;渔歌互答,此乐何极!登斯楼也,则有

至于春光晴和、景物鲜明的时候,湖上风平浪静,水天一色,碧绿无边;沙鸥时而飞翔,时而停聚,美丽的鱼群时而浮出水面,时而潜入水底;岸上的香草和小洲上的兰花,香气浓郁,颜色青青,有时烟雾笼罩着寥廓的天空,有时明月照耀着千里的大地,浮动在水波上的月光,闪耀着金色的光彩,倒映在平静湖水中的月影,像一块沉在水中的璧玉,渔人的歌声此唱彼和,这乐趣

心旷神怡,宠辱皆忘,把酒临风,其喜洋洋者矣!

哪有止境!登上这座楼,就会心情舒畅,精神愉快,荣辱得失全都忘掉,端着酒杯临风畅饮,快乐得意气扬扬了。

注释 1 上下天光:明净的天空倒映在水里,天和水融为一色。上指天,下指水。 2 锦鳞:指鱼。鱼鳞闪映着光彩,故称。 游泳:浮水为游,潜水为泳。 3 芷:香草。 汀:小洲。 4 郁郁:香气浓郁。

嗟夫[1]!予尝求古仁人之心,或异二者之为。[2]何哉?不以物[3]喜,不以己悲。居庙堂[4]之高,则忧其民;处江湖之远,则忧其君。是进亦忧,退亦忧。然则何时而乐耶?其必曰"先天下之忧而忧,后天下之乐而乐"欤?噫!微斯人[5],吾谁与归[6]!

唉!我曾经推寻古代品德高尚的人的思想感情,或许跟上面说的两种思想感情不同。为什么呢?他们不因外物和个人的得失而高兴或悲哀。在朝廷上做大官,就替百姓担忧;在偏远的村野隐居,就替国君担忧。这种人在朝也担忧,在野也担忧,那么什么时候才会快乐呢?他一定会说"忧在天下人遇到忧患之先,乐在天下人得到安乐之后"吧!唉!除了这样的人,我还能跟谁作为同道呢?

注释 1 嗟夫:感叹词,相当于现在的"唉"。 2 仁人:有高尚道德修养的人。 心:这里指思想感情。 3 物:身外之物,环境遭遇。 4 庙堂:宗庙和明堂,古代帝王举行祭祀的地方。这里指朝廷。 5 微:非,不是。斯人:这种人,指"古仁人"。 6 谁与归:即"与谁归"。归,归向。

谏院题名记

司马光 [1]

导读 这是嘉祐八年(1063),司马光为谏院题名刻石写的一篇杂记。文章追述了谏官的来历,阐明了谏官的重大责任和谏官应具备的品德。

原文

古者谏无官,自公卿大夫至于工商,无不得 [2] 谏者。汉兴以来,始置官。[3] 夫以天下之政,四海之众,得失利病 [4],萃 [5] 于一官使言之,其为任亦重矣。居是官者,常志其大,舍其细,先其急,后其缓,专利国家而不为身谋。彼汲汲 [6] 于名者,犹汲汲于利也,其间相去何远哉!

译文

古代进谏没有专门的官员,从公卿大夫一直到工匠商人,没有不能够进谏的。汉朝建立以来,才设置了谏官。将天下的政事,四海民众的意见,所有的得失利弊,聚集在一个官职上,让他去向皇帝进谏,所担负的责任也够重大了。担任这个官职的人,要时刻记住那些重大的事情,舍弃那些微不足道的事情,首先办理那些紧急的事情,然后处理那些不急于办的事情,专门为国家着想而不谋私利。至于那些不断追求个人名声的人,正像不断追求私利的人一样,他们中间相距又有多远呢!

注释 1 司马光(1019—1086):字君实,陕州夏县(今山西夏县)涑水乡人,世称涑水先生。宋仁宗(赵祯)宝元二年中进士。神宗(赵顼)熙宁初年,官至翰林学士、御史中丞(监察机关的长官)。他是一位杰出的史学家,用十九年时间主持编写了上起战国、下迄五代的《资治通鉴》。这是我国一部极为重要的编年体的通史。 2 得:能够。 3 汉兴以来,始置官:汉代开始设谏议大夫,是属于光禄勋的专职谏官。唐代除谏议大夫外,又增设补阙、拾遗,三者各分左右,分属门下、中书二省。宋代左右补阙改为左右司谏,左右拾遗改为左右正言。仁宗明道初年,置谏院,直属中书、门下省,以左右谏议大夫为首长。 4 利病:利弊。 5 萃(cuì):聚,集中。6 汲汲:心情急切的样子。

　　天禧[1]初,真宗诏置谏官六员[2],责其职事。庆历[3]中,钱君[4]始书其名于版。光恐久而漫灭[5],嘉祐[6]八年,刻著于石。后之人将历指其名而议之曰:"某也忠,某也诈,某也直,某也曲。"呜呼!可不惧哉!

　　天禧初年,真宗颁发命令,设置六员谏官,责成他们掌管谏诤的事。庆历年间,钱惟演才把谏官的名字题在木板上。我担心时间长了,会模糊消失,所以在嘉祐八年,把谏官的名字刻在石上。后来的人将要一一地指着他们的姓名,并且议论他们说:"某人忠诚,某人欺诈,某人正直,某人奸邪。"唉!这难道不值得畏惧么!

[注释] 1 天禧:宋真宗(赵恒)年号(1017—1021)。 2 谏官六员:指左右司谏、左右正言、左右谏议大夫。 3 庆历:宋仁宗(赵祯)年号(1041—1048)。 4 钱君:即钱惟演,字希圣,宋朝临安(今浙江杭州)人,博学能文,召试学士院,以笏起草立就,真宗极为赏识,官至保大军节度使,加同中书门下平章事。 5 漫灭:模糊湮没。 6 嘉祐:宋仁宗的最末一个年号,公元1056年至1063年。

义田记

钱公辅[1]

导读 本文通篇以"义"字作线索,旨在表彰范文正公自奉俭约,购置义田,以养群族之人的高风义行。文章运用了三个方面的对比:一是将范仲淹自身的贫困与族人受到救济而生活安定相对照;二是与晏子相对照,从正面衬托;三是与一毛不拔的士大夫相比较,从反面衬托。通过三方面的对照比较,范仲淹的高尚品德便卓然自见。

原文

范文正公[2],苏人也,平生好施与,择其亲而贫、疏而贤者,咸施之。方贵显时,置负郭常稔之田千亩,号曰义田,以养济群族之人,日有食,岁有衣,嫁娶凶葬皆有赡。[3]

译文

范文正公,苏州人,生平喜欢以财物助人,他选择那些亲近而贫穷、疏远而贤良的人,都给以救济。当他贵显的时候,便买了靠近城市而且常年丰收的田约千亩,叫作义田,用来供养、救济全族的人,使他们天天有饭吃,年年有衣穿,嫁娶丧葬,都有供养、补贴。

注释 1 钱公辅:北宋武进(今属江苏)人,字君倚,曾任天章阁待制、江宁知府、崇福观提举等职。 2 范文正公:即范仲淹,谥文正。 3 负郭:距城很近。郭,外城。 稔(rěn):庄稼成熟。 赡:供给,供养。

择族之长而贤者主其计,而时共出纳焉。

选择同族中年长而又贤明的人管理这件事,按一定时间共同结算收支账日食，人一升；岁衣，人一缣[1]。嫁女者五十千；再嫁者三十千；娶妇者三十千，再娶者十五千；葬者如再嫁之数，葬幼者十千。族之聚者九十口，岁入给稻八百斛[2]，以其所入，给其所聚，沛然有余而无穷。屏而家居俟代者，与焉；仕而居官者，罢莫给。[3]此其大较也。

目。每天供给吃的，每人一升米；每年供给穿的，每人一匹绢绸。嫁女的给钱五十千，再嫁的给钱三十千；娶妻的给钱三十千，再娶的给钱十五千；葬的跟再嫁的补贴数目一样，葬小孩的给钱十千。族人聚居在一起接受供给的共九十人，从每年的收入中，供给稻谷八百斛，用千亩土地的收入，供给聚居的族人，绰有余裕，而没有穷尽的时候。退职回家等待缺额的人，可以享受供给；出去做官的，便停止供给。这就是他举办义田的大概情况。

注释 1 缣(jiān)：双丝的细绢。这里指一匹丝织物。 2 斛(hú)：古代量器名，十斗为一斛。南宋改为五斗一斛。 3 屏(bǐng)：弃，指丢了官。俟(sì)代者：等待缺额的人。俟，等待。 与：即可以享受义田的供给。

初，公之未贵显也，尝有志于是矣，而力未逮[1]者二十年。既而为西帅[2]，及参大政[3]，于是始有禄赐之人而终其志。公既殁，后世子孙修其业，承其志，如公之存也。公虽位充禄厚，而贫终其身，殁之日，身无以为

起初，范文正公还没有贵显的时候，就曾有志举办义田。由于力量达不到，搁了二十年。后来，他做了陕西路的大帅，接着参与了国家的大政，于是才有了俸禄赏赐的收入，实现自己的志愿。他死了以后，后世的子孙继续他办义田的事业，继承他好施舍的遗志，就像他活着的时候一样。他虽然位高禄厚，然而贫穷一生，死的时候，连殡殓的衣物也没

敛⁴，子无以为丧，惟以施贫活族之义，遗其子而已。

有，子女没有钱给他办理丧事，他只是把布施穷人和养活族人的义举，传给他的子孙罢了。

注释 1 逮：达到。 2 西帅：宋仁宗庆历二年(1042)，范仲淹出为陕西路安抚经略招讨使。 3 参大政：庆历三年，范仲淹任参知政事。 4 敛：通"殓"，给尸体穿衣入棺。

昔晏平仲敝车羸马。¹桓子²曰："是隐君之赐也。"晏子曰："自臣之贵，父之族，无不乘车者；母之族，无不足于衣食者；妻之族，无冻馁³者；齐国之士，待臣而举火者三百余人。如此，而为隐君之赐乎，彰君之赐乎？"于是齐侯以晏子之觞而觞桓子⁴。

从前晏平仲坐的是破败的车辆，驾的是瘦弱的马匹。陈桓子说："你这是隐藏君上给予的赏赐啊！"晏子说："我自从贵显到现在，父亲的一族，出外没有不乘坐车辆的；母亲的一族，没有不丰衣足食的；妻子的一族，没有挨饿受冻的；齐国的士人等着我的救济生火做饭的，有三百多人。这样，算是隐藏君上的赏赐呢，还是彰明君上的赏赐呢？"于是齐侯拿起晏子的酒杯，罚桓子喝酒。

注释 1 晏平仲：即晏婴。 羸(léi)：瘦弱。 2 桓子：陈文的儿子，名无。 3 馁(něi)：饥饿。 4 觞桓子：罚桓子饮酒。

予尝爱晏子好仁，齐侯知贤，而桓子服义¹也。又爱晏子之仁有等级，而言

我曾经爱晏子的好仁，齐侯的知贤，以及桓子的服义。又爱晏子的仁爱有等级，说话有次第：先是父族，次

有次第也：先父族，次母族，次妻族，而后及其疏远之贤。孟子曰："亲亲而仁民，仁民而爱物。"[2] 晏子为近之。今观文正公之义田，贤于平仲；其规模远举，又疑过之。

是母族，再次是妻族，然后才说到疏远而贤良的人。孟子说："先亲爱亲族，才能够仁爱百姓；仁爱百姓，才能够爱惜万物。"晏子是接近这一点的。现在我看范文正公举办义田的办法，比晏子更好；他规划得很远，似乎还要胜过晏子。

[注释] 1 服义：在正义或正确的道理面前，表示心服。这里指桓子受觞而不辞。 2 亲亲：亲爱自己的亲族。 仁民：爱民。

呜呼！世之都[1]三公位，享万钟禄[2]，其邸第[3]之雄，车舆之饰，声色之多，妻孥之富[4]，止乎一己而已；而族之人不得其门者，岂少也哉？况于施贤乎！其下为卿，为大夫，为士，廪稍[5]之充，奉养之厚，止乎一己而已；而族之人，操壶瓢为沟中瘠者，又岂少哉？[6]况于它人乎！是皆公之罪人也。

公之忠义满朝廷，事业满边隅，功名满天下，后世必有史官书之者，予

唉，世上那些登上三公爵位，享受万钟俸禄的人，那官府宅第的雄伟，车辆服饰的华丽，声色女乐的繁盛，妻室子女的众多，都不过是供自己一人享受罢了；但同族的人连他的门也不能进的，难道还少吗？何况是疏远的贤人呢？地位低些的卿、大夫、士，享受着公家的供给，奉养优厚，也限于自己一人；而同族的人，拿了壶瓢讨饭，以致饿死在沟渠中的，又难道还少吗？何况对于其他的人呢？这些人都是文正公的罪人啊！

文正公的忠诚义气名满朝廷，事业的成就名满边疆，功名满天下，后世一定有史官来书写，我可以不必记述了，

可无录也,独高其义,因以遗其世云。 | 只是推崇他乐于以财物帮助人的义举,因而把它写下来,以便在世上流传。

[注释] 1 都:身居,任职。 2 万钟禄:形容俸禄很多。钟,古代的量器,六斛四斗为一钟。 3 邸(dǐ)第:官府宅第。 4 富:多。 5 廪稍:公家给予的粮食。 6 壶瓢:将葫芦剖开做成的瓢。 沟中瘠(zì):指饿死在沟渠里面。瘠,通"胔(zì)",没有完全腐烂的尸体。

袁州州学记

李觏[1]

[导读] 本文记叙了宋仁宗时,任袁州知州的祖无泽看到学官破损的现状,决定兴建学官的过程。作者从兴办州学想到教育的巨大政治作用,并结合秦汉两代的教训与经验进行对比论述,既有胆识,又有说服力。

[原文]

皇帝[2]二十有三年,制诏[3]州县立学。惟时守令[4],有哲有愚,有屈力殚虑[5],祇[6]顺德意;有假官借师[7],苟具文书。或连数城,亡诵弦[8]声。倡而不和,教尼[9]不行。

[译文]

仁宗皇帝二十三年,下了一道诏书,要求州县设立学校。这时的太守和县令,有贤明的,也有愚昧的;有竭力尽心,忠实执行皇帝立学美意的;也有假借官府和师长的名义,随便发一个布告,虚应故事的。有些地方接连几个城市,听不到读书的声音。上面倡导而下面不响应,教化阻塞不行。

注释 1 李觏(gòu):宋代南城(今属江西)人,字泰伯。博识能文。宋仁宗皇祐初年,范仲淹荐为太学助教。嘉祐年间逝世。 2 皇帝:指宋仁宗(赵祯)。 3 制诏:指皇帝颁发的命令文告。古称君命为"制"。 4 守令:太守,县令。 5 屈(jué)力殚(dān)虑:尽心竭力。屈、殚,都是竭尽的意思。 6 祗(zhī):恭敬。 7 假官借师:假借官府和师长的名义。 8 亡:通"无"。下同。 诵弦:诵读与弦歌。 9 尼(nǐ):阻止。

三十有二年,范阳祖君无泽知袁州。¹ 始至,进诸生,知学宫阙²状,大惧人材放失,儒效阔疏,亡以称上意旨。通判颍川陈君偁,闻而是之,议以克合。³

到了三十二年,范阳人祖无泽做袁州的知州。刚到任,他就召见一般读书人,了解学舍破败的情形,很担心人才散失,儒学成效不大,不符合皇上办学的意旨。有一个做通判官的颍川人陈偁,听见了很赞成,两人的议论因此相合。

注释 1 范阳:今河北涿州。 祖君无泽:即祖无泽,字择之。 知袁州:做袁州(今江西宜春)知州。 2 阙(quē):空缺,亏损。 3 通判:官名,地位略次于州府长官。 颍川:郡名,今属河南。

相旧夫子庙¹狭隘,不足改为,乃营治²之东,厥³土燥刚,厥位面阳,厥材孔⁴良,殿堂门庑⁵,黝垩⁶丹漆,举以法。故生师有舍,庖廪⁷有次,百尔器备,

他们一同察看旧有的孔庙,觉得很狭小,不能改用,于是就在郡治的东面着手建屋,那校舍,地基干燥坚硬,方位朝南,木材的质地也很精良;殿堂门廊,或抹着青黑色,或粉刷着石灰,或涂着朱红色的漆,一切都按照应有的规格。所以学生和老师,都有住的地方;厨房和仓廪,都有次序;各

并手偕作;工善吏勤,晨夜展力,越明年成。

种器具,一齐动手制作;工匠良善,官吏勤谨,早晚尽力,到第二年,便建造成功了。

[注释] 1 夫子庙:即孔庙。 2 治:旧时地方政府所在地。如郡治、县治。 3 厥(jué):其,那。 4 孔:甚。 5 庑(wǔ):堂下周围的廊屋。 6 黝垩(yǒu'è):黝,微青黑色;垩,白色土。 7 庖廪(páolǐn):庖,厨房;廪,米仓。

舍菜¹且有日,旴江李觏谂于众曰²:"惟四代³之学,考诸经可见已。秦以山西鏖六国⁴,欲帝万世;刘氏⁵一呼,而关门不守,武夫健将,卖降恐后,何耶?诗书之道废,人惟见利而不闻义焉耳。

将要举行开学祭祀的时候,旴江李觏规劝众人说:"提到虞、夏、商、周的学校情况,考查经书,就可以了解到。秦国占据崤山以西的地方,力战六国,想千秋万代做帝王;等到刘邦一声呼喊,函谷关竟然无法守住,武夫健将,争先恐后地卖国投降,这是什么原故呢?因为诗书的道理荒废,人们只看到私利,不懂得大义。

[注释] 1 舍菜:古时立学开始,向孔子举行祭祀,常进献芹藻一类的菜蔬作祭品,叫舍菜。舍,释,陈设,进献。 2 旴江:水名,今属江西。谂(shěn):规谏。 3 四代:虞、夏、商、周。 4 山西:崤山以西。 鏖(áo):战斗激烈,力战。 5 刘氏:指汉高祖刘邦。

"孝武¹乘丰富,世祖出戎行²,皆孳孳³学术,俗化之厚,延于灵、献⁴。草茅危言⁵者,折

"汉武帝承受太平而又富足的天下,光武帝出身军队之中,都能在学术方面勤奋努力,风俗教化的淳厚,一直延续到灵帝和献帝。当时在野的人,直言无忌,

首⁶而不悔;功烈震主者,闻命而释兵;群雄相视,不敢去臣位,尚数十年。教道之结人心如此!

连斩首也不懊悔;功业震动主上的大臣,听见了命令,就把兵权放弃;许多割据一方的英雄,也彼此顾忌而不敢擅离臣子的职位,尚且保持了几十年。教化深入人心,竟能达到这样的地步。

注释 1 孝武:即汉武帝。 2 世祖:东汉光武帝的庙号。 戎行(háng):军队行伍。 3 孳孳(zīzī):勤勉。 4 灵、献:东汉末年的灵帝、献帝。 5 草茅:指在野的人。 危言:发表正直的言论。 6 折首:斩首。

"今代遭圣神,尔袁得贤君,俾尔由庠序¹,践古人之迹。天下治,则谭²礼乐以陶吾民;一有不幸,尤当仗大节,为臣死忠,为子死孝,使人有所赖,且有所法。是惟朝家教学之意。若其弄笔墨以徼³利达而已,岂徒二三子⁴之羞,抑亦为国者之忧。"

"现在遭逢圣明神武的皇帝,你们袁州得了好官,可以使你们从学校里读书,实践和效法古人的事迹。天下太平,谈论礼乐,可以陶冶我们的人民;一旦有不幸,尤其应当坚持大节,做臣下的死于忠义,做儿子的死于孝道,使得人们有所倚靠,并且有所效法。这就是朝廷举办教育的本意。如果有人舞文弄墨,只用来追求个人的功名就算了,这不仅是你们几个读书人的耻辱,并且也是治理国家的人的忧患!"

注释 1 庠序:古时对学校的称谓。 2 谭:同"谈",谈论。 3 徼(yāo):通"邀",求取。 4 二三子:第二人称复数,你们。

朋党论

欧阳修 [1]

导读　本文是欧阳修在庆历四年(1044)向宋仁宗上的一篇奏章,目的是驳斥保守派的攻击,辨朋党之诬。文章开宗明义,提出君子"以同道为朋",小人"以同利为朋"的中心论点,然后列举各个朝代的事例,论述兴亡治乱和朋党的关系,说明禁绝"朋党"是一种造成混乱亡国的愚蠢做法,指出治理国家必须"退小人之伪朋,用君子之真朋"。文中用正反史事的鲜明对比,加上排比、反复句式的运用,进一步增强了文章的气势。

原文

臣闻朋党 [2] 之说,自古有之,惟幸 [3] 人君辨其君子小人而已。大凡君子与君子,以同道 [4] 为朋;小人与小人,以同利为朋。此自然之理也。

译文

我听说朋党的说法,从古时候就有的,只是希望君主能够辨别它是君子的朋党还是小人的朋党罢了。大凡君子和君子,因为志同道合结为朋党;小人和小人,因为私利相同结为朋党。这是自然的道理啊。

注释　1 欧阳修(1007—1072):字永叔,自号醉翁,晚号六一居士,宋朝吉州吉水(今江西吉安)人。他出身贫寒,二十四岁中进士。晚年官至枢密副使、参知政事。他在我国文学史上有着重要的地位,是北宋文坛的领袖,"唐宋八大家"之一。　2 朋党:最早的意义是指同类的人为自私目的而互相勾结。这里指人们因某种共同的目的而结成的集团。　3 幸:希望。　4 同道:志同道合。道,一定的政治主张或思想体系。

然臣谓小人无朋,惟君子则有之。其故何哉?小人所好者,利禄也;所贪者,货财也。当其同利之时,暂相党引[1]以为朋者,伪也;及其见利而争先,或利尽而交疏,则反相贼害[2],虽其兄弟亲戚,不能相保。故臣谓小人无朋,其暂为朋者,伪也。君子则不然:所守[3]者道义,所行者忠信,所惜者名节[4]。以之修身,则同道而相益;以之事国,则同心而共济[5],终始如一。此君子之朋也。故为人君者,但当退[6]小人之伪朋,用君子之真朋,则天下治矣。

但我认为小人没有朋党,只有君子才有朋党。这是什么原因呢?小人爱的是利禄,贪的是钱财。当他们私利相同的时候,暂且互相勾结作为朋党,这是假的;等到他们见到利益争先抢夺,或者利益完了交情疏远,就反而互相残害,即使是他们的兄弟亲戚,也不能彼此照顾。所以我说小人没有朋党,他们暂时结为朋党,是假的。君子却不是这样:他们信奉的是道德和义理,实行的是忠诚和信用,珍惜的是名誉和气节。他们用这些来修养自己,就会志同道合,互相促进;他们用这些来服务国家,就能团结一致,同舟共济,始终如一。这就是君子的朋党。所以做君主的,只应当斥退小人的假朋党,重用君子的真朋党,那么天下也就治理得好了。

注释 1 党引:结为私党,互相援引。 2 贼害:伤害,残害。 3 守:信奉。 4 名节:名誉气节。 5 共济:同心协力办事。 6 退:斥退,摒弃。

尧[1]之时,小人共工、骧兜[2]等四人为一朋,君子八元、八恺[3]十六人为一朋。

唐尧的时候,小人共工、骧兜等四个人结成一个朋党,君子八元、八恺十六个人结成一个朋党。虞舜辅佐舜佐尧,退四凶小人之朋,而进元、恺君子之朋,尧之天下大治。及舜自为天子,而皋、夔、稷、契⁴等二十二人,并立于朝,更相称美,更相推让,凡二十二人为一朋,而舜皆用之,天下亦大治。

唐尧,斥退四凶结成的小人朋党,引进八元、八恺结成的君子朋党,唐尧的天下治理得非常好。等到虞舜自己做了天子,皋、夔、稷、契等二十二人,一同在朝做官,互相称赞,互相推让,共二十二个人结成一个朋党,虞舜都任用他们,天下也治理得非常好。

[注释] 1 尧:尧和下文中的舜、周武王都是儒家推崇的古代圣君。
2 共工、驩兜(Huāndōu):旧传共工、驩兜、三苗、鲧(Gǔn)等四人为尧时的"四凶"。传说是四个被放逐的臣子。 3 八元、八恺:元,善良的人;恺,忠诚的人。上古高辛氏的八个后裔叫八元,高阳氏的八个后裔叫八恺。
4 皋(Gāo)、夔(Kuí)、稷(Jì)、契(Xiè):都是传说中帝舜时贤臣,皋陶掌管刑法,夔掌管音乐,稷掌管农事,契掌管教育。

《书》曰:"纣有臣亿万,惟亿万心;周有臣三千,惟一心。"¹纣之时,亿万人各异心,可谓不为朋矣,然纣以亡国。周武王之臣,三千人为一大朋,而周用²以兴。

《尚书》上说:"纣王有千万个臣子,有千万条心;周有三千个臣子,只有一条心。"商纣的时候,千万个人各有不同的心思,可以说不结朋党了,然而商纣却因此亡了国。周武王的臣子,三千人结成一个大朋党,然而周朝却因此兴盛起来。

[注释] 1 "纣有臣亿万"四句:引自《尚书·泰誓上》。这是周武王伐纣会诸侯于孟津时发表的誓师词。 2 用:因此。

后汉献帝时,尽取天下名士囚禁之,目为党人。[1]及黄巾贼起[2],汉室大乱,后方悔悟,尽解党人而释之,然已无救矣。

后汉献帝时,把天下的名士全都拘禁起来,当作"党人"。等到黄巾军起事,汉朝大乱,后来才悔悟,释放全部在押的党人,但是局势已经无法挽救了。

注释 1 汉献帝:刘协,东汉最末的皇帝,公元189年至220年在位。尽取天下名士囚禁之,目为党人:《后汉书·党锢列传》载,桓帝(刘志,公元147年至167年在位)时宦官专权,一些名士如李膺、杜密等被目为党人,遭受逮捕。灵帝(刘宏,公元167年至189年在位)时,宦官曹节等,杀死李膺、范滂等一百多人,各州郡"死、徙、废、禁者六七百人"。这就是历史上有名的东汉"党锢之祸"。本文误作为汉献帝时事。 2 黄巾贼起:指汉灵帝中平元年(184)张角领导的农民起义。

唐之晚年,渐起朋党之论,[1]及昭宗时,尽杀朝之名士,或投之黄河,[2]曰:"此辈清流,可投浊流。"[3]而唐遂亡矣。

唐朝末年,逐渐兴起朋党的争议,到唐昭宗时,全部杀害朝廷的名士,把人抛到黄河里,说:"这些自称为清流的人,可以把他们抛到浊流里去。"而唐朝也就灭亡了。

注释 1 "唐之晚年"二句:唐朝穆宗至宣宗年间,朝臣之间产生了以李德裕为首和以牛僧孺、李宗闵为首的两党互相倾轧的斗争。两派势不两立,斗争延续了近四十年。旧史称"牛李党争"或"朋党之争"。 2 "及昭宗时"三句:唐哀帝天祐二年(905),权臣朱全忠(朱温)在白马驿(今河南滑县北)诱杀被朝廷降职贬官的宰相裴枢、吏部尚书陆扆、工部尚书王溥等三十余人,诬为朋党,被贬死者数百人。到天祐四年(907),朱温就篡夺了帝位,改国号为梁。本文误记为昭宗时事,昭宗是哀帝前的一个皇帝。 **3** 此辈清流,可投浊流:据《旧五代史·梁书·李振传》:朱温的谋士李振在咸通、乾符年间接连几次都没有考上进士,对朝廷大臣深怀不满,当朱温杀害裴枢等人时,他便献计说:"此辈自谓清流,宜投于黄河,永为浊流。"朱温笑着接受了他的意见。

夫前世之主,能使人人异心不为朋,莫如纣;能禁绝善人为朋,莫如汉献帝;能诛戮清流之朋,莫如唐昭宗之世。然皆乱亡其国。更相称美、推让而不自疑,莫如舜之二十二臣,舜亦不疑而皆用之。然而后世不诮[1]舜为二十二人朋党所欺,而称舜为聪明[2]之圣者,以能辨君子与小人也。周武之世,举其国之臣三千人共为一朋,自古为朋之多且大莫如周;然周用此以兴者,善人虽多而不厌也。

从前的君主,能够使人人各怀异心,不结成朋党的,没有谁比得上纣王;能够禁绝好人结成朋党的,没有谁比得上汉献帝;能够杀戮清流朋党的,没有哪个时候比得上唐昭宗的时候。然而,这都使他们的国家混乱且灭亡了。彼此互相称赞,互相推让,没有一点疑心,没有谁比得上虞舜的二十二个臣子,虞舜也不疑心并且都任用他们。可是后世的人不责备虞舜被二十二个人结成的朋党所欺蒙,反而称赞虞舜是智慧超群的圣人,因为他能够辨别君子和小人啊。周武王之时,他把国家的三千个臣子全部结成一个朋党,自古以来朋党人数之多、范围之广,没有比得上周朝的;然而周朝因此兴盛起来,是因为好人虽多却不会嫌多啊。

注释 **1** 诮(qiào):责备。 **2** 聪明:耳聪目明,指天资高、能力强。

嗟呼! 治乱兴亡之迹[1]，为人君者，可以鉴[2]矣!

唉! 这治乱兴亡的史迹，做君主的可以作为借鉴了。

注释 1 迹:事迹。这里指史迹。 2 可以鉴:可以把它作为一面镜子。

纵囚[1]论
欧阳修

导读 本文是欧阳修的一篇史论。文章评论唐太宗李世民假释死刑囚犯，犯人被释归家后又全部按时返回，太宗最终赦免他们的史实。此事一直被人们所称赞，当作"仁德"的典型。欧阳修一反流行的看法，指出唐太宗的做法有悖人情、违反法度，是沽名钓誉的一种手段。文章据史立论，层层辨析，论证充分，结论高远，警醒人心。

原文

信义行于君子，而刑戮施于小人。[2]刑入于死者，乃罪大恶极，此又小人之尤甚者也。宁以义死，不苟幸生[3]，而视死如归[4]，此又君子之尤难者也。

译文

对君子讲信义，对小人施刑罚。刑罚定成死罪，是罪恶到了顶点，这又是小人中最恶劣的了。宁可为了信义而死，不愿苟且偷生，把死看得像回家一般，这又是君子中特别难以办到的。

注释 1 纵囚:释放囚犯。唐太宗(李世民)贞观六年(632)十二月，把二百九十名已判死刑的囚犯释放回家，并规定将于第二年秋天就刑。届时，"纵囚来归，皆赦之"。 2 信义:信用和礼义。 君子:指有道德的人，以此对举的"小人"是指道德不好的人。　　刑戮：刑罚，杀戮。　**3** 不苟幸生：不苟且偷幸地活着。　**4** 视死如归：形容不怕死，把死看得像回家一样。这里指为了信义，不惜牺牲生命。

方唐太宗之六年，录大辟囚三百余人[1]，纵使还家，约其自归以就死：是以君子之难能[2]，期[3]小人之尤者以必能也。其囚及期，而卒自归无后者：是君子之所难，而小人之所易也。此岂近于人情哉？或曰："罪大恶极，诚小人矣；及施恩德以临之，可使变而为君子。盖恩德入人之深，而移人之速，有如是者矣。"曰："太宗之为此，所以求此名也。然安知夫纵之去也，不意其必来以冀免[4]，所以纵之乎？又安知夫被纵而去也，不意其自归而必获免，所以复来乎？夫意其必来而纵之，是上贼[5]下之情也；意其必免而复来，是下贼上之心也。吾

当唐太宗贞观六年的时候，选取犯死罪的囚犯三百余人，释放了让他们回家，并约定时间叫他们自动回来接受死刑：这是用君子难于做到的事，希望最坏的小人一定做到。那些囚犯到了期限，最终自己回来，竟没有一个失约的：这是君子难于做到的事，小人却轻而易举地做到了。这难道是近于人情的么？有人说："罪大恶极，的确是小人了；但是等到对他施加恩德，就可以使他变成君子。因为恩德进入人心很深，能很快改变人们的气质，所以出现了像这样的情况。"我说："唐太宗之所以这样做，正是为了求得这种声誉啊。这样看来，哪里知道他放囚犯回去时，不是预料他们一定再回来以希望赦免，所以才释放他们呢？又哪里知道被释放回去的囚犯，不是预料自动回来一定能够赦免，所以才再回来呢？料想囚犯一定回来才释放他们，这是上面揣摩下面的情意；料想上面一定赦免他们才再回来，这是下面揣

见上下交相贼以成此名也，乌有所谓施恩德与夫知信义者哉？不然，太宗施德于天下，于兹六年矣，不能使小人不为极恶大罪；而一日之恩，能使视死如归而存信义，此义不通之论也。"

摩上面的心思。我只见上面和下面互相揣摩来造成这种声誉，哪里有什么布施恩德和懂得信义呢？如果不是这样，那么唐太宗向天下布施恩德，到这时已经六年了，还不能使小人不做罪大恶极的事；然而一天的恩德，却能使他们视死如归，保存信义，这又是讲不通的理论啊。"

注释 1 录：登记，审查。 大辟(bì)：中国古代五刑之一。后指死刑。 2 难能：不容易做到的。 3 期：希望。 4 冀免：希望赦免。 5 贼：揣摩。

然则何为而可？曰："纵而来归，杀之无赦，而又纵之，而又来，则可知为恩德之致尔。"然此必无之事也。若夫纵而来归而赦之，可偶一为之尔；若屡为之，则杀人者皆不死，是可为天下之常[1]法乎？不可为常者，其圣人之法乎？是以尧、舜、三王之治，必本于人情，不立异以为高，不逆情以干誉。[2]

既然这样，那么怎样做才好呢？我说："释放后回来的，把他们杀掉而不赦免；然后再释放一批，他们又回来了，这样才能知道是布施恩德所造成的。"然而这是一定不会有的事啊。至于释放了能够自动回来再加以赦免，只能够偶然试一试罢了；如果屡次这样做，那么杀人犯就都不会死了，这能够作为天下经常的法律么？不能作为经常的法律，难道是圣人的法律么？因此，尧、舜和三王治理天下，一定根据人情，不标新立异来显示高尚，不违背人情来求取名誉。

注释 1 常:经常,长久。 2 尧、舜、三王:古代的圣明君主。三王,指夏禹、商汤和周代的文王、武王。 逆情:违背人情。 干誉:求取名誉。

《释秘演诗集》序[1]

欧阳修

导读 这是欧阳修为自己的友人、北宋诗人秘演和尚的诗集所作的一篇序文。文章在写作、构思上别具匠心,把秘演描绘为一个有能力却得不到发挥的"伏而不出"的奇男子。为了突出这一点,作者还用石曼卿作陪衬,并插入自己的感受,写得一往情深,无限的惋惜之情溢于言表。

原文

予少以进士游京师[2],因得尽交当世之贤豪。然犹以谓国家臣一四海[3],休兵革[4],养息[5]天下以无事者四十年,而智谋雄伟非常之士,无所用其能者,往往伏而不出,山林屠贩[6],必有老死而世莫见者,欲从而求之不可得。

译文

我年轻的时候,凭进士的身份在京城游历,所以能够广泛地和当代的贤人豪杰交往。然而我还认为,朝廷臣服、统一四海,停息战事,保养休息天下的人,因而太平无事已经有四十年,有智有谋、雄才大略的非凡人物,没有地方发挥他们的才干,往往隐藏着不肯出来,在山林里和屠夫、商贩中,一定有这样的人,直到老死世人还没有发现他们,我想跟着去寻找他们,但无法得到。

注释 1 释:佛教。这里指佛教徒,即僧人,俗称和尚。 秘演:人名。 2 京师:北宋都城汴京,今河南开封。 3 国家:指当时的朝廷。 臣一:

臣服统一。 **4** 兵革:兵,武器;革,甲胄。这里指战争。 **5** 养息:休养生息。 **6** 山林屠贩:指隐居山林或做屠夫、商贩的隐士。

其后得吾亡友石曼卿[1]。曼卿为人,廓然[2]有大志,时人不能用其材,曼卿亦不屈以求合;无所放其意,则往往从布衣野老[3],酣嬉淋漓[4],颠倒而不厌。予疑所谓伏而不见者,庶几狎而得之,故尝喜从曼卿游,欲因以阴求天下奇士。[5]

后来结识我那已去世的朋友石曼卿。曼卿的为人,开朗豪放而有远大的志向,当时的人不能够使用他的才干,曼卿也不愿屈辱自己去苟合逢迎;没有地方发泄他的感情,就常常跟着平民野老,痛饮游戏,淋漓尽致,弄得神魂颠倒,却不感到厌倦。我怀疑所谓隐藏没有被发现的非常人物,或许可以在没有拘束的亲切交往中找到,所以我曾经喜欢和曼卿来往,想凭这个暗暗地去寻求天下的奇士。

注释 **1** 石曼卿:名延年,河南商丘人,北宋诗人。 **2** 廓(kuò)然:开朗豪放的样子。 **3** 布衣:百姓。 野老:乡村老人。 **4** 酣嬉淋漓:酣,尽情喝酒;嬉,任性嬉游;淋漓,形容非常尽兴痛快。 **5** 庶几:或许。狎(xiá):亲近而且态度随便。 阴求:暗地里寻求。

浮屠[1]秘演者,与曼卿交最久,亦能遗外[2]世俗,以气节自高。二人欢然无所间。曼卿隐于酒,秘演隐于浮屠,皆奇男子也,然喜为歌诗以自娱。当其极饮大醉,歌吟笑呼,以适天下

和尚秘演,跟曼卿交往最久,也能够超脱世俗,拿气节来勉励自己。他们两个人关系融洽,没有一点隔阂。曼卿隐伏在酒里,秘演隐伏在佛门,都是有奇才伟志的人啊,然而秘演喜欢作诗歌来娱乐自己。当他狂饮大醉的时候,唱歌吟诗,嬉笑欢呼,从而享受

之乐,何其壮也!一时贤士,皆愿从其游,予亦时至其室。十年之间,秘演北渡河³,东之济、郓⁴,无所合,困而归。曼卿已死,秘演亦老病。嗟夫!二人者,予乃见其盛衰,则予亦将老矣。

天下最大的快乐,那是多么豪壮啊!一时的贤人都愿意跟他交往,我也常常到他屋里去。十年里面,秘演向北渡过黄河,向东到了济州、郓州,没有遇到赏识自己的人,穷困地回来了。这时,曼卿已经死了,秘演也年老害病。唉!这两个人,我亲眼看见他们的兴盛和衰老,而我也将要老了。

【注释】 1 浮屠:佛教徒。 2 遗外:超脱。即抛弃、摆脱世俗的功名富贵。 3 河:黄河。 4 济、郓(Yùn):济州、郓州。都在今山东。

夫曼卿诗辞清绝¹,尤称秘演之作,以为雅健有诗人之意。秘演状貌雄杰,其胸中浩然²,既习于佛,无所用,独其诗可行于世,而懒不自惜。已老,肱其橐³,尚得三四百篇,皆可喜者。

曼卿的诗文特别清新,但他更称赞秘演的作品,认为它幽雅雄健,有诗人的气质。秘演身材高大,相貌英俊,他胸中有盛大刚直的正气,他已经做了佛教徒,就没有地方施展这一切了,只有他的诗能够在世上流传,可他又懒散,自己不爱惜。现在已经老了,打开他的诗囊,还得到三四百篇,都是可喜的作品。

曼卿死,秘演漠然无所向。闻东南多山水,其巅崖崛峍⁴,江涛汹涌,甚可壮也,遂欲往游焉,足以知其老而志在也。于其将行,为叙其诗,因道

曼卿死后,秘演感到寂寞,没有地方去。他听说东南多山水,山势高峻陡峭,江水波涛汹涌,是极其壮观的,就想前去游历,这足以说明他年纪虽然老了,但志向却依然存在啊。在他将要动身的时候,我替他的诗集写了这篇序,借此说说他

其盛时以悲其衰。　　║　　兴盛的时光,悲叹他的衰老。

[注释]　1 清绝:清新绝顶,即特别清新。　2 浩然:刚直正大之气。
3 胠(qū):打开。　橐(tuó):袋子。　4 巅崖:山峰和山崖。　崛嵂(juélù):
高峻陡峭。

卷之十　宋文

《梅圣俞诗集》序

欧阳修

[导读]　这篇序文通过对梅尧臣坎坷仕途的叙写,提出了诗歌"殆穷者而后工"这一著名美学观点。作者认为,诗人必须要有真情实感,才能把难以描摹的感情形之于诗篇。序文以评梅诗作为轴心,将议论、叙事、抒情巧妙地结合在一起,在议论和叙述中,洋溢着作者对这位杰出诗人的倾慕和惋惜之情。

[原文]

予闻世谓诗人少达而多穷。¹ 夫岂然哉？² 盖世所传诗者,多出于古穷人之辞也。凡士之蕴其所有³,而不得施于世者,多喜自放⁴于山巅水涯之外,见虫鱼草木、风云鸟兽之状类,往往探其奇怪;内有忧思感愤之郁积,其兴于怨刺⁵,以道羁臣寡妇之所叹⁶,而写人情之难言;盖愈穷则愈

[译文]

我听见世上的人说:诗人得意的少,穷困潦倒的多。难道真是这样吗？大概世上流传下来的诗,大多是古代穷困不得意的诗人的作品。大凡读书人胸里藏着他所有的学问、抱负,却无法在当世施展的,大都喜欢游山玩水,过着隐居的生活,看见虫鱼、草木、风云、鸟兽这一类的东西,往往探索描述它们种种奇怪的形状;他们心里充满着忧虑、愤慨的情绪,产生怨恨、讽刺的念头,倾诉羁旅之臣和寡妇的哀叹,因而能写出人们难于表达的话语;诗人愈是穷困,写出来的诗就愈

工。然则非诗之能穷人，殆[7]穷者而后工也。

是技巧高明。既然这样，那么就不是诗能够使人穷困，大概是诗人穷困了然后才写出技巧高明的诗啊。

注释 1 达：得志，显达。 穷：不得志。指政治境遇的窘迫和不得志。 2 夫岂然哉：难道真是这样吗？ 3 蕴(yùn)其所有：胸中怀藏他所有的才学、抱负。蕴，蓄藏，积聚。 4 放：这里是游山玩水的意思。 5 兴于怨刺：兴起怨恨、讽刺的念头。 6 道：表达出。 羁(jī)臣：羁旅之臣，即在外地宦游的官吏。泛指贬谪在外的官员。 7 殆(dài)：大概。

予友梅圣俞，少以荫补为吏[1]，累举进士[2]，辄抑于有司[3]，困于州县[4]，凡十余年。年今[5]五十，犹从辟书[6]，为人之佐[7]，郁其所蓄，不得奋见于事业。[8]

我的朋友梅圣俞，青年时凭借先辈的功勋做了官，但屡次参加进士考试，每次都被主考官压制，只能在州县做小官，总共有十多年。他年纪快五十了，还接受了聘书，做人家的幕宾，压抑着胸中怀藏的本领，不能够在事业上施展出来。

注释 1 荫(yìn)补为吏：梅圣俞由于他叔父的官勋做了河南主簿。荫，指因前辈功勋而得官；补，指官吏有缺额，选人授职。 2 累举进士：屡次参加进士考试。 3 辄(zhé)抑于有司：每次都受到主考官的压制。 4 困于州县：只在州县做小官。 5 今：即将。 6 辟书：聘请书。辟，召。 7 为人之佐：做人家的幕宾。佐，辅佐。 8 "郁其所蓄"二句：压抑着胸中所怀藏的本领，不能在事业上发挥出来。郁，压抑。

其家宛陵[1]，幼习于诗。自为童子，出语已惊其长老[2]；既长，学乎六经仁义之说。其为文章，简古纯粹，不求苟说[3]于世，世之人徒知其诗而已。然时无贤愚，语诗者必求之圣俞；圣俞亦自以其不得志者，乐于诗而发之；故其平生所作，于诗尤多。世既知之矣，而未有荐于上者。昔王文康公[4]尝见而叹曰："二百年无此作矣！"[5]虽知之深，亦不果荐也。

他的家在宛陵县，小时候就学习写诗。从做孩童的时候起，他所写的诗就使年长的人惊叹；长大后，致力于六经仁义学说的研究。他写的文章，简洁古雅精粹，不想苟且迎合来博得世人的欢心，世上的人也只知道他的诗罢了。可是当时不论是贤能还是庸愚的人，谈到做诗的，一定要推崇圣俞；圣俞自己也喜欢把他不得志的心情在诗里表现出来；所以他平生所写的，以诗最多。世上的人已经知道他了，可是却没有人向朝廷推荐。从前王文康公曾经见到他的诗，叹息说："两百年来没有这样的作品了！"王公虽然很了解他，也终究没有推荐。

注释 1 宛陵：即今安徽宣城。   2 长老：年长的人。   3 说：通"悦"。
4 王文康公：王曙，字晦叔，文康是他的谥号，宋仁宗（赵祯）时的丞相。
5 "二百年"句：宋代曾敏行《独醒杂志》卷一载，王曙曾对梅圣俞说："子之诗有晋宋遗风，自杜子美没后二百余年不见此作。"故云。

若使其幸得用于朝廷，作为《雅》《颂》[1]，以歌咏大宋之功德，荐之清庙，而追商、周、鲁颂之作者，岂不伟欤？[2]奈何使其老不得志，而为穷者之

如果能够使他在朝廷发挥作用，做了《雅》《颂》一类的诗，来歌颂大宋王朝的功业和德泽，把它奉献到宗庙里去，赶上《诗经》中的《商颂》《周颂》和《鲁颂》，难道不是伟大的事业么？怎么使他到老也不能得志，却写些穷困人的

诗,乃徒发于虫鱼物类、羁愁感叹之言?世徒喜其工,不知其穷之久而将老也,可不惜哉?

诗,只是借虫、鱼一类的东西来发抒羁旅、愁闷的感叹?世人只是喜欢他诗作的技巧,却不知道他长期穷困潦倒并且将要衰老了,这难道不可惜吗?

【注释】 1《雅》《颂》:《诗经》分《风》《雅》《颂》三类。这里泛指一般歌功颂德的诗歌。 2 荐:奉献。 清庙:即宗庙。 追:赶上。 商、周、鲁颂:指《诗经》中的《商颂》《周颂》《鲁颂》。

圣俞诗既多,不自收拾。其妻之兄子¹谢景初,惧其多而易失也,取其自洛阳至于吴兴以来所作,次为十卷。²予尝嗜³圣俞诗,而患不能尽得之;遽⁴喜谢氏之能类次也,辄序而藏之。

圣俞写了很多诗,不肯自己整理。他的内侄谢景初,担心他的诗多了容易散失,就把他从洛阳到吴兴居留期间所写的诗,编成十卷。我特别喜欢圣俞的诗,曾经担心不能全部得到它;现在看到谢景初能够替他分类编排,我立刻高兴起来,就写了这篇序,把它珍藏起来。

【注释】 1 妻之兄子:今称内侄。 2 洛阳:即今河南洛阳。 吴兴:县名,在今浙江嘉兴境内。 次:编。 3 嗜(shì):特别爱好。 4 遽(jù):立刻。

其后十五年¹,圣俞以疾卒于京师。余既哭而铭²之,因索于其家,得其遗稿千余篇,并旧所藏,掇其尤者³六百七十七篇,为

过了十五年,圣俞因为患病在京城去世。我痛哭之后替他写了一篇墓志铭,趁便在他家里寻找诗稿,得到他的一千多篇遗作,连同原先收藏的,选择其中最好的六百七十七篇,编成

一十五卷。呜呼！吾于圣俞诗论之详[4]矣，故不复云。

一十五卷。唉！我对圣俞的诗已经论述得很详细了，因此这里就不再说了。

[注释] 1 其后十五年：宋仁宗嘉祐五年(1060)。上文作于梅圣俞生前，以下是十五年后补写的。 2 铭：这里指作墓志铭。 3 掇(duō)其尤者：选取其中最好的。 4 于圣俞诗论之详：欧阳修在他的《书梅圣俞稿后》及《六一诗话》中，都曾论及梅尧臣的诗歌成就。

送杨寘[1]序
欧阳修

[导读] 欧阳修的朋友杨寘怀才不遇，屡试不第，后来由于"恩荫"，才获得偏远地方的一个小小的官职。本文是送别朋友杨寘的，作者从多方面展开比喻与联想，把音乐中传达出来的复杂、抽象的感情表现得非常具体，而这一切又与对友人的关心紧紧地融合在一起。

[原文]

予尝有幽忧之疾[2]，退而闲居，不能治也。既而学琴于友人孙道滋，受宫声数引[3]，久而乐之，不知其疾之在体也。

[译文]

我曾经得了忧劳的病症，退下来闲居，没有医治好。后来在朋友孙道滋那里学习弹琴，学习了五声和几支乐曲，时间一长觉得很快乐，不知道疾病还在自己身上呢。

[注释] 1 杨寘：欧阳修的朋友。字审贤，少年时有文才，宋仁宗庆历二年(1042)进士。 2 幽忧之疾：过度忧劳而成病。成玄英疏："幽，深也；忧，

劳也。" 3 受宫声数引:学习宫、商的声音和几支歌曲。

夫琴之为技[1],小矣。及其至也,大者为宫,细者为羽;操弦骤作,忽然变之:急者凄然[2]以促,缓者舒然[3]以和。如崩崖裂石,高山出泉,而风雨夜至也;如怨夫[4]、寡妇之叹息,雌、雄雍雍[5]之相鸣也。

弹琴这种技艺,是很小的了。等这技艺到了极点,大的是宫声,小的是羽声,按着琴弦迅急弹奏,声调便随着情感的变化而变化:声音急促的,显得很凄惨;声音和缓的,显得很舒畅。有时好像山崩石裂,泉水从高山上涌出来,又好像夜晚发生了大风大雨;有时像旷夫、寡妇的叹息声,又好像和睦的雌鸟、雄鸟互相唱和。

注释 1 技:技艺。 2 凄然:悲惨的样子。 3 舒然:舒畅的样子。 4 怨夫:即旷夫。指无妻的成年男子。 5 雍雍:鸟和鸣声。

其忧深思远,则舜与文王、孔子之遗音也[1];悲愁感愤,则伯奇[2]孤子、屈原忠臣之所叹也。喜怒哀乐,动人必深,而纯古淡泊,与夫尧舜三代之言语、孔子之文章、《易》之忧患[3]、《诗》之怨刺无以异。其能听之以耳,应之以手。取其和者,道其湮郁[4],写[5]其幽思,则感人之际,亦有至

它深沉的忧虑和悠远的思绪,就是虞舜、周文王和孔子的遗音;它的悲惨、愁闷、感慨、愤激,就是孤儿伯奇、忠臣屈原所发出的叹息。喜、怒、哀、乐的情绪,一定深深地打动人的心弦;纯厚、古雅、淡泊的音色,却跟尧舜三代的语言、孔子的文章、《易经》所表现的忧患、《诗经》所包含的怨恨讽刺,没有什么区别。它能够凭耳朵听出来,能够随手弹出来。如果选取那和谐的音调,排遣忧郁,散发幽思,往往感动

者焉。 ‖ 人心,极为深切。

[注释] 1 舜与文王、孔子之遗音:传说舜、周文王、孔子都善于用琴声表达思想。舜曾弹五弦琴,歌唱《南风歌》;周文王曾作琴曲《文王操》;孔子更常常"弦歌不绝",重视音乐的教化作用。 2 伯奇:周朝人,周宣王大臣尹吉甫的儿子。吉甫听信后妻的话,驱逐了伯奇。伯奇其实很孝顺后母,因此特别悲伤,便投河死了。 3《易》之忧患:写作《易经》的忧患。《史记·殷本纪》:"纣囚西伯(即周文王)羑里。"而孔子在五十岁后,曾周游宋、卫、陈、蔡、齐、楚等国,自称:"如有用我者,吾其为东周乎?"但始终不被重用。"《易》之忧患",就是指文王被囚和孔子周游不遇的忧患。 4 道其湮郁:发泄他心里的忧郁。道,通"导",开导;湮郁,阻塞。 5 写:通"泻",宣泄。

予友杨君,好学有文,累以进士举,不得志。及从荫调,为尉于剑浦。[1]区区在东南数千里外,是其心固有不平者。且少又多疾,而南方少医药,风俗、饮食异宜。以多疾之体,有不平之心,居异宜之俗,其能郁郁以久乎?然欲平其心以养其疾,于琴亦将有得焉。故予作琴说以赠其行,且邀道滋

我的朋友杨君,喜欢研究学问,很会写文章,屡次参加进士考试,都不得意。等到依靠祖上的官勋,才调到剑浦去做了县尉。小小的剑浦在东南方几千里路以外,在这种情况下,他心里确实有不平的地方。并且他从小又多疾病,可是南方缺少名医良药,风俗饮食与中原两样。以他多病的身体,抱着不平的心思,却生活在风俗不同的地方,哪里能够长久地沉闷下去呢?然而要使他的心思平静,疗养他的疾病,那么弹琴也能够收到一点好处吧!因此我写了这篇谈琴的文章来给他送行,并且邀请孙道滋参加,喝一

酌酒、进琴以为别。 ┃ 樽酒,弹一回琴,当作临别的纪念。

注释 1 荫调:凭先代官爵受封,而又改调另外的官职。 尉:县尉,官名,辅佐县令,掌一县的军事。 剑浦:具名,今福建南平。

《五代史·伶官[1]传》序

欧阳修

导读 本篇录自作者编修的《新五代史·伶官传》,它记载了后唐庄宗李存勖宠幸几个宦官,最后死于作乱的伶官郭门高之手的史实。本文提出"忧劳可以兴国,逸豫可以忘身","祸患常积于忽微,而智勇多困于所溺"等著名论点,着重从政治生活中寻找国家兴亡成败的原因。

原文

呜呼[2]!盛衰之理,虽曰天命,岂非人事哉!原庄宗之所以得天下[3],与其所以失之者,可以知之矣。

译文

唉!国家兴盛和衰败的道理,虽说是天命,难道不也是由于人事吗?推究后唐庄宗所以能够取得天下和所以失败的原因,就可以知道上述论断了。

注释 1 伶官:宫廷中的乐官。 2 呜呼:感叹词。 3 原:推究。庄宗:后唐庄宗李存勖,李克用之子。

世言晋王[1]之将终也,以三矢赐庄宗而告之曰:"梁,吾仇也;[2]燕王,吾所

世人传说晋王李克用临死的时候,拿了三支箭赐给庄宗,并告诉他说:"梁,是我的仇敌;燕王,是我扶植

立;[3] 契丹,与吾约为兄弟,[4] 而皆背晋以归梁。此三者,吾遗恨也。与尔三矢,尔其无忘乃[5]父之志!"

起来的;契丹,跟我结拜为兄弟,可是他们都背叛了我去归附梁。这三桩事,是我遗留下来的恨事。给你三支箭,你切莫忘记你父亲的遗愿!"

[注释] 1 晋王:即李克用,沙陀族,因帮助唐朝镇压黄巢起义有功,封晋王。后来,他的儿子李存勖继承王位,消灭后梁,称帝建立后唐,追谥李克用为武皇帝,庙号太祖。 2 梁,吾仇也:后梁太祖朱温,原是黄巢起义军的将领,叛变降唐,唐僖宗赐名全忠,封为梁王。唐僖宗时,他企图谋杀李克用,李克用也屡次上表请求讨伐他。后来朱温篡夺了唐朝的政权,建立后梁。两人结仇很深。 3 燕王,吾所立:燕王,指刘守光的父亲刘仁恭。李克用曾向唐朝保荐刘仁恭为卢龙节度使,后来刘仁恭不听李克用调遣,与之发生武装冲突,打败李克用,依附于后梁。刘仁恭的儿子刘守光兵力渐强,被朱温封为燕王,公元911年,又自称大燕皇帝。 4 契丹,与吾约为兄弟:公元907年,李克用与契丹族首领耶律(姓)阿保机(名)拜为兄弟,结成军事同盟,希望共同举兵攻打朱温。后来阿保机背约,遣使和朱温通好。 5 乃:你。

庄宗受而藏之于庙[1]。其后用兵,则遣从事以一少牢告庙[2],请其矢,盛以锦囊,负而前驱,及凯旋而纳之。

庄宗接过这三支箭,把它保存在祖庙里。后来统兵打仗,就派官员用整羊整猪作祭品,到祖庙里去祷告,恭敬地取出这三支箭,用织锦袋子装了,背在身上在前面开路,等到得胜回朝,又把它放进祖庙里。

[注释] 1 庙:指宗庙,祭祀祖先的地方,即下文的"太庙"。 2 从事:原指州刺史(地方长官)辖下地位较低的僚属,这里泛指一般属官。 少

牢:用猪、羊二牲祭祀。牢,牲畜。本文"一少牢"的"一"表示单位。

方其系燕父子以组¹,函梁君臣之首²,入于太庙,还矢先王³,而告以成功,其意气之盛,可谓壮哉!

当他用绳索绑着燕王刘守光父子,用木匣装着梁朝君臣的头,进入祖庙,把箭还给先王,禀报大功告成的时候,他的意气多么轩昂,可以说豪壮极了!

[注释] 1 方其系燕父子以组:系,捆绑;组,绳索。刘守光自称大燕皇帝的第二年,晋王李存勖遣周德威攻打刘守光,刘守光及其父被俘,被用绳索捆绑,献于晋王的太庙。 2 函梁君臣之首:函,木匣。这里用作动词。公元923年,李存勖(这时他已即皇帝位)带兵攻梁。朱友贞(朱温的儿子,即梁末帝)为避免死在仇人手里,命部将皇甫麟杀了他,杀死朱友贞后,皇甫麟也刎颈自杀。3 先王:指晋王李克用。

及仇雠¹已灭,天下已定,一夫夜呼,乱者四应²,仓皇东出,未见贼而士卒离散,君臣相顾,不知所归,至于誓天断发,泣下沾襟³,何其衰也!岂得之难而失之易欤?抑本其成败之迹⁴,而皆自于人欤?

等到敌人已经消灭,天下已经平定,一个人在黑夜里一声呼喊,叛乱的人就四处响应,庄宗仓促向东方出兵,还没遇到叛军,可是兵士就逃跑溃散了,他和臣子们面面相觑,不知道往哪里去,以至于剪断头发,对天发誓,痛哭得泪水沾湿了衣襟,这是何等的衰败啊!难道是取得天下困难而丢失天下却很容易么?或许推究他成功和失败的道理,都是由于人的作为么?

[注释] 1 仇雠(chóu):敌人。 2 一夫夜呼,乱者四应:公元926年,屯驻在贝州的军人皇甫晖勾结党羽作乱,拥指挥使赵在礼为帅,攻入邺都。

邢州、沧州驻军相继作乱。　3 仓皇东出……泣下沾襟：皇甫晖作乱以后，李存勖派李嗣源（李克用的养子）去征讨。不料李嗣源的部下趁机拥护李嗣源做皇帝，并联合邺都乱兵，向后唐的京都洛阳进军。李存勖仓促率军去镇压，到了万胜镇，听说李嗣源已占据大梁。李存勖神色沮丧，下令把军队开回去。出发时，扈从兵两万五千，一路上叛变逃亡，损失了一万余人。至石桥西，置酒痛哭，向诸将说："你们跟着我以来，同患难，共富贵，今天到了这个地步，难道没有一点办法解救吗？"诸将百余人都割下头发向天发誓，表示忠于后唐，君臣相对大哭。　4 抑：或。　本：考究原因。　迹：事迹。这里引申为道理。

《书》[1]曰："满招损，谦得益。"[2]忧劳可以兴国，逸豫可以忘身[3]，自然之理也。故方其盛也，举[4]天下之豪杰，莫能与之争；及其衰也，数十伶人困之，而身死国灭，为天下笑。[5]夫祸患常积于忽微[6]，而智勇多困于所溺，岂独伶人也哉！

《尚书》上说："满招损，谦得益。"忧虑劳苦可以使国家兴盛，安逸享乐可以使自己灭亡，这是自然的道理啊。因此当庄宗在兴盛的时候，天下所有的英雄好汉，没有一个人能够跟他竞争；等到他衰败了，几十个伶官围困着他，便自身死亡、国家破灭，被天下人讥笑。祸患总是从细小的事情积累发展起来的，聪明勇敢的人大多被他所溺爱的人或事物逼到困境，难道仅仅是伶官吗？

注释 1《书》：指《尚书》。　2 满招损，谦得益：见《尚书·大禹谟》。原作"谦受益"。意思是，自满就要遭到损失，谦虚便能得到益处。3 逸豫：安逸舒适。　忘(wú)：通"亡"。　4 举：全，所有。　5 数十伶人困之，而身死国灭：李存勖灭梁以后，骄傲自满，纵情声色，宠信乐工、宦官，李嗣源反，就得不到文武大臣的支持。公元926年，从马直（皇帝的近卫军)指挥使郭从谦乘李嗣源攻占大梁之机,起兵作乱,李存勖中流矢而死。李存勖死后,李嗣源正式继皇帝位。由于李嗣源是李克用的养子,和李存勖不是同一血统的兄弟,等于换了王朝,所以说"国灭"。 **6** 忽微:形容细小。"忽"是寸的十万分之一;"微"是寸的百万分之一。

《五代史·宦者传》论

欧阳修

导读 该文通过论述宦官制度的弊端说明君主应提高警惕,防止宦官作乱于内而导致国家衰亡的道理。文章详细描述了宦官怎样通过小善、小信而逐步把持政权的过程,警告帝王们不要渐积养祸。

原文

自古宦者¹乱人之国,其源深于女祸。

女,色而已;宦者之害,非一端²也。盖其用事也近而习³,其为心也专而忍⁴,能以小善中人之意⁵,小信⁶固人之心,使人主必信而亲之。

译文

自古以来,宦官扰乱国家,它的来源比女色造成的祸患还要深远。

女人,不过使人君沉溺于美色罢了;宦官的害处,却不仅仅在一个方面。因为他们在人君身边办事,又亲近又熟悉;他们的心思,既专一又隐忍;能够用小善去迎合人君的心意,用小信去稳住人君的感情,使得做人君的,一定信任他们,并且亲近他们。

注释 1 宦(huàn)者:即宦官。 2 一端:事情的一点或一个方面。 3 近:接近皇帝。 习:亲狎,不正常的亲密关系。 4 专而忍:专一隐忍。

5 小善:指一些能得到人君欢心的小事。 中(zhòng):合。 6 小信:指一些貌似忠心耿耿的小动作。

待其已信,然后惧以祸福而把持之。虽有忠臣、硕士[1]列于朝廷,而人主以为去己疏远,不若起居饮食、前后左右之亲为可恃也。故前后左右者日益亲,则忠臣、硕士日益疏,而人主之势日益孤。势孤,则惧祸之心日益切,而把持者日益牢。安危出其喜怒,祸患伏于帷闼[2],则向之所谓可恃者,乃所以为患也。患已深而觉之,欲与疏远之臣图左右之亲近,缓之则养祸而益深,急之则挟人主以为质[3]。虽有圣智,不能与谋。谋之而不可为,为之而不可成。至其甚,则俱伤而两败。故其大者亡国,其次亡身,而使奸豪得借以为资而起,至

等到人君已经信任他们了,然后用祸与福进行威吓,来把持人君。即使朝廷里有忠臣贤士,可是人君却认为他们离自己疏远,不如侍奉起居饮食、跟随在前后左右的宦官可靠。所以,身边的宦官一天天更加亲近,忠臣贤士就一天天更加疏远,于是人君的地位也一天天更加孤立。人君孤立了,害怕祸殃的思想就一天天更加严重,于是把持人君的宦官的地位,一天天更加稳固。国家的安危由他们的喜怒来决定,人君的祸患就隐藏在宫廷之中,那么先前认为可以依靠的人,现在却成了发生祸患的原因。祸患已经很深了才觉察,想要跟疏远的臣子谋划去掉常在身边的宦官,过于迟缓,就会滋养祸患,使它更加严重;过于急切,就会使宦官挟持人君,作为人质。这时即使有大圣大智的人,也无法给人君出谋划策。纵令谋划了也不能去做,做了也不能成功。到了事态十分严重的时候,就会两败俱伤。所以祸患大的,就要亡国,次一点的就要丧身,而且使奸雄

抉其种类，尽杀以快天下之心而后已。⁴此前史所载宦者之祸常如此者，非一世也！夫为人主者，非欲养祸于内，而疏忠臣、硕士于外，盖其渐积而势使之然也。

能借着这个口实来起事，直到搜捕宦官的同党，并全部杀掉，使天下人心大快然后才算了结。以前史书上记载的宦官祸患，常常是这样的，不是一代了！那做人君的，并不是想在宫廷里面滋养祸患，把忠臣贤士疏远在外面，这是逐渐积累造成的，而且是形势逼使他这样的。

注释 1 硕士：道德高尚、学识渊博的人。 2 帷闼(tà)：帷，帐幕；闼，小门，这里是指宫廷之内。 3 质：抵押品。 4 奸豪：奸雄，指权诈欺世的野心家。 资：口实，资本。 抉(jué)：挖出。

夫女色之惑，不幸而不悟，则祸斯及矣；使其一悟，捽而去之可也¹。宦者之为祸，虽欲悔悟，而势有不得而去也。唐昭宗之事是已²。故曰"深于女祸"者，谓此也，可不戒哉！

对于女色的迷惑，不幸不能醒悟，那么祸患就临头了；如果人君一旦醒悟，揪着头发丢弃她就行了。对于宦官的祸患，虽然想悔悟，可是却有不能够除掉它的形势。唐昭宗的事情就是这样的。所以说宦官比女色造成的祸患还要深远，就是这个缘故，怎么能够不警惕呢！

注释 1 捽(zuó)：揪。 去：除去，弃。 2 唐昭宗之事是已：唐昭宗的事情就是这样。唐昭宗(李晔)因宦官专权为祸，天复元年(901)，与宰相崔胤密谋诛杀宦官。崔胤写信请朱温发兵迎接昭宗。但事情被宦官知道了，便先劫昭宗到凤翔。次年，朱温兵围凤翔。天复三年(903)春，城中食尽投降，朱温尽杀宦官。后来，崔胤和昭宗也先后被朱温杀死。

相州昼锦堂记

欧阳修

导读　本文是欧阳修为宰相韩琦在故乡修建的昼锦堂写的一篇记。文中用苏秦、朱买臣等炫耀富贵的庸俗行为作陪衬，赞扬韩琦能不以此为荣，而以此为戒，其志在"德被生民而功施社稷"，远高于一般封建士大夫。

原文

仕宦¹而至将相，富贵而归故乡²，此人情之所荣，而今昔之所同也。盖士方穷时，困厄闾里³，庸人孺子，皆得易⁴而侮之，若季子不礼于其嫂，买臣见弃于其妻⁵。

译文

做官做到将相，富贵之后回到故乡，这在人情上是很荣耀的事情，古往今来都是这样看的。大凡读书的人当他还处在穷困的时候，在乡里受苦，一般的人和小孩都能够轻视他、欺侮他，像苏秦遭到他嫂嫂的无礼对待，朱买臣被他的妻子离弃一样。

注释　1 仕宦：做官。　2 富贵而归故乡：富贵后回到本乡。含有向亲友乡邻夸耀之意。　3 困厄(è)：困苦，苦难。　闾(lú)里：周代称二十五家为闾或里，后来用为乡里的通称。　4 易：轻视。　5 买臣见弃于其妻：朱买臣，西汉吴县(今属江苏苏州)人，字翁子。发迹前，家里贫困，靠卖柴为生。妻子不能忍受穷困，终于离弃了朱买臣。后来朱买臣做了大官，传说他妻子要求复婚，朱便叫人端来一盆水泼在马头上，让她再收回来。见，被。

一旦高车驷马¹，旗旄²导前，而骑卒拥后，夹道之人，相与骈肩累迹³，瞻望咨嗟⁴，而所谓庸夫愚妇者，奔走骇汗，羞愧俯伏，以自悔罪于车尘马足之间。此一介之士⁵，得志于当时，而意气之盛，昔人比之衣锦之荣⁶者也。

他们一旦坐着华贵的大车，旌旗在前面引路，骑马的侍从在后面跟随，路上两旁的人，互相肩膀挨着肩膀，脚印叠着脚印，一面望着一面赞叹，这时那些平庸的男子，愚蠢的妇人，却东奔西跑，吓得汗流浃背，羞耻惭愧，趴伏在地上，在大车扬起的灰尘和骏马的足迹之间自己懊悔请罪。这是一个普通读书人，在当时得意，因而意气风发的表现，过去人们把它比作穿着锦绣回到故乡那样荣耀。

[注释] 1 高车驷马：古时显贵者的车乘。高车，古时称车盖高、可以立乘的车子，后世泛指高大的车子；驷马，四匹马拉的车子。 2 旄(máo)：古时旗杆顶上用旄牛尾作的装饰，也指有这种装饰的旗。 3 骈(pián)肩：并肩，肩挨肩，形容人多。 累迹：足迹相叠。形容人多拥挤。 4 咨嗟(zījiē)：赞叹。 5 一介：一个，含有渺小的意味。 6 衣锦之荣：富贵之后回故乡的荣耀。衣，穿，作动词用。

惟大丞相魏国公¹则不然。公，相²人也，世有令德³，为时名卿。自公少时，已擢高科⁴，登显士⁵；海内之士，闻下风而望余光⁶者，盖亦有年矣。

只有尊敬的丞相魏国公却不是这样。魏国公是相州人，世代有美德，是当时有名的公卿。魏国公年少的时候，就已经中了高高的科第，做了大官；天下的读书人，闻风下拜，希望瞻仰丰采，大概也有多年了。

【注释】 1 大丞相魏国公:指韩琦。丞相,即宰相。魏国公,韩琦的封号。
2 相(Xiàng):地名,今河南安阳。 3 令德:美好的德行。 4 擢:擢第,科举考试登第。 高科:科举中的高等科目。 5 显士:显贵的官吏。
6 余光:本指落日的余晖,这里借指人们远远地瞻望韩琦的丰采。

所谓将相而富贵,皆公所宜素有。非如穷厄之人,侥幸得志于一时,出于庸夫愚妇之不意,以惊骇而夸耀之也。然则高牙大纛[1],不足为公荣;桓圭衮裳[2],不足为公贵;惟德被[3]生民而功施社稷,勒之金石[4],播之声诗[5],以耀后世而垂无穷:此公之志,而士亦以此望于公也。岂止夸一时而荣一乡哉?

所说的做将相,得富贵,都是魏国公早就应当有的。不像那些穷困的人,在一个时候侥幸得志,出乎平庸男子和愚蠢妇人的意料之外,从而使他们惊骇,并向他们夸耀自己。既然这样,那么作为仪仗的大旗,不足以显示魏国公的荣耀;三公的命圭和礼服,不足以表现魏国公的显赫;只有恩德遍及百姓,功勋立于国家,使这些事情铭刻在钟鼎、石碑上,颂扬在乐章里,光照后代,一直传到无穷,这才是魏国公的志向。读书人也是在这一点上对魏国公寄予希望啊。哪里只是炫耀于一时,荣耀于一乡呢?

【注释】 1 高牙大纛(dào):指高官的仪仗队。牙,牙旗(军前的大旗);纛,仪仗队的大旗。 2 桓圭:帝王授给三公的命圭。圭是古代帝王、诸侯拿在手中的上圆下方的礼器。 衮(gǔn)裳:三公所穿的礼服。 3 被:及。
4 勒之金石:刻在钟鼎、石碑上。勒,刻。 5 播之声诗:颂扬在乐章里。

公在至和[1]中,尝以武康之节[2],来治于相[3],

魏国公在宋仁宗至和年间,曾经以武康节度使的身份,来治理相州,就乃作昼锦之堂于后圃[4]。既又刻诗于石，以遗相人。其言以快恩仇、矜名誉为可薄，盖不以昔人所夸者为荣，而以为戒。于此见公之视富贵为何如，而其志岂易量哉？故能出入将相，勤劳王家，而夷险一节[5]。

在后园里修建了"昼锦堂"。后来又在石碑上刻了诗，把它留给相州的人民。他把恩怨分明、炫耀名誉看作可耻，因为他不把前人所夸耀的东西算作荣耀，却把它当作警诫。在这里，我们可以看到魏国公对富贵持怎样的看法了！他的志向哪里能够轻易估量呢？所以他能够出将入相，勤劳为国，做到平安的时候和艰险的时候表现完全一样。

注释　1 至和：宋仁宗（赵祯）年号（1054—1056）。　2 武康之节：武康节度使。武康，地名，在今浙江北部。　3 来治于相：指韩琦以武康节度使身份作相州知州，来治理相州。　4 圃：园地。　5 夷险一节：太平的时候和患难的时候表现完全一样。夷，平；险，难；一节，一致。

至于临大事，决大议，垂绅正笏[1]，不动声色，而措天下于泰山之安，可谓社稷之臣矣！其丰功盛烈，所以铭彝鼎而被弦歌者，乃邦家之光，非闾里之荣也。[2]

余虽不获登公之堂，幸尝窃诵公之诗；乐公之志有成，而喜为天下道也，于是乎书。

至于遇到重大事件，决断大的主张，垂着衣带，拿着手板，不动一点声色，却能把天下治理得像泰山一样的安稳，真可以称得上关系国家安危的大臣了！他的丰功伟业，刻在钟鼎上，谱在乐歌里，都是国家的光荣，不单是乡里的荣耀啊！

我虽然没有机会登上魏国公的昼锦堂，幸运的是曾经私下诵读过魏国公所写的诗；我因魏国公的志向能够实现而高兴，很乐意讲给天下人听，于是写了这篇记。

[注释] 1 绅:古代士大夫束在衣外的大带子。 笏(hù):即朝笏。 2 烈:功业。 彝鼎:即钟鼎,宗庙用的礼器。 弦歌:即乐歌。 邦家:国家。

丰乐亭[1]记

欧阳修

[导读] 本文是欧阳修写的一篇散文。本文除记述建丰乐亭的经过及与滁人共游之外,还描绘了滁州从战乱到和平的变迁,从而寄托了安定来之不易,应予珍惜的主题和与民同乐的政治思想。

[原文]

修既治滁之明年,夏,始饮滁水而甘。[2]问诸滁人,得于州南百步之近。其上则丰山,耸然[3]而特立[4];下则幽谷[5],窈然[6]而深藏;中有清泉,滃然[7]而仰出。俯仰左右,顾而乐之。于是疏泉凿石,辟地以为亭,而与滁人往游其间。

[译文]

我治理滁州的第二年,到了夏天,才喝着滁州的泉水,觉得很甜美。向滁州人打听泉水的出处,是在州城南面不到百步的地方找到的。它的上面就是丰山,丰山高峻挺拔地矗立着;下面就是紫薇谷,幽暗深远地隐藏着;中间有一股清泉,大量的水向上涌出。看看上下左右的景色,我很喜欢这个地方。于是疏通泉水,开凿石头,清出一块地方建造一个亭子,跟滁州人一道在这里游赏。

[注释] 1 丰乐亭:在今安徽滁(Chú)州西丰山北麓。 2 修:欧阳修自称。古代人自谦称名。 滁:州名,治所在今安徽滁州。 3 耸然:高高

蠢立的样子。　4 特立:独立。特,独。　5 幽谷:幽深的山谷,即紫薇谷。
6 窈(yǎo)然:幽暗深远的样子。　7 瀚(wěng)然:水盛大的样子。

滁于五代干戈之际[1],用武之地也。昔太祖皇帝[2],尝以周师破李景兵十五万于清流山下,生擒其将皇甫晖、姚凤于滁东门之外[3],遂以平滁。修尝考其山川,按其图记,升高以望清流之关,欲求晖、凤就擒之所,而故老皆无在者,盖天下之平久矣。自唐失其政,海内分裂,豪杰并起而争,所在为敌国者,何可胜[4]数?

滁州在五代战争频繁的时候,是个用兵的地方。从前太祖皇帝曾经率领后周的部队,在清流山打败南唐李璟的十五万大军,在滁州城东门外活捉他的大将皇甫晖、姚凤,于是平定了滁州。我曾经考察滁州的山水,依照它的图记,登上高地来瞭望清流关,想寻找皇甫晖、姚凤被活捉的地方,可是,当时的父老都不在世了,原来天下太平已经很久了啊。自从唐朝丢失政权,天下分裂,英雄豪杰同时起来争夺天下,彼此成为敌国的,数也数不清。

注释　1 五代:公元907年,唐朝灭亡,我国中原地区相继建立了梁、唐、晋、汉、周五个短期王朝,共历时五十三年,历史上称为"五代"。　干戈:古代的兵器,这里指战争。　2 太祖皇帝:即宋太祖赵匡胤,宋王朝的建立者。　3 "尝以周师破李景"二句:周师,指周世宗柴荣的部队。李景(应为"璟"),五代南唐中主。当时赵匡胤为周殿前都虞候,领严州刺史。周显德三年(956)春,周世宗征淮南,南唐将领皇甫晖、姚凤退保清流关(在滁州西南)。周世宗命赵匡胤突阵而入,皇甫晖等逃入滁州城,被赵匡胤活捉。　4 胜(shèng,旧读 shēng):尽。

及宋受天命，圣人出而四海一[1]。向之凭恃险阻，铲削消磨。百年之间，漠然徒见山高而水清；欲问其事，而遗老[2]尽矣。今滁介江淮之间，舟车商贾[3]，四方宾客之所不至；民生不见外事，而安于畎亩[4]衣食，以乐生送死；而孰知上之功德，休养生息，涵煦[5]于百年之深也！

等到宋朝承受天命，太祖出来，才统一了天下。先前凭借险阻的国家，都被铲除消灭。一百多年来，人们安静地只看到山峦高峻，流水清清；想询问当年的事情，而那些经历过的老人已经不在世了。现在滁州处于长江、淮水之间，是坐船乘车的商人、四面八方的宾客不来的地方；百姓在一生中看不到外面发生的事情，安心地种田地、谋衣食，快乐地过日子一直到死；谁又知道皇上的功德，休养民力，增殖人口，在一百多年的长时间里滋润养育他们呢？

注释 1 圣人：对帝王的尊称。这里指宋太祖赵匡胤。 四海一：国家得到了统一。 2 遗老：指经历世变的老人。 3 商贾(gǔ)：指商人。 4 畎(quǎn)亩：田地。畎，田间小沟。 5 涵煦(xù)：滋润化育。这里颂扬宋王朝功德无量，养育万物。

修之来此，乐其地僻而事简，又爱其俗之安闲。既得斯泉于山谷之间，乃日与滁人仰而望山，俯而听泉，掇[1]幽芳而荫乔木，风霜冰雪，刻露清秀，四时之景，无不可爱。又幸其民乐其

我来到这里，喜欢这地方僻静而且公事简少，又喜欢它的风俗安闲。既然在山谷里找到这个泉，就天天跟滁州人抬头观看山景，低头倾听泉水的潺潺声，春天采摘清香的花草，夏天在大树的浓荫下休息，秋天里起风下霜，冬天里结冰落雪，那山形陡直显露，更觉得清爽秀丽，四季的景色，没有不可爱的。又幸好

岁物之丰成,而喜与予游也。因为本其山川,道其风俗之美,使民知所以安此丰年之乐者,幸生无事之时也。夫宣上恩德,以与民共乐,刺史²之事也,遂书以名³其亭焉。

这里的百姓因年岁丰收而欢喜,高兴跟我一起游乐。我因而根据这里的山水,称说它的风俗的美好,使百姓懂得他们能够安适地享受这丰年的快乐,是因为幸运地生长在太平无事的时代啊!宣扬皇上的恩德,跟百姓同享欢乐,是知州的职分,于是写了这篇记,来为这个亭子命名。

[注释] 1 掇(duō):拾取。 2 刺史:唐代称一州的最高行政长官为刺史,宋代则称为知州。所以刺史就是指知州。 3 名:用作动词,命名。

醉翁亭记

欧阳修

[导读] 本文是一篇近于赋体的散文。欧阳修被贬为滁州知州时(宋仁宗庆历六年,即公元1046年)所作。全文贯穿一个"乐"字,其中则包含着比较复杂曲折的内容,一则暗示出地方长官能"与民同乐"的情怀,一则在寄情山水背后隐藏着难言的苦衷。作者正当四十岁的盛年却自号"醉翁",其意在借山水之乐来排遣谪居生活的苦闷。作者醉在两处:一是陶醉于山水美景之中,二是陶醉于与民同乐之中。

[原文]

环滁皆山也。¹其西南诸峰,林壑²尤美。

[译文]

环绕着滁州城的都是山。它的西南面的各个山峰,树林和山谷特别优美。

望之蔚然而深秀者,琅琊也。³山行六七里,渐闻水声潺潺,而泻出于两峰之间者,酿泉⁵也。

看过去树木茂盛、幽深秀丽的,是琅琊山。沿山路走六七里,渐渐地听到淙淙的流水声,从两座山峰之间奔泻出来的,便是酿泉。

【注释】 1 环:环绕,围绕。 滁:即滁州。 2 林壑(hè):森林和山谷。 3 蔚然:树木茂盛的样子。 深秀:幽深秀丽。 琅琊(Lángyá):山名,在滁州西南。 5 酿泉:泉水名,在琅琊山内。

峰回路转¹,有亭翼然²临于泉上者,醉翁亭也。作亭者谁?山之僧智仙也。名之者谁?太守³自谓也。太守与客来饮于此,饮少辄醉,而年又最高,故自号曰醉翁。醉翁之意不在酒,在乎山水之间也。⁴山水之乐,得之心而寓之酒也。⁵

经过一段绕着山势曲折的道路,便有一座四角翘起、像鸟儿张开翅膀的亭子,靠近泉边,那就是醉翁亭了。修造亭子的人是谁?是这山里的智仙和尚。给亭子命名的是谁?是太守用自己的名字来称呼它。太守同宾客到这里来游宴,稍微喝一点酒就醉了,而且年纪又最大,所以给自己取个名号叫醉翁。醉翁的本意并不在酒上面,而在于游览山水的乐趣。游山玩水的乐趣,是心领神会的,喝酒只是一种寄托罢了。

【注释】 1 峰回路转:山势回环,路也跟着拐弯。回,转弯。 2 有亭翼然:有个亭子四角翘起,像鸟展翅的样子。 3 太守:即郡太守,这是袭用前代郡的行政长官的称号。宋朝有州无郡,一州长官叫知州。这里是作者的自称。 4 "醉翁之意"二句:"醉翁"二字的意思,并不是因酒而醉,而是因山水之美而陶醉。意,本意。 5 "山水之乐"二句:意思是说,欣赏山水的乐趣,是心领神会的,又寄托在饮酒之中。寓,寄托。

若夫日出而林霏开[1],云归而岩穴暝[2],晦明变化[3]者,山间之朝暮也。野芳发而幽香,佳木秀而繁阴,风霜高洁,水落而石出者,山间之四时也。朝而往,暮而归,四时之景不同,而乐亦无穷也。

若说那早晨太阳出来,树林里的雾气散开了,傍晚烟云聚拢来,山石洞穴又显得阴暗,这种或暗或明、变化不一的情形,就是山里的早晨和傍晚。野花开放,有一股清幽的香味;美好的树木发荣滋长,枝繁叶茂,形成一片浓密的绿荫;秋高气爽,霜色洁白;溪水浅了,石头显露出来:这就是山间一年四季的景象。早晨登山,傍晚回来,四季的景象又不同,因而乐趣也没有穷尽。

[注释] 1 若夫:至于。 林霏(fēi):森林里的雾气。 2 云归:云气聚拢。暝(míng):昏暗(指夜色)。 3 晦明变化:或暗或明,变化不一。

至于负者歌于途,行者休于树,前者呼,后者应,伛偻提携[1],往来而不绝者,滁人游也。临溪而渔,溪深而鱼肥;酿泉为酒,泉香而酒洌;山肴野蔌,杂然而前陈者,太守宴也。[2]

至于背负东西的人在路上唱着歌,走路的人在树下休息,前面的人大声呼唤,后面的人随即答应,老年人弯着腰走,小孩子由大人带领着走,来来往往络绎不绝的,都是来游山的滁州人。到溪水里捕鱼,溪水深,鱼也肥;用泉水酿酒,泉水香甜,酒色清澄;野味野菜,纷纷摆在桌前,这就是太守的宴席。

[注释] 1 伛偻(yǔlǚ):腰弯背曲的样子。这里指老年人。 提携:带领。

这里指小孩。 2 冽:清。
等荤菜。 蔌(sù):野菜。

山肴(yáo):指山里得来的野味。肴,鱼肉

宴酣之乐,非丝非
竹[1];射[2]者中,弈[3]者胜,
觥筹交错[4],坐起[5]而喧
哗者,众宾欢也。苍颜
白发,颓乎其中者[6],太
守醉也。

沉浸在筵席中的乐趣,不在于音乐;
投壶的人投中了,下棋的人取得了胜利,
酒杯和酒筹交互错杂,一时坐着,一时站
起,大声喧闹,是太守的宾客在尽情地欢
乐啊。苍老的容颜,白白的头发,醉醺醺
地倒在他们中间的,是醉了的太守。

[注释] 1 非丝非竹:丝、竹,分别是弦乐器和管乐器。泛指音乐。 2 射:
指投壶。 3 弈:下棋。 4 觥(gōng):用犀牛角等制成的酒杯。 筹:
这里指酒筹,用来计算饮酒数量的筹码。 交错:杂乱。 5 坐起:另一
种版本作"起坐"。 6 颓:倒。 乎:犹"于"。

已而夕阳在山,人
影散乱,太守归而宾客从
也。树林阴翳[1],鸣声上
下[2],游人去而禽鸟乐也。
然而禽鸟知山林之乐,而
不知人之乐;人知从太守
游而乐,而不知太守之乐
其乐也[3]。醉能同其乐,
醒能述以文者,太守也。
太守谓[4]谁?庐陵欧阳
修也。

过后,傍晚的太阳正在落山,游山
的人纷纷散开,太守回家,宾客在后
面跟随着。树荫遮盖着,上上下下鸟
叫的声音响成一片,游人离开这里,
鸟儿十分快乐。可是鸟儿只知道山林
的快乐,却不知道游人的快乐;游人
只知道跟随太守游赏的快乐,却不知
道太守为他们的快乐而感到快乐。醉
饮能够同大家一起快乐,酒醒能够用
文章记叙这件事的人,是太守。太守
是谁?就是庐陵的欧阳修啊。

注释 1 阴翳(yì)：树荫遮盖着。翳，遮盖。 2 鸣声上下：指飞鸟或在高处叫，或在低处叫。 3 而不知太守之乐其乐也：可是不知道太守为他们的快乐而感到快乐。其，指滁州人、众位宾客。 4 谓：通"为"。

秋声赋
欧阳修

导读 这篇赋是散文赋中的名篇。欧阳修时年53岁，虽身居高位，然有感于宦海沉浮，政治改革艰难，故心情苦闷，乃以"悲秋"为主题，抒发人生的苦闷与感叹。

原文

欧阳子[1]方夜读书，闻有声自西南来者，悚然[2]而听之，曰："异哉！"初淅沥以潇飒，忽奔腾而砰湃，如波涛夜惊，风雨骤至。[3]其触于物也，铮铮铮铮[4]，金铁皆鸣；又如赴敌之兵，衔枚[5]疾走，不闻号令，但[6]闻人马之行声。予谓童子："此何声也？汝出视之！"童子曰："星月皎洁，明河[7]在天，四无人声，声在树间。"

译文

我正在夜里读书，听到有声音从西南方传来，吃惊地细听，说："奇怪啊！"开始是淅沥的雨声夹杂着飒飒的风声，忽然奔腾澎湃，好像夜里波涛汹涌，风雨迅猛到来。它撞在物体上，铮铮铮铮，像金属相互撞击发出的声音；又像开赴敌阵的士兵，口里衔枚快跑，听不到号令，只听到人马的脚步声。我对书童说："这是什么声音？你出去看看它！"书童回来说："星光月色，明亮洁白，银河高挂在天上，四处都没有人声，声音从树林里出来。"

注释 1 欧阳子:作者自称。 2 悚(sǒng)然:吃惊的样子。 3 淅沥(xīlì):雨声。 潇飒(sà):风声。 砰湃(pēngpài):波涛汹涌声。 4 铮铮(cōngcōng)铮铮(zhēngzhēng):金属相击声。 5 衔枚:古代行军时,常令士兵口里横衔一根像筷子的小棍,使他们不能讲话,以保持部队肃静,避免被敌人发觉。 6 但:只。 7 明河:指银河。

予曰:"噫嘻[1]悲哉!此秋声也。胡为乎来哉?盖夫[2]秋之为状也:其色惨淡[3],烟霏[4]云敛;其容清明,天高日晶;其气栗冽[5],砭[6]人肌骨;其意萧条,山川寂寥[7]。故其为声也,凄凄切切,呼号奋发。丰草绿缛[8]而争茂,佳木葱茏[9]而可悦;草拂之而色变,木遭之而叶脱。其所以摧败零落者,乃一气[10]之余烈。

我说:"唉!悲伤啊!这就是秋声啊。为什么来的呢?那秋天的形状是:它的颜色凄凉暗淡,云雾消散;它的容貌清净明爽,天空高朗,阳光灿烂;它的气候寒冷,刺人肌骨;它的神意萧条,山河寂寞冷落。所以它发出的声音,凄凄切切,呼喊号叫,奋发而起。秋天到来之前,绿草繁茂,一片欣欣向荣,美好的树木也青葱蕃盛,可喜可爱;秋天一到,花草被它掠过就要改变颜色,树木遇着它叶子就要脱落。它们衰败零落的原因,就是秋天肃杀之气的余威啊。

注释 1 噫嘻:感叹词。 2 盖夫:发语词。 3 惨淡:阴暗无色。 4 烟霏(fēi):烟雾。 5 栗冽(lìliè):犹栗烈,寒冷。 6 砭(biān):古代用来治病的石针。这里是针刺的意思。 7 寂寥(liáo):冷落。 8 缛(rù):繁茂。 9 葱茏(cōnglóng):草木青翠茂盛的样子。 10 气:古人认为大自然中弥漫着一种气,这种气四季会发生变化。秋气是肃杀之气。

"夫秋,刑官也[1],于时为阴[2];又兵象也[3],于行为金[4],是谓天地之义气[5],常以肃杀而为心。天之于物,春生秋实。故其在乐也,商声主西方之音[6];夷则为七月之律[7]。商,伤也,物既老而悲伤;夷,戮也,物过盛而当杀。

"秋天本是司寇用刑的时候,在时令上属于阴;它又是征伐的季节,在五行上属于金,这就叫作天地的肃杀之气,常常把严厉的摧残作为主旨。天对于万物,让它们春天生长,秋天结果。所以,在音乐方面,商声是秋天的声音,主管西方;夷则正是七月的律名。商,是悲伤的意思,万物已经衰老,就生出悲伤的情绪;夷,是诛杀的意思,万物过了茂盛期,就当然走向衰败凋零。

注释 1 夫秋,刑官也:周朝设官,以天地四季为名(谓之六卿),掌管刑法、狱讼的为秋官。 2 于时为阴:古人以阴阳配合四时,春夏为阳,秋冬为阴。 3 又兵象也:古代征伐多在秋天,所以称为"兵象"。 4 于行为金:古人把五行分配于四季,认为四季是五行相生的结果,秋天属金。五行,即金、木、水、火、土。 5 天地之义气:《礼记·乡饮酒义》说,天地肃杀之气,从西南方开始,到西北方时极盛,"是谓天地之义气"也。由西南至西北方,正是秋的方位。 6 商声主西方之音:古代将乐声分为宫、商、角、徵(zhǐ)、羽等五声,并分配于四时,角属春,徵属夏,商属秋,羽属冬,宫属中央。同时,五声和五行相配,商声属金,主西方之音。 7 夷则为七月之律:《礼记·月令》以十二律(黄钟、大吕、太簇、夹钟、姑洗、仲吕、蕤宾、林钟、夷则、南吕、无射、应钟)分配十二月,七月为夷则。

"嗟夫!草木无情,有时飘零;人为动物,惟物之灵:百忧感[1]其心,

"唉!草木是没有情感的东西,尚且有时要飘落凋零;人是动物,而且是动物中最有灵性的:百般忧虑动摇他的心

万事劳其形,有动于中,必摇其精,而况思其力之所不及,忧其智之所不能;宜其渥然丹者为槁木,黟然黑者为星星。[2] 奈何非金石之质,欲与草木而争荣?念谁为之戕贼[3],亦何恨乎秋声[4]!"

童子莫对,垂头而睡。但闻四壁虫声唧唧,如助予之叹息。

绪,万件事情劳累他的形体,心中动摇不定,一定会损伤他的精神,更何况要去思考和担心凭借他的力量和智慧所办不到的事情呢!这样,当然会使他红润的容貌变得衰老,乌黑发亮的头发变得雪白。为什么要拿自己并不是金石般的体质,想去跟草木争荣比盛呢?应当想想是谁折磨着自己,又何必怨恨那凄凉的秋声!"

书童没有回答,低头睡着了。这时候,只听得墙壁四周小虫唧唧的鸣叫声,好像在应和着我的叹息。

注释 1 感(hàn):通"撼",动摇。 2 渥(wò)然丹者:指红润的容貌。这里指年轻人。 槁(gǎo)木:枯木,这里指衰老。 黟(yī)然:黑色的样子。星星:点点白色,形容鬓发花白。 3 戕(qiāng)贼:残害。 4 亦何恨乎秋声:意思是人的衰颓是被忧思折磨的结果,与秋声并无关系。

祭石曼卿[1]文

欧阳修

导读 这是作者在诗友石曼卿死后二十六年写的一篇悼念祭文。作者避免了一般祭文的呆板格式,内容不是为死者作生平概括,而是通过三呼曼卿,称赞其声名不朽,哀悼他死后的凄凉,抒发深切的哀痛。全文感情浓挚,音节悲哀,特别是对墓地的描摹更显得凄清哀婉,仿佛能使人听到作者呜咽的哭声。

原文

维治平四年[2],七月日,具官[3]欧阳修,谨遣尚书都省令史李敭[4],至于太清[5],以清酌庶羞之奠[6],致祭于亡友曼卿之墓下,而吊之以文,曰:

译文

治平四年七月某日,具官欧阳修,谨派尚书省令史李敭,来到太清,用清酒和各色食物作祭品,在亡友曼卿的墓前祭奠,并且用祭文吊祭他,说:

注释 1 石曼卿(994—1041):名延年,河南商丘人,北宋诗人。他一生遭遇冷落,很不得志。 2 治平四年:公元1067年。治平,北宋英宗(赵曙)的年号(1064—1067)。 3 具官:唐宋以来,在公文函牍或其他应酬文字的底稿上,常把应写明的官爵品级简写为"具官"。 4 尚书都省:即尚书省,管理全国行政的官署。 令史:管理文书工作的官。 李敭(yì):生平不详。 5 太清:地名,石曼卿的故乡,在今河南商丘东南。 6 清酌:一般专指祭祀用酒。 庶羞:品多叫庶,肴美叫羞。 奠:祭品。

呜呼曼卿!生而为英,死而为灵。其同乎万物生死,而复归于无物者,暂聚之形[1];不与万物共尽,而卓然[2]其不朽者,后世之名。此自古圣贤,莫不皆然;而著在简册者[3],昭[4]如日星。

唉,曼卿!你生前是个英俊不凡的人,死了一定变为神灵。那同万物一样有生有死,因而再回到虚无的东西,就是暂时聚结起来的外形;不跟万物一同消亡,而超然出众、永远不朽的东西,就是后代的名声。自古以来的圣人贤士,没有一个不是这样的;他们写在史书上的名字,明亮得像日月星辰。

【注释】 1 形:指身体。 2 卓然:超群出众的样子。 3 著:写。 简册:即史书简,古代用来写字的竹板。 4 昭:明亮。

呜呼曼卿!吾不见子久矣,犹能仿佛子之平生。其轩昂磊落[1],突兀峥嵘[2],而埋藏于地下者,意其不化为朽壤,而为金玉之精;不然,生长松之千尺,产灵芝而九茎[3]。奈何荒烟野蔓,荆棘纵横,风凄露下,走磷[4]飞萤;但见牧童樵叟,歌吟而上下,与夫惊禽骇兽,悲鸣踯躅而咿嘤[5]。今固如此,更千秋而万岁兮,安知其不穴藏狐貉与鼯鼪[6]?

唉,曼卿!我很久没见到你了,还能大致记得你的生平。仪表英俊,心地光明,才能出众,气质超群,因而那埋藏在地下的形体,想来不会化为腐朽的泥土,而会变成金玉的精粹;如果不是这样,也应当生长出千尺高的松树,培育出最珍贵的九茎灵芝。奈何荒原里烟雾迷漫,墓地上蔓草丛生,荆棘到处都是,风声凄厉,露水零零,磷火飘忽,萤火飞行;只看到放牛的童子、砍柴的老人,上上下下,在墓地歌吟;还有受惊的飞禽和胆小害怕的野兽,来回行走,发出咿嘤的悲鸣。现在固然是这样,再过千年万载啊,又怎么知道狐、貉、鼯、鼪不在坟墓里打洞藏身?

【注释】 1 轩昂:仪表英俊。 磊落:心地坦率光明。 2 突兀(wù):高而不平。 峥嵘(zhēngróng):高峻的样子。突兀峥嵘,这里指石曼卿的精神气质杰出优秀。 3 灵芝:菌类,一种罕见的药用植物。古人把它视为瑞草。 九茎:一千九茎,呈红黄色,是灵芝中最好的一种。 4 走磷:飘动的磷火。迷信的人称之为鬼火。 5 踯躅(zhízhú):徘徊不前。 咿嘤(yīyīng):象声词,这里指禽兽悲鸣的声音。 6 貉(hé):一种像狐狸的野兽,也叫狸。 鼯(wú):飞鼠。 鼪(shēng):即黄鼠狼。

此自古圣贤亦皆然兮,独不见夫累累乎旷野与荒城[1]!

呜呼曼卿!盛衰[2]之理,吾固知其如此;而感念畴昔[3],悲凉凄怆,不觉临风而陨涕[4]者,有愧夫太上之忘情[5]!尚飨!

这自古以来的圣人贤士,也都是这样的啊,难道看不见那相连不断的旷野和荒坟!

唉,曼卿!生死存亡的道理,我本来知道它就是这样的;可是追念往日的情谊,凄凉悲苦,不知不觉就对风流泪,因为我不能做到像圣人那样忘情。请享用祭品吧!

注释 1 累累:重叠相连的样子。 荒城:此处指荒凉的坟墓。 2 盛衰:这里指人的生存和死亡。 3 畴(chóu)昔:从前。 4 陨涕:掉眼泪。 5 太上之忘情:晋朝人王衍死了儿子,山简去慰问,见他悲痛欲绝,就劝他不要过于哀伤。王衍回答说:"圣人忘情,最下不及情,情之所钟,正在我辈。"(见《世说新语·伤逝》)所以"太上"指圣人。

泷冈阡表[1]

欧阳修

导读 本文是欧阳修的代表作,被誉为中国古代三大祭文之一。在表文中,作者追述了父亲的孝顺与仁厚,缅怀了母亲的俭约与安于贫贱。率意写出,不事描绘,而语语入情。

原文

呜呼!惟我皇考崇公[2],卜吉[3]于泷冈之六十

译文

唉!我的父亲崇国公,在占卜所得之吉地泷冈安葬六十年之后,他的

年,其子修始克⁴表于其阡。非敢缓也,盖有待也。

儿子修才能够在墓道上立碑。这并不是敢有意迟缓,是因为有所等待呢。

注释 1 泷(Shuāng)冈:地名。在江西永丰沙溪南凤凰山上。 阡(qiān)表:墓碑文,是传叙性的文体。阡,墓道。 2 皇考:对亡父的尊称。皇,美的意思;考,已死的父亲。 崇公:欧阳修的父亲,名观,字仲宾,后来追封崇国公。 3 卜吉:占卜以择吉地。 4 克:能够。

修不幸,生四岁而孤¹。太夫人²守节自誓,居穷,自力于衣食,³以长⁴以教,俾至于成人。太夫人告之曰:“汝父为吏,廉而好施与⁵,喜宾客。其俸禄虽薄,常不使有余,曰:‘毋以是为我累。’故其亡也,无一瓦之覆,一垄之植,以庇而为生。吾何恃而能自守耶?吾于汝父,知其一二,以有待于汝也。自吾为汝家妇,不及事吾姑,然知汝父之能养也。⁶

我不幸,生下来四岁就失去了父亲。母亲发誓守节,家境贫寒,自己操持生活,抚养我,教育我,使我一直到长大成人。母亲告诉我说:“你父亲做官,清廉自守却喜欢帮助别人,又喜欢结交宾客。他的俸禄虽然微薄,也常常不让它有剩余。他说:‘不要因为这财物坏了我的清廉。’所以他死的时候,没有留下一处房屋、一块田地,可以让我们依托来维持生活。我靠什么能够自己守节呢?对于你父亲,我略微知道他一点,因此对你有所期待啊。我自从做了你家的媳妇,没有赶上侍奉我的婆婆,可是知道你父亲是很会孝养父母的。

注释 1 孤:古时年幼就死了父亲称孤。 2 太夫人:指欧阳修的母亲郑氏。 3 居穷:家境贫寒。 衣食:指生活。 4 长(zhǎng):抚养。 5 施与:施舍,即以财物帮助别人。 6 姑:婆母。这里指欧阳修的祖母。

养:奉养。指孝顺父母。

"汝孤而幼,吾不能知汝之必有立,然知汝父之必将有后也。吾之始归¹也,汝父免于母丧²方逾年。岁时祭祀,则必涕泣曰:'祭而丰,不如养之薄也。'间御³酒食,则又涕泣曰:'昔常不足,而今有余,其何及也!'吾始一二见之,以为新免于丧适然⁴耳。既而其后常然,至其终身未尝不然。吾虽不及事姑,而以此知汝父之能养也。

"你没了父亲,年纪又小,我不能够知道你必定有什么成就,但是知道你父亲一定会有好的后代啊。我刚嫁过来的时候,你父亲守满你祖母的丧期才过一年。逢年过节举行祭祀,就一定哭着说:'祭祀时丰厚,还不如在生前供养微薄呢!'偶然用些好酒好饭菜,就又流泪说:'以前常嫌不够,现在却有剩余了,可是怎么来得及奉养父母呢!'我开始看见一两次,以为他新近免除服丧,偶然这样罢了。后来经常这样,终他一生,没有不是这样的。我虽然来不及侍奉婆婆,却凭这一点就知道你父亲是很会孝养父母的。

【注释】 1 始归:才嫁过来的时候。古时女子出嫁称"归"。 2 免于母丧:母亲死后,守丧期满。旧时父母或祖父母死,儿子与长房长孙须谢绝人事,做官的解除职务,在家守孝三年,也称守制。免,指期满。 3 间(jiàn):间或,偶然的意思。 御:进用。 4 适然:偶然这样。

"汝父为吏,尝夜烛治官书¹,屡废而叹。吾问之,则曰:'此死狱也,我求其生不得²尔!'吾

"你父亲做官时,曾经晚上点着灯烛,批阅案卷,屡次停下来叹息。我问他,就说:'这是判死罪的案子,我想救活他却做不到啊!'我说:'可以为死囚寻

曰:'生可求乎?'曰:'求其生而不得,则死者与我皆无恨也;矧³求而有得耶!以其有得,则知不求而死者有恨也!夫常求其生,犹失之死;而世常求其死也。'回顾乳者抱汝而立于旁,因指而叹曰:'术者谓我岁行在戌将死⁴。使其言然,吾不及见儿之立也,后当以我语告之。'其平居⁵教他子弟,常用此语,吾耳熟焉,故能详也。其施于外事,吾不能知;其居于家,无所矜饰⁶,而所为如此。是真发于中⁷者耶!呜呼!其心厚⁸于仁者耶!此吾知汝父之必将有后也。

求生路么?'你父亲说:'想救活他却做不到,那么死者和我就都没有遗恨了;况且确实有想救活他而能够做得到的呢!因为有做得到的,就知道不替他想办法而被处死的,便有遗恨啊!常常想为死囚求生路,却还有失误被处死的;可是世上有的人却总是想方设法把人处死呢。'那时你父亲回过头来,看见奶妈抱着你站在旁边,因而指着你,叹息着说:'算命的人说我在岁星行经戌的那一年,就要死去。如果他的话说对了,我就来不及看见儿子长大成人了,今后应当把我的话告诉他。'他平时教育其他的晚辈,也常用这些话。我听熟了,所以能够记得很详细。他在外面做的事,我不能够知道,但他住在家里,没有一点虚假做作的地方,所做的事情都是这样。这是真正发自内心深处的啊!唉!他的心里是十分重视仁道的啊!这就是我知道你父亲一定会有好的后代的原因。

注释 1 官书:官府的文书。这里指刑狱案件。 2 求其生不得:指无法免除他的死刑。 3 矧(shěn):况且。 4 术者:旧社会指占卜星相、推算人事吉凶的迷信职业者。岁行在戌:指岁星行经戌的那一年。 5 平居:平日。 6 矜(jīn)饰:夸张,文饰,做作。 7 中:内心。 8 厚:注重,重视,用作动词。

"汝其勉之！夫养不必丰，要¹于孝；利虽不得博于物²，要其心之厚于仁。吾不能教汝，此汝父之志也。"修泣而志³之，不敢忘。

"你可要用这些来勉励自己。奉养长辈不一定要衣食丰厚，最重要的是孝顺；对人有利的事虽然不可能遍及每一个人，最重要的是心里重视仁道。我没有什么教导你，上面说的这些是你父亲的期望呢。"我一边哭着，一边记住它，不敢遗忘。

注释 1 要(yāo)：求。 2 博于物：普及于人。 3 志：记。

先公¹少孤力学。咸平三年进士及第²。为道州判官，泗、绵二州推官，又为泰州判官，³享年五十有九，葬沙溪⁴之泷冈。

我的先父小时候便死了父亲，勤奋读书。在咸平三年考中进士，做过道州的判官，泗、绵两州的推官，又做过泰州的判官，终年五十九岁，葬在沙溪的泷冈。

注释 1 先公：指作者的父亲。 2 咸平三年：宋真宗咸平三年(1000)。进士及第：即考中进士。 3 道州：治所在今湖南道县。 泗、绵二州：泗州，治所在今安徽泗县。绵州，治所在今四川绵阳。 泰州：治所在今江苏泰州。 判官、推官：官名。都是州府长官的僚属。判官主管文书事务，推官主管刑事。 4 沙溪：地名，在江西永丰南凤凰山北。

太夫人姓郑氏，考讳德仪，世为江南名族。太夫人恭俭仁爱而有礼，初封福昌县太君¹，进封乐安、安康、彭城三郡太君²。

我母亲姓郑，她的父亲名德仪，世代都是江南地方有名的大族。我母亲恭敬勤俭，宽仁慈爱，待人有礼，起初封福昌县太君，后来进封号为乐安、安康、彭城三郡太君。从家里贫穷的时自其家少微时,治其家以俭约,其后常不使过之,曰:"吾儿不能苟合³于世,俭薄所以居患难也。"其后修贬夷陵⁴,太夫人言笑自若,曰:"汝家故贫贱也,吾处之有素⁵矣。汝能安之,吾亦安矣。"

候开始,她就勤俭节约地持家,后来总是不让超过这个限度,说:"我的儿子在世上不能无原则地附和,节约俭朴,是为了准备度过将来的患难日子。"后来我被降职做夷陵县令,我母亲谈笑自如,她说:"你家里本来贫穷,我过得习惯了。如果你觉得安适,我也就安适了。"

注释 1 福昌:古县名。 太君:古代官员母亲的一种封号,次于太夫人。 2 乐安、安康、彭城:古郡名。这些县、郡之名,有的在宋朝已不存在,只是作为赠封的一种称号,并不是实际封在这些地方。 3 苟合:无原则地附和。 4 修贬夷陵:欧阳修为范仲淹辩护,得罪守旧派,被贬为夷陵县令。夷陵,今湖北宜昌。 5 素:向来。这里引申为习惯。

自先公之亡二十年,修始得禄而养。¹又十有二年,列官于朝,始得赠封其亲,²又十年³,修为龙图阁直学士⁴、尚书吏部郎中⁵,留守南京⁶。太夫人以疾终于官舍⁷,享年七十有二。

在先父去世后二十年,我才得到俸禄奉养母亲。又过了十二年,在朝廷做官,才能使先人得到赠封。再过了十年,我做龙图阁直学士、尚书吏部郎中,留守南京,母亲因病在官舍里去世,终年七十二岁。

注释 1 "自先公之亡"二句:欧阳修于宋仁宗天圣八年(1030)考取进士,后授将仕郎,试秘书省校书郎,充西京留守推官。 2 "又十有二年"三句:欧阳修于宋仁宗康定元年(1040)被召还京,复任馆阁校勘原官,后转太子中允。庆历元年(1041),祀南郊,加骑都尉,改集贤校理。可能在这一年"赠封其亲"。 **3** 又十年:宋仁宗皇祐二年(1050)。 **4** 龙图阁直学士:龙图阁,宋朝管理典籍文献的官署,设有学士、直学士、待制、直阁等官。 **5** 尚书:即尚书省,下统吏、户、礼、兵、刑、工六部。 吏部:掌管全国官吏的任免、考课、升降、调动等事务,长官为吏部尚书,下设郎中四人,分别掌管各司的事务。 **6** 留守南京:宋真宗升宋州(今河南商丘)为应天府,建为南京。欧阳修于皇祐二年(1050),以龙图阁直学士知应天府兼南京留守司事,转吏部郎中,加轻骑都尉。 **7** 太夫人以疾终于官舍:欧阳修的母亲死于皇祐四年(1052)。

又八年[1],修以非才,入副枢密[2],遂参政事[3]。又七年而罢[4]。自登二府[5],天子推恩,褒其三世。[6]

再过了八年,我这个没有才能的人进了枢密院当副使,加为参知政事。又过了七年,才免除参知政事。自从进入枢密院和中书省以来,天子施与恩惠,褒奖我的曾祖、祖、父母三代。

[注释] **1** 又八年:宋仁宗嘉祐五年(1060)。 **2** 入副枢密:做枢密副使。枢密副使,枢密院的副长官。 **3** 参政事:做参知政事,即副宰相。欧阳修于嘉祐六年(1061)转户部侍郎,拜参知政事。 **4** 又七年而罢:欧阳修在宋英宗治平四年(1067)被罢免参知政事。 **5** 二府:宋朝枢密院主管军事,中书省主管政事,同为最高国务机关,并称"二府"。 **6** 推:施与。 恩:恩惠。 三世:指曾祖、祖、父母三代。

盖自嘉祐[1]以来,逢国大庆,必加宠锡[2]:皇曾祖府君[3],累赠金紫光禄大夫[4]、太师[5]、

从嘉祐年间以来,每逢国家大典,一定特加恩宠赏赐:先曾祖父,累赠金紫光禄大夫、太师、中

中书令[6]；曾祖妣，累封楚国太夫人；皇祖府君，累赠金紫光禄大夫、太师、中书令兼尚书令[7]；祖妣，累封吴国太夫人；皇考崇公，累赠金紫光禄大夫、太师、中书令兼尚书令；皇妣，累封越国太夫人。今上初郊[8]，皇考赐爵为崇国公，太夫人进号魏国[9]。

书令；先曾祖母，累封楚国太夫人；先祖父，累赠金紫光禄大夫、太师、中书令兼尚书令；先祖母，累封吴国太夫人；先父崇公，累赠金紫光禄大夫、太师、中书令兼尚书令；先母，累封越国太夫人。现在皇上即位初次祭天，赠封先父为崇国公，先母进号魏国太夫人。

注释 1 嘉祐：宋仁宗年号(1056—1063)。 2 宠：恩宠。 锡(xī)：赏赐。 3 府君：旧时子孙对其先世的敬称。 4 金紫光禄大夫：官名。战国时置中大夫，汉武帝时改称光禄大夫，掌顾问应对。宋朝为散官，加金章紫绶的，称金紫光禄大夫；加银章青绶的，称银青光禄大夫。 5 太师：官名。历代相沿，以太师、太傅、太保为三公。宋承唐制，作为封赠的官号，表示恩宠，并无实职。 6 中书令：中书省长官。宋代为赠官。 7 尚书令：尚书省长官。魏晋以后，事实上即为宰相。宋朝改为加官、赠官，班次在太师上。 8 今上：当今皇上。指宋神宗赵顼(1048—1085)。郊：郊祀，祭天。 9 进号魏国：指改越国太夫人为魏国太夫人。

于是小子修泣而言曰："呜呼！为善无不报，而迟速有时，此理之常也。惟我祖考，积善成德，宜享其隆。虽不克有于其躬[1]，而赐爵受封，显荣褒大，实有三朝之锡命[2]。是足以

于是我流着眼泪说道："唉！做了好事没有不受报答的，只是时间有早有晚。这是一般的道理啊。我的祖先与父亲积累善行，成就仁德，应当享受那隆盛的报答。虽然不能在活着的时候亲自领受，死后却能赐爵加封，显扬荣光，嘉奖大德，确实享有三朝的恩宠

表见于后世,而庇赖其子孙矣。"乃列其世谱,具刻于碑。既又载我皇考崇公之遗训,太夫人之所以教而有待于修者,并揭于阡。俾知夫小子修之德薄能鲜³,遭时窃位,而幸全大节,不辱其先者,其来有自。

诏命,这就足够在后世出名,并且庇护他们的子孙了。"我于是列上世代的家谱,详细地刻在墓碑上。后来又记录我先父崇国公的遗训,我母亲用来教诲我并期望于我的话,一并在墓道上揭示出来。使人家知道我的德行微薄,才能缺少,遇着清明的时代,担任官职,却能幸运地保全大节,不至于辱没祖先,这是有个来由的!

[注释] 1 躬:身体。引申为亲自、自身。 2 实:是,此。 三朝:指宋仁宗、英宗、神宗。 3 鲜(xiǎn):少。

熙宁三年¹,岁次庚戌,四月辛酉朔²,十有五日乙亥,男推诚保德崇仁翊戴功臣、观文殿学士、特进、行兵部尚书、知青州军州事、兼管内劝农使、充京东路安抚使、上柱国、乐安郡开国公³,食邑四千三百户,食实封一千二百户,⁴修表。

熙宁三年,庚戌岁四月十五日,儿子推诚保德崇仁翊戴功臣、观文殿学士、特进、行兵部尚书、知青州军州事、兼管内劝农使、充京东路安抚使、上柱国、乐安郡开国公,食邑四千三百户,实封的食邑一千二百户,欧阳修撰写墓表。

[注释] 1 熙宁三年:即公元1070年。熙宁,宋神宗年号(1068—1077)。 2 四月辛酉朔:指四月初一,干支纪日属辛酉。朔,初一。 3 "男推诚保德崇仁翊戴功臣"句:男,儿子对父母的自称。《庐陵欧阳文忠公年谱》载,欧阳修于嘉祐元年(1056)进封乐安郡开国侯,嘉祐六年

(1061)进封开国公。治平二年(1065)加上柱国,四年(1067)进阶特进,除观文殿学士,改赐推诚保德崇仁翊戴功臣。熙宁元年(1068)转兵部尚书,改知青州军州事,兼管内劝农使,充京东路安抚使。观文殿学士,宋朝为优礼大臣和文学之士而赠的荣誉头衔。特进,仅置官名,列侯中有特殊地位的授特进,宋朝为文散官的第二阶,相当于正二品。行兵部尚书,大官兼管小官称行某官。欧阳修以特进兼兵部尚书,故称行兵部尚书。青州,在今山东省境内。宋制,知州以朝臣出守,号权知军州事,兼管兵民两政。内劝农使,官名,掌劝励农桑,当时为州官兼职。京东,宋时路名,治所在宋州(今河南商丘南),熙宁七年(1074)又将京东分为东、西二路。安抚使,掌一路兵政,多以知州兼任。上柱国,战国时楚置官名,唐以后沿用作勋官的称号。开国公,宋朝封爵共十二级,开国公为第六级。

4 食邑:亦称"采邑"或"封地"。指以征收封地的租税作食禄。 食实封:指实封的食邑。宋制食邑自两百户至一万户,食实封自一百户至一千户,有时可以特加。宋朝实封也只是名义而已。

管仲论

苏洵 [1]

导读 这是一篇史论,以管仲死而齐国乱为例,论证了举贤任能是保障国家长治久安的根本,指明了政治家培养选拔接班人的重要性。封建社会由于高度集权,有影响的政治家的去世,往往影响政局的稳定。作者提出荐贤自代,不失为一种卓越的见解。

〔原文〕

管仲相威公²，霸诸侯，攘夷狄，终其身齐国富强，诸侯不敢叛。管仲死，竖刁、易牙、开方³用，威公薨⁴于乱，五公子⁵争立，其祸蔓延，讫简公⁶，齐无宁岁。

〔译文〕

管仲做齐桓公的宰相，称霸诸侯，排斥夷狄，在他的一生里，齐国经济富裕，兵力强盛，诸侯不敢反叛。管仲死后，竖刁、易牙、开方掌权。桓公在内乱中死去，五个公子争夺君位。这祸殃蔓延开来，一直到简公的时候，齐国没有一个安宁的年份。

〔注释〕 1 苏洵(1009—1066)：字明允，号老泉，眉州眉山(今四川眉山)人，宋代著名散文家，唐宋"古文八大家"之一。和他的儿子苏轼、苏辙，被世人并称"三苏"。 2 管仲：名夷吾，字仲。春秋初期政治家。 威公：即齐桓公。因宋避钦宗(赵桓)讳，改为威公。 3 竖刁、易牙、开方：齐桓公宠幸的三个近臣。竖刁，为了进入宫廷做宦官，自割其生殖器；易牙，雍人，名巫，亦称雍巫，善于调味，相传曾烹其子为羹以献齐桓公；开方，卫公子，喜欢阿谀逢迎。管仲死后，这三人共同专权。桓公死后，诸子争位，竖刁与易牙等杀害群臣，立公子无亏，太子昭奔宋，齐国因此发生内乱。 4 薨(hōng)：周代诸侯死称薨。 5 五公子：指桓公的五个儿子。 6 简公：齐简公，名壬，前484—前481年在位，为左相田常所杀。

夫功之成，非成于成之日，盖必有所由起；祸之作，不作于作之日，亦必有所由兆¹。故齐之治也，吾不曰管仲，而曰鲍叔²；及其乱也，吾不曰竖刁、易

事业的成功，不是成功在成功的那天，一定有它的起因；灾祸的发生，不是发生在它发生的那天，也一定有它发生的迹象。所以齐国的安定，我不说是起于管仲，却说是起于鲍叔牙；等到它发生混乱动荡，我不说是起于

牙、开方,而曰管仲。

何则?竖刁、易牙、开方三子,彼固乱人国者,顾[3]其用之者,威公也。夫有舜而后知放四凶[4],有仲尼而后知去少正卯[5]。

竖刁、易牙、开方,却说是起于管仲。

为什么这样说呢?因为竖刁、易牙、开方三个,他们固然是扰乱别人国家的人,但使用他们的是桓公啊。有了虞舜,然后才知道放逐四凶;有了孔子,然后才知道除掉少正卯。

[注释] 1 兆:征候,迹象。 2 鲍叔:即鲍叔牙,春秋时期各国大夫,以善于知人著称。 3 顾:但。 4 四凶:旧传共工(古代的世族官)、驩兜(人名)、三苗(古族名,这里借指该族的首领)、鲧(人名)为尧时的四凶。 5 少正卯:春秋时鲁国人。少正氏,名卯。一说少正是官名。

彼威公何人也?顾其使威公得用三子者,管仲也。仲之疾也,公问之相。当是时也,吾意以仲且举天下之贤者以对,而其言乃不过曰"竖刁、易牙、开方三子,非人情,不可近"而已[1]。呜呼!仲以为威公果能不用三子矣乎?仲与威公处几年矣,亦知威公之为人矣乎?威公声不绝于耳,色不绝于目,而非三子者,则无以遂其欲。彼其初之所以不用者,徒以有仲

那桓公是什么样的人呢?但是使桓公能够用这三个人的,是管仲啊。管仲病重时,桓公问他谁可以当宰相。当这个时候,我认为管仲将要荐举天下的贤人来回答桓公,可是他的话却不过是说"竖刁、易牙、开方三人违反人情不能亲近"而已。唉!管仲以为桓公当真能够不用这三个人么?管仲和桓公相处好多年了,也应当知道桓公的为人吧!桓公耳朵里不能够一时听不到音乐,眼睛里不能够一时看不到女色,如果不是这三个人,就没有人能够满足他的欲望。他起初所以不任用他们,只不过因为有管仲罢了。如

焉耳。一日无仲,则三子者可以弹冠而相庆²矣。

果有一天没有了管仲,那么这三个人就可以弹着帽子,互相庆贺高升了。

【注释】 1 "而其言乃不过曰"句:管仲病,桓公问曰:"群臣谁可相者?"管仲曰:"知臣莫如君。"公曰:"易牙如何?"对曰:"杀子以适君,非人情,不可。"公曰:"开方如何?"对曰:"倍亲以适君,非人情,难近。"公曰:"竖刁如何?"对曰:"自宫以适君,非人情,难亲。" 2 弹冠而相庆:《汉书·王吉传》:"吉与贡禹为友,世称王阳在位,贡公弹冠,言其取舍同也。"王吉,字子阳,故称王阳。意思是说王、贡两人是好友,王吉做官,贡禹可以通过王吉引进也做官,因此他弹冠相庆。后用"弹冠相庆"比喻因即将做官而互相庆贺。多用作贬义。弹冠,弹去帽子上的灰尘。

仲以为将死之言,可以絷¹威公之手足耶?夫齐国不患有三子,而患无仲;有仲,则三子者三匹夫²耳。不然,天下岂少三子之徒哉?虽威公幸而听仲,诛此三人,而其余者,仲能悉数³而去之耶?呜呼!仲可谓不知本者矣!因威公之问,举天下之贤者以自代,则仲虽死,而齐国未为无仲也。夫何患三子者?不言可也。

管仲认为临死前说的话,能够捆住桓公的手脚么?那齐国并不担心有这三个人,却担心没有管仲;有了管仲,那么这三个人就只是三个普通人罢了。如果不是这样,天下难道缺乏跟这三个人一流的人物么?即使桓公幸而听了管仲的话,杀掉这三个人,可是其余的这种人,管仲能够全部列举出来除掉他们么?唉!管仲可以说是不知道从根本上着眼的人啊!如果趁着桓公问话的时候,荐举天下的贤人来取代自己,那么管仲虽然死了,可是齐国却不能说是没有管仲了。这三个人又有什么可怕的呢?不说也可以明白啊!

【注释】 1 絷(zhí):拴,系,捆住。 2 匹夫:指普通老百姓。 3 数:列举。

五伯莫盛于威、文[1]。文公之才,不过威公,其臣[2]又皆不及仲。灵公[3]之虐,不如孝公[4]之宽厚。文公死,诸侯不敢叛晋;晋袭[5]文公之余威,犹得为诸侯之盟主百余年。何者?

五霸中间没有比齐桓公、晋文公再强盛的了。晋文公的才能没有超过齐桓公,他的臣子又都赶不上管仲。晋灵公暴虐,不如齐孝公宽厚。可是晋文公死后,诸侯不敢背叛晋国;晋国因袭文公的余威,还能够在一百多年的时间里充当诸侯的盟主。为什么呢?

【注释】 1 五伯(bà):同"五霸"。春秋时期先后称霸的五个诸侯。 威、文:即齐桓公与晋文公。 2 其臣:指晋文公(重耳)的大臣狐偃、赵衰、先轸等。 3 灵公:名夷皋,晋文公之孙,晋襄公之子。 4 孝公:齐桓公的儿子公子昭,即位后为孝公。 5 袭:因袭。

其君虽不肖,而尚有老成人[1]焉。威公之薨也,一败涂地,无惑也。彼独恃一管仲,而仲则死矣。夫天下未尝无贤者,盖有有臣而无君者矣。威公在焉,而曰天下不复有管仲者,吾不信也。仲之书[2],有记其将死,论鲍叔、宾胥无[3]之为人,且各疏其

因为它的君主虽然不贤,可是还有老成人存在呢。桓公死后,齐国一败涂地,这是一点也不奇怪的!它仅仅依靠一个管仲,可是管仲却已经死了。天下并不是没有贤能的人,然而有虽有好的臣子却没有能够使用他们的君主这种情况啊。桓公在世的时候,竟说天下不再有管仲一样的人才,这样的话,我不相信呢。管仲的书《管子》里,有这样的记叙:管仲将要死的时候,论述鲍叔牙、宾胥无的为人,并且摆出他们各人的短处。这

短[4]。是其心以为数子者，皆不足以托国；而又逆知[5]其将死，则其书诞谩[6]不足信也。

是他的心里，认为这几个人都不能够托付以国家的重任；而且又能预料自己将要死了。那么《管子》这部书实在荒诞，不值得相信。

注释 1 老成人：指经验丰富而且通晓世事的人。 2 仲之书：即《管子》。相传是管仲著作，实系后人伪托其名而作。 3 宾胥无：齐国的大夫。 4 各疏其短：《管子·戒第二十六》载，管仲病重时，向齐桓公说："鲍叔之为人也好直，而不能以国诎；宾胥无之为人也好善，而不能以国诎。" 5 逆知：预先测知。 6 诞谩：荒诞。

吾观史鳅[1]，以不能进蘧伯玉而退弥子瑕[2]，故有身后之谏[3]；萧何且死，举曹参以自代。[4]大臣之用心，固宜如此也！夫国以一人兴，以一人亡；贤者不悲其身之死，而忧其国之衰。故必复有贤者，而后可以死，彼管仲者，何以死哉？

我看史鳅，因为不能进用蘧伯玉、去掉弥子瑕，所以才在死后用尸首劝谏；萧何快要死了，推荐曹参来取代自己。大臣的用心，本来就应当这样啊！国家凭着一个人兴盛，凭着一个人灭亡；贤能的人不悲伤他自己的死亡，却忧虑他国家的衰败。所以一定要再有贤能的人接替，然后才能够死去。那个管仲，凭什么可以死去呢？

注释 1 史鳅(qiū)：字子鱼，卫国的大夫。 2 蘧(Qú)伯玉：名瑗，卫国的贤大夫。 弥子瑕：卫灵公宠幸的近臣。 3 身后之谏：据《孔子家语》记载：史鳅病，将死，对他的儿子说："吾仕卫不能进蘧伯玉退弥子瑕，是吾生不能正君，死无以成礼，汝置尸牖下，于我毕矣。"他的儿子照办。卫灵公来吊丧，很奇怪，就问为什么这样。他的儿子把史鳅临死时的话告诉灵公。灵公听了,就进用了蘧伯玉,疏远了弥子瑕。 **4**"萧何且死"二句:《史记·萧相国世家》载,萧何为丞相,与曹参向来关系不好,萧何患病,惠帝亲自去探望,问萧何,如果他死了,谁可以代替他当丞相。萧何说:你最了解。惠帝就问,曹参怎么样。萧何说:你选对了,我死后也没有遗恨了。

辨奸论

苏洵

[导读] 公元1069年,王安石开始推行新法,遭到保守人士的反对。保守派为打击王安石,传出了这篇文章,并署名为已死去的苏洵,借以显示作者早在王安石变法之前就"见微而知著",预见他得志必为奸。

[原文]

事有必至,理有固然。惟天下之静者,乃能见微而知著[1]。月晕[2]而风,础润而雨[3],人人知之。人事之推移,理势[4]之相因,其疏阔而难知,变化而不可测者,孰与天地阴阳之事,而贤者有不知。其故何也?好恶乱其中,而利害夺[5]其外也!

[译文]

事情有的必然要到来,道理有的本来就是这样。天下只有那头脑冷静的人,才能够在看到一点苗头时,就知道它的明显后果。月亮四周有了彩色的光环,就要起风;柱子的石墩潮湿了,就要下雨,这是人人知道的自然现象。人事的变迁,"理"和"势"的互相依赖,虽然疏远难知,变化莫测,但怎么能够比得上天地阴阳等自然现象呢?可是贤能的人却有不清楚的时候。这是什么缘故呢?因为爱好和厌恶扰乱了他的思想,利和害影响了他的行动。

注释 1 微：小，指苗头、迹象。 著：明显。 2 月晕(yùn)：月亮周围的光环。 3 础：柱子底下的石墩。 润：潮湿。 4 理势：中国哲学术语。理，法则；势，发展趋势。 5 夺：干扰，牵制。

昔者，山巨源见王衍[1]，曰："误天下苍生者，必此人也！"郭汾阳见卢杞[2]，曰："此人得志，吾子孙无遗类矣！"自今而言之，其理固有可见者。

从前，山巨源看到了王衍，说："贻误天下老百姓的，一定是这个人呢！"郭子仪看到了卢杞，说："这个人得了志，我的子孙便没有遗留的了！"从现在来说，其中的道理确实有能够预见到的。

注释 1 山巨源：名涛，西晋初大臣，与嵇康、阮籍等交游，为"竹林七贤"之一。 王衍：字夷甫，西晋大臣，是当时的清谈家。据《晋书·王衍传》载：王衍小时候去见山涛，山涛很称赏他，可是又说，将来害天下百姓的，恐怕就是这个人。 2 郭汾阳：即郭子仪，唐朝大将，以平定安禄山、史思明的叛乱有功，封汾阳郡王。 卢杞：唐朝大臣，貌丑有口才。郭子仪每次会见宾客，姬妾不离侧。只有卢杞去了，他就要姬妾退下。有人问为什么这样，郭子仪说：卢杞相貌丑陋，姬妾看了，定会发笑。这人心地阴险，以后得志，会把我全族杀光。

以吾观之，王衍之为人，容貌言语，固有以欺世而盗名者，然不忮[1]不求，与物浮沉[2]。使晋无惠帝[3]，仅得中主[4]，虽衍百千，何从而乱天下乎？卢杞之

据我看来，王衍的为人，相貌言谈，固然有欺骗世人、盗取名誉的地方，然而他不嫉妒别人，不贪求名利，只是随着世俗上下周旋。假使晋朝没有糊涂的惠帝，仅仅得到个平庸的君主，即使有千百个王衍，又哪里能够扰

奸,固足以败国,然而不学无文,容貌不足以动人,言语不足以眩[5]世,非德宗[6]之鄙暗,亦何从而用之? 由是言之,二公之料二子,亦容[7]有未必然也。

乱天下呢? 卢杞的奸险,固然可以败坏国家,但是他不学无文,相貌不能够打动人家,言语又不能够迷惑世人,不是鄙陋昏暗的唐德宗,他哪里能够得到重用呢? 这样说来,山巨源和郭子仪对王衍和卢杞的揣度,也许未必准确吧。

【注释】 1 忮(zhì):嫉妒,忌恨。 2 浮沉:上下。随波逐流的意思。 3 惠帝:即司马衷(259—307),西晋第二代皇帝,以昏庸愚蠢出名。 4 中主:平庸的君主。 5 眩:通"炫",迷惑。 6 德宗:即李适(kuò) (742—805),唐朝皇帝,代宗子。 7 容:或许。

今有人[1],口诵孔、老[2]之言,身履夷、齐[3]之行,收召好名之士、不得志之人,相与造作言语,私立名字,以为颜渊、孟轲复出[4],而阴贼[5]险狠,与人异趣,是王衍、卢杞合而为一人也,其祸岂可胜言哉!

现在有一个人,口里讲着孔子、老子的言论,亲身做出伯夷、叔齐的行为,收容一帮爱好名声的读书人和不得志的人,互相制造舆论,私立名目,自以为是颜渊、孟子再生;但是他阴险狠毒,跟一般人志趣不同。这是把王衍、卢杞合成一个人了。他的祸患哪里能够说得尽呢?

【注释】 1 有人:影射王安石。 2 孔、老:孔子和老子。 3 夷、齐:伯夷和叔齐。 4 颜渊:春秋末鲁国人。名回,字子渊,孔子的学生。 孟轲:战国时思想家、教育家。名轲,字子舆,邹(山东邹城东南)人。 5 阴贼:阴险狠毒。

夫面垢不忘洗,衣垢不忘浣[1],此人之至情也。今也不然,衣臣虏之衣,食犬彘[2]之食,囚首丧面而谈诗书[3],此岂其情也哉?凡事之不近人情者,鲜不为大奸慝[4]。竖刁、易牙、开方是也[5]!以盖世之名,而济其未形之患,虽有愿治之主,好贤之相,犹将举而用之;则其为天下患,必然而无疑者,非特[6]二子之比也。

脸上脏了,不忘记洗擦;衣上脏了,不忘记洗涤,这是人的常情。现在他却不是这样,穿着奴隶穿的衣服,吃着猪狗吃的食物,头不梳像囚犯,脸不洗像守丧,却在谈论诗书,这难道是他的天性吗?大凡办事不近人情的人,很少有不成为大奸贼的。竖刁、易牙、开方就是这样的人!他用压倒一世的名声,去造成助长那还没有显现出来的祸患,即使有愿意治理好国家的君主,爱好杰出人才的宰相,还是可能荐举、任用他。那么他成为天下的祸患,就必然再用不着怀疑,而且不是王衍、卢杞可以比得上的。

[注释] 1 浣(huàn):洗涤。 2 彘(zhì):猪。 3 囚首丧面:头发不梳如囚犯,脸面不洗如居丧。 诗书:泛指儒家的经典著作。 4 慝(tè):邪恶。 5 竖刁、易牙、开方:见本书《管仲论》注。 6 特:但。

孙子[1]曰:"善用兵者,无赫赫之功。[2]"使斯人而不用也,则吾言为过,而斯人有不遇之叹,孰知祸之至于此哉?不然,天下将被其祸,而吾获知言之名,悲夫!

孙子说:"善于用兵的人,没有显赫的功绩。"假使这个人不被重用,那么我的话便说错了,这个人会有生不逢时的叹息,谁知道祸患会发展到这个地步呢?如果不是这样,那么天下的人都将遭受他的祸患,我却能得到有先见之明的声誉,真是可悲啊!

[注释] 1 孙子:即孙武,春秋时兵家。字长卿,齐国人。著有《孙子兵法》。
2 善用兵者,无赫赫之功:意思是说,立的战功多,死伤的人便多,所以最好不要建立赫赫的战功,而把战争消灭在萌芽状态。

心　术

苏洵

[导读] 本文是苏洵所作《权书》中的一篇。这篇文章逐节论述用兵的方法,分治心、尚义、养士、智愚、料敌、审势、出奇、守备等八个方面,而以治心为核心,所以标题叫"心术"。其中包含着一些朴素的辩证法观点,但也有诸如"怀其欲而不尽""士欲愚"之类的封建权术。

[原文]

为将之道,当先治心[1]。泰山[2]崩于前而色不变,麋[3]鹿兴于左而目不瞬,然后可以制利害,可以待敌。

凡兵,上义[4];不义,虽利勿动。非一动之为利害,而他日将有所不可措手足也。夫惟义可以怒[5]士,士以义怒,可与百战。

[译文]

当将帅的方法,应当首先端正思想,锻炼意志,做到泰山在眼前崩塌而脸色不变,麋鹿从旁边跑出来而眼睛不眨,然后能够控制利和害,可以对付敌人了。

凡是用兵,要崇尚正义;不合正义的事,即使有利也不要动。不是一动就有什么利害关系,而是将来可能出现无法对付的局面。只有正义能够激励士兵,士兵因为正义而受到激励,就能够使他们连续作战。

[注释] 1 心：这里当指下文讲的战争中的胆略、智谋和忍耐性、吃苦精神。 2 泰山：山名。在山东省中部。 3 麋(mí)：鹿类的一种，也称"四不像"。 4 上：通"尚"，崇尚。 5 怒：激发。

凡战之道，未战养其财，将战养其力，既战养其气，既胜养其心。谨烽燧[1]，严斥堠[2]，使耕者无所顾忌，所以养其财；丰犒而优游之[3]，所以养其力；小胜益急，小挫益厉，所以养其气；用人不尽其所欲为，所以养其心。故士常蓄其怒，怀其欲而不尽。怒不尽则有余勇，欲不尽则有余贪。故虽并天下，而士不厌兵，此黄帝之所以七十战而兵不殆也[4]。不养其心，一战而胜，不可用矣。

大凡作战的规律，在没有战争的时候，要积蓄准备作战的财富；将要发生战争的时候，要养息作战的力量；战争已经发生的时候，要始终保持高昂的士气；取得胜利后，就要保养人心。小心烽火，坚守边防，使耕种的人没有什么顾虑，这便是为了积蓄财富；丰厚地犒赏士兵，让他们得到休息，这便是为了养息力量；打了小胜仗，更要抓紧，吃了小败仗，更要鼓励士兵，这是为了保持高昂的士气；用人不要让他们把自己所想做的都做完，是为了保养人心。所以，士兵经常保有昂扬的斗志，怀着强烈的欲望而无止境。斗志无止境，就会有勇气；欲望无止境，就会有贪心。所以即使吞并了天下，士兵们也不讨厌战争。这就是黄帝经历七十次战争，士兵却不疲乏的原因。不保养人心，打了一次胜仗，就不能再用了。

[注释] 1 烽燧(suì)：即烽火。古代边防报警的信号。 2 斥堠(hòu)：边防兵士居住、守望的亭堡。用来探察敌情，瞭望烽火。这里指边防要塞。 3 丰犒(kào)：丰厚的犒赏。犒，用酒食慰劳士兵。 优游：闲暇自得的

样子。这里指让士兵得到空闲、休息的时间。 4 黄帝:传说中中原各族的共同祖先。姬姓,号轩辕氏、有熊氏。 殆:通"怠",懈怠。

凡将欲智而严,凡士欲愚。智则不可测,严则不可犯,故士皆委己而听命,夫安得不愚?夫惟士愚,而后可与之皆死。

凡兵之动,知敌之主,知敌之将,而后可以动于险。邓艾缒兵于蜀中[1],非刘禅[2]之庸,则百万之师可以坐缚,彼固有所侮而动也。故古之贤将,能以兵尝[3]敌,而又以敌自尝,故去就可以决。

凡是做将帅的,要足智多谋,号令严明;凡是做士兵的,要愚鲁一点。足智多谋,就不可测度;号令严明,就不可冒犯,所以士兵都能委身听命,怎么能不愚鲁一点呢?只有士兵愚鲁一点,然后才可以跟他们一同去拼死。

凡是部队采取行动,必须了解敌人的君主,了解敌人的将帅,然后才可以在艰险的环境里采取行动。三国时,邓艾用绳子把士兵吊下山去进攻蜀国,不是刘禅的昏庸,即使有百万大军也可能束手就缚,那邓艾自然是欺侮蜀中无能人才采取行动的。所以古代有才能的将帅,能够用小部分兵力去试探敌军,又能够利用敌人的进攻来检验自己,因此,应该避开或者应该接战,就可以决断了。

【注释】 1 邓艾:三国魏大将。魏景元四年(263),邓艾从一条艰险的山路秘密入蜀,士兵都是用绳子系着放下山去。邓艾也用毡布裹着身体,滑下山去。 2 刘禅(207—271):三国蜀后主,刘备子。蜀炎兴元年(263),邓艾军袭击成都,刘禅出来投降,后被封为安乐公。 3 尝:试探,检验。

凡主将之道，知理而后可以举兵，知势而后可以加兵，知节[1]而后可以用兵。知理则不屈，知势则不沮[2]，知节则不穷。见小利不动，见小患不避；小利小患，不足以辱吾技也[3]，夫然后有以支[4]大利大患。夫惟养技而自爱者，无敌于天下。故一忍可以支百勇，一静可以制百动。

大凡做主帅的方法，明白道理然后才可以起兵；了解形势然后才可以交战；知道指挥约束然后才可以用兵。明白道理就不会理亏，了解形势就不会沮丧，知道指挥约束就不会陷入困境。看见小利不行动，看见小患不躲避；小利小患，不足以玷污我的才能，然后才有可能对付大利大患。只有培养才能并且自爱的人，在天下才没有敌手。所以一时的忍耐可以对付成百次的勇猛，一时的冷静可以控制成百次的行动。

注释 1 节：节制，即指挥约束。 2 沮(jǔ)：沮丧。 3 辱：玷污。技：本领，才能。 4 支：支撑，对付。

兵有长短，敌我一也。敢问："吾之所长，吾出而用之，彼将不与吾校[1]；吾之所短，吾蔽而置之，彼将强与吾角[2]，奈何？"曰："吾之所短，吾抗而暴[3]之，使之疑而却[4]；吾之所长，吾阴而养之，使之狎[5]而堕其中。此用长短之术也。"

部队有长处和短处，这在敌方和我方是一样的。有人问道："我的长处，我把它发挥出来运用，敌人将不跟我较量；我的短处，我把它隐藏搁置起来，敌人却要硬逼着跟我角斗，怎么办呢？"回答说："我的短处，我公开把它暴露出来，使敌人产生疑心而退却；我的长处，我暗中养护它，使敌人麻痹疏忽落入我的圈套。这就是运用长处、短处的方法呢。"

【注释】 1 校：较量 2 角：较量，角斗。 3 暴(pù)：同"曝"，显露。
4 却：退。 5 狎(xiá)：轻忽、麻痹。

善用兵者，使之无所顾，有所恃。无所顾，则知死之不足惜；有所恃，则知不至于必败。尺棰[1]当猛虎，奋呼而操击；徒手遇蜥蜴[2]，变色而却步，人之情也。知此者，可以将[3]矣。袒裼而案剑[4]，则乌获[5]不敢逼；冠胄衣甲[6]，据兵而寝，则童子弯弓杀之矣。故善用兵者以形固。夫能以形固，则力有余矣。

善于用兵的人，要使人无所顾忌，有所依靠。无所顾忌，就知道死不值得惋惜；有所依靠，就知道不至于必定失败。手中有尺把长的鞭子，遇着凶猛的老虎，便会振奋呼喊，拿起鞭子搏斗；空手遇着四脚蛇，也会变了脸色退步不前。这是人的常情啊。懂得这个道理的人，就可以带兵了。脱衣露体，紧握着剑柄，那么乌获也不敢逼近；戴着头盔，穿着铠甲，靠着武器睡觉，那么小孩也可以拉弓杀死他。所以善于用兵的人，凭借形势来巩固自己。能够凭借形势来巩固自己，那么就有多余的力量了。

【注释】 1 尺棰(chuí)：尺来长的鞭子。 2 蜥蜴(xīyì)：一种爬行动物，俗名"四脚蛇"。 3 将(jiàng)：带兵。 4 袒裼(tǎnxī)：脱掉衣服，裸露身体。 案：通"按"。 5 乌获：战国时秦国的大力士。据说他能举千钧之重。 6 冠胄(zhòu)衣甲：戴着头盔，穿着铠甲。冠、衣，都是用作动词。

张益州¹画像记

苏洵

导读 本文追述了张方平安抚蜀地军民的一桩政绩,极力赞扬张方平处变不惊,以仁爱待人,恰当地平息了一次可能发生的动乱。并描写了益州人民怀念他的感情,塑造了一个宽政爱民的封建官吏形象。

原文

至和元年²秋,蜀³人传言,有寇至边。边军夜呼,野无居人;妖言流闻,京师震惊。方命择帅,天子⁴曰:"毋⁵养乱,毋助变!众言朋兴⁶,朕⁷志自定。外乱不足,变且中起。既不可以文⁸令,又不可以武竞。惟朕一二大吏,孰为能处兹文武之间,其命往抚朕师?"

译文

至和元年的秋天,蜀人传说有敌寇来到了边境。边防部队夜里惊呼,田野里没人居住;谣言流传开来,京城震动恐惧。朝廷正命令挑选统帅,天子说:"不要延误时间,以致养成祸乱;不要因为措施不当,以致变乱发生!尽管各种议论一齐兴起,但我自有主张。外面的乱子并不可怕,只怕内部还要产生变乱。所以既不能够用文教去感化他们,又不能够用武力和他们竞争。我的少数大臣中,谁能够在这种文教和武力之间处置恰当,就派他前去安抚我的部队。"

注释 1 张益州:指张方平,宋南京(今河南商丘)人。当时为益州知州,故称。 2 至和元年:即公元1054年。至和,宋仁宗年号(1054—1056)。

3 蜀：益州为古蜀国地，秦汉时为蜀郡地，故仍称蜀。 4 天子：皇帝。这里指宋仁宗。 5 毋(wú)：不要。 6 朋兴：一同兴起。朋，同。

7 朕(zhèn)：原是古人自称之词。从秦始皇起，才专用为皇帝的自称。

8 文：指礼乐法度，文章教化。

乃推曰："张公方平其人。"天子曰："然。"公以亲辞，不可，遂行。冬十一月，至蜀。至之日，归屯军[1]，撤守备，使谓郡县："寇来在吾，无尔劳苦。"明年正月朔旦[2]，蜀人相庆如他日，遂以无事。[3] 又明年正月，相告留公像于净众寺[4]。公不能禁。

大家就推举说："张公方平就是这样的人。"天子说："好。"张公用养亲为理由推辞，天子不同意，于是前往。这年冬十一月到了蜀地。到的那天，就遣回陕西来的驻防部队，撤除边境的守备，并派人对州县的长官说："敌寇来了，全由我负责，用不着劳累你们。"第二年的正月初一，蜀地的百姓互相庆贺新年，就像过去一样，竟没有发生什么乱子。第三年正月，大家商定，要把张公的画像留在净众寺。张公无法禁止。

注释 1 屯军：驻防的部队。这里是指屯驻在陕西的部队。 2 朔旦：夏历每月的初一日。 3 "蜀人"二句：当时谣传侬智高在南诏(今云南省境)，将侵犯益州。这时张方平以侍讲学士从滑州移知益州，尚未到任，于是地方官调兵筑城，百姓惊扰。朝廷闻报，调发陕西步骑兵到蜀郡防守，并催促张方平赴任前去平乱。张方平断定是谣言，把戍卒送回陕西，正月十五灯节，又故意三晚不关城门。后来抓到造谣的人杀了，益州的人心也就安定了。 4 净众寺：也称万福寺，在成都西北。

眉阳[1]苏洵言于众曰："未乱易治也,既乱易治也。有乱之萌,无乱之形,是谓将乱。将乱难治:不可以有乱急,亦不可以无乱弛。惟是元年之秋,如器之敧[2],未坠于地。惟尔张公,安坐于其旁,颜色不变,徐起而正[3]之。既正,油然而退,无矜容。为天子牧小民[4]不倦,惟尔张公;尔繄[5]以生,惟尔父母。

眉阳苏洵对大家说:"没有变乱的时候,是容易治理的;已经发生了变乱,也是容易治理的。有变乱在酝酿着,但还没有变乱的形迹,这就叫作将要发生变乱。将要发生变乱,是最难治理的:既不能够因为有变乱形迹而急迫,也不能够因为还没有发生而松懈。至和元年秋天的形势,好像器物已经倾斜,但还没有掉到地上一样地紧张,只有你们的张公,安稳地坐在它的旁边,脸上神色不变,慢慢地站起来扶正它。扶正之后,又从容退下,没有夸耀的神色。替皇上治理百姓而不知疲倦的,只有你们的张公;你们靠着他的正确措施才活下来,他真是你们的父母。

注释 1 眉阳:即眉山,苏洵的故乡。 2 敧(qī):倾侧不平。也作"欹"。 3 正:扶正。 4 牧小民:即管理百姓。古代把官吏治理百姓比作牧人牧养牲畜。 5 繄(yī):是。指代张方平的措施。尔繄以生,即"尔以繄生"。

"且公尝为我言:'民无常性,惟上所待。人皆曰蜀人多变,于是待之以待盗贼之意,而绳之以绳盗贼之法[1]。重足屏息之民[2],而以砧斧令[3],于是民

"并且张公曾经对我说:'百姓没有一定的性情,只看上面怎么对待他们。人们都说蜀人的变乱很多,于是就用对待盗贼的心意来对待他们,用处置盗贼的法令来处置他们。胆小怕事的百姓,却用严刑峻法去驱使,于是

始忍以其父母妻子之所仰赖之身,而弃之于盗贼,故每每大乱。夫约之以礼,驱之以法,惟蜀人为易。至于急之而生变,虽齐鲁⁴亦然。吾以齐鲁待蜀人,而蜀人亦自以齐鲁之人待其身。若夫肆意于法律之外,以威劫齐民⁵,吾不忍为也!'呜呼!爱蜀人之深,待蜀人之厚,自公而前,吾未始见也!"皆再拜稽首⁶曰:"然。"

百姓才忍心把他那父母妻子所仰望依托的身子,投靠盗贼,所以每每酿成大的乱子。如果用礼约束他们,用法役使他们,治理蜀人却是容易的。至于威逼他们而发生变乱,即使是齐鲁的百姓也会这样。我用对待齐鲁百姓的办法来对待蜀人,那么,蜀人自己也会用齐鲁的标准来要求自己。超出法律之外胡乱行动,用权势胁迫普通百姓,我不忍心做啊!'唉!爱护蜀人的深厚,对待蜀人的仁慈,在张公以前,我不曾看见过呢!"大家听了,都再拜叩头说:"是的。"

注释 1 绳:本指木工用的墨线,引申为纠正、处置。 2 重(chóng)足:叠足而立,不敢前进。 屏(bǐng)息:不敢大声出气。重足屏息,形容胆小怕事。 3 砧(zhēn):古代的一种刑具,即铡刀下面的砧板。 斧:指杀人的刀斧。砧斧指严刑峻法。 4 齐鲁:古国名,在今山东一带,同为古代文教兴盛的地方。这里是指齐鲁的人。 5 齐民:普通百姓。 6 稽首:古时候的一种跪拜礼,叩头到地。

苏洵又曰:"公之恩在尔心;尔死,在尔子孙。其功业在史官,无以像为也!且公意不欲,如何?"皆曰:"公则何事于斯?虽

苏洵又说:"张公的恩德在你们心里;你们死了,在你们子孙的心里。他的功劳业绩有史官记述,无须用画像来表示啊!况且张公的心意是不要这样,怎么办呢?"大家都说:"张公本来不在

然,于我心有不释[1]焉。今夫平居闻一善,必问其人之姓名,与其邻里之所在,以至于其长短小大美恶之状;甚者,或诘[2]其平生所嗜好,以想见其为人,而史官亦书之于其传。意使天下之人,思之于心,则存之于目;存之于目,故其思之于心也固。由此观之,像亦不为无助。"苏洵无以诘,遂为之记。

乎画像。即使这样,但在我们心里却放不下呢。现在就是平日听到一件好事,一定要问那个人的姓名,和他居住的地方,一直到他高矮胖瘦美丑的形状;更详细的,也许要问到他生平的嗜好,以此来想见他的为人,而史官也把这些写在他的传记里。意思是让天下的人在心里想念他,眼睛里也留存着他的形象;眼睛里留存着他的形象,所以心里对他的想念也就更加牢固。这样看来,画像也不是没有帮助呢。"苏洵没有办法反驳,就替他写了这篇记。

注释 1 释:放下。这里是安心的意思。 2 诘(jié):问。

公,南京[1]人,为人慷慨有大节,以度量雄天下[2]。天下有大事,公可属。系[3]之以诗曰:

张公是南京人,为人开朗豪放,有节操,以度量宏大闻名天下。国家有大事,张公是可以托付的。我在文章末尾附了一首诗来记述他的事迹:

注释 1 南京:宋景德三年(1006),因宋太祖(赵匡胤)在周末曾做过宋州节度使,因此升宋州为应天府,大中祥符七年(1014)又建为南京。今为河南商丘。 2 雄天下:意即闻名天下。雄,称雄。 3 系(xì):连缀。

天子在祚[1]，岁在甲午。西人传言，有寇在垣[2]。庭有武臣，谋夫如云。天子曰嘻，命我张公。公来自东，旗纛舒舒[3]。西人[4]聚观，于巷于涂。谓公暨暨[5]，公来于于[6]。公谓西人："安尔室家，无敢或讹[7]。讹言不祥，往即尔常。春尔条桑[8]，秋尔涤场[9]。"西人稽首，公我父兄。

今天子在位，甲午那一年，蜀人传来谣言，有敌寇侵扰边境。朝廷的武将、谋臣，多得像天上的云。天子接受众人推荐，派遣张公去安抚平定。张公从东方来，旌旗飘舞。蜀人围拢观看，充塞了小巷大路，说张公果敢坚毅，他来得舒缓自如。张公对蜀人说："安定你们的家室，不要听信谣言。谣言不吉祥，还是去干活，像你们平常那样。春天你们采桑，秋天你们打场。"蜀人叩头连连说："张公是我们的父兄。"

[注释] 1 祚(zuò)：这里指皇位。　2 垣(yuán)：本指矮墙。这里引申为边境。　3 纛(dào)：古时军队或仪仗队的大旗。　舒舒：伸展轻盈的样子。　4 西人：指蜀人。　5 暨暨(jìjì)：果敢坚决的样子。　6 于于：行动舒缓自得的样子。　7 讹：谣言。　8 条桑：采摘桑叶。条，枝。　9 涤(dí)场：打场。涤，打扫。

公在西囿[1]，草木骈骈[2]。公宴其僚，伐鼓渊渊[3]。西人来观，祝公万年[4]。有女娟娟[5]，闺闼闲闲[6]。有童哇哇[7]，亦既能言。昔公未来，期汝弃捐。禾麻芃芃[8]，仓庾崇崇[9]。嗟我妇子，乐

张公在西园，草木生长茂盛；张公宴请他的同僚，击鼓发出渊渊的声音。蜀人前来观看，敬祝张公益寿延年。且看今日：年轻美丽的女子，在闺房里悠闲自乐；牙牙学语的小孩，已经能够把话说。可是在张公没有来的时候，等待着他们的是遭到抛弃、掠夺。现在，禾麻生长得茂密繁盛，谷仓米仓修得高大宽阔。啊，我

此岁丰。　　　　　们的妇女孩子,都因这丰收的年成十分快活。

注释　1 囿(yòu):园林。　2 骈骈(piánpián):茂盛的样子。　3 渊渊:鼓声。　4 万年:长寿之意。　5 娟娟:美好的样子。　6 闼(tà):闺房,内室。　闲闲:悠闲自得的样子。　7 哇哇:小孩牙牙学语的声音。8 芃芃(péngpéng):茂密繁盛的样子。　9 仓庾(yǔ):即仓廪,储藏谷物的场所。庾,露天堆谷的地方。　崇崇:高大的样子。

公在朝廷,天子股肱[1]。天子曰归,公敢不承。作堂严严[2],有庑有庭[3]。公像在中,朝服冠缨。西人相告,无敢逸荒。公归京师,公像在堂。

张公在朝廷里,是皇帝得力的大臣。皇帝叫他回去,张公怎能不遵命。建造庄严的大堂,有厅屋有回廊。张公的画像安放在中间,穿着朝服,帽上缀着长缨。蜀人相互勉励,不敢追求享乐,贪图安逸。张公回到了京师,张公的画像却还留在堂上。

注释　1 股肱(gōng):比喻帝王左右得力的臣子。股,大腿;肱,手臂从肘到肩的部分。　2 严严:雄伟庄严的样子。　3 庑(wǔ):厅堂周围的廊屋。　庭:厅堂。

刑赏忠厚之至论[1]

苏轼[2]

导读　这是宋仁宗嘉祐二年(1057)苏轼参加进士考试的试卷。文章以忠厚立论,援引古仁者施行刑赏以忠厚为本的范例,阐发了儒家的仁政思想。文章说理透彻,结构严谨,文辞简洁,在文风上一扫五代以来的浮靡艰涩,在"文""道"两方面都适合当时古文复兴运动的要求,因而得到了主考官、当时古文运动领袖欧阳修的赞赏。

原文

尧、舜、禹、汤、文、武、成、康之际³,何其爱民之深,忧民之切,而待天下以君子长者之道也⁴。

译文

唐尧、虞舜、夏禹、商汤、周文王、周武王、周成王、周康王的时候,他们爱百姓爱得多么深厚,忧虑百姓的事忧虑得多么急切,而对待天下的人都是用宽仁忠厚啊!

注释 1 这个题目的意思是:惩罚、奖赏都要存心十分忠厚。 2 苏轼(1037—1101):字子瞻,号东坡居士,眉州眉山(今四川眉山)人。父苏洵,弟苏辙,都是北宋时期著名的文学家。三人同属古文"唐宋八大家"之列,合称"三苏"。苏轼是一位全才作家。在古文方面,是"唐宋八大家"之一;在词方面,以诗为词,开创豪放派一代词风,与辛弃疾齐名;在诗方面,是北宋杰出的诗人。此外,苏轼在书法、绘画方面,也都有很高的造诣。3 尧、舜、禹、汤、文、武、成、康:古代的贤明君主。尧,唐尧,或称帝尧。舜,虞舜,或称帝舜。禹,夏禹,或称大禹。汤,商汤。文,周文王。武,周武王。成,周成王。康,周康王。成王是武王之子,康王是成王之子。史称周成王、康王之世,四十多年没有使用过刑罚,被誉为"成康之治"。 4 君子长者:指施行仁德、存心忠厚的人。君子长者之道,也就是指宽仁忠厚。

有一善,从而赏之,又从而咏歌嗟叹之,所以乐其始而勉其终;有

谁做了一件好事跟着就奖赏他,接着又歌颂、赞美他,用这个来赞成他好的开头并勉励他坚持到底;有人做了一件

一不善,从而罚之,又从而哀矜惩创之,所以弃其旧而开其新。故其吁俞之声[1],欢休惨戚,见于虞、夏、商、周之书[2]。成、康既没[3],穆王[4]立而周道始衰,然犹命其臣吕侯[5],而告之以祥刑[6]。其言忧而不伤,威而不怒,慈爱而能断,恻然有哀怜无辜之心,故孔子犹有取焉。

坏事跟着就惩罚他,接着又怜悯、警诫他,用这个使他改掉过错,并且开辟新路。所以,那叹息或应许的声音,欢乐或悲伤的感情,在虞、夏、商、周的书上都能见到。成王、康王死后,穆王即位,周朝的道德传统开始衰败,然而穆王还命令他的大臣吕侯,告诉他办案要谨慎。穆王的话忧虑而不悲伤,威严而无怒气,显得慈爱而果断,难过地流露出哀怜无罪者的心情,所以孔子还认为穆王有可取之处呢!

[注释] 1 吁:叹息。 俞:应允。 2 虞、夏、商、周之书:《尚书》各篇按记事先后,分为"虞夏书""商书"和"周书"。 3 没:通"殁",死亡。 4 穆王:即周穆王,名满,昭王之子。 5 吕侯:周穆王的大臣,任司寇。穆王听从他的意见,颁布有关刑罚的文告。 6 祥刑:亦作"详刑",指办案要审慎。

传曰:"赏疑从与,所以广恩也;罚疑从去,所以慎刑也。"[1]当尧之时,皋陶为士[2]。将杀人,皋陶曰:"杀之。"三。尧曰:"宥[3]之。"三。故天下畏皋陶执法之坚,而乐尧用刑之宽。四岳[4]曰:"鲧

《尚书·孔安国传》书传上说:"奖赏有疑问,还是给予奖赏,这是为了广施恩德啊!惩罚有疑问,就免除惩罚,这是为了谨慎用刑啊!"尧当政的时候,皋陶做狱官。将要判人死刑,皋陶接连三次说:"杀他!"尧却接连三次说:"宽恕他!"所以天下的人都害怕皋陶执法的严厉,却喜欢尧用刑的宽大。四

可用 [5]。"尧曰:"不可。鲧方命圮族 [6]。"既而曰:"试之。"何尧之不听皋陶之杀人,而从四岳之用鲧也?然则圣人之意,盖亦可见矣。《书》曰:"罪疑惟轻,功疑惟重。与其杀不辜,宁失不经 [7]。"呜呼!尽之矣!可以赏可以无赏,赏之过乎仁;可以罚可以无罚,罚之过乎义。过乎仁不失为君子,过乎义则流而入于忍人,故仁可过也,义不可过也。

岳说:"鲧可以任用。"尧回答说:"不行,鲧违抗命令,毁坏了他的族类。"接着又说:"试用他一下吧。"为什么尧不听从皋陶再三要杀人的主张,却采纳四岳推荐使用鲧的建议呢?既然这样,那么圣人的用意,大概也可以看出来了。《尚书》上说:"判罪时有疑惑,只能从轻判刑;授功时有疑惑,只能从重奖赏。与其杀掉没有罪的人,宁愿自己犯不遵守成规定法的过失。"唉!赏罚必须恰当的道理都在这里边了。可赏可不赏的,奖赏他是超过了仁;可罚可不罚的,惩罚他是离开了义。超过了仁还不失为君子,离开了义就会变为残忍的人,所以仁可以超过,义却不能偏离啊!

注释 1 传:解说经义的书传,此指《尚书·孔安国传》。 疑:有疑问。与:给予。 2 皋陶(yáo)为士:皋陶,传说中东夷族的首领。士,狱官。 3 宥(yòu):宽恕。 4 四岳:相传为尧、舜时的四方部落首领。 5 鲧(Gǔn):我国传说中原始时代的部落首领,禹的父亲。由四岳推举,奉唐尧的命令治水,九年未治平,被舜杀死在羽山。 6 方:违抗。 圮(pǐ)族:毁坏他的族类。 7 宁失不经:宁愿犯不按成法办案的错误。

古者赏不以爵禄 [1],刑不以刀锯。赏之以爵禄,是赏之道行于爵禄之所

古时候,赏赐不用官位、俸禄,惩罚不用刀、锯一类的刑具。用官位、俸禄赏赐,这种办法只能得到官位、

加,而不行于爵禄之所不加也;刑以刀锯,是刑之威施于刀锯之所及,而不施于刀锯之所不及也。先王知天下之善不胜赏,而爵禄不足以劝也;知天下之恶不胜刑,而刀锯不足以裁也。是故疑则举而归之于仁,以君子长者之道待天下,使天下相率[2]而归于君子长者之道。故曰忠厚之至也。

俸禄的人产生作用,而对得不到官位、俸禄的人就没有作用;惩罚时使用刀、锯一类刑具,这种刑罚的威力,只对可能受这种刑的人产生作用,对不会受这种刑的人却没有作用。古代贤明的君王知道天下的好事赏赐不尽,不能一一用官位、俸禄来勉励;又知道天下的坏事惩罚不尽,不能一一用刀、锯来制裁。所以有了疑惑就全都以仁爱之心来处理,用宽仁忠厚对待天下的人,使天下的人都互相带领回到宽仁忠厚。所以说这是忠厚到了极点啊!

注释 1 爵禄:爵位和俸禄。 2 相率:互相带领,也就是一个接一个的。

《诗》曰:"君子如祉,乱庶遄已","君子如怒,乱庶遄沮"。[1] 夫君子之已乱,岂有异术哉?时其喜怒,而无失乎仁而已矣。《春秋》之义,立法贵严,而责人贵宽。因其褒贬之义以制赏罚,亦忠厚之至也。

《诗经》上说:"君子如果喜欢听从贤者的话,祸乱便迅速停止","君子如果怒斥坏人的话,祸乱便会很快终结"。君子消除祸乱,难道有特异的法术么?他喜怒切合时宜,总是离不开仁罢了。《春秋》这部书的原则是:立法从严,要求人家却从宽。依照《春秋》的褒贬原则来制订赏罚条例,也是忠厚到了极点啊!

注释 1 "君子如祉(zhǐ)"四句:见《诗经·小雅·巧言》,只是前后两句颠倒。祉,福,引申为喜悦。遄(chuán)已,迅速停止。沮(jǔ),终止。

范增¹论
苏轼

导读 范增是秦末项羽的谋士。楚汉战争中,汉高祖刘邦的谋臣陈平利用项羽多疑的弱点,施行反间计,使范增被迫离开项羽。作者对这一史实进行分析评论,惋惜范增不识"去就之分"。

原文

汉用陈平计,间疏楚君臣。²项羽疑范增与汉有私,稍³夺其权。增大怒,曰:"天下事大定矣,君王自为之。愿赐骸骨归卒伍⁴!"归未至彭城,疽⁵发背死。

译文

汉王用陈平的计策,离间、疏远楚国君臣之间的关系。项羽怀疑范增和汉王有私下勾结,渐渐削弱范增的权力。范增大怒,说:"天下大事基本定局了,君王自己去办理吧。请将这把老骨头赏给我,让我回家去!"范增还没有回到彭城,背上生毒疮,就死了。

注释 1 范增(前277—前204):秦末居鄛人。项梁、项羽的重要谋士,项羽尊他为亚父。 2 汉用陈平计,间疏楚君臣:公元前204年,项羽听从范增意见,将刘邦围困在荥阳。刘邦十分忧虑,便采用陈平的计策。项羽的使者来到刘邦处,刘邦派人以最好的酒食招待。等到见了使者,就装作惊讶,说以为是亚父的使者,不料却是项王的使者,又换上坏的食物。使者回去报告项羽,项羽果然对范增产生疑心,便削减了范增的权力。　**3** 稍:渐渐。　**4** 骸(hái)骨:身体的代称。古代臣子事君,看作以身许人。愿赐骸骨,意思是辞官引退。伍:古代乡里基层组织。　**5** 疽(jū):一种恶疮。

苏子[1]曰:增之去,善矣!不去,羽必杀增。独恨其不早耳!然则当以何事去?增劝羽杀沛公,羽不听,[2]终以此失天下,当于是去耶?曰:否。增之欲杀沛公,人臣之分也;羽之不杀,犹有君人之度也。增曷为以此去哉?《易》曰:"知幾[3]其神乎?"《诗》曰:"相彼雨雪,先集维霰。[4]"增之去,当于羽杀卿子冠军[5]时也。

苏轼说:"范增的离开,好极了!如果不离开,项羽必定要杀死范增。只可惜他不能早一点离开罢了!"那么范增应当借什么事情离开呢?范增劝项羽杀沛公,项羽不听,到头来因为这事失掉了天下,应当在这时候离开么?回答说:"不对。范增要杀沛公,是做臣子的本分;项羽不杀沛公,还有君王的度量。范增为什么要因为这件事离开呢?"《易经》上说:"知道事物变化的细微迹象,大概算是神明吧!"《诗经》上说:"看那下大雪的情景,首先落下的是雪珠。"范增离开,应当在项羽杀害卿子冠军的时候啊。

注释　**1** 苏子:苏轼自称。　**2** 增劝羽杀沛公,羽不听:在新丰鸿门宴上,范增几次向项王递眼色,并举起自己所佩的玉玦再三向项羽示意,要杀刘邦,项羽不应;又叫项庄舞剑,企图刺杀刘邦,也为项羽的伯父所保护,都没有成功。　**3** 幾(jī):事物发生变化的细微迹象。　**4** 雨:下,落。霰(xiàn):雪珠。这两句诗引自《诗经·小雅·颊(kuǐ)弁》,比喻任何事件都有先兆。　**5** 羽杀卿子冠军:公元前206年,秦军围赵王于巨鹿。楚怀王以宋义为上将军统大军救赵。大军行至安阳,停留四十六日不进。

此时项羽为次将，便利用早晨朝见上将军的机会，在营帐中杀死宋义。

陈涉之得民也，以项燕、扶苏。[1] 项氏之兴也，以立楚怀王孙心；而诸侯叛之也，以弑义帝。[2] 且义帝之立，增为谋主矣；义帝之存亡，岂独为楚之盛衰，亦增之所与同祸福也。未有义帝亡，而增独能久存者也。羽之杀卿子冠军也，是弑义帝之兆也；其弑义帝，则疑增之本也，岂必待陈平哉？物必先腐也，而后虫生之，人必先疑也，而后谗入之。陈平虽智，安能间无疑之主哉？

陈胜得民心，是因为假托了楚将项燕和秦太子扶苏的名义。项氏的兴起，是因为立了楚怀王的孙子熊心；诸侯背叛他，是因为他杀了义帝。并且立义帝，范增是主谋；义帝的存亡，难道只关系到楚国的盛衰，范增也跟他同一祸福呢！不可能义帝死了，范增却能独自长久地活着！项羽杀卿子冠军，是杀义帝的先兆；他杀义帝，便是怀疑范增的根本原因，难道必定要等待陈平去离间么？物体必定是自身先腐败，然后才有蛀虫产生；人必定是自己先有疑心，然后人家才会进谗言。陈平虽然聪明，又怎么能够离间没有疑心的君主呢？

注释 1 陈涉：即陈胜。秦末农民起义领袖。陈胜起义时，曾借用扶苏和项燕的名义。 项燕：战国末年楚国的名将，项羽的祖父，公元前223年，与秦将王翦作战，战败身死。 扶苏：秦始皇的大儿子，被派往北部边塞监军。秦始皇死前，下诏书命令他赶回咸阳办理丧事。秦始皇死后，宦官赵高伪造了秦始皇的诏书，逼扶苏自杀。 2 "项氏之兴也"四句：范增劝说项梁（项羽的叔父）立楚国的后裔为王，这样就能使楚国众多的将领归服。项梁采纳范增的意见，从民间找到了原楚怀王的孙子熊心，仍立为怀王。项羽领兵进入咸阳后，尊怀王熊心为义帝，同时分割天下，立诸将为侯、为王。公元前206年,各路诸侯都回自己的封国,项羽也出关回彭城,同时派人将义帝由彭城迁往长沙郡郴县(今湖南郴州)。项羽暗地命令衡山王吴芮、临江王共敖把义帝击杀于江中。

吾尝论义帝,天下之贤主也:独遣沛公入关,不遣项羽;[1]识卿子冠军于稠人之中,而擢以为上将。[2]不贤而能如是乎?羽既矫杀卿子冠军[3],义帝必不能堪;非羽弑帝,则帝杀羽,不待智者而后知也。增始劝项梁[4]立义帝,诸侯以此服从;中道而弑之,非增之意也;夫岂独非其意,将必力争而不听也。不用其言而杀其所立,羽之疑增必自是始矣。方羽杀卿子冠军,增与羽比肩而事义帝[5],君臣之分未定也。为增计者,力能诛羽则诛之,不能则去之,岂不毅然大丈夫也哉?增年已七十,合则留,不合则去;不以

我曾经评论义帝是天下的贤君:单派沛公进入关中,不派项羽;从众人之中识别卿子冠军,并提升他做上将。如果不是贤明的君主,能够做到这样吗?项羽既然假托义帝的命令杀了卿子冠军,义帝就必定不能容忍;不是项羽杀死义帝,就是义帝杀死项羽。这是不用等待聪明的人指点然后才知道的。范增当初劝项梁立义帝,诸侯因此服从;半路上项羽却把义帝杀了,这不是范增的本意;岂但不是他的本意,他还必定竭力谏争,而项羽没有听从他。不采纳他的意见却杀掉他所立的君主,项羽怀疑范增,必定是从这时候就开始了。当项羽杀卿子冠军的时候,范增跟项羽并肩服侍义帝,君臣的名分还没有确定。替范增着想,如果当时有力量杀掉项羽,就杀掉;如果不能,就离开,这难道不是很坚毅的大丈夫么?范增七十岁了,合得来就留下,合不来就离开;不在这个时候弄清离开与留下的得失利害,

此时明去就之分,而欲依羽以成功名,陋矣!

虽然,增,高帝之所畏也,增不去,项羽不亡。呜呼,增亦人杰也哉!

却想依靠项羽来成就功业名声,这见识太浅陋了!

即使这样,范增是高帝所畏惧的,如果范增不离开,项羽就不会灭亡。唉!范增也是人中的豪杰啊!

注释 1 "独遣沛公入关"二句:楚怀王与将领们约定,谁先攻入关中,就封谁为关中王。同时派遣刘邦西进,攻入关中,而不答应项羽愿同刘邦一道西进的要求。 2 "识卿子冠军于稠人之中"二句:齐国的使者高陵君向楚怀王说宋义懂得军事,楚怀王就找宋义议事,大为高兴,因此特封宋义为上将军。稠人,即众人。 3 矫杀卿子冠军:项羽杀死宋义后,"出令军中曰'宋义与齐谋反楚,楚王阴令羽诛之'"(《史记·项羽本纪》),所以说"矫杀"。矫,假借,假托。 4 项梁:下相人,楚将项燕的儿子,项羽的叔父。秦二世元年(前209)九月,继陈胜之后,在会稽(在今浙江)杀郡守举兵起义。 5 增与羽比肩而事义帝:宋义为上将军时,项羽为次将,范增为末将,一同服侍义帝。比肩,并肩。这里指地位相等。

留侯[1]论
苏轼

导读 这篇文章根据《史记·留侯世家》所记张良圯下受书及辅佐刘邦统一天下的事例,论证了"忍小忿而就大谋"。作者用秦末的形势来解释圯上老人与张良的关系,破除神秘色彩,是颇有识力的。文笔纵横捭阖,极尽曲折变化之妙,行文雄辩而富有气势。

【原文】

古之所谓豪杰之士，必有过人之节[2]，人情有所不能忍者。匹夫[3]见辱，拔剑而起，挺身而斗，此不足为勇也。天下有大勇者，卒然[4]临之而不惊，无故加之[5]而不怒。此其所挟持者[6]甚大，而其志甚远也。

【译文】

古时被称为英雄豪杰的人，必定有超过一般人的志节，能够忍受常人根本不能忍受的事情。普通人受了侮辱，便要拔剑而起，挺身搏斗，这不能算是"勇敢"啊。天下有一种称为"大勇"的人，突然遇到危难却不惊慌，无故遭受侮辱却不发怒。这是因为他们的抱负很大，而且志向很远啊！

【注释】 1 留侯：即张良，字子房，相传为城父人。秦末农民战争中，聚众归刘邦，成为刘邦的重要谋士。他辅佐刘邦推翻秦朝，消灭项羽。汉朝建立后，封于留，故称留侯。 2 节：志节。指志向和气概。 3 匹夫：普通人。 4 卒(cù)然：突然。卒，同"猝"。 5 加之：加以侮辱，遭受侮辱。 6 所挟持者：指志向、抱负。

夫子房受书于圮上之老人也[1]，其事甚怪。然亦安知其非秦之世，有隐君子者，出而试之？观其所以微见其意者，皆圣贤相与警戒之义。而世不察，以为鬼物[2]，亦已过矣。

张良接受桥上的老人赠书，这件事看来很奇怪。然而又怎知不是秦朝那个时代，有隐居的高士，出来故意试试他的呢？仔细考察那老人所用来略微显露出他用心的行为，都包含着圣贤给予警诫的意思。可是世人不明白，认为桥上老人是鬼物，这也太错了啊！

注释 1 "夫子房"句：圯(yí)，桥。据《史记·留侯世家》，张良刺秦始皇失败后，改名换姓，逃亡至下邳(今江苏睢宁北)。有一天在桥上遇见一位老人。老人的鞋子掉到桥下，命令张良把鞋子取上来。张良很生气，要打老人，但是看他年老，就忍着气下去取鞋。取上来后，老人要张良替他穿好，张良也照办。老人很满意，说"孺子可教矣"，并约五天后黎明时在桥上相会。张良如约前往，老人早已来到，责备张良不应迟来，再约五天后相会。张良提早在鸡叫时去，还是迟到了。老人又责备他，再约五天后相会。这次张良不到半夜就去桥上等候，果然比老人先到。老人很高兴，送张良一部《太公兵法》，要他好好学习。这位圯上老人，后人说是黄石公。 2 以为鬼物：东汉王充《论衡·自然》中说，张良遇圯上老人，是"天佐汉诛秦，故命令神石为鬼书授人"。

且其意不在书。当韩之亡、秦之方盛也，以刀锯鼎镬¹待天下之士，其平居无事夷灭²者，不可胜数。虽有贲、育³，无所获施⁴。

况且他的用心并不就在赠书。当韩国已经灭亡、秦朝正在兴盛的时候，秦始皇用刀、锯、鼎、镬一类刑具来对待天下的人，那平白无辜遭到杀戮族灭的人，数也数不清。即使有孟贲、夏育那样的勇敢和武艺，也没有办法施展。

注释 1 刀锯鼎镬(huò)：古代施酷刑的刑具。这里借喻以暴力待人。鼎镬，烹煮人的大锅。 2 夷：诛杀。 灭：灭族，即把全族的人杀掉。 3 贲(bēn)、育：战国时卫国的两个著名勇士。 4 施：施展。

夫持法太急者，其锋不可犯，而其势未可乘。子房不忍忿忿¹之心，以

大凡执法十分急切的时候，它的锋芒是不可触犯的，并且当时的形势也没有可乘之机。张良忍不住心中的愤怒，

匹夫之力,而逞于一击之间[2]。当此之时,子房之不死者,其间不能容发[3],盖亦危矣。千金之子,不死于盗贼,何哉?其身可爱,而盗贼之不足以死也。

凭一个普通百姓的力量,想靠一次击杀获得成功。当这个时候,张良的不死,那距离已容不下一根头发了,也真是危险啊!富贵家的子弟,不愿拼死在盗贼手里,为什么呢?因为他爱护自己的生命,认为死在盗贼手里是不值得的。

【注释】 1 忿忿:愤怒。 2 一击之间:张良原是战国时韩国贵族的后代,祖与父相继为韩昭侯、宣惠王等五世的相。秦灭韩后,他结交刺客,图谋杀死秦始皇,恢复韩国。有一次,秦始皇东巡到了博浪沙(今河南原阳东南),张良指使一个使铁锤的大力士前去行刺,误中副车(随从的车子)。秦始皇大怒,在全国大肆搜索凶手十天。 3 间不能容发:距离很近很近,中间容不下一根头发。比喻到了非常危险的境地。

子房以盖世之才,不为伊尹、太公之谋[1],而特出于荆轲、聂政之计[2],以侥幸于不死,此圯上老人所为深惜者也。是故倨傲鲜腆而深折之[3],彼其能有所忍也,然后可以就大事。故曰:“孺子[4]可教也。”

张良有超出世人的才能,不使用伊尹、太公那样重大的谋略,却独独采取荆轲、聂政那种行刺的下策,因为侥幸才没有死,这是桥上老人替他深深惋惜的。因此,老人用傲慢无礼的态度狠狠地挫折他,他如果能够忍耐,然后才可以成就大事业。张良忍耐了,所以老人说:“这孩子是可以教育的!”

【注释】 1 伊尹:商初大臣。辅助商汤攻灭夏桀,汤死后,又为几代商王的执政大臣。 太公:即吕尚,辅佐周文王、武王灭商有功,封于齐,有太公之称,故也称太公望,又俗称姜太公。 2 荆轲:战国末年著名刺客,卫国人。燕太子丹尊他为上卿,派他去刺秦王政。他带着秦逃亡将军樊於期的头和夹有匕首的地图,作为进献秦王的礼物。献图时,刺秦王不中,被杀死。　聂政:战国时著名的刺客,韩国人,韩烈侯时,严遂与相国韩傀争权结怨,求他代为报仇。他进入相府刺死韩傀,然后自杀。
3 鲜腆(tiǎn):这里指没有恭维的言辞。鲜,少。腆,丰厚,美好。　折:挫折,用作动词。　4 孺子:小孩。称别人为"孺子",是傲慢的表现。

楚庄王伐郑,郑伯肉袒牵羊以迎[1]。庄王曰:"其主能下人[2],必能信用其民矣。"遂舍之。勾践之困于会稽,而归臣妾于吴者,[3]三年而不倦。且夫有报人[4]之志,而不能下人者,是匹夫之刚也。

楚庄王攻打郑国,郑襄公脱衣露体牵着羊去迎接,庄王说:"郑国的君主能够向别人低头,必定会得到百姓的信任和拥护。"于是就放弃了灭亡郑国的计划。越王勾践被围困在会稽,归顺吴国,像臣子婢妾那样,度过了三年,却没有现出厌倦的情绪。有报仇雪恨的大志,却不能向人低头的,这不过是普通人的刚强啊。

注释　1 郑伯:指春秋时郑国的君主郑襄公。　肉袒:脱衣露体。　牵羊:用羊作为进献的礼物。　2 下人:向别人低头。　3 "勾践之困于会稽"句:"困于会稽",事见本书《吴许越成》。归臣妾于吴:指越王勾践投降吴国后,他自己和妻子在吴国做了三年奴仆。　4 报人:向人报仇。

夫老人者,以为子房才有余而忧其度量之不足,故深折其少年刚锐之气,使之忍小忿而就大谋。何则?

那桥上老人,认为张良才能有余,但担心他度量不足,所以狠狠地挫折他那年轻人刚锐的气焰,使他能够忍受小的愤恨而去成就大的事业。

非有平生之素[1]，卒然相遇于草野之间，而命以仆妾之役，油然[2]而不怪者，此固秦皇之所不能惊，而项籍[3]之所不能怒也。

为什么呢？两人并没有多年的很深的交情，突然在野外相遇，张良却被当作奴仆一样使唤，居然能顺从而不感到奇怪，这样的人真是秦始皇不能惊吓、楚霸王不能激怒的人啊！

【注释】 1 素：素交。即老交情。 2 油然：顺从的样子。 3 项籍：即项羽，名籍。

观夫高祖[1]之所以胜，项籍之所以败者，在能忍与不能忍之间而已矣。项籍唯不能忍，是以百战百胜，而轻用其锋[2]；高祖忍之，养其全锋而待其敝[3]，此子房教之也。当淮阴[4]破齐，而欲自王，高祖发怒，见于词色。由是观之，犹有刚强不能忍之气，非子房其谁全之[5]？

观察汉高祖取得胜利和项羽遭到失败的原因，在于能忍和不能忍这两者之间罢了。项羽只因为不能忍，所以百战百胜，却轻率地消耗了自己的锐气；汉高祖能忍，养足全部锐气等待敌人的疲敝，这是张良教给他的啊！当韩信灭亡了齐国，想自己做齐王的时候，汉高祖发怒，表现在言语神色上。由此看来，汉高祖还有刚强不能忍耐的脾气，不是张良还有谁能成全他的大业呢？

【注释】 1 高祖：即汉高祖刘邦。 2 轻：轻率。 锋：锐气。 3 敝：疲敝。 4 淮阴：指韩信。 5 非子房其谁全之：韩信破齐后，要求刘邦封他做"假王"。刘邦听了大怒。张良认为当时不能得罪韩信，从旁提醒刘邦。刘邦便派张良前往，封韩信为齐王。刘邦采纳张良的建议，联结英布、彭越，重用韩信，终于消灭项羽，统一了天下。

太史公[1]疑子房以为魁梧奇伟，而其状貌乃如妇人女子，不称[2]其志气。呜呼，此其所以为子房欤[3]！

司马迁曾猜测张良是一位身材魁梧、仪表堂堂的人，而他的相貌却好像妇人女子，认为与他的志向和气概不相称。唉！这正是张良之所以为张良啊！

注释 1 太史公：指《史记》作者司马迁。 2 称(chèn)：相当。 3 此其所以为子房欤：意思是张良相貌柔弱，而志节过人，经圯上老人指点，能够忍人之所不能忍，这正是张良的长处。

贾谊[1]论

苏轼

导读 贾谊是中国历史上有名的"怀才不遇者"，最后郁郁而终。前人大多惜贾生之才，而斥文帝误才之庸。苏轼却一反《史记》以来许多史学家对贾谊怀才不遇的肯定论述，从贾谊自身的角度，分析其悲剧产生的必然性，批判贾谊的悲剧在于不能"自用其才""不善处穷"，责备他不知结交大臣以图见信于朝廷，从而表达了苏轼对贾谊为人、遭际的既同情惋惜又批判否定的态度，从别人意想不到的角度切入，得出令人意料之外的结论，立论新异，见解深刻。

原文

非才之难，所以自用者实难。惜乎！贾生[2]王者之佐，而不能

译文

人要有才能并不难，要使自己的才能得到发挥，却实在不容易。可惜啊！贾谊虽然能够做帝王的辅佐，却不能使自己

自用其才也。

夫君子之所取者[3]远，则必有所待；所就者[4]大，则必有所忍。古之贤人，皆负可致之才[5]，而卒不能行其万一者，未必皆其时君之罪，或者其自取也。

的才能得到发挥。

君子的抱负远大，就必须有所等待；要成就的功业伟大，就必须有所忍耐。古代的贤人，都怀有能够建立功业实现抱负的才能，而最终不能施展这才能的万分之一的原因，不一定都是当时君主的过错，也许是他们自己造成的。

注释 1 贾谊(前200—前168)：见本书《过秦论》注。 2 贾生：指贾谊。 3 所取者：指功业、抱负。 4 所就者：也指功业。 5 可致之才：能够实现功业、抱负的才能。致，指成就功业。

愚观贾生之论[1]，如其所言，虽三代何以远过？得君如汉文[2]，犹且以不用死，然则是天下无尧舜，终不可有所为耶？仲尼圣人，历试于天下，[3]苟非大无道之国，皆欲勉强扶持，庶几一日得行其道。将之荆[4]，先之以冉有，申之以子夏。[5]君子之欲得其君，如此其勤也。

我看过贾谊的议论，如果按他所说的实行了，即使三代的政治又怎能超过呢？他遇到了汉文帝这样的君主，还因为得不到重用而忧郁地死去，那么要是天下没有像尧、舜那样贤明的君主，就终究不可能有作为吗？仲尼是位圣人，多次往各国游说，如果不是非常腐败的国家，他都想勉强扶持它，希望有朝一日能够实行自己的主张。他将要往楚国，先叫冉有去试探，又叫子夏去申明他的意见。君子想要得到君主的信任，是这样的尽心尽力啊！

注释　1 愚:作者自称的谦词。　贾生之论:指贾谊向汉文帝提出的《治安策》。　2 汉文:汉文帝刘恒。　3 仲尼:孔子。　试:指游说诸侯。　天下:指春秋时期的各诸侯国。　4 荆:楚国。　5 冉有:孔子的弟子。　子夏:孔子的弟子。

孟子去齐,三宿而后出昼,¹犹曰:"王其庶几召我。"君子之不忍弃其君,如此其厚也。公孙丑²问曰:"夫子何为不豫³?"孟子曰:"方今天下,舍我其谁哉? 而吾何为不豫?"君子之爱其身,如此其至也。夫如此而不用,然后知天下果不足与有为,而可以无憾矣。若贾生者,非汉文之不能用生,生之不能用汉文也。

孟子离开齐国的时候,在边界上的昼邑住了三晚才离开,还说:"齐王也许还会召我回去。"君子不忍抛弃他的君主,情义是这样深厚啊! 公孙丑问道:"先生为什么不愉快?"孟子说:"现在天下,要行仁政除了我还有谁? 可我为什么要不愉快呢?"君子爱护自己的身体,是这样的周到啊。像这样做了而仍旧得不到信任,然后才知道天下果然不值得自己再去做什么,这才可以没有遗憾了。像贾谊那样,不是汉文帝不能任用他,而是他自己不能利用汉文帝啊!

注释　1 "孟子去齐"二句:孟子曾在齐国为卿,后来见齐王不能行王道,便辞官而去,但在齐国边境上的昼邑停留了三天,想等齐王改过,重新召他入朝。　2 公孙丑:战国时齐国人,孟子弟子。据《孟子·公孙丑下》这里应是充虞,苏轼误记为公孙丑。　3 豫:高兴,愉快。

夫绛侯亲握天子玺而授之文帝¹,灌婴连兵

周勃亲手拿着皇帝的玉印交给汉文帝,灌婴聚集了几十万大军来决定刘

数十万,以决刘吕之雌雄,[2]又皆高帝[3]之旧将,此其君臣相得之分,岂特父子骨肉手足[4]哉?

家和吕家的胜败,他们又都是汉高祖的老部下,这种君臣之间互相信任的情分,难道仅仅像父子兄弟之间的亲密关系吗?

注释 1 绛侯:即周勃,汉初大臣。秦末从刘邦起义,以军功为将军,封绛侯。 玺(xǐ):印,秦以来专指皇帝的印。 文帝:指汉文帝刘恒。 2 灌婴:汉初大臣。与周勃、陈平等拥立代王刘恒为帝。 刘:指刘邦的子孙。 吕:指吕后的侄儿吕产、吕禄等。 雌雄:比喻胜败、高低。 3 高帝:汉高祖刘邦。 4 骨肉手足:比喻关系亲密。

贾生,洛阳之少年,欲使其一朝之间,尽弃其旧而谋其新[1],亦已难矣。为贾生者,上得其君,下得其大臣,如绛、灌之属,优游浸渍而深交之[2],使天子不疑,大臣不忌,然后举天下而唯吾之所欲为,不过十年,可以得志。安有立谈之间,而遽为人痛哭哉[3]!观其过湘为赋以吊屈原[4],萦纡[5]郁闷,趯然有远举之志[6]。其后以自伤哭泣,至于夭绝[7],是亦不善处穷者也。夫谋之一不见用,

贾谊是洛阳的一个年轻人,想要使汉文帝一个早晨便完全抛弃旧有的规章制度,采用他的新主张,也太困难了。作为贾谊来说,应该上面得到君主的信任,下面得到像周勃、灌婴一班大臣的支持,从容地、渐渐地和他们加深交往,使君主不怀疑,大臣们不妒忌,然后整个天下的大事才能我想怎样做就怎样做,不超过十年,就可以实现自己的主张。哪有在谈说时就突然替人家痛哭的呢?看他路过湘江的时候,作了一篇赋来吊念屈原,郁结烦闷,心绪不宁,表露出退隐的思想。后来由于过分的悲伤、哭泣,以至于早死,这也是不善于在逆境中生活啊!

则安知终不复用也? 不知默默以待其变,而自残至此。呜呼! 贾生志大而量小,才有余而识不足也。

谋划一次没有被采用,怎么知道以后再也不会被采用呢? 不知道默默地等待情势的变化,却自我摧残到这个地步。唉! 贾谊的志向大而气量小,才能有余而见识不足啊!

【注释】 1 尽弃其旧而谋其新:贾谊为太中大夫和梁怀王太傅时,曾向文帝提出“改正朔,易服色,法制度,定官名,兴礼乐”等一系列治国、御外方面的建议。 2 优游:从容不迫的样子。 浸渍(zì):渐渐渗透。 3 遽为人痛哭哉:指贾谊在《治安策》的序中所说:“臣窃惟事势,可为痛哭者一,可为流涕者二,可为长太息者六。” 4 吊屈原:贾谊被贬为长沙王太傅,在渡湘江途中写成《吊屈原赋》,借哀伤古人,抒发自己理想不能实现的忧愤。 5 萦(yíng)纡:缭绕的样子。这里比喻心绪不安。 6 趯(yuè)然:形容心情激荡的样子。 远举:原指远走高飞。这里比喻退隐山林。 7 夭绝:贾谊死时才三十三岁,所以说“夭绝”。

古之人,有高世之才,必有遗俗之累[1]。是故非聪明睿智[2]不惑之主,则不能全其用。古今称苻坚得王猛于草茅之中[3],一朝尽斥去其旧臣而与之谋。彼其匹夫略[4]有天下之半,其以此哉!

古时候的人,有高出世人的才能,必定有不合时宜的忧虑。因此没有聪明通达而头脑清醒的君主,就不能充分发挥他的作用。古今都称赞苻坚从平民百姓中看中了王猛,不久就把他的旧臣全部撇开而与王猛谋划大事。苻坚是个普通的人却占据了中国的一半,不就是因为这个缘故么!

【注释】 1 遗俗:超越世俗。意即不合时宜。 累:忧虑。 2 睿智:明智通达。 **3** 符坚:十六国时期人,初封东海王,后杀前秦主符生,自立为前秦皇帝。 王猛:字景略,出身贫寒,初隐居华山,后为符坚谋士。符坚即皇帝位,王猛被任为司徒、录尚书事,执掌国政。他整顿吏治,压制不遵守法令的贵族,遭到旧臣仇腾、席宝的反对,符坚大怒,贬黜仇、席二人,于是上下皆服。 **4** 略:占领,夺取。

愚深悲生之志,故备[1]论之。亦使人君得如贾生之臣,则知其有狷介[2]之操,一不见用,则忧伤病沮[3],不能复振。而为贾生者,亦谨其所发[4]哉!

我深切悲叹贾谊的志向不能实现,所以详细评论了他。这也是为了使君主知道,如果得到了像贾谊这样的臣子,要了解他有洁身自爱的操守,一旦得不到重用,他就会忧伤颓丧,不能再振作起来。而像贾谊这样的人,也应谨慎地对待自己的立身处世啊!

注释 **1** 备:详细。 **2** 狷(juàn)介:洁身自好。 **3** 病沮(jǔ):困顿灰心。沮,灰心失望。 **4** 所发:所作所为。引申为处世。

晁错[1]论
苏轼

导读 本文是苏轼在宋仁宗嘉祐五年写就并呈与朝廷的文章,内容是总结晁错削藩失败的教训。作者对晁错的改革是同情的,对晁错的被杀也是惋惜的。但他认为晁错被杀的原因,不是由于袁盎的进谗言,而是"自祸"。作者特别指出,"立大事"要有政治预见性和妥当的处置措施;要有坚忍不拔的意志;在关键时刻要挺身而出,"欲求非常之功,则无务为自全之计"。

原文

天下之患,最不可为者,名为治平无事,而其实有不测之忧。坐观其变,而不为之所[2],则恐至于不可救;起而强为之,则天下狃[3]于治平之安,而不吾信。惟仁人君子豪杰之士,为能出身为天下犯大难,以求成大功。此固非勉强期月[4]之间,而苟以求名之所能也。天下治平,无故而发大难之端。吾发之,吾能收之,然后有辞于天下。事至而循循[5]焉欲去之,使他人任其责,则天下之祸必集于我。

译文

天下的祸患,最不好办的,是表面上太平无事,可实际上却有不可预料的后果。坐在那里看着事情在变化,却不想办法去解决,恐怕就会发展到不可挽救的地步;但一开始就用强制的手段去处理,那么天下的人由于习惯太平安逸,就不会相信我们。只有仁人、志士、杰出人物,才能挺身而出为天下的人去承担大难,以求建立伟大的功业。这当然不是在短时期内由那些只图求名的人所能做到的。天下太平,无缘无故挑起大难的事端,我能挑起它,我也要能收拾它,然后才有理由对天下的人讲。如果事到临头,却想慢慢地避开它,让别人来承担责任,那么天下的祸患必然集中在自己身上。

注释 1 晁错(前200—前154):见本书《论贵粟疏》注。 2 所:处所。这里指解决问题的措施。 3 狃(niǔ):习以为常。 4 期(jī)月:一年或一个月。这里是泛指短时期。 5 循循:即徐徐。

昔者晁错尽忠为汉,谋弱山东之诸侯。山东诸侯并起,以诛错为名,而天子不之察,以错

从前晁错竭尽忠心替汉朝出力,谋划削弱山东诸侯的势力。山东诸侯联合起来,借诛杀晁错的名义反叛朝廷,但是皇帝不能明察,就杀了晁错来向诸

为之说。¹天下悲错之以忠而受祸，不知错有以取之也。

古之立大事者，不惟有超世²之才，亦必有坚忍不拔之志。昔禹³之治水，凿龙门⁴，决大河，而放之海。方其功之未成也，盖亦有溃冒冲突⁵可畏之患。惟能前知其当然，事至不惧，而徐为之图，是以得至于成功。

侯解释。天下的人都悲叹晁错因为尽忠朝廷而遭杀身之祸，不知道晁错也有自取其祸的原因。

古时候能够建立大功业的人，不止具有超出一般人的才能，还必须具有坚忍不拔的意志。从前大禹治水，凿开龙门，疏通大河，让水流进海里。当他的功业尚未完成的时候，也有堤坊溃决和洪水泛滥的可怕灾害。只因为他能事先估计到这种必然性，事情来了并不惊慌，从容不迫地规划解决，所以取得了成功。

[注释] 1 "昔者晁错尽忠为汉"以下六句：汉初封同姓亲属为王，高祖死后，诸王逐渐强大，有时甚至不服从中央政权命令，另有野心。为了加强中央集权，晁错请削减诸王国的封地。景帝三年(前154)，吴王濞、胶西王卬等，以诛杀晁错为名合兵反叛。景帝与晁错商议出兵镇压，晁错想要景帝亲征，自己留守。窦婴、袁盎向来与晁错有私怨，乘机向景帝进谗言，说只有杀掉晁错，吴、楚七国才会罢兵。景帝就下令将晁错斩于东市。 2 超世：超出一般人。 3 禹：即夏禹。 4 龙门：山名，在山西河津西北。 5 溃冒冲突：形容洪水冲决堤防，肆意泛滥。

夫以七国¹之强而骤削之，其为变岂足怪哉？错不于此时捐其身，为天下当大难之冲，而制吴、

七国诸侯那样强盛，却要一下子削弱它们，他们起来叛乱有什么奇怪的呢？晁错不在这个时候献出自己的全部身心，替天下人做抵挡大难的先锋，

楚之命，乃为自全之计，欲使天子自将而己居守。且夫发七国之难者谁乎？己欲求其名，安所逃其患？以自将之至危，与居守之至安，己为难首，择其至安，而遗天子以其至危，此忠臣义士所以愤怨而不平者也。当此之时，虽无袁盎[2]，亦未免于祸。何者？己欲居守，而使人主自将，以情而言，天子固已难之矣，而重违其议，是以袁盎之说得行于其间。使吴、楚反，错以身任其危，日夜淬砺[3]，东向而待之，使不至于累其君，则天子将恃之以为无恐，虽有百盎，可得而间哉？

嗟夫！世之君子，欲求非常之功，则无务为自全之计。使错自将而讨吴、楚，未必无功。惟其欲自固其身，而天子不悦，奸臣得以乘其隙。错

控制吴、楚等国的命运，却为保全自己着想，想使皇上亲自带兵出征，而自己在后方防守。那么试问，挑动七国叛乱的是谁呢？自己想求得名誉，又怎能逃避祸患呢？因为亲自带兵出征极为危险，留守后方十分安全，自己是挑起大难的魁首，却选择十分安全的事情来做，把极为危险的事情留给皇上去担当，这是忠臣义士愤恨不平的原因啊。在这个时候，即使没有袁盎进言，晁错也未必能免除杀身之祸，为什么这样说呢？自己想留在后方防守，却让皇上亲自带兵，按常情说，皇上本来已经难以忍受了，又加上很多人不同意他的建议，因此袁盎的话就能在这中间发生作用。假使吴、楚反叛，晁错能挺身出来承担危险，日夜操劳，率兵向东去阻击他们，不至于使自己的君王受牵累，那么皇上将依靠他而无所畏惧，即使有一百个袁盎，可以离间得了吗？

唉！世上的君子，想要建立不平凡的功业，就不要专门去考虑保全自己的计策。假使晁错自己带兵去讨伐吴、楚，不一定没有成效。只因为他想保全自己，就使得皇上不高兴，奸臣能够乘

之所以自全者,乃其所以
自祸欤!

机进言。晁错用来保全自己的计策,不
就是用来自己害自己的么?

【注释】 1 七国:指西汉时吴、胶西、胶东、菑川、济南、楚、赵等七个王国。
2 袁盎(àng):楚国人,字丝,曾任吴、齐、楚王国的丞相,后被梁孝王刘武
派人刺杀身死。 3 淬(cuì)砺:淬,把刀烧红放入水中使之坚硬;砺,把
刀磨快。这里是操劳的意思。

卷之十一 宋文

上梅直讲[1]书

苏轼

导读 这是苏轼以《刑赏忠厚之至论》中式得以跻身仕途后，写给梅尧臣的酬谢书。作者在极力推崇这次考试的主考官欧阳修与参评官梅尧臣的同时，畅谈了士遇知己的快乐和自己的抱负。

原文

轼每读《诗》至《鸱鸮》[2]，读《书》至《君奭》[3]，常窃悲周公之不遇。

译文

我每每读到《诗经》的《鸱鸮》和《尚书》的《君奭》，总是暗暗地悲叹周公没有遇到知己。

注释 1 梅直讲：即梅尧臣，字圣俞，北宋诗人。苏轼写信给他时，他任国子监直讲，所以称为梅直讲。 2《鸱鸮(chīxiāo)》：《诗经·豳风》篇名。诗中假托鸟的口气，诉说其处境的困难。《诗序》认为是周公平定叛乱，而成王不了解他，他就写了这首诗给成王。这里苏轼借以感叹周公不被人了解。 3《君奭(shì)》：《尚书》篇名。君，尊称。奭，召公名奭，周文王的庶子，曾佐武王灭商。成王时，召公任太保，周公任太师，共同辅佐成王。召公不满周公，周公便作《君奭》，以明心志，并与召公共勉。

及观《史》[1]，见孔子厄于陈、蔡之间[2]，而弦歌[3]之

等到读了《史记》，看到孔子被困在陈国和蔡国之间，而弹琴、唱歌的

声不绝;颜渊、仲由之徒[4]，相与问答。夫子曰："匪兕匪虎，率彼旷野，吾道非耶？吾何为于此？[5]"

声音没有断绝过;颜渊、仲由等一群学生，互相问答。孔子说："不是兕，不是虎，却要在旷野上奔波！我的主张不对吗？我为什么落到这步田地呢？"

注释 1《史》:指司马迁的《史记》。 2 孔子厄于陈、蔡之间:厄,困。陈、蔡,春秋时的两个小国。陈国和蔡国曾经把孔子和跟随他的学生围困在郊外。他们吃光了粮食,有的饿得连站都站不起来了。 3 弦歌:弹琴诵诗。 4 颜渊:名回,字子渊。孔子的学生。 仲由:字子路,孔子的学生。5 "匪兕(sì)匪虎"四句:孔子在被困时还跟他的学生互为问答。这四句话是孔子对颜渊说的。

颜渊曰："夫子之道至大，故天下莫能容。虽然，不容何病[1]？不容然后见君子。"夫子油然[2]而笑曰："回[3]！使尔多财，吾为尔宰[4]。"夫天下虽不能容，而其徒自足以相乐如此。乃今知周公之富贵，有不如夫子之贫贱。夫以召公之贤，以管、蔡[5]之亲，而不知其心，则周公谁与乐其富贵？而夫子之所与共贫贱者，皆天下之贤才，则亦足以乐乎此矣！

颜渊说："先生的主张极为宏大，所以天下没有人能够接受。即使这样，没人接受又有什么害处？没人接受，然后才显出您是君子。"孔子温和地笑着说："颜回，如果你有很多财产，我替你管账。"虽然天下没有人接受孔子的主张，但他的学生竟能够自我满足而且是这样的快乐！现在我才知道，周公的富贵实在还比不上孔子的贫贱。像召公这样的贤人，管叔、蔡叔这样的亲属，却不能够了解周公的心思，那么周公跟谁一同享受这富贵的快乐？然而跟孔子一同过着贫贱生活的人，却都是天下的贤才，光这一点也就值得快乐了！

注释 1 病:害,害处。 2 油然:自然而然的样子。 3 回:颜回。
4 吾为尔宰:我为你掌管。这是孔子和颜渊开玩笑。 5 管、蔡:即管叔、
蔡叔,周公的弟弟。

轼七八岁时,始知读书。闻今天下有欧阳公[1]者,其为人如古孟轲、韩愈之徒;而又有梅公者,从之游,而与之上下其议论[2]。其后益壮,始能读其文词,想见其为人。意其飘然脱去世俗之乐而自乐其乐[3]也。方学为对偶声律之文[4],求升斗之禄[5],自度[6]无以进见于诸公之间。

我七八岁的时候,才知道读书。听说如今天下有一位欧阳公,他的为人就像古代孟轲、韩愈一类人;又有一位梅公,跟欧阳公交游,并且和他上下议论。后来年纪大了,才能够读他们的文章词赋,想见他们的为人,料想他们潇洒地脱离世俗的快乐,而自己爱好圣人引为快乐的事。我当时正在学作诗赋骈文,想求得微薄的俸禄,自己估量没有办法进见诸位先生。

注释 1 欧阳公:指欧阳修。 2 与之上下其议论:梅尧臣和欧阳修是朋友,文学见解也很接近。欧阳修官高位显,同时又是反对西昆派、倡导文学革新运动的领袖,因此苏轼说他们的议论是上下呼应。 3 自乐其乐:"自乐"的"乐",念 yào,爱好,用作动词。"其乐"的"乐",念 lè,快乐。这里是指上文孔子之乐。 4 对偶声律之文:指诗赋骈文。 5 升斗之禄:指极低的俸禄,形容官微职小。禄,古代官吏的俸给。 6 度(duó):估计。

来京师逾年,未尝窥其门。[1]今年春,天下之士群至于礼部[2],执事[3]与欧阳公实亲试之。轼不自意,获

来到京城一年多,不曾登门求教。今年春天,天下的读书人聚集在礼部,先生和欧阳公亲自考试我们。我没有想到,竟得了第二名。后来听

在第二。既而闻之，执事爱其文，以为有孟轲之风，而欧阳公亦以其能不为世俗之文也而取，是以在此。非左右为之先容⁴，非亲旧为之请属⁵，而向⁶之十余年间，闻其名而不得见者，一朝为知己。退而思之，人不可以苟富贵，亦不可以徒贫贱，有大贤焉而为其徒，则亦足恃矣！苟其侥一时之幸，从车骑数十人，使闾巷小民聚观而赞叹之，亦何以易此乐也！

说，先生喜欢我的文章，认为有孟轲的风格，而欧阳公也因为我能够不受世俗文风的影响而录取了，因此我留在这里。不是左右亲近的人先替我疏通关节，不是亲戚朋友为我请托，从前十多年里听到名声却不能进见的人，一下子竟成为知己。退下来思考这件事，觉得人不能够苟且追求富贵，也不能够空守着贫贱，有大贤人而能成为他们的学生，那也就可以依靠了！如果侥幸获得一时的成功，带着成队的车马和几十个随从，使得里巷的小百姓围着观看并且赞叹他，又怎么抵得上这种快乐呢！

注释 1 京师：指北宋首都汴梁（今河南开封）。 窥其门：登门拜访的意思。 窥，偷看。 2 礼部：宋代中央政府六部之一。掌管礼制和学校贡举等事。 3 执事：本指侍从左右供使唤的人，旧时书信中用来称对方，意思是不敢直陈，所以向执事者陈述，表示尊敬。 4 先容：事先请人介绍、推荐。 5 请属：请托。属，通"嘱"。托付。 6 向：从前。

《传》¹曰"不怨天，不尤人"²，盖"优哉游哉，可以卒岁"³。执事名满天下，而位不过五品⁴，其容色温然⁵而不怒，其文章宽厚敦朴⁶

《论语》上说"不怨天，不怪人"，因为"从容自得啊，能够度过我的天年"。先生的名声满天下，但官位不过五品；先生的面色温和，没有怒容；先生的文章宽厚质朴，没有怨言。这而无怨言。此必有所乐乎斯道[7]也。轼愿与闻焉！

必定是对圣人之道有很深的爱好呢。我希望听到先生的教导！

注释 1《传》：指《论语》。 2 "不怨天，不尤人"：语出《论语·宪问》。 3 "优哉游哉，可以卒岁"：语见《左传·襄公二十一年》。苏轼引用《论语》和《左传》的话，在于说明只要跟贤者在一起，不论富贵、贫贱，都是可以生活下去的。 4 品：古代官吏的等级。始于魏、晋，从第一品到第九品，共分九等。北魏时每品又分正、从；第四品起，正、从品又各分上、下阶，共分三十等。唐、宋文职与北魏同。 5 温然：温和的样子。 6 敦朴：朴实。 7 斯道：指上文孔子所说的"道"，也就是圣贤之道。

喜雨亭记
苏轼

导读 本文从该亭命名的缘由写起，记叙建亭经过，表达人们久旱逢雨时的喜悦心情，反映了作者重民的仁政思想。这篇散文紧扣"喜雨亭"三个字来写，或分写，或合写，或引古代史实来烘托，或用主客问答来渲染，思路开阔，文情荡漾，在风趣的对话中轻松含蓄地发表见解。

原文

亭以雨名，志[1]喜也。古者有喜，则以名物，示不忘也。周公得禾，以名其书；[2]汉武得鼎，以名其年；[3]叔孙胜

译文

亭子用"雨"来命名，是为了记载当时下雨这一件喜事。古时的人有了喜事，就用它来给物取名，表示永不忘记。周公得了嘉禾，用它作为他的书名；汉武帝得了鼎，用它作为他的年号；叔孙战胜了

敌,以名其子。⁴其喜之大小不齐,其示不忘一也。

北狄,用北狄国君的名作为自己儿子的名。他们的喜事虽然大小不等,可是用它来表示永不忘记却是一致的。

[注释] 1 志:记。 2 周公得禾,以名其书:传说周成王得到一种特别苗壮的禾穗赐给周公。周公受禾后,作《嘉禾》一篇。原文已亡佚,今《尚书》仅存篇名。 3 汉武得鼎,以名其年:汉武帝元狩六年(前117)夏,在汾水上得宝鼎,于是改元为元鼎元年。 4 叔孙胜敌,以名其子:春秋时,鲁文公十一年(前616),北狄鄋瞒(在今山东一带)侵犯鲁国。叔孙得臣奉命抵抗,打败鄋瞒,俘获其国君侨如,于是将自己的儿子命名为侨如。

予至扶风¹之明年,始治官舍。为亭于堂之北,而凿池其南,引流种树,以为休息之所。是岁之春,雨麦于岐山之阳²,其占为有年³。既而弥月⁴不雨,民方以为忧。越三月,乙卯⁵乃雨,甲子⁶又雨,民以为未足。丁卯⁷大雨,三日乃止。官吏相与庆于庭,商贾相与歌于市,农夫相与忭⁸于野。忧者以喜,病者以愈,而吾亭适成。

我到扶风的第二年,开始修建官署。在厅堂北面建了个亭子,在南面开了个水池,引来了水,种上了树,当作休息的地方。这年春天,岐山南面下了麦雨,占卜说是个丰收年。接着,整整一个月没有下雨,老百姓正在因此担忧。过了三月,到四月初二(乙卯)才下雨,四月十一(甲子)又下了雨,老百姓觉得没有下够。四月十四(丁卯)又下大雨,一连下了三天才停止。官吏们在厅堂上互相庆贺,商人们在街市上一起唱歌,农民们在田野上成群欢舞。担忧的人因此高兴起来,患病的人因此病情好转,我建的亭子正好在这个时候落成。

注释 1 扶风:即凤翔府,今陕西宝鸡凤翔区。苏轼这时任凤翔府判官。 2 雨麦:天上下麦子。这是由龙卷风造成的。 3 占:占卜。 有年:丰年。 4 弥月:一整月。 5 乙卯:当年四月初二。 6 甲子:当年四月十一。 7 丁卯:当年四月十四。 8 忭(biàn):喜乐,欢欣。

于是举酒于亭上,以属客¹而告之,曰:"五日不雨可乎?"曰:"五日不雨则无麦。""十日不雨可乎?"曰:"十日不雨则无禾。""无麦无禾,岁且荐饥²。狱讼繁兴而盗贼滋炽³,则吾与二三子,虽欲优游以乐于此亭,其可得耶?今天不遗斯民,始旱而赐之以雨,使吾与二三子得相与优游而乐于此亭者,皆雨之赐也,其又可忘耶?"

于是在亭子里摆上酒席,向客人敬酒并告诉他们给亭子命名。我说:"五天不下雨行吗?"客人说:"五天不下雨就没有麦子。""十天不下雨行吗?"客人说:"十天不下雨就没有稻谷。"我说:"没有麦,没有稻,将会连年饥荒,诉讼案件就会接连发生,而且盗贼也会增多、猖獗,那么我和你们几个人虽然想要悠闲自在地在这个亭子里玩乐,那能做得到吗?现在老天没有遗忘这里的百姓,刚刚出现旱情就赐给了雨。使我和你们几个人能够悠闲自在地在这个亭子里玩乐的,都是雨的赐予啊!这又怎能忘记呢?"

注释 1 属(zhǔ)客:指劝客饮酒。属,通"嘱"。 2 荐饥:连年饥荒。荐,重。 3 滋炽:增多并且势盛。

既以名亭,又从而歌之,曰:"使天而雨珠,寒者不得以为襦¹;使天而

已经用"雨"给亭子命名,接着又歌唱道:"如果天上落下的是珍珠,寒冷的人不能用它做衣服;如果天上落下的

雨玉,饥者不得以为粟。一雨三日,伊谁之力? 民曰太守²,太守不有,归之天子;天子曰不然,归之造物³;造物不自以为功,归之太空;太空冥冥,不可得而名,吾以名吾亭。"

是美玉,饥饿的人不能拿它当粮食。一连下了三天雨,这是谁的功劳呢? 老百姓说是太守,太守认为没有这个功劳,归功于皇帝;皇帝说不是这样,归功于上天;上天不认为是自己的功劳,归功于太空;太空渺渺茫茫,不可能给它命名,我就用'喜雨'来叫我的亭子。"

【注释】 1 襦(rú):短衣。 2 太守:这是沿用前代郡的行政长官的称号。宋代有州无郡,一州长官叫知州。但人们仍常常以"太守"称呼知府。3 造物:造物主,即天。古时认为万物都是天造的,所以称天为"造物"。

凌虚台记
苏轼

【导读】 这篇散文在记叙土台修建的经过时,联系到古往今来的废兴成毁的历史,感叹人事万物的变化无常。指出不能稍有所得就"夸世而自足",而应该去探求真正可以永久依靠的东西。反映了苏轼思想中对生活积极乐观和对理想执着追求的一面。

【原文】

国于南山之下¹,宜若起居饮食与山接也。四方之山,莫高于终南;而都邑之丽山者²,莫近

【译文】

在终南山下建立城邑,应该起居饮食都跟山接近。四面的山,没有比终南山更高的;而紧靠着终南山的城邑,没有比扶风更近的。从离山最近的城邑

于扶风³。以至近求最高，其势必得。而太守⁴之居，未尝知有山焉。虽非事之所以损益⁵，而物理有不当然者，此凌虚⁶之所为筑也。

去寻求最高的山，那形势是必定能寻到的。可是太守居住的地方，却不曾感觉到有山呢。虽然这不是对政事有什么影响，但在事理上却不应当这样，这就是建筑凌虚台的原因啊。

[注释] 1 国：指都城。这里作动词用。 南山：一称终南山，秦岭主峰之一，在今陕西西安南。 2 都邑：泛指一般城市，大的叫都，小的叫邑。丽：附着。 3 扶风：县名。即凤翔府，今陕西宝鸡凤翔区。 4 太守：郡的最高长官。宋代指知州、知府。这里是沿用汉代旧称。 5 损益：减少或增加。这里指影响。 6 凌虚：高入天空。

方其未筑也，太守陈公¹，杖履逍遥于其下²。见山之出于林木之上者，累累如人之旅行于墙外而见其髻也³。曰："是必有异。"使工凿其前为方池，以其土筑台，高出于屋之檐而止。然后人之至于其上者，恍然不知台之高，而以为山之踊跃奋迅而出也。公曰："是宜名凌虚。"以告其从事⁴苏轼，而求文以为记。

当这个台还没有筑建的时候，太守陈公，拄着拐杖在那下面悠闲自得地漫步，看到露出在树木上面的山峰，一座接一座，就像有人在墙外行走只看见他的发髻一般。说道："这一定有奇异可观的景致。"就派工匠在它的前面开个方形的池塘，把挖出来的泥筑成土台，土台筑到高过屋檐就停止了。后来到这台上的人，不知不觉地登到台上，却弄不清台的高度，以为是平地突然冒出来那一座座的远山呢。陈公说："这应当叫它作'凌虚'。"就把这种想法告诉他的佐使苏轼，并且要求作一篇文章来记叙它。

注释　1 太守陈公:指陈希亮,知凤翔府。　2 杖履:扶杖漫步。　逍遥:优游自得的样子。　3 累累:连贯成串的样子。　髻(jì):挽束在头顶上的头发。　4 从事:辅佐官吏。当时苏轼任凤翔府判官。

轼复于公曰:"物之废兴成毁,不可得而知也。昔者荒草野田,霜露之所蒙翳[1],狐虺[2]之所窜伏。方是时,岂知有凌虚台耶?废兴成毁,相寻于无穷[3],则台之复为荒草野田,皆不可知也。尝试与公登台而望:其东则秦穆之祈年、橐泉也[4],其南则汉武之长杨、五柞[5],而其北则隋之仁寿、唐之九成也[6]。计其一时之盛,宏杰诡丽[7],坚固而不可动者,岂特百倍于台而已哉?

苏轼回答陈公说:"事物的衰废与兴盛,成功与毁坏,是不能够预先知道的。这里从前是荒草田野,是霜露遮盖的地方,是狐狸毒蛇逃窜藏身的场所。当这个时候,哪里知道现在会有凌虚台呢?衰废与兴盛,成功与毁坏,互相循环没有穷尽,那么今天的凌虚台将来再变成荒草田野,也是不能预料的呢!我曾经试着跟您登台眺望:它的东面是秦穆公的祈年宫和橐泉宫;它的南面是汉武帝的长杨宫和五柞宫;它的北面是隋朝的仁寿宫即唐朝的九成宫。推想它们当时的兴盛,规模的宏伟,形式的奇美,建筑的坚固而不可动摇,岂止比凌虚台强过百倍呢?

注释　1 蒙翳(yì):遮蔽。　2 虺(huǐ):毒蛇。　3 相寻:互相循环。寻,连续不断。　4 秦穆:即秦穆公。祈年、橐(tuó)泉:秦穆公时二宫名。5 汉武:即汉武帝。长杨:古代宫名。是秦汉帝王游猎之所。　五柞:汉代宫名,因宫内有五柞树,故名。　6 仁寿、九成:古宫殿名。隋文帝建仁寿宫,唐贞观五年(631)扩建,改称九成宫。　7 诡丽:奇美。诡,怪异。

然而数世之后，欲求其仿佛，而破瓦颓垣 [1] 无复存者，既已化为禾黍荆棘丘墟陇亩 [2] 矣，而况于此台欤？夫台犹不足恃以长久，而况于人事之得丧 [3]，忽往而忽来者欤？而或者欲以夸世而自足，则过矣。盖世有足恃者，而不在乎台之存亡也。"既已言于公，退而为之记。

可是几代之后，想要寻找它们的依稀相似的痕迹，却连破瓦断墙也没有再存在的了，早已变成种植禾黍的田地和荆棘丛生的荒野了，何况是这个台呢？台尚且不能够依靠坚固并长久地存在，又何况人事的得失，一会儿来了又一会儿去了的呢？有些人想靠修筑楼台在世上炫耀，并以此满足，那就错了。世上确实有能够依靠的，但不在于台的存亡啊！"我已把这番话告诉陈公，回来后就写了这篇记。

[注释] 1 颓垣：倒塌的墙壁。 2 丘墟陇亩：丘墟，荒野。陇亩，田地。 3 得丧：得和失。

超然台 [1] 记
苏轼

[导读] 这篇散文反映了作者知足常乐、超然达观的人生态度，也隐含了少许内心苦闷、失意之情。作者认为，如不能超然物外，则乐少悲多；如能超然物外，即使在困苦的环境中，也有可乐的东西。为了突出后者，既用前者来对比，又用四方形胜与四季美景来渲染。

[原文]

凡物皆有可观。苟有可观,皆有可乐,非必怪奇伟丽者也。餔糟啜醨[2],皆可以醉;果蔬草木,皆可以饱。推此类也,吾安往而不乐?

[译文]

大凡事物都有可以欣赏的地方。如果有可以欣赏的地方,就都有可以使人快乐的地方,不一定是奇异、雄伟、壮丽的东西。吃酒糟、喝淡酒,都可以醉;瓜果、蔬菜、草木一类的东西,都可以饱肚。以此类推,我到哪里不能快乐呢?

[注释] 1 超然台:台名。在宋密州(治所在今山东诸城)北城上。 2 餔(bū):吃。 糟:酒渣。 啜(chuò):喝。 醨(lí):薄酒。

夫所为求福而辞祸者,以福可喜而祸可悲也。人之所欲无穷,而物之可以足吾欲者有尽。美恶之辨战于中[1],而去取之择交乎前,则可乐者常少,而可悲者常多,是谓求祸而辞福。夫求祸而辞福,岂人之情也哉?物有以盖[2]之矣。彼游于物之内,而不游[3]于物之外。物非有大小也,自其内而观之,未有不高且大者也。彼挟其高大以临我,则我常眩乱[4]反复,

人们之所以要寻求幸福、逃避祸患,是因为幸福叫人欢乐,祸患却使人悲伤啊!人的欲望没有穷尽,但能够满足我们欲望的事物却是有限的。美好和丑恶的判别在心中斗争,舍弃和获取的选择在面前交错,那么可以使人快乐的事物常常很少,可以使人悲伤的事物却常常很多了,这就叫作寻求祸患而逃避幸福。寻求祸患而逃避幸福,难道是人的常情么?其实是被物欲蒙蔽了啊!他处在事物的里面,却不能超脱在事物的外面。事物并没有大小的区别,从它的里面来看它,那就没有不是又高又大的呢。它依仗着它的高大来对待我,我就常常昏乱反复,好像从缝隙里看着人

如隙中之观斗,又乌知胜负之所在?是以美恶横生⁵,而忧乐出焉。可不大哀乎!

家殴斗,又哪里知道他们胜败的原因?所以爱憎不断产生,忧愁和快乐就都出现了。这能不极大地哀痛么?

注释 1 辨:辨别。 战:交战,斗争。 中:心中。 2 盖:蒙蔽,遮盖。 3 游:优游,逍遥。 4 眩(xuàn)乱:昏乱。 5 横生:横逸而出,不断发生。

予自钱塘移守胶西¹,释舟楫之安,而服²车马之劳;去雕墙之美,而庇采椽之居;³背湖山之观,而行桑麻之野⁴。

我从浙江钱塘调任密州,放弃了舟楫畅通的安逸,却来承受车马颠簸的劳苦;离开了华丽的建筑,却来住这简陋的房屋;远离了湖山的胜景,却行走在种植桑麻的田野。

注释 1 钱塘:旧县名,在今浙江杭州境内。秦置,宋时与仁和县同为两浙路及临安府治所。 胶西:这里指密州,因密州在汉代为胶西郡。 2 服:适应。 3 雕墙:用彩画装饰的墙。这里指建筑华丽的房屋。 庇:遮蔽,这里是"居住"的意思。 采椽(chuán):用柞木作椽子。采椽之居,指简陋的房屋。采,也作"棌",即柞木,是一种质地坚硬的树木。椽,安在梁上支架屋顶和瓦片的木条。 4 行桑麻之野:密州属古代鲁地,而鲁以桑麻著名。

始至之日,岁比不登¹,盗贼满野,狱讼充斥;而斋厨²索然,日食杞菊³。人固疑予之不乐也。处之期年⁴,而貌加丰,发之白者,

刚来的时候,连年歉收,盗贼遍野,案件很多;厨房里很寒酸,每天只是吃枸杞、菊花之类。人家本来要疑心我不快乐啊。但我在这里住了一年,却是面容比以前丰满,白头

日以反[5]黑。予既乐其风俗之淳，而其吏民亦安予之拙[6]也。

发也一天天地返青了。我已经喜欢这里的质朴风俗，而这里的佐吏和百姓，也习惯了我的笨拙呢。

[注释] 1 比：连续，连接。 登：成熟。不登，歉收。 2 斋厨：指官署的厨房。 3 杞菊：枸杞、菊花。它们可作菜蔬和药物。 4 期(jī)年：一整年。 5 反：同“返”。 6 拙(zhuō)：笨拙、愚钝。

于是治其园囿[1]，洁其庭宇，伐安丘、高密之木[2]，以修补破败，为苟完[3]之计。而园之北，因城以为台者旧矣，稍葺[4]而新之，时相与登览，放意肆志焉。

于是我整理园林，清扫庭院，砍伐安丘、高密县的木材，来修补破败的地方，作为暂时安居养生的处所。园的北面，靠着城墙所筑的台已经很旧了，把它略微修补刷新了一下，时常和宾客一起登台眺望，舒展情怀。

[注释] 1 园囿：种植果木、畜养禽兽的园林。 2 安丘：县名，今山东潍坊安丘市。 高密：县名，今山东潍坊高密市。当时都属密州境。 3 苟完：暂时安居。 4 葺(qì)：修补。

南望马耳、常山[1]，出没隐见[2]，若近若远，庶几[3]有隐君子乎？而其东则卢山[4]，秦人卢敖之所从遁也。西望穆陵[5]，隐然如城郭，师尚父、齐威公之遗烈[6]，犹有存者。北俯潍水[7]，慨然大

向南面望去，只见马耳山和常山，时隐时现，像很近又像很远，也许那里住有隐士吧！它的东面就是卢山，秦时人卢敖隐居的地方。向西面望去，只见穆陵关隐隐约约宛如城郭一般，姜太公、齐桓公盛大事业的遗迹，还有存在着的呢。向北面俯视潍

息,思淮阴[8]之功,而吊其不终。

河,感慨叹息,怀想淮阴侯韩信的功业,但伤悼他的悲惨结局。

[注释] 1 马耳、常山:二山名。均在山东诸城南。 2 见:同"现"。3 庶几(jǐ):或者,也许。 4 卢山:在山东诸城南,原名故山,因卢敖得名。卢敖,战国时燕国人,秦始皇召为博士,使求仙,后隐居故山。 5 穆陵:关名,在山东临朐南大岘山上。 6 师尚父:吕尚,又叫姜尚、姜太公。齐威公:即齐桓公。 烈:功业。 7 潍水:即潍河,在山东东部。 8 淮阴:指韩信。

台高而安,深而明,夏凉而冬温。雨雪之朝,风月之夕,予未尝不在,客未尝不从。撷园疏[1],取池鱼,酿秫酒[2],瀹脱粟而食之[3],曰:乐哉游乎!

这个台高大而安稳,深广而明亮,夏天凉爽,冬天温暖。下雨落雪的早晨,刮风有月的夜晚,我都在台上,宾客也总是跟随着。采摘园里的蔬菜,捞捕塘里的鲜鱼,酿了高粱美酒,煮了糙米饭,大家一起来吃,说:"这游览多快乐啊!"

[注释] 1 撷(xié):采摘。 疏:通"蔬",菜蔬。 2 秫(shú)酒:高粱酒。秫,是一种黏高粱,有的地方就指高粱。 3 瀹(yuè):煮。 脱粟:糙米。

予弟子由适在济南[1],闻而赋之[2],且名其台曰"超然"。以见予之无所往而不乐者,盖游于物[3]之外也。

我的弟弟子由正好在济南府,听到这情景便写了篇赋,并且将这个台命名为"超然",借以表现我无论到什么地方都没有不快乐的原因,大概是超脱在世俗之外啊。

注释 1 子由:苏辙。 济南:宋时济南府治在山东济南历城区。
2 赋之:苏辙作有《超然台赋》,其序曰:"《老子》曰:'虽有荣观,燕处超然。'尝试以'超然'命之,可乎? 因为之赋。" 3 物:指世俗、世事。

放鹤亭¹记

苏轼

导读 这篇记是苏轼谪贬徐州时所作,有明显的出世思想。文章指出,好鹤与纵酒这两种嗜好,君主可以因之败乱亡国,隐士却可以因之怡情全真。作者想以此说明:南面为君不如隐居之乐。这反映了作者在政治斗争失败后的消极情绪。

原文

熙宁十年²秋,彭城³大水,云龙山人张君之草堂,水及其半扉⁴。明年春,水落,迁于故居之东,东山之麓。升高而望,得异境焉,作亭于其上。彭城之山,冈岭四合,隐然如大环;独缺其西一面,而山人之亭,适当其缺。

译文

熙宁十年的秋天,彭城涨大水,云龙山人张君的草堂,大水淹没到门的一半。第二年春天,水退了,他便搬到旧居的东面,东山的脚下。他登高一望,发现了一块奇异的地方,就在那上面筑了个亭子。彭城的山,山冈、山岭四面围合,隐隐约约地像个大圆圈;只是它的西面缺一块,而山人的亭子,正好当着空缺。

注释 1 放鹤亭:在江苏徐州云龙山上。宋神宗(赵顼)元丰元年(1078)张天骥建。张即此篇中的"云龙山人"。 2 熙宁十年:即1077年。熙宁,宋神宗年号。　**3** 彭城:古县名,今江苏徐州。　**4** 扉(fēi):门扇。

春夏之交,草木际[1]天;秋冬雪月,千里一色。风雨晦明之间,俯仰百变。山人有二鹤,甚驯而善飞。旦则望西山之缺而放焉,纵其所如[2],或立于陂田[3],或翔于云表;暮则傃[4]东山而归。故名之曰"放鹤亭"。

春夏之交,草木茂盛,与天相接;秋冬季节,皎洁的月光、皑皑的白雪,又使千里大地呈现出一样的颜色。刮风下雨,或明或暗的时候,只要一举首一低头,各种景色就有百样变化。云龙山人有两只白鹤,非常驯服,很会飞翔。山人早晨便望着西山的空缺把它们放出去,听凭它们飞到什么地方去,有时在池塘或稻田里站立,有时在白云之外飞翔;傍晚便向东山飞回来。因此,给亭子取名叫作"放鹤亭"。

注释　**1** 际:到,接近。　**2** 如:往。　**3** 陂(bēi)田:水池和稻田。　**4** 傃(sù):向。

郡守苏轼,时从宾佐僚吏,往见山人,饮酒于斯亭而乐之。挹[1]山人而告之曰:"子知隐居之乐乎?虽南面[2]之君,未可与易也。《易》曰:'鸣鹤在阴,其子和之。'[3]《诗》曰:'鹤鸣于九皋,声闻于天。'[4]盖其为物,清远闲放,超然于尘埃之外,故《易》《诗》人以比贤

太守苏轼时常带着宾客和部下,去会见云龙山人,在这个亭子里饮酒,很是快乐。他斟了酒给山人,并且告诉他说:"你知道隐居的乐趣吗?即使是统治一国的君主,也不能换到这种乐趣呢!《易经》上说:'鹤在幽深的地方鸣叫,子鹤跟它相应和。'《诗经》上说:'鹤在沼泽的深处鸣叫,它的声音能够传到天上。'因为鹤这种动物,清远闲放,远离尘世,所以《易经》和

人君子。隐德之士,狎[5]而玩之,宜若有益而无损者,然卫懿公好鹤则亡其国[6]。

《诗经》的作者都把它比作尘世间的贤人君子。道德高尚的隐士,亲近它玩赏它,应当是有益而无害的了,然而卫懿公因为喜爱鹤却亡了国。

注释 1 挹(yì):舀,汲取。这里指酌酒。 2 南面:古代以面向南方为尊位。帝王之位面向南方,所以称帝位为"南面"。 3 "鸣鹤在阴"二句:《周易·中孚》的九二爻辞。意思是说,有德的人虽处在下位,也有人应和他,正像鹤在幽深的地方鸣叫,子鹤自然会跟它应和一样。 4 "鹤鸣于九皋"二句:见《诗经·小雅·鹤鸣》。九皋(gāo),深泽,全诗以鹤比喻有才能的人。 5 狎(xiá):亲近。 6 "然卫懿(yì)公"句:卫懿公,春秋时卫国国君。他养了许多鹤,并且对鹤特别爱护优待,对百姓的死活却不关心。狄人来侵,他下令国人抵抗。国人说,派鹤去吧,它们有禄位,我们怎么能够打仗呢。这样,卫国就被狄人灭亡了。

"周公作《酒诰》[1],卫武公作《抑》[2]戒,以为荒惑败乱,无若酒者;而刘伶、阮籍之徒[3],以此全其真而名后世。嗟夫!南面之君,虽清远闲放如鹤者,犹不得好,好之则亡其国;而山林遁世[4]之士,虽荒惑败乱如酒者,犹不能为害,而况于鹤乎?由此观之,其为乐未

"周公作《酒诰》来训诫康叔治理百姓,卫武公作《抑》来警诫自己,他们认为使人迷乱衰败的东西,没有比酒更厉害的了;可是刘伶、阮籍这班人,却因为喝酒保全了他们的本性并且名留后世。唉!做君主的,即使像鹤一样清远闲放的东西尚且不能喜爱,如果喜爱这类东西就会亡国;而那些隐居山林、逃避世俗的人,即使喜爱像酒一类使人迷乱衰败的东西,也不会有什么损害,何况喜爱鹤呢?从这件事看来,做君主的乐趣和做

可以同日而语也。" ‖ 隐士的乐趣是不能相提并论的啊。"

注释 1《酒诰》:《尚书》篇名。周武王灭商后,将商的都邑妹分封给康叔,那里因受纣王的影响,酗酒之风特别严重,所以周公作《酒诰》以示训诫。诰,古代一种训诫勉励的文告。 2《抑》:《诗经·大雅》中篇名。《诗序》说,《抑》是西周时卫国国君武公写的,用来规劝周厉王,并警诫自己。 3 刘伶:西晋人,嗜酒,作有《酒德颂》。 阮籍:三国魏文学家、思想家。常用醉酒的办法,在当时复杂的政治斗争中保全自己。 4 遁世:避世。

山人欣然而笑曰:"有是哉?"乃作放鹤、招鹤之歌,曰:"鹤飞去兮西山之缺,高翔而下览兮择所适。翻然敛翼,宛将集兮,忽何所见,矫然[1]而复击。独终日于涧谷之间兮,啄苍苔而履白石。""鹤归来兮,东山之阴。其下有人兮,黄冠[2]草履,葛衣而鼓琴。躬耕而食兮,其余以汝饱。归来归来兮,西山不可以久留。"

云龙山人高兴地笑着说:"真有这样的事么?"于是作了放鹤和招鹤歌。歌词是:"鹤飞出去了啊从西山的缺口,高高地飞着向下观望啊,选择那安适的地方。一下子收敛了羽翼,好像将要停下来啊,忽然间看到了什么,又高高地飞上天空。一天到晚只是生活在涧谷的中间啊,嘴啄青苔,脚踩白石。""鹤飞回来了啊,在东山的北面。那下面有个人啊,头戴黄色的帽子,脚踏草鞋,穿着葛布缝制的衣服,拨动着琴弦。自己耕种自己吃啊,剩下的让你吃个够。回来啊回来啊,西山不能够长久地停留。"

注释 1 矫然:展翅高飞的样子。 2 黄冠:用笋壳制的帽子,黄色。

石钟山记

苏轼

导读 本文是苏轼游石钟山后所写的一篇考察性游记。文章通过对石钟山得名由来的探究，强调要正确判断一件事物，必须要深入实际，认真调查。

原文

《水经》[1]云："彭蠡[2]之口有石钟山焉。"郦元[3]以为下临深潭，微风鼓浪，水石相搏[4]，声如洪钟。是说也，人常疑之。今以钟磬[5]置水中，虽大风浪不能鸣也，而况石乎！

译文

《水经》上说："鄱阳湖的口上，有一座石钟山。"郦道元认为石钟山下面接近深潭，微风鼓动着波浪，流水和石头互相碰撞，发出的声音像大钟一样洪亮。这种说法，人们常常怀疑它。现在把钟和磬放到水里，即使有大风大浪也不能使它发出声音来，何况是石头呢！

注释 1《水经》：我国古代的一部地理书，记述江水河道的分布情况。相传为汉代桑钦所著，也有人说是晋朝人郭璞所著。 2 彭蠡(lǐ)：湖名，即今鄱阳湖。 3 郦元：郦道元，北魏范阳人，著有《水经注》四十卷，是注释《水经》的地理名著，也有很高的文学价值。 4 搏：拍击。 5 磬(qìng)：古代用玉或石制成的一种打击乐器。

至唐李渤始访其遗踪[1]，得双石于潭上，扣

到唐朝人李渤，才去访寻郦道元考察过的旧迹。他在潭上找到两块石头，敲

而聆[2]之，南声函胡[3]，北音清越[4]，枹止响腾[5]，余韵[6]徐歇。自以为得之矣。然是说也，余尤疑之。石之铿然[7]有声者，所在皆是也，而此独以钟名，何哉？

着听它的声音，南边那块的声音模糊不清，北边那块的声音清脆响亮，敲打的槌子停止了，响声仍在飞扬，余音缭绕，慢慢地消失。他自己以为得到石钟山命名的缘由了。然而这种说法，我更加怀疑它。能够发出铿锵声音的石头，到处都是啊，唯独这座山用钟来命名，为什么呢？

[注释] 1 李渤：唐朝洛阳人。宪宗元和年间，做过江州刺史。他写的《辨石钟山记》，对石钟山的命名作过解释。 遗踪：旧迹。指郦道元考察过的地方。 2 聆：听。 3 函胡：犹含混。模糊不清。 4 清越：清脆响亮。 5 枹(fú)：鼓槌。这里用作动词，敲击。 腾：扬起，传播。 6 余韵：未尽的乐音。 7 铿(kēng)然：敲击金石所发出的声响。

元丰七年六月丁丑[1]，余自齐安舟行适临汝[2]，而长子迈将赴饶之德兴尉[3]，送之至湖口[4]，因得观所谓石钟者。寺僧使小童持斧，于乱石间择其一二扣之，硿硿然[5]。余固笑而不信也。

元丰七年六月初九，我从齐安乘船到临汝去，而大儿子苏迈将要到饶州德兴县去做县尉。我送他到湖口，因此有机会能够看到所说的石钟山。寺里的和尚叫小童拿着斧头，在乱石中间挑选了其中的一两块，敲起来硿硿作响。我只是笑着并不相信。

[注释] 1 元丰七年六月丁丑：1084 年阴历六月初九。元丰，宋神宗年号。丁丑，是古人记日的干支。 2 齐安：今湖北省黄冈。 临汝：今河南临汝。 3 迈：苏轼的长子苏迈。 饶：饶州，治所在今江西鄱阳。德兴：县名。 尉：县尉，主管一县治安的官吏。 4 湖口：今江西湖口，

石钟山就在此地。　5 硿硿(kōngkōng)然：撞击石头发出的响声。

至其夜月明，独与迈乘小舟至绝壁下。大石侧立千尺，如猛兽奇鬼，森然[1]欲搏人；而山上栖鹘[2]，闻人声亦惊起，磔磔[3]云霄间；又有若老人欬[4]且笑于山谷中者，或曰此鹳鹤[5]也。

到了那天夜里，月光明亮，我单独和迈乘着小船，来到陡峭的山崖下面。只见巨大的石头倾斜耸立着，高约千尺，那样子好像猛兽恶鬼，阴森森地就像要向人扑过来；而栖息在山上的鹘鸟，听到人的声音也吓得飞了起来，在高空中磔磔地叫着；又有一种像老年人在山谷里又咳又笑的声音，有的人说，这是鹳鹤的叫声。

注释　1 森然：阴森恐怖的样子。　2 鹘(hú)：一种凶猛的鸟。隼的旧称。3 磔磔(zhézhé)：鹘的鸣叫声。　4 欬(kài)：咳嗽。　5 鹳(guàn)鹤：一种像鹤的水鸟，顶部不红。

余方心动欲还，而大声发于水上，噌吰[1]如钟鼓不绝。舟人大恐。徐而察之，则山下皆石穴罅[2]，不知其浅深，微波入焉，涵澹澎湃[3]而为此也。舟回至两山间，将入港口，有大石当中流，可坐百人，空中而多窍[4]，与风水相吞吐，有窾坎镗鞳

我正感到有点害怕想回去，忽然有一种巨大的声响从水面上发出来，轰轰作响，就像钟鼓声连续不断。船夫非常害怕。我慢慢地观察，原来山下边都是石洞和石缝，也不知道它们的深浅，微小的水波灌进去，动荡冲击，便形成了这种声音。当船转到南北两座山之间，将要进入港口的时候，有一块巨大的石头挡在水流的中央，上面可坐百来个人，大石的中间是空的，而且有许多小窟窿，不断地把江风水浪吞进吐出，发出窾坎镗鞳的声音，与先

之声⁵,与向之噌吰者相应,如乐作焉。

前听到的轰鸣声互相应和着,好像演奏音乐一样呢!

[注释] 1 噌吰(chēnghóng):拟声词,形容宏大沉重的钟声。 2 罅(xià):裂缝。 3 涵澹(dàn)澎湃:形容波浪激荡。涵澹,江水激荡的样子。澎湃,波涛冲击的声音。 4 空中:即"中空"。 窍(qiào):窟窿。 5 窾坎(kuǎnkǎn):击物声。 镗鞳(tāngtà):钟鼓声。

因笑谓迈曰:"汝识¹之乎? 噌吰者,周景王之无射也²,窾坎镗鞳者,魏献子之歌钟³也。古之人不余欺⁴也!"

因而笑着对迈说:"你知道吗? 发出轰鸣声音的,是周景王的无射钟;发出窾坎镗鞳的声音的,是魏献子的歌钟。古代的人没有欺骗我们啊!"

[注释] 1 识:知道。 2 周景王:春秋时的周天子,公元前544年至公元前520年在位。 无射(yì):钟名。周景王二十三年(前522),铸成无射钟。 3 魏献子之歌钟:魏献子,为魏庄子之误。据《左传》记载,鲁襄公十一年(前562),晋侯(晋悼公)把郑人献来的歌钟和其他乐器的一半,赐给魏庄子(魏绛)。歌钟,一种古代乐器。 4 不余欺:即"不欺余"。

事不目见耳闻,而臆¹断其有无,可乎? 郦元之所见闻,殆²与余同,而言之不详;士大夫终不肯以小舟夜泊绝壁之下,故莫能知;而渔工

事物不经过自己眼见耳闻,却凭主观想象来推断它的有还是无,这能行吗? 郦道元的所见所闻大概和我相同,但是说得不详细;那些读书做官的人,终究不肯乘着小船夜晚停泊在陡峭的崖壁下面考察,所以不可能知道;而渔民船夫

水师³，虽知而不能言；此世所以不传也。而陋者乃以斧斤考击而求之⁴，自以为得其实。余是以记之，盖叹郦元之简，而笑李渤之陋也。

虽然知道却讲不出来；这就是石钟的真相不能在世上流传的原因。可是知识浅薄的人竟然用斧头敲打石头去探求石钟山命名的缘由，还自以为得到了它的真相。我因此把它记下来，为的是叹惜郦道元记事的简略，讥笑李渤的浅薄啊。

[注释] 1 臆(yì)：主观。 2 殆(dài)：大概，差不多。 3 渔工水师：渔夫、船工。 4 陋者：知识浅薄的人，指李渤。 斧斤：斧头。纵刃称斧，横刃称斤。 考击：敲打。

潮州韩文公庙碑¹
苏轼

[导读] 本文是苏轼于元祐七年(1092)接受潮州知州王涤的请求，替潮州重新修建的韩愈庙所撰写的碑文。文章就韩愈的道德、文章、遭遇、影响等展开议论，联想丰富，词采华美，曲折变化，挥洒自如。

[原文]

匹夫而为百世师，一言而为天下法，是皆有以参天地之化²，关盛衰之运。其生也有自来，其逝也有所为。故申、吕自岳降³，傅说为列星⁴，古

[译文]

一个普通人能成为百世的师表，说一句话能成为天下人行为的准则，这都是由于他可以跟天地化育万物，关系到国家的盛衰命运。他降生有来由，他死后也有作为。所以申伯、吕侯是岳神下降，傅说死后成了天上的星宿。古今传说下

今所传,不可诬也。 | 来的,不能够抹杀啊。

1 潮州:今广东潮州。 韩文公:韩愈。 **2** 参天地之化:《礼记·中庸》:"可以赞天地之化育,则可以与天地参矣。" **3** 申、吕自岳降:申、吕指周宣王时的申伯和吕侯,伯夷的后代。相传他们是山岳之神降生的。 **4** 傅说(yuè)为列星:傅说是商王武丁的宰相。相传他死后飞升上天,和众星并列。

孟子曰:"我善养吾浩然之气[1]。"是气也,寓于寻常之中,而塞乎天地之间。卒然遇之,则王、公失其贵,晋、楚[2]失其富,良、平[3]失其智,贲、育[4]失其勇,仪、秦[5]失其辨。是孰使之然哉?其必有不依形而立,不恃力而行,不待生而存,不随死而亡者矣!故在天为星辰,在地为河岳,幽则为鬼神,而明则复为人。此理之常,无足怪者。

孟子说:"我善于培养我的盛大刚直的正气。"这种正气寄托在普通事物里面,充塞天地之间。突然碰上它,那么王侯、公卿就会失去他们的显贵,晋国、楚国就会失去它们的富庶,张良、陈平就会失去他们的智谋,孟贲、夏育就会失去他们的勇敢,张仪、苏秦就会失去他们的辩才。是谁使他们这样呢?其中一定有不依靠形体而能立足,不凭借力量而能运行,不依赖生命而存在,不随着死亡而消失的东西。所以它在天上成为星辰,在地上成为江河、山岳,在阴间就是鬼神,在人世就又成了人。这是通常的道理,没有什么值得奇怪的。

1 浩然之气:盛大刚直的正气。 **2** 晋、楚:战国时,晋占有现在山西和河北、河南、陕西的一部分,楚占有现在湖南、湖北、安徽、江苏、浙江一带,一度是两个最富强的国家。 **3** 良、平:张良和陈平,都是汉高祖刘邦的开国功臣,以足智多谋著称。 4 贲(bēn)、育:孟贲和夏育,古代著名的勇士。 5 仪、秦:张仪和苏秦,游说列国的纵横家。

自东汉以来,道[1]丧文弊,异端[2]并起。历唐贞观开元[3]之盛,辅以房、杜、姚、宋[4]而不能救。独韩文公起布衣,谈笑而麾[5]之,天下靡然[6]从公,复归于正[7],盖三百年于此矣[8]。

自从东汉以来,儒家的学说丧失,文风衰颓,各种异端都出来了。虽然经过唐代贞观、开元的盛世,有房玄龄、杜如晦、姚崇、宋璟的辅佐,仍然不能挽救过来。只有韩文公从百姓中成长起来,谈笑间排斥异端,天下的知识分子都倒向他,这才使道德文章归复到正道,到现在大约有三百年了。

[注释] 1 道:儒家的学说思想,即所谓道统。 2 异端:儒家把道家、墨家等不同的学派斥为异端。这里指汉、魏以来长期兴盛的佛教与道教。 3 贞观:唐太宗的年号(627—649)。 开元:唐玄宗的年号(713—741)。这两个时期在历史上均被赞为太平盛世。 4 房、杜:房玄龄和杜如晦,唐太宗时的贤相。姚、宋:姚崇和宋璟,唐玄宗前期的名相。 5 麾(huī):通"挥",指挥,号召。 6 靡(mǐ)然:一边倒的样子。 7 正:儒家的正道。 8 盖三百年于此矣:从韩愈倡导古文到苏轼时期将近三百年。

文起八代[1]之衰,而道济天下之溺[2],忠犯人主之怒[3],而勇夺三军之帅[4]。此岂非参天地、关盛衰,浩然而独存者乎?

他的文章挽回了连续八个朝代的衰颓,他提倡的儒家学说拯救了天下人的沉溺;他的忠心不怕触犯皇帝的怒气,他的勇敢压倒了三军的统帅。这些难道不是跟天地并立、关系国家盛衰的浩然而独存的正气吗?

注释 1 八代:东汉、魏、晋、宋、齐、梁、陈、隋。 2 道济天下之溺:指韩愈提倡儒家之道,把天下人从沉溺佛、道等异端的困境中拯救出来。济,拯救。 3 忠犯人主之怒:唐宪宗(李纯)派使者往凤翔迎佛骨入宫,韩愈上表进谏,言词激切,触怒宪宗,几乎被处死。幸大臣裴度、崔群等营救,才贬为潮州刺史。 4 勇夺三军之帅:唐穆宗(李恒)时,镇州叛乱,杀节度使田弘正,另立王廷凑。韩愈奉命前去宣抚。大臣们都替他担心,认为有被杀的危险,但他只用一次谈话便说服了作乱的将士。回京后穆宗大为高兴,转韩愈为吏部侍郎。

盖尝论天人之辨:以谓人无所不至,惟天不容伪。智可以欺王公,不可以欺豚鱼[1];力可以得天下,不可以得匹夫匹妇之心。故公之精诚[2],能开衡山之云[3],而不能回宪宗之惑[4];能驯鳄鱼之暴[5],而不能弭皇甫镈、李逢吉之谤[6];能信于南海[7]之民,庙食[8]百世,而不能使其身一日安于朝廷之上:盖公之所能者天也,其所不能者人也。

本人曾经论述过"天"和"人"的关系,认为人没有什么事做不出来,只是天不容许虚伪。智谋可以欺骗王侯公卿,但不能欺骗小猪和鱼;暴力可以夺取天下,但不能使普通男女心悦诚服。所以韩公的真心诚意,能驱散衡山的云雾,却不能扭转宪宗的迷惑;能够驯服鳄鱼的凶暴,却不能消除皇甫镈和李逢吉的诽谤;能够取得潮州百姓的信任,为他建庙,享受百代的祭祀,却不能使自己有一天安居在朝廷之上:因为韩公所能做到的是天意,他所不能做到的是人事啊。

注释 1 豚(tún)鱼:泛指小动物。豚,小猪。 2 精诚:真心诚意。 3 能开衡山之云:衡山,在湖南衡阳境内。据韩愈《谒衡岳庙遂宿岳寺题门楼》诗说:他路过衡山游南岳,正逢秋雨,天阴无风,他诚心祷告,马上

云开雨止,天气晴朗。　4 不能回宪宗之惑:指韩愈谏迎佛骨,唐宪宗不
听一事。　5 能驯鳄(è)鱼之暴:韩愈任潮州刺史时,听说鳄鱼危害百姓,
便作《祭鳄鱼文》,命令鳄鱼迁走。据说后来鳄鱼果然向西迁移六十
里。　6 弭:消除。　皇甫镈、李逢吉:唐宪宗时的大臣。都是奸佞之徒。
7 南海:潮州临南海,所以借南海指潮州。　8 庙食:接受后世的立庙祭祀。

　　始潮人未知学,公命进士赵德为之师,自是潮之士,皆笃[1]于文行,延及齐民,至于今,号称易治。信乎孔子之言:"君子学道则爱人,小人学道则易使也。[2]"潮人之事公也,饮食必祭,水旱疾疫,凡有求必祷焉。而庙在刺史公堂[3]之后,民以出入为艰。前太守[4]欲请诸朝作新庙,不果。

　　起初潮州人不知道读儒家的书,韩公让进士赵德做他们的老师。从此潮州的读书人,文章德行都很深厚,并普及到了平民百姓,直到今天,潮州还被称为容易治理。真如孔子所说的:"做官的学了仁义之道,就会爱护人民;老百姓学了仁义之道,就容易役使。"潮州人侍奉韩公,哪怕一饮一食,必定拿去祭祀;发生水旱疾病,凡是有所请求,必定去祷告。可是韩庙建在刺史公堂的后面,老百姓觉得出入很不方便。前任太守想请求朝廷建造新庙,没有实现。

[注释]　1 笃(dǔ):忠实。　2 "君子学道则爱人"二句:表现了孔子提倡礼乐教化的政治目的。君子,指士大夫。小人,指老百姓。　3 刺史公堂:州官办公的厅堂。刺史,唐代州的最高行政长官。　4 太守:唐时的刺史,相当汉的太守。这里沿用旧名。

　　元祐五年[1],朝散郎王君涤来守是邦[2],凡所以养

　　元祐五年,朝散郎王君涤来做这个州的太守。凡是用来培养读书人和

士治民者，一以公为师，民既悦服，则出令曰："愿新公庙者，听。"民欢趋之，卜地³于州城之南七里，期年而庙成。

治理百姓的办法，都效法韩公。百姓心悦诚服了，就发出号令说："愿意新建韩公庙的，听便。"百姓高兴地去参加建庙，在潮州城南七里处选了块地基，只一年，新庙建成了。

注释 1 元祐五年：宋哲宗（赵煦）元祐五年，即公元1090年。 2 朝散郎：文官名，官阶为从七品。 王涤：生平不详。 3 卜地：选择地址。

或曰："公去国万里而谪于潮，不能一岁¹而归，没²而有知，其不眷恋于潮也审³矣！"轼曰："不然。公之神在天下者，如水之在地中，无所往而不在也。而潮人独信之深，思之至，焄蒿凄怆⁴，若或见之。譬如凿井得泉，而曰水专在是，岂理也哉！"

有人说："韩公离开京都万里，贬谪到潮州，没有一年就回去了。如果死后还有知觉，他不会深切思念潮州是明摆着的。"我说："不是这样。韩公的神灵遍及天下，像水在地里一样，没有哪个地方不流去，没有哪个地方不存在。唯独潮州地方的人信奉那样深切，思想如此至诚，祭品的气味袅袅上升时使人悲伤，像见到了韩公一样。譬如挖井得到了泉水，就说泉水只在这个地方，哪有这种道理呢？"

注释 1 不能一岁：没有一年。 2 没：通"殁"，死亡。 3 审：明白。 4 焄(xūn)蒿凄怆：祭祀时引起悲伤的情感。焄，指祭物的香气。蒿，香气蒸发上升的样子。

元丰元年[1]，诏封公昌黎伯[2]，故榜[3]曰"昌黎伯韩文公之庙"。潮人请书其事于石，因作诗以遗[4]之，使歌以祀公。其辞曰：

神宗元丰七年，皇帝下诏书封韩公为昌黎伯，所以匾上写着："昌黎伯韩文公之庙。"潮州人请我写出他的事迹并刻在石碑上，顺便做了一首诗送给潮州人，让他们吟唱着这首诗祭奠韩公。诗的词句是这样的：

注释 1 元丰元年：当为元丰七年，即公元 1084 年。元丰是宋神宗年号。 2 昌黎伯：韩愈自谓郡望为昌黎(今属河北省)，世称韩昌黎，因而宋神宗追封他为昌黎伯。 3 榜：匾额。 4 遗(wèi)：送给。

公昔骑龙白云乡[1]，手抉云汉分天章[2]，天孙[3]为织云锦裳。飘然乘风来帝旁，下与浊世扫秕糠[4]。西游咸池略扶桑[5]，草木衣被昭回光[6]。

韩公往日骑龙遨游在白云乡，亲手挑动天河，分成道道花纹闪银光，织女用云彩给他织成了锦绣衣裳。他从天帝身旁轻快地降到人世间，为浑浊的世界把邪说异端扫光。他西游咸池，又东到扶桑，文章道德辉映一代，草木都蒙受光芒。

注释 1 公昔骑龙白云乡：这句的用意是说韩愈原是天上的仙人。白云乡，仙乡。 2 手抉(jué)：用手挑选。 云汉：天河。 天章：指分布在天空中的日月星辰等。 3 天孙：织女星。 4 秕糠：本指米的皮屑，这里比喻邪说异端。 5 咸池：神话中太阳沐浴的地方。 略：到。 扶桑：神话中日出的地方。 6 草木衣被昭回光：是说韩愈的道德文章如同日月光照大地，泽及草木。衣被，加惠的意思。草木衣被，即衣被草木。

追逐李、杜[1]参翱翔，汗流籍、湜走且僵[2]，

他追逐着李白、杜甫，在天空翱翔，汗流浃背的张籍、皇甫湜追赶得昏倒地

灭没倒影不能望³。作
书诋佛讥君王，要观南
海窥衡湘，历舜九嶷吊
英、皇⁴。祝融先驱海若
藏⁵，约束蛟鳄如驱羊。

上，连韩公的影儿也无法仰望。他上书
抨击佛教，讽劝君王，被贬潮州，游览了
南海和衡、湘，经过九嶷谒舜墓，凭吊女
英、娥皇。祝融替他开路，海神率众潜藏，
他驯服那蛟龙鳄鱼，就像驱赶羊群。

[注释] 1 李、杜：李白和杜甫。 2 籍、湜(shí)：张籍和皇甫湜，唐代文
学家，韩愈同时代人。汗流、走且僵：都是形容追赶不上。 3 灭没倒影
不能望：形容张籍、皇甫湜像倒影一样容易灭没，不能仰望韩愈日月般的
光辉。 4 九嶷(yí)：山名，又名苍梧，在今湖南宁远境内。 英、皇：女英、
娥皇，尧帝的两个女儿，同嫁舜帝为妃。后舜外出巡视，死于苍梧。娥皇、
女英赶到南方，一起投湘水而死。 5 祝融：传说的火神。 海若：海神。

钧天无人帝悲伤¹，
讴吟下招遣巫阳²。爆
牲鸡卜羞我觞³，於粲
荔丹与蕉黄⁴。公不
少留我涕滂⁵，翩然被
发下大荒⁶。

天庭少了人才，天帝为之悲伤，派遣
巫阳下来歌唱，把韩公招回天堂。潮州百
姓杀牛宰鸡进献酒浆，还有鲜红的荔枝和
金黄的香蕉。韩公不能长留人世，叫我们
眼泪流淌，祈望韩公快快降临大地把祭
品尝！

[注释] 1 钧天：天的中央。 帝：天帝。 2 讴(ōu)吟：唱歌。 巫阳：
神巫名。 3 爆(bào)牲：用爆牛做祭品。 鸡卜：用鸡骨占卜。 羞我觞：
进酒。 4 於(wū)：感叹词。 粲：色彩鲜明的样子。 荔丹：红色的荔
枝。 蕉黄：黄色的香蕉。以上两句指庙中的祭品。 5 涕滂(pāng)：泪
流不止，形容非常悲痛。 6 翩然被发下大荒：祈望韩愈快快降临人世
享受祭祀。翩然，轻快的样子。被，通"披"。大荒，即大地。

乞校正陆贽奏议进御札子
苏轼

导读 本文是苏轼在宋哲宗即位不久、旧党上台后写的。当时王安石推行的新法被吕惠卿、章惇等弄得弊端百出,面目全非,新旧党争使百姓遭殃,国家受害。因此,苏轼进札子建议哲宗读陆贽的奏议,从中学习治国之术。

原文

臣等猥以空疏²,备员讲读³。圣明天纵⁴,学问日新。臣等才有限而道无穷,心欲言而口不逮⁵。以此自愧,莫知所为。窃谓人臣之纳忠,譬如医者之用药:药虽进于医手,方多传于古人;若已经效于世间,不必皆从于己出。

译文

臣等承蒙皇上把我们这些胸无实学的人,凑数做了侍讲、侍读。皇上有上天赋予的聪明智慧,学问一天天进步。我们的才能有限而儒家的学说却是无穷的,心里想讲而口里却说不出来。因此自感惭愧,不知道做什么好。我们私下认为臣子进奉忠言,好像医生用药:药虽然从医生手里用出来,但是药方却大多是古人传下来的;如果它已经在世上见效,就不一定都要由医生自己想出来。

注释 1 校(jiào)正:把几个不同本子加以比较进行订正。 札子:古代公文的一种。这里是用来向皇帝进言。 2 猥(wěi):承蒙,谦词。空疏:胸无实学。 3 备员:充数,凑数。 讲读:即侍讲、侍读,皆官名。职务是讲授经义,备皇帝顾问。 4 天纵:上天所赋予。 5 逮(dài):及,到。

伏见唐宰相陆贽[1]，才本王佐[2]，学为帝师[3]；论深切于事情，言不离于道德；智如子房[4]而文则过，辨如贾谊而术不疏[5]；上以格[6]君心之非，下以通天下之志。但其不幸，仕不遇时。德宗[7]以苛刻为能，而贽谏之以忠厚；德宗以猜忌为术，而贽劝之以推诚；德宗好用兵，而贽以消兵为先；德宗好聚财，而贽以散财为急。

我们见到唐朝宰相陆贽，才能本来可以做帝王的辅佐，学问可以充当皇上的老师；议论非常切合事理，言谈不离道德；他像张良一样有智谋，但是文章胜过张良；他像贾谊一样善辩，但是他的策略却不疏阔。对上，他能纠正君王的错误；对下，他能沟通全国的思想。可是不幸得很，做官没有遇上时机。德宗把苛刻当做才干，陆贽却用忠厚劝谏他；德宗把猜疑妒忌作为手段，陆贽却劝他诚恳待人；德宗喜欢用兵，陆贽却把消除战争放在首要地位；德宗喜欢聚敛钱财，陆贽却把散放钱财作为紧要的事。

注释 1 陆贽(zhì)：唐代政治家，苏州嘉兴人。他所处的时代，藩镇割据，兵连祸结，政治腐败，国乱民穷。德宗即位，任为翰林学士，参与机谋。由于德宗的猜忌，他在政治上没有什么作为，最后被人排挤诬陷，贬为忠州别驾，死于忠州。他的奏议往往切中时弊，为后世所尊崇。 2 王佐：帝王的辅佐。 3 帝师：帝王的老师。 4 子房：即张良。 5 贾谊：见本书《过秦论》注。疏，疏阔，不周密。 6 格：纠正。 7 德宗：唐德宗李适。

至于用人听言之法，治边御将之方，罪己以收人心，改过以应天道，去小人以除民患，惜名器[1]以

至于用人听言的方法，治理边境和统御将帅的策略；责备自己来收取人心，改正错误来顺应天理；排斥小人来除掉百姓的祸患，珍惜车服、爵位来

待有功：如此之流，未易悉数，可谓进苦口之药石²，针害身之膏肓³。使德宗尽用其言，则贞观⁴可得而复。

等待有功的人：像这一类主张，不容易全部列举出来。这都可以说是进献了苦口的良药，又像用针砭治疗危害身体的重病。如果德宗全部采纳他的主张，那么贞观盛世就能够再现了。

[注释]　1 名器：古时表等级的称号和车马、服饰、礼仪、制度等。前者称名，后者称器。　2 药石：治病的药物和砭石。这里用来比喻规劝改过的话。　3 针：即"针刺"之意。膏肓(huāng)：膏，古代医家指心下面的部分；肓，指心脏和膈膜之间。这两个部位被认为是药力达不到的地方。后因以比喻难治之症。　4 贞观：唐太宗年号，这里指"贞观之治"。

臣等每退自西阁¹，即私相告，以陛下圣明，必喜赞议论。但使圣贤之相契²，即如臣主之同时。昔冯唐³论颇、牧之贤，则汉文为之太息；魏相条晁、董之对⁴，则孝宣以致中兴。若陛下能自得师，则莫若近取诸贽。夫六经三史⁵，诸子百家，非无可观，皆足为治；但圣言幽远，末学支离⁶，譬如山海之崇深，难以一二而推择。

我们每每从西阁退下来，就私下互相谈论，觉得像陛下这样的圣明，一定喜欢陆贽的议论。只要使圣贤之间互相契合，就像圣君良臣处在同一时代一样。从前冯唐论说廉颇、李牧的才德，汉文帝就因此叹息；魏相分条陈述晁错、董仲舒的对策，汉宣帝就用来使汉朝中兴。如果陛下能够自己找到老师，那么不如就近向陆贽求教。六经、三史，以及诸子百家的著作，不是没有阅读的价值，都可以用来治理国家；但是圣人的话高深久远，后学的阐述解释又很繁杂，正像山那么高，海那么深，很难根据一两点作出选择。

注释 1 西阁：侍郎等所居的官署。 2 契：合。 3 冯唐：西汉安陵（今陕西咸阳东北）人，文帝时为郎中署长。颇，廉颇，战国时赵国名将。牧，李牧，战国末年赵国名将。汉文帝时，匈奴入侵，冯唐向文帝称赞廉颇、李牧，文帝听了拍着大腿说："假如我能得到廉颇、李牧为将，何忧匈奴啊？" 4 魏相：西汉大臣。汉宣帝时为丞相，屡次上条陈（向皇帝分条陈述），谈及晁错、董仲舒等的言论，要求予以实施。晁：晁错。董：董仲舒。 5 六经：《诗》《书》《易》《礼》《乐》《春秋》。三史：《史记》《前汉书》和《后汉书》。 6 末学：与经学相对而言，指诸子的书和史书。支离：分散，引申为散乱、没有条理。

如贽之论，开卷了然，聚古今之精英，实治乱之龟鉴[1]。臣等欲取其奏议，稍加校正，缮写[2]进呈。愿陛下置之坐隅[3]，如见贽面；反复熟读，如与贽言；必能发圣性之高明，成治功于岁月。臣等不胜区区[4]之意，取进止[5]。

像陆贽的议论，翻开书卷就一目了然，它聚集了古今的精华，确实可以作为治乱的借鉴。我们想拿出他的奏议，略为加以校对订正，抄写好了进呈陛下。希望陛下把它放在座位旁边，就像和陆贽见面一样；反复地熟读它，就像跟陆贽谈话一般。这样，一定能启发皇上天生的高明，在几年之内收到治理国家的功效。我们写不尽内心的愚诚，听候陛下的决定。

注释 1 龟鉴：龟，龟卜；鉴，镜子。比喻借鉴。 2 缮(shàn)写：抄写。 3 坐隅：座位旁边。坐，通"座"。 4 区区：犹"拳拳"，诚心。 5 取进止：听候决定。

前赤壁赋[1]
苏轼

导读 这篇散文通过月夜泛舟、饮酒赋诗引出主客对话的描写,表现了作者吊古伤今的情感,矢志不移的情怀。首先写月夜泛舟大江,饮酒赋诗,使人沉浸在美好景色之中而忘怀世俗的快乐心情;再从凭吊历史人物的兴亡,感到人生短促,变动不居,因而跌入现实的苦闷;最后阐发变与不变的哲理,申述人类和万物同样是永久的存在,表现了旷达乐观的人生态度。写景、抒情、说理达到了水乳交融的程度。

原文

壬戌[2]之秋,七月既望[3],苏子与客泛舟游于赤壁之下。清风徐来,水波不兴。举酒属[4]客,诵明月之诗[5],歌窈窕之章[6]。

译文

元丰五年的秋天,七月十六日,我和客人荡着小船在赤壁下的江面游览。清凉的风缓缓地吹拂,水面上没有一丝波纹。我举起酒杯,请客人喝酒,吟诵着《诗经·月出》篇中"舒窈纠兮"这一章。

注释 1《前赤壁赋》:宋神宗元丰二年(1079),苏轼被贬为黄州团练副使。他在黄州时,曾两次游览城外的赤壁,并写下了《前赤壁赋》和《后赤壁赋》。 2 壬戌:宋神宗元丰五年(1082)。 3 既望:阴历每月的十六日。既,过了。望,阴历每月十五日。 4 属(zhǔ):敬酒,劝酒。
5 明月之诗:指《诗经·陈风》里的《月出》篇,这首诗是月下怀人的。
6 窈窕(yǎotiǎo)之章:《月出》篇的第一章,有"月出皎兮,佼人僚兮。舒窈纠兮,劳心悄兮"的句子。窈纠,即窈窕。所以称一章为"窈窕之章"。

少焉,月出于东山之上,徘徊于斗牛¹之间。白露横江,水光接天。纵一苇之所如²,凌万顷之茫然³。浩浩乎如冯虚御风⁴,而不知其所止;飘飘乎如遗世⁵独立,羽化⁶而登仙。

不一会儿,月亮从东山上面升起,在斗、牛两星之间慢慢移动。白茫茫的水气笼罩江面,水光和天相连接。我们听凭小船飘流,浮游在这茫无边际的江面。浩浩荡荡就像腾空驾风,却不知道要飞到什么地方才停止。轻飘飘的,好像离开了人世,无牵无挂,成了神仙,飞入仙境。

【注释】 1 斗牛:斗宿、牛宿,都是星宿名。斗,也称"南斗";牛,也称"牵牛"。 2 纵:听任。 一苇:指小船。说船小得像一片苇叶。 如:往。 3 凌:越过。指小船在江面上浮游。 万顷:指广阔无边的江面。 茫然:形容江面旷远迷茫。 4 冯(píng)虚:凌空。冯,通"凭"。虚,指太空。御风:乘风,驾风。 5 遗世:离开人世。 6 羽化:道教认为仙人能够像长了翅膀一样飞升,所以称成仙叫羽化。

于是饮酒乐甚,扣舷¹而歌之。歌曰:"桂棹兮兰桨²,击空明兮溯流光³。渺渺兮予怀,望美人⁴兮天一方。"

这时,我们喝着酒,很是高兴,敲打船边按着节拍唱起来。唱道:"桂木做的棹啊,兰木做的桨,划开清澈的江水啊,顶着水面的月光逆流而上。无限悠远广阔啊我的情怀,思念着心上人啊却在天的那一方。"

【注释】 1 扣舷(xián):敲打着船边。 2 桂棹(zhào)兮兰桨:棹与桨都是划船的工具,前推的叫桨,后推的叫棹。 3 空明:指月光照着的清澈江水。 溯:逆流而上。 流光:在江面上浮动的月光。 4 美人:比喻心中思慕的人。

客有吹洞箫者,依歌而和之[1]。其声呜呜然,如怨如慕,如泣如诉;余音袅袅[2],不绝如缕[3],舞幽壑之潜蛟[4],泣孤舟之嫠妇[5]。

客人中有个吹洞箫的,按着歌的曲调伴奏。那呜呜的箫声,像哀怨又像眷恋,像哭泣又像低诉;曲调终结之后,余音缭绕,若断若续,宛如细丝一般,使潜伏在深渊里的蛟龙听了,翩翩起舞,使在孤船上的寡妇听了,伤心哭泣。

【注释】 1 洞箫:箫。箫管上下直通,所以说"洞"。 和(hè):伴奏。 2 袅袅(niǎoniǎo):形容声音不绝,若断若续。 3 缕:细丝。 4 幽壑(hè):深谷,这里指深渊。 潜蛟:潜伏的蛟龙。 5 嫠(lí)妇:寡妇。

苏子愀然[1],正襟危坐[2]而问客曰:"何为其然也?"

客曰:"'月明星稀,乌鹊南飞'[3],此非曹孟德[4]之诗乎?西望夏口[5],东望武昌[6],山川相缪[7],郁乎苍苍,此非孟德之困于周郎[8]者乎?

我听了很是忧愁,整了整衣襟,端正地坐着,问客人:"箫声为什么这样凄凉啊?"

客人说:"'月明星稀,乌鹊南飞',这不是曹操的诗句吗?向西望去是夏口,向东望去是武昌,山盘水绕,一片苍翠,这不是曹操被周瑜围困的地方吗?

【注释】 1 愀(qiǎo)然:忧愁的样子。 2 正襟危坐:理直衣襟,严肃地端坐着。 3 "月明星稀,乌鹊南飞":这是曹操《短歌行》里的诗句。 4 曹孟德:曹操,字孟德。 5 夏口:汉水下游长江处,古称夏口,又称汉口。 6 武昌:今湖北鄂州鄂城区。 7 缪(liáo):通"缭",环绕。 8 孟德之困于周郎:指汉献帝建安十三年(208),周瑜在赤壁一战中击溃曹操号称的八十万大军。

"方其破荆州[1],下江陵[2],顺流而东也,舳舻[3]千里,旌旗蔽空,酾酒[4]临江,横槊[5]赋诗,固一世之雄也,而今安在哉?

"当他占领了荆州,攻下江陵,顺着长江东进的时候,战船前后相连,千里不断,旗帜遮蔽了天空,他面对着大江斟酒,横拿着长矛吟诗,本是一代的英雄啊,现在又在何处呢?

【注释】 1 破荆州:建安十三年,曹操南下荆州,当时荆州刺史刘表已死,刘表的儿子刘琮率众投降曹操。 2 下江陵:刘琮投降后,曹操又在当阳的长坂击败刘备,进占江陵。 3 舳舻(zhúlú):大船。船后掌舵的地方叫舳,船前安棹的地方叫舻,所以舳舻千里有首尾相接的意思。
4 酾(shī)酒:斟酒。 5 槊(shuò):兵器名,有点像长矛。

"况吾与子渔樵于江渚之上,侣鱼虾而友麋[1]鹿,驾一叶之扁舟,举匏樽[2]以相属;寄蜉蝣[3]于天地,渺沧海之一粟。哀吾生之须臾,羡长江之无穷。挟[4]飞仙以遨游,抱明月而长终。知不可乎骤得,托遗响[5]于悲风。"

"何况我和你在江边、洲上捕鱼砍柴,同鱼虾作伴侣,跟麋鹿交朋友;驾着一只小船,举起匏樽互相敬酒;寄托这像蜉蝣一样短促的生命在天地之间,渺小得就像那大海里一粒粟米。哀叹我们这短促的一生,美慕那长江的没有穷尽。我多么希望同飞升的神仙一起遨游,伴着明月永世长存。我知道这些不可能马上得到,只好在悲凉的秋风中吹出寄托这种情怀的箫声。"

【注释】 1 麋(mí):鹿的一种。 2 匏(páo)樽:用葫芦做成的酒器。 3 蜉蝣:一种夏秋之交生在水边的小虫,生存期极短。古人说它朝生暮死。这里用来比喻人生短促。 4 挟:带,伴。 5 遗响:余音,指洞箫吹出的曲调。

苏子曰:"客亦知夫水与月乎? 逝者如斯[1],而未尝往也;盈虚[2]者如彼,而卒莫消长[3]也。盖将自其变者而观之,则天地曾不能以一瞬;自其不变者而观之,则物与我皆无尽[4]也,而又何羡[5]乎? 且夫天地之间,物各有主。苟非吾之所有,虽一毫而莫取。惟江上之清风,与山间之明月,耳得之而为声,目遇之而成色,取之无禁,用之不竭,是造物者[6]之无尽藏也,而吾与子之所共适[7]。"

我说:"客人也知道那江水和月亮吗? 江水是这样不停地奔流,但其实没有流走;月亮不断地圆缺,但始终没有一点消失或增长。从变化的一面来看,那么天地万物连一眨眼的工夫都在变化;从不变的一面来看,那么万物和我们都是永恒存在的。那长江的无穷无尽又有什么值得羡慕的呢? 况且天地之间,万事万物都各有自己的主宰。如果不是我们应该得到的东西,即使是一丁点也不要取用。只有这江上的清风和山间的明月,耳朵听到即成为声音,眼睛遇到则成为颜色,取它没有谁来禁止,用它永远不会完结,这是自然界的无穷无尽的宝藏,我和你可以共同享受的东西。"

注释 1 逝者如斯:出《论语·子罕》:"子在川上曰:'逝者如斯夫,不舍昼夜。'"子,孔子。 2 盈虚:盈,指月圆;虚,指月缺。 3 消长:消,消失;长,增长。 4 无尽:没有完,永恒不朽。 5 羡:指上文的"羡长江之无穷"。 6 造物者:自然界,原意指"天"。 7 共适:一同享受。

客喜而笑,洗盏更酌。肴核[1]既尽,杯盘狼藉[2]。相与枕藉[3]乎舟中,不知东方之既白。

客人高兴地笑起来,洗净酒杯重新酌酒。菜肴和果品已经吃光了,席面上杯盘散乱。主客在船上互相紧挨着睡了,不知不觉东方已经发白。

注释 1 肴核：菜肴和果品。 2 狼藉：也写作"狼籍"，散乱的样子。 3 枕藉：枕头和垫褥，这里用作动词，互相枕着靠着睡觉。

后赤壁赋

苏轼

导读 这篇赋是苏轼在三个月后再游赤壁时所作。作者在文中所抒发的思想感情与前篇毫无二致，但是笔墨完全不同。前赋着重写水，后赋着重写山；前赋着重写秋景，后赋着重写冬景。在境界上，前赋安谧幽静，在消极中又有一种开阔旷达的胸怀；后赋惊险恐怖、迷离恍惚，特别是通过道士化鹤的幻觉给文章笼罩了一层飘渺的气氛，反映出作者消极出世的人生态度。

原文

是岁¹十月之望，步自雪堂²，将归于临皋³。二客从予过黄泥之坂⁴。霜露既降，木叶尽脱；人影在地，仰见明月。顾而乐之，行歌相答⁵。

译文

这一年的十月十五日，我从雪堂步行出发，将要回到临皋亭去。两位客人跟着我，经过黄泥坂。这时候，霜露已经降下，树叶完全脱落；人影映在地上，抬头望见银白色的月亮。看看这四周景色很是愉快，于是边走边唱，互相应和。

注释 1 是岁：这一年。承《前赤壁赋》而来，即壬戌年（宋神宗元丰五年，即 1082 年）。 2 雪堂：苏轼在黄冈县东坡建筑的住所。 3 临皋（gāo）：亭名。苏轼初到黄州时住在定惠院，不久迁居临皋亭。 4 黄泥之坂(bǎn):黄冈县东面东坡附近的山坡。是由雪堂至临皋亭的必经之地。坂,山坡,斜坡。　5 行歌相答:边走边唱,互相应和。

已而[1]叹曰:"有客无酒,有酒无肴;月白风清,如此良夜何?"客曰:"今者薄暮[2],举网得鱼,巨口细鳞,状如松江之鲈[3]。顾安所得酒乎?"归而谋诸妇。妇曰:"我有斗[4]酒,藏之久矣,以待子不时之需。"

一会儿,我叹息说:"有了客人没有酒,有了酒没有菜肴;月光皎洁,微风清爽,怎么度过这个美好的夜晚呢?"客人说:"今天傍晚,撒网捕到一条鱼,大大的嘴巴,细细的鳞片,形状像松江的四鳃鲈。但是从哪里能弄到酒呢?"回去跟妻子商量,妻子说:"我有一斗酒,收藏很久了,等着你随时取用。"

注释　1 已而:一会儿。　2 薄(bó)暮:傍晚。薄,逼近。　3 松江之鲈(lú):松江盛产四鳃鲈,味道鲜美。　4 斗:古代盛酒的器具。

于是携酒与鱼,复游于赤壁之下。江流有声,断岸[1]千尺,山高月小,水落石出。曾日月之几何,而江山不可复识矣![2]予乃摄衣而上,履巉岩[3],披蒙茸[4],踞虎豹[5],登虬龙[6];攀栖鹘之危巢[7],俯冯夷之幽宫[8]。

于是带着酒和鱼,再次在赤壁下面游览。江里的流水发出声响,两岸陡峭的崖壁高达千尺。山显得高了,月显得小了,江水退落,石头显露出来。才过了多少日子啊,江上的景象却不能再辨认了。我就提起衣襟上岸,踏着险峻的山岩,拨开稠密的野草,蹲在宛如虎豹的山石上,行走在盘曲、古老的树林中间;爬上鹘鸟建造高巢的崖壁,俯身下看水神冯夷的深宫。

[注释] 1 断岸:陡峭的江岸。 2 "曾日月之几何"二句:这是就两次游赤壁所见的景象对比而言,前为秋景,这次为冬景。 江山:指江山的景象。 3 巉(chán)岩:险峻的山岩。 4 蒙茸(róng):稠密的野草。 5 虎豹:指宛如虎豹的山石。 6 虬(qiú)龙:古代传说中一种有角的小龙,这里是形容盘曲、古老的树木。 7 栖鹘(hú):见本书《石钟山记》注。 危巢:高巢。 8 冯(píng)夷:即河伯。神话传说中的水神。 幽宫:深宫,指水府。

盖二客不能从焉。划然[1]长啸,草木震动,山鸣谷应,风起水涌。予亦悄然而悲,肃然而恐,凛乎其不可留也。反[2]而登舟,放乎中流,听其所止而休焉。时夜将半,四顾寂寥。适有孤鹤,横江东来,翅如车轮,玄裳缟衣[3],戛然[4]长鸣,掠予舟而西也。

两位客人不能跟着我上来。我高声长啸,草木震荡,山谷回响,风起浪涌。我也感到凄凉悲伤、阴森恐怖,害怕得不能停留了。回转身来登上小船,飘浮到江心,任它停到哪里就在哪里休息。这时快到半夜了,向四周望去,寂寞空虚。恰好有一只孤鹤,横穿大江上空从东面飞来,翅膀有如车轮,黑色的裙子,白色的上衣,戛然长叫一声,擦过我的小船,向西面飞去。

[注释] 1 划然:象声词,形容长啸的声音。 2 反:同"返"。 3 玄裳缟(gǎo)衣:黑裙白衣。鹤身上的羽毛是白的,尾巴是黑的,所以这样说。玄,黑;裳,下裙;缟,白。 4 戛(jiá)然:形容鹤尖声高叫的声音。

须臾客去,予亦就睡。梦一道士,羽衣蹁跹[1],过临皋之下,揖[2]予而言曰:"赤壁之游乐

过了一会儿,我和客人离船登岸,客人辞去,我也睡觉。梦见一个道士,穿着羽衣,飘然轻快地经过临皋亭的下面,向我拱手行礼,说:"赤壁的游览快

乎?"问其姓名,俯而不答。呜呼噫嘻!我知之矣!"畴昔[3]之夜,飞鸣而过我者,非子也耶?"道士顾笑,予亦惊寤[4]。开户视之,不见其处。

乐吗?"我问他的姓名,他低着头不回答。哎呀!我明白了!"昨天晚上,叫着从我船上飞过去的,不就是您么?"道士回过头来笑了笑,我也惊醒了。打开房门一看,不知道他到哪里去了。

[注释] 1 羽衣:道袍。 蹁跹(piánxiān):飘然轻快的样子。 2 揖:拱手施礼。 3 畴昔:从前。畴,语首助词,无实义。 4 寤(wù):睡醒。

三槐堂铭
苏轼

[导读] 本文是苏轼在湖州任上为学生王巩家中"三槐堂"题写的铭词。三槐堂,是北宋初年兵部侍郎王佑家的祠堂,因王佑手植三棵槐树于庭而得名。古代传说,三槐象征朝廷官吏中职位最高的三公。而王佑正是王巩的曾祖父。文章的主题在于歌颂王佑的品德和功业,全文贯穿着天命有常、因果报应思想,崇尚仁厚忠恕的德行。认为"善恶之报,至于子孙",显然带有惩戒人心、引为鉴戒的良苦用心。

[原文]

天可必乎?贤者不必贵,仁者不必寿。天不可必乎?仁者必有后。

[译文]

天道能够一定灵验吗?然而,贤能的人不一定显贵,仁慈的人不一定长寿。天道不一定灵验吗?但是,仁慈的二者将安取衷哉[1]？吾闻之申包胥曰："人定者胜天，天定亦能胜人。"[2]世之论天者，皆不待其定而求之，故以天为茫茫[3]。善者以怠，恶者以肆[4]。盗跖[5]之寿，孔、颜之厄[6]，此皆天之未定者也。

人一定有好的后代。这两种说法取哪一种恰当呢？我听申包胥说："人事定了，能够战胜天；天道定了，也能够战胜人。"世上论述天道的人，都不等到天定下来就去要求它灵验，所以认为天道渺茫难测。善良的人因此懒惰，邪恶的人因此放肆。盗跖长寿，孔子、颜回遭困窘，这都是天道没有定下来时的表现。

注释　1 衷(zhòng)：恰当。　2 申包胥：春秋时楚国贵族。　人：人谋。定：有确定不移的含义。人定即人的意志。　天：天道。　3 茫茫：渺茫难测。　4 肆：放纵。　5 盗跖(zhí)：柳下跖，姓柳下，名跖。春秋战国之际奴隶起义领袖，旧时被诬称为盗跖。　6 孔、颜之厄：孔，孔子。颜，颜回，孔子学生。孔子一生不得志，颜回穷苦，又短命而死，所以说"厄"。

松柏生于山林，其始也，困于蓬蒿，厄于牛羊；而其终也，贯四时、阅千岁而不改者，其天定也。善恶之报，至于子孙，则其定也久矣。吾以所见所闻考之，而其可必也审[1]矣。国之将兴，必有世德之臣，厚施[2]而不食其报，然后其子孙能与守文[3]太平之主，共天下之福。

松柏在山林里生长，它起初被蓬蒿围困，遭牛羊践踏；可是到了后来，四季常青，经历千年却不改变它的习性，这是因为它的天性已经定下来了。善恶的报应，落到子孙身上，那是天定下来已经很久了。我用看到的和听到的实事去考察，十分明白，那天道是一定能够灵验的。国家将要兴起的时候，一定有世代积德的臣子，尽管贡献很大却不能得到报答，然后他的子孙才能跟遵守成法的太平君主，共同享受天下的福禄。

[注释] 1 审:明白。 2 厚施:以丰富的财物给人,这里指替王朝出力很多,对百姓的恩惠很大。 3 守文:遵守成法。

故兵部侍郎晋国王公[1],显于汉、周[2]之际,历事太祖、太宗[3],文武忠孝,天下望以为相,而公卒以直道不容于时[4]。盖尝手植三槐于庭,曰:"吾子孙必有为三公者。"

已去世的兵部侍郎晋国公王祐,在后汉、后周的时候就官位显赫了;到了宋朝,又服侍太祖、太宗,文武双全,忠孝兼备,天下的人都希望他做宰相。然而王公因为正直的缘故,终究不能被当世接受。他曾在庭前亲手栽了三棵槐树,说:"我的子孙一定有做三公的。"

[注释] 1 晋国王公:即王祐,大名府莘县(今属山东)人。他被封为晋国公。 2 汉、周:即五代的后汉、后周。 3 太祖:宋太祖赵匡胤。太宗:宋太宗赵光义,太祖之弟。 4 直道:这里是"正直"的意思。容:接受,容纳。

已而其子魏国文正公[1],相真宗皇帝于景德、祥符之间[2],朝廷清明、天下无事之时,享其福禄荣名者十有八年。今夫寓[3]物于人,明日而取之,有得有否;而晋公修德于身,责[4]报于天,取必于数十年之后,如持左契[5],交手相付。吾是以知天之果可必也。

不久他的儿子魏国文正公,在景德、大中祥符年间做真宗皇帝的宰相,当时朝廷清明,天下太平无事,他享有福禄荣耀共十八年。现在如果寄存一件东西给人家,第二天就去索取它,可能得到也可能得不到。但晋国公在自己身上修养德行,期望求得上天的报答,一定在几十年之后得到回报,就好像拿着契约,亲手交割一样。我因此知道天道果然是一定能够灵验的。

注释 1 魏国文正公：即王旦，王祐的儿子。宋真宗咸平四年(1001)任参知政事，景德三年(1006)拜相。被封为魏国公，死后谥"文正"。2 真宗：宋真宗赵恒，太宗之子。 景德、祥符：宋真宗年号。祥符，即大中祥符。 3 寓：寄，托。 4 责：期望。 5 左契：即左券。古代契约分为左右两联，双方各执其一。左契即左联，常用为索偿的凭证。

吾不及见魏公，而见其子懿敏公[1]，以直谏事仁宗皇帝[2]，出入侍从将帅三十余年[3]，位不满其德。天将复兴王氏也欤！何其子孙之多贤也？

我没有来得及见到魏国公，却见到了他的儿子懿敏公。懿敏公以直言敢谏侍奉仁宗皇帝，在朝内朝外侍从皇帝、管理军民有三十多年，他的地位比不上他的德行。大概是上天打算使王氏再兴盛起来吧！不然，怎么他的子孙大多贤能呢？

注释 1 懿(yì)敏公：王素。谥号"懿敏"。 2 以直谏事仁宗皇帝：王素在仁宗时做过知谏院的官。谏院主管向皇帝进谏。宋仁宗赵祯，真宗之子。 3 出入侍从将帅三十余年：出入，出入朝廷内外。侍从，指做皇帝的侍从官。将帅，指出任州府军政长官。王素在朝内当过知谏院、天章阁待制、龙图阁直学士、端明殿学士；在朝外当过一些州府的知州、知府和青州观察使，所以这样说。王素的最后官位是工部尚书。

世有以晋公比李栖筠[1]者。其雄才直气，真不相上下。而栖筠之子吉甫[2]，其孙德裕[3]，功名富贵，略与王氏等，而忠恕仁厚，不及魏

世上有把晋国公比做李栖筠的，他们两人的雄才大略，刚直气节，真是不相上下。而且栖筠的儿子吉甫，孙子德裕，功名富贵，大略也和王氏相等，但忠恕仁厚，却赶不上魏公父

公父子。由此观之,王氏之福盖未艾⁴也。懿敏公之子巩,与吾游,好德而文,以世⁵其家,吾是以录之。

子。从这里看来,王氏的福禄还正旺盛不衰呢。懿敏公的儿子王巩,跟我交游,好修德行,又擅长文章,继承了他的家声,我因此记叙了这些。

注释 1 李栖筠:唐赞皇人。性格直爽,喜欢勉励人为善,被士人推重,称"赞皇公"。 2 吉甫:李栖筠之子,唐宪宗时大臣,赵郡人。官至中书侍郎同平章事。 3 德裕:李吉甫之子,唐大臣。武宗时为宰相。 4 艾:止,尽。其实,王家到王巩就衰落了,王巩只做到宗正丞,是宗正府(主管皇族事务的机关)官员。 5 世:这里用作动词,指继承家风。

铭曰:呜呼休¹哉!魏公之业,与槐俱萌;封植之勤,必世乃成。²既相真宗,四方砥平³。归视其家,槐阴满庭。吾侪⁴小人,朝不及夕,相时射利⁵,皇恤厥德⁶;庶几侥幸,不种而获。不有君子,其何能国?王城之东,晋公所庐;郁郁三槐,惟德之符⁷。呜呼休哉!

铭文说:"哎,多么完美啊!魏公的事业,跟槐树一起萌芽生长;辛勤培育,料定日后有收成。他辅佐真宗,天下太平。回到家里一看,槐树的浓荫遍布院庭。我辈小人,早晨等不到天黑,看准时机求取财利,哪有闲暇去修养仁德;满心希望侥幸地不去种植却能收获。如果没有君子,又怎能治理邦国?王城的东面,是晋国公居住的房屋;郁郁葱葱的三棵槐树,就是王氏德行的符瑞。哎,多么完美啊!"

注释 1 休:美,善。 2 封植:培植。 世:三十年为一世。这里是指日后,若干年后。 3 砥(dǐ)平:安定,太平。砥,平。 4 吾侪(chái):

我辈。侪,辈,类。　5 射利:谋求财利。　6 皇:通"遑",闲暇。　恤:担心,考虑。　厥(jué):其,他的。　7 符:祥瑞的象征。

方山子传

苏轼

导读 这是作者为他的老朋友陈季常写的一篇小传,对陈季常舍弃功名富贵而甘愿隐遁贫贱表示惊异和敬佩。文章以别人的传闻开头,概括人物自少年、壮年到老年的经历;然后再写故友重逢,补充出能突出人物精神风貌的细节。文中也隐约寄托了作者自己的感慨。方山子之所以弃富贵而乐归隐,是因为"不遇",而自己的仕途坎坷,贬于黄州,也是"不遇"。

原文

方山子[1],光、黄[2]间隐人也。少时慕朱家、郭解[3]为人,闾里之侠皆宗之[4]。稍壮,折节[5]读书,欲以此驰骋[6]当世,然终不遇。

译文

方山子,是光州、黄州之间的隐士。他小时候美慕朱家、郭解的为人,乡里的豪侠都归附他。年岁稍微大一点以后,改变志向去读书,想凭这在世上做一番事业,可是始终不得志。

注释 1 方山子:即陈慥(zào),字季常。宋仁宗嘉祐七年(1062),其父陈希亮知凤翔府,苏轼任府判官,与陈季常结为好友。　2 光、黄:即光州和黄州。光州和黄州邻接,宋时同属淮南西路。　3 朱家、郭解:都是西汉时的游侠。　4 闾(lú)里:乡里。宗:推崇,归附。　5 折节:改变平日的志节、行为。　6 驰骋:纵马奔跑。这里的意思是放开手脚干一番事业。

晚乃遁于光、黄间，曰岐亭[1]。庵[2]居蔬食，不与世相闻；弃车马，毁冠服，徒步往来山中，人莫识也。见其所着帽，方耸[3]而高，曰："此岂古方山冠[4]之遗像乎？"因谓之方山子。

晚年就隐居在光州和黄州之间一个叫作岐亭的地方。住的是茅草屋，吃的是粗茶淡饭，不和世人通音信；抛弃了豪华的车马，毁掉了原先的穿戴，凭着两只脚在山里来往。山里人没有谁认识他，见他戴的帽子，方形的帽顶高高突起，说："这难道是古代方山冠遗留下来的样子么？"因而称他方山子。

注释 1 岐亭：宋代镇名，在今湖北麻城。 2 庵：小草屋。 3 方耸：方形突起。 4 方山冠：汉代祭宗庙时乐师所戴的帽子，唐、宋时为隐士所戴的帽子。

余谪[1]居于黄，过岐亭，适见焉。曰："呜呼！此吾故人陈慥季常也，何为而在此？"方山子亦矍然[2]，问余所以至此者。余告之故。俯而不答，仰而笑。呼余宿其家。环堵萧然[3]，而妻子奴婢皆有自得之意。余既耸然[4]异之。

我被贬谪到黄州，路过岐亭，恰巧遇见了他。我说："唉！这是我的老朋友姓陈名慥字季常的啊！你为什么在这里？"方山子也惊奇地望着我，问我到这里来的缘故。我把原因告诉了他。他低着头不回答，抬起头笑了笑，请我到他家里去住。他的家里四壁萧条，空无一物，可是他的妻子、儿女和仆人都显出安心满足的神色。我对他们这种样子感到诧异。

注释 1 谪(zhé)：降职。 2 矍(jué)然：惊视的样子。 3 堵：墙。萧然：空寂的样子。 4 耸然：惊动的样子。

独念方山子少时，使酒[1]好剑，用财如粪土。前十九年，余在岐山，[2]见方山子从两骑，挟二矢，游西山。鹊起于前，使骑逐而射之，不获；方山子怒马[3]独出，一发得之。因与余马上论用兵及古今成败，自谓一时豪士。今几日耳，精悍之色犹见于眉间[4]，而岂山中之人哉？

我回想起方山子年轻的时候，喝酒任性，喜欢玩剑，花起钱来好像丢弃粪土一般。十九年前，我在岐山看见方山子后面跟着两个骑马的人，带着两支箭，在西山游历。有只鹊儿在前面飞起来，方山子叫骑马的人追上去射鹊，没有射中；方山子便独自纵马向前，只一箭就射中了。因而跟我在马上谈论用兵的方法和古今成功失败的道理，自认为是一代的英雄豪杰。现在才多少天啊，那精明强悍的神色还显露在他眉宇间，又怎么会是山林里的隐士呢？

【注释】 1 使酒：酗酒任性。 2 前十九年，余在岐山：指宋仁宗嘉祐七年(1062)，苏轼在凤翔府任判官。 3 怒马：纵马向前。 4 眉间：眉宇间。

然方山子世有勋阀[1]，当得官；使从事于其间，今已显闻。而其家在洛阳，园宅壮丽与公侯等；河北[2]有田，岁得帛千匹，亦足以富乐。皆弃不取，独来穷山中，此岂无得而然哉？

然而方山子世代有功勋，可以得个官职；如果他在这方面努力，现在已经显赫有名了。他的老家在洛阳，园林房屋雄伟富丽，跟公侯一样；河北地方有田庄，每年可得丝绸上千匹，也完全可以享受富有的快乐了。这些，他全部抛弃不要，独独来到深山穷谷里，这难道是没有什么体会就肯这样的么？

【注释】 1 勋阀：功勋。 2 河北：宋代路名，治所在今河北大名。

余闻光、黄间多异人[1]，往往佯狂垢污[2]，不可得而见；方山子傥[3]见之欤？

我听说光州和黄州地方，有很多才能特异的人，常常假装癫狂，浑身污垢，人家不能够看见过他们；方山子或许看见他们吧？

[注释] **1** 异人：即有特异才能的人。 **2** 佯狂：假装癫狂。 垢(gòu)污：污秽。 **3** 傥(tǎng)：倘或。

六国论

苏辙[1]

[导读] 本文着重探讨了六国当时应采取的自安之计。全文抓住一个"势"字，站得高、看得远，从大处着笔，高谈阔论，说短论长，颇具战国策士纵横捭阖之风。

[原文]

尝读六国世家[2]，窃[3]怪天下之诸侯，以五倍之地，十倍之众，发愤西向，以攻山西[4]千里之秦，而不免于灭亡。常为之深思远虑[5]，以为必有可以自安之计；盖未尝不咎[6]其当时之士，虑患之疏，而见利之浅，且不知天下之势也。

[译文]

我曾经阅读《史记》中六国世家的文章，私下很奇怪，天下的诸侯，用秦国的五倍的土地、十倍的兵力，发愤向西进兵，去攻打崤山以西方圆千里的秦国，却不能免除自己灭亡的命运。我常常替他们周密地思考，认为一定有能够用来保卫自己的计策；因而未尝不责怪当时的谋士，对祸患考虑得太疏忽，只看到眼前利益，目光短浅，并且不知道天下的形势呢！

注释 1 苏辙(1039—1112):字子由,苏洵的儿子,苏轼的弟弟。宋仁宗嘉祐进士,累官尚书右丞、门下侍郎。他是古文"唐宋八大家"之一。世人称他和他的父、兄为"三苏"。 2 世家:《史记》中传记的一体。主要是记叙世袭封国的诸侯的事迹。六国在《史记》里均有"世家"。 3 窃:私下。用作表示个人意见的谦辞。 4 山西:古地区名。战国、秦、汉时代,通称崤山或华山以西为山西,与当时所谓关中含义相同。 5 深思远虑:形容深入而周密地思考。 6 咎(jiù):责怪。

夫秦之所与诸侯争天下者,不在齐、楚、燕、赵也,而在韩、魏之郊[1];诸侯之所与秦争天下者,不在齐、楚、燕、赵也,而在韩、魏之野。秦之有韩、魏,譬如人之有腹心之疾也。韩、魏塞秦之冲[2],而蔽山东之诸侯[3];故夫天下之所重者,莫如韩、魏也。

秦跟诸侯争夺天下的地方,不在齐、楚、燕、赵,却在韩和魏的城郊;诸侯跟秦争夺天下的地方,不在齐、楚、燕、赵,却在韩和魏的野外。秦国因为有韩和魏存在,好像人有腹心的疾病一样。韩和魏阻挡了秦的交通要道,掩护了山东的诸侯;所以天下最重要的地方,没有超过韩、魏的了。

注释 1 郊:邑外为郊。周制,离都城五十里为近郊,百里为远郊。下面的"野",也是指郊。这里是指韩、魏两国的境内。 2 塞(sè):阻挡。冲:交通要道。 3 蔽:遮挡,掩护。 山东:这里泛指战国时秦以外的六国领土。

昔者范雎[1]用于秦而收韩,商鞅[2]用于秦而收魏;昭王[3]未得韩、魏之心,

从前,范雎在秦国掌权便收服了韩国。商鞅在秦国掌权便收服了魏国;秦昭襄王没有得到韩、魏两国的忠心

而出兵以攻齐之刚、寿[4]，而范雎以为忧。然则秦之所忌者可见矣。秦之用兵于燕、赵，秦之危事也。越韩过魏而攻人之国都，燕、赵拒之于前，而韩、魏乘之于后，此危道也。而秦之攻燕、赵，未尝有韩、魏之忧，则韩、魏之附秦故也。夫韩、魏，诸侯之障，而使秦人得出入于其间，此岂知天下之势耶？委区区之韩、魏[5]，以当强虎狼之秦，彼安得不折[6]而入于秦哉？韩、魏折而入于秦，然后秦人得通其兵于东诸侯，而使天下遍受其祸。

归附，却出兵去攻打齐国的刚城和寿城，范雎因此担忧。这样，秦国所顾忌的，就能够看清了。秦对燕、赵两国用兵，这对秦国来说，是危险的事情。跨越韩、魏，去攻打人家的国都，燕和赵在前面抵抗它，韩和魏在后面乘势袭击它，这是很危险的做法啊。可是秦进攻燕、赵，不曾有韩、魏两国袭击的忧虑，就是因为韩、魏依附了秦的缘故啊。韩、魏是山东诸侯的屏障，却使秦国人能够在它们中间往来出入，这难道是懂得天下的形势么？让小小的韩和魏，去抵挡虎狼一样的强大秦国，韩、魏怎么能够不遭受挫折，投入秦的怀抱呢？韩、魏受了挫折投入秦的怀抱，然后秦国人能够把军队开过去攻打关东的诸侯，从而使普天下都遭受它的祸害。

[注释] 1 范雎(jū)：战国时魏人，化名张禄入秦。秦昭王四十一年(前226)任秦相，封于应，称应侯。主张远交近攻，歼灭敌国主力。 2 商鞅：卫国人，公孙氏，名鞅，亦称卫鞅。入秦游说秦孝公，两次实行变法，奠定了秦国富强的基础。封于商，号商君，故称商鞅。秦孝公死后，被贵族诬害，车裂而死。 3 昭王：即秦昭襄王。 4 刚：即刚城，故址在今山东宁阳境内。 寿：在今山东郓城境内。刚、寿，当时属齐国。 5 委：委托，让。也可以释为"放弃"。 区区：形容很小。 6 折：受挫折。

夫韩、魏不能独当秦，而天下之诸侯，借¹之以蔽其西；故莫如厚韩亲魏以摈²秦。秦人不敢逾韩、魏以窥齐、楚、燕、赵之国；而齐、楚、燕、赵之国，因得以自完于其间矣。以四无事之国，佐³当寇之韩、魏，使韩、魏无东顾之忧，而为天下出身以当秦兵。以二国委秦⁴，而四国休息于内，以阴助⁵其急。若此，可以应夫无穷，彼秦者将何为哉？

韩、魏不能单独抵挡秦国，可是天下的诸侯，却要依靠它们来遮挡西面的秦国。所以不如厚交韩国，亲近魏国，以排斥秦国，使秦国不敢跨越韩、魏来窥探齐、楚、燕、赵四国；于是齐、楚、燕、赵四国就能够在这中间保全自己了。用四个太平无事的国家，帮助面对敌人的韩、魏，使韩、魏没有东顾的忧虑，从而替天下人挺身而出抵挡秦国的军队。让韩、魏抵挡秦国，齐、楚、燕、赵在里面休息，并暗中帮助两国解除危急，像这样，能够应付千变万化的局面，那秦国又有什么办法呢？

注释 1 借：凭借，依靠。 2 摈(bìn)：排斥。 3 佐：辅助。 4 以二国委秦：意思是，把抵抗秦国的事托付韩魏。 5 阴助：暗地相助。

不知出此，而乃贪疆场¹尺寸之利，背盟败约，以自相屠灭。秦兵未出，而天下诸侯已自困矣；至于秦人得伺其隙²，以取其国，可不悲哉？

六国诸侯不知道定出这种策略，却去贪图国境上尺寸土地的利益，背弃盟誓，破坏信约，彼此互相屠杀、吞并。秦国的军队还没有出动，天下的诸侯早已经自己疲困了；以致使秦国人能够乘隙而入，来夺取他们的国家，难道不可悲吗？

注释 1 疆场(yì)：国界。 2 伺：等待。 隙：空子，时机。

上枢密韩太尉[1]书

苏辙

导读 这是苏辙为了求见枢密使韩琦而呈上的一封书信。作者直抒己见,通过论述"浩然之气",指出为文养气的精湛见解,并说明自己求见之由是见识豪杰以养气益文,非为干禄求仕的心迹。文中提出文章是"气"(作者的气质、修养等)的表现,作者应摆脱书本的局限,从游览山川、扩大交游、开拓见闻中培养和提高自己的精神气质。

原文

太尉执事[2]:辙生好为文,思之至深,以为文者气[3]之所形;然文不可以学而能,气可以养而致。

译文

太尉左右:苏辙生来喜欢做文章,想得很深。我认为文章是人的气质的表现,然而文章不是仅仅通过学习便能写好的,气质却可以通过加强修养来获得。

注释 1 枢密:即枢密使,枢密院的长官,与宰相共同负责军国要政。韩太尉:指韩琦。太尉,官名,秦至西汉设置,为全国军政首脑。宋朝的枢密使执掌军事重权,和秦、汉的太尉相似,所以称韩琦为韩太尉。
2 执事:左右办事的人。这是尊敬对方的说法。意思是不敢直接送至对方,而托左右办事的人转达。 3 气:气质或精神。

孟子曰:"我善养吾浩然之气[1]。"今观其文章,宽厚宏博,充乎天地之间,称[2]

孟子说:"我善于培养我博大刚正的气质。"现在看他的文章,宽厚广博,充塞天地之间,大小和他的浩然之气相其气之小大。太史公行天下,周览四海名山大川,与燕、赵³间豪俊交游,故其文疏荡⁴,颇有奇气。此二子者,岂尝执笔学为如此之文哉!其气充乎其中而溢乎其貌,动乎其言而见⁵乎其文,而不自知也。

称。司马迁游历天下,看尽全国的名山大河,跟燕、赵一带的豪杰交友来往,所以他的文章疏畅奔放,颇有奇特的气势。这两个人,难道曾经拿着笔学过做这样的文章么?因为这种奇气充满他们的胸中,而洋溢在他们的容貌上,跃动在他们的言词里,从而表现在他们的文章中,可他们自己还不知道呢!

【注释】 1 浩然之气:博大正直的精神气质。 2 称(chèn):相称。 3 燕、赵:战国时的两个诸侯国。燕在今北京和河北一带。赵在今河北和山西一带。 4 疏荡:疏畅奔放。 5 见:同"现",表现。

辙生十有九年矣。其居家所与游者,不过其邻里乡党¹之人;所见不过数百里之间,无高山大野可登览以自广;百氏之书²,虽无所不读,然皆古人之陈迹³,不足以激发其志气。恐遂汩没⁴,故决然舍去,求天下奇闻壮观,以知天地之广大。

我已经有十九岁了。住在家里,跟我交游的不过是同乡人;看见的不过是几百里内发生的事情,没有高山大野可以登临游览,来扩大自己的见闻;古代诸子百家的著作,虽然什么都读,然而都是古人的过时东西,不能够激发我的志气。我恐怕就此埋没,所以毅然抛开书本,去探求天下奇异的事物、宏伟的景象,来了解天地的广阔。

【注释】 1 邻里乡党:古代社会组织的名称。据说五家为邻,二十五家为里,一万二千五百家为乡,五百家为党。后以"邻里乡党"泛指乡里。

2 百氏之书:指古代诸子百家的著作。 **3** 陈迹:陈旧的、过时的东西。 **4** 汩(gǔ)没:沉沦,埋没。引申为无所成就的意思。

过秦、汉之故都[1],恣观终南、嵩、华之高[2],北顾黄河之奔流[3],慨然想见古之豪杰[4];至京师[5],仰观天子宫阙[6]之壮,与仓廪、府库、城池、苑囿之富且大也[7],而后知天下之巨丽;见翰林欧阳公[8],听其议论之宏辨,观其容貌之秀伟,与其门人贤士大夫[9]游,而后知天下之文章聚乎此也。

访问秦、汉的旧都,尽情观赏终南山、嵩山、华山的高峻,向北眺望奔腾的黄河,我感慨地思念着古代的英雄豪杰。到了京城,我抬头观看帝王宫殿的壮丽,和粮仓、府库、城池、苑囿的富有与广大,然后才知道天下的雄伟美丽。我见到翰林学士欧阳公,听到他的议论这样宏伟透彻,看到他的容貌这样俊秀奇伟,跟他的门人、贤能的士大夫来往,然后才知道天下的文章都聚集在这里呢!

注释 **1** 秦、汉之故都:秦都咸阳(今陕西咸阳),汉都长安(今陕西西安),东汉迁都洛阳(今河南洛阳)。 **2** 终南:即终南山。 嵩:嵩山,在河南登封北。 华:华山,在陕西华阴南。 **3** 北顾黄河之奔流:苏辙从四川出发,经终南、华山、嵩山,赴开封应试,而黄河正在北面,故说“北顾黄河之奔流”。 **4** 慨然:感慨的样子。 想见:想望,思念。 **5** 京师:指汴京(今河南开封)。 **6** 宫阙:宫殿。阙,宫门外的望楼。 **7** 仓廪(lǐn):粮仓。府库:储藏财物的库房。 城池:城,指城墙;池,指护城河。 苑囿(yuànyòu):古代帝王种植花木和畜养禽兽的园林。 **8** 翰林欧阳公:指欧阳修。 **9** 门人贤士大夫:指曾巩、梅尧臣、苏舜钦等。门人,门生。

太尉以才略冠天下，天下之所恃以无忧，四夷之所惮以不敢发[1]；入则周公、召公，出则方叔、召虎[2]。而辙也未之见焉。

且夫人之学也，不志其大，虽多而何为？辙之来也[3]，于山见终南、嵩、华之高，于水见黄河之大且深，于人见欧阳公，而犹以为未见太尉也。故愿得观贤人之光耀，闻一言以自壮，然后可以尽天下之大观而无憾者矣。

太尉以才能谋略盖天下，天下人依靠着您，因而没有忧虑；四方边境的部族都害怕您，因此不敢发动叛乱。您在朝廷就像周公、召公，奉命出外就像方叔、召虎。但是我还没有见过您呢。

再说人的求学，不从大的方面立志，即使学得多又有什么用？我来到这里，在山看见了终南、嵩、华的高峻；在水看见了黄河的又大又深；在人看见了欧阳公，却还没有见到太尉，感到美中不足。所以希望能够瞻仰贤人您的丰采，听您的一句话来激励自己；然后才称得上看尽了天下的盛大景象，没有什么遗憾的了。

注释 1 四夷：指四方边境的部族。 发：指发动叛乱。 2 方叔：周宣王时大臣，受命征伐荆楚、狁有功。 召虎：即周宣王时贵族召穆公，曾奉命平定两淮地区的骚乱。 3 辙之来也：指来到京师参加科举考试。

辙年少，未能通习吏事[1]。向[2]之来，非有取于斗升之禄[3]；偶然得之，非其所乐。然幸得赐归待选[4]，使得优游[5]数年之间，将以益治其文，且

我年纪轻，还没有熟悉官吏的事务。先前到这里来，并不是要求取微薄的俸禄；现在偶然得到了它，不是我乐意的事。幸而允许我回去等待朝廷再选拔，使我能有几年闲暇的时间，将用它来进一步钻研文章，并且学习官吏的

学为政。太尉苟以为可教而辱教之，又幸矣！

事务。太尉如果认为我可以教导而降低身份来教导我，那又是我的幸运了。

注释　1 吏事：做官的行政事务。　2 向：从前。　3 斗升之禄：微薄的俸禄。这里指品级不高的官吏。　4 赐归待选：苏辙中进士后，又参加制科考试，由于指责政事弊端，被列为下等，派去当商州军事推官，他嫌位卑官小，辞职不去。"赐归待选"是委婉的说法。　5 优游：从容、悠闲。

黄州快哉亭记
苏辙

导读　作者描述了快哉亭上所见的景物，并借快哉亭来表彰张梦得不因个人遭遇而影响心境，能够随遇而安的旷达胸怀，同时也抒发了作者自己的思想感情。文章从自然景物给人的快感写起，再借宋玉《风赋》一转，指出快与不快跟社会遭遇有关，最后又归结到快与不快取决于心胸是否旷达，文势汪洋，笔力雄健。

原文

江出西陵¹，始得平地，其流奔放肆大²；南合湘、沅³，北合汉沔⁴，其势益张⁵；至于赤壁⁶之下，波流浸灌⁷，与海相若。

译文

长江流出西陵峡，才到了平坦的地方。它的水势浩浩荡荡，南面汇合湘水、沅水，北面汇合汉水，它的势头更加洪大；到了赤壁的下面，水流奔腾澎湃，和大海一样。

注释 1 江:长江。 西陵:西陵峡,长江三峡之一。 2 奔放:水势迅急。 肆大:水势浩大。 3 湘、沅:湖南境内的湘水、沅水,向北流经洞庭湖注入长江。 4 沔(miǎn):汉水上源,出陕西西南部,至陕西勉县与汉水西源汇合。 5 张:大。 6 赤壁:见本书《前赤壁赋》注。 7 浸灌:浸透灌注。这里是说水势的奔腾澎湃。

清河张君梦得¹,谪居齐安²,即其庐之西南为亭,以览观江流之胜³;而余兄子瞻名之曰"快哉"。

清河张君梦得,被贬官后住在黄州,在靠近他房屋的西南方筑了个亭子,用来观赏江流的胜景;我的哥哥子瞻给亭子取名"快哉"。

注释 1 清河:郡名,在今河北。 张君梦得:张梦得,苏轼在黄州的朋友。 2 齐安:即黄州。 3 胜:胜景。

盖亭之所见,南北百里,东西一舍¹,涛澜汹涌,风云开阖²;昼则舟楫出没于其前,夜则鱼龙悲啸于其下;变化倏忽³,动心骇目,不可久视⁴。今乃得玩之几席之上⁵,举目而足。

在亭子里看到的是,从南到北大约百里、从东到西大约三十里的景物,波涛汹涌,风云变幻;白天,船只在它的前面出没,夜晚,鱼、龙在它的下面悲鸣长啸;变化很快,使人惊心骇目,不能久看。现在却能够坐在座位上尽情玩赏,抬眼就可以看个够。

注释 1 舍:古时以三十里为一舍。 2 风云开阖(hé):风云变幻。开,开启。阖,关闭。 3 倏(shū)忽:转眼之间。形容时间很短。 4 不可久视:这里是就没有亭子时的情况说的。 5 玩:观赏。 之:指"江流之胜"。 几席:座位。几,矮小的桌子。席,坐席。

西望武昌[1]诸山,冈陵起伏,草木行列[2],烟消日出,渔夫樵父之舍,皆可指数[3],此其所以为"快哉"者也。至于长洲[4]之滨,故城之墟[5],曹孟德、孙仲谋之所睥睨[6],周瑜、陆逊之所驰骛[7],其风流遗迹[8],亦足以称快世俗。

向西面看那武昌的群山,峰峦起伏,草木成行成列,烟雾消散,太阳出来,渔夫、樵父的房屋,都能一一指点。这就是称它做"快哉"的原因啊。至于那沙洲的水边,旧时城郭的遗址,是从前曹操、孙权都想夺取,周瑜、陆逊大显威风的地方。他们留传下来的杰出事迹,也足以使世俗的人称扬畅快了!

注释 1 武昌:今湖北鄂州鄂城区。 2 行(háng)列:成行成列。 3 指数(shǔ):指点。 4 长洲:泛指江中的长形沙洲。 5 故城:指隋朝以前的黄州城。 墟:旧址,遗址。 6 曹孟德:即曹操。 孙仲谋:即孙权。 睥睨(pìnì):侧目窥察,意即企图找个时机夺取。 7 周瑜(175—210):孙权的名将。陆逊(183—245):三国时吴国的大将。 驰骛(wù):奔走追逐。这里有大显威风的意思。 8 风流:杰出的。 遗迹:遗留的事迹。

昔楚襄王从宋玉、景差于兰台之宫[1],有风飒然至者,王披襟当之,曰:"快哉此风!寡人所与庶人共者耶?"宋玉曰:"此独大王之雄风耳,庶人[2]安得共之!"玉之言盖有讽焉。夫风无雄雌之异,而人有遇不遇之变;

从前楚襄王和宋玉、景差在兰台宫游玩,有一阵风飒飒地吹来,襄王敞开衣襟迎着它,说:"这风多凉快呀!是我和百姓共同享受的吗?"宋玉说:"这是只有大王能够享受的雄风,百姓哪里能够共同享受它!"宋玉的话大概是有所讥讽吧。风并没有雄和雌的区别,可是人却有得志楚王之所以为乐,与庶人之所以为忧,此则人之变³也,而风何与⁴焉!

和不得志的区别;楚王的认为快乐和百姓的认为忧愁,这是人的境遇不同啊,跟风有什么关系呢!

【注释】 1 楚襄王:即顷襄王。 宋玉、景差:两人都是战国时楚国的大夫,都以善写辞赋著称。 兰台之宫:楚国的一所宫苑,旧址在今湖北钟祥境。 2 庶人:平民,百姓。 3 变:变异,不同。 4 与(yù):参与。

士生于世,使其中不自得,将何往而非病¹?使其中坦然,不以物伤性²,将何适³而非快?今张君不以谪为患,收会稽⁴之余,而自放山水之间,此其中宜有以过人者。

士人活在世界上,如果他心里不得意,那么无论到什么地方都是不能快乐的;如果他心胸开朗,不因外物的影响而伤害自己的性情,那么他到什么地方去会不快乐?现在张君不把被贬谪看作忧患,用办理钱谷事物之外的剩余时间,在山水之间自己任情游览,这是他思想中一定有超过别人的东西。

【注释】 1 病:忧愁,怨恨。 2 物:外物,指环境、遭遇等。 性:性情。 3 适:往。 4 会稽:即会计,指征收钱谷等事。

将蓬户瓮牖¹,无所不快;而况乎濯²长江之清流,挹³西山之白云,穷耳目之胜以自适也哉!不然,连山绝壑,长林古木,

即使贫穷破落,也没有什么不快乐的;更何况洗涤着长江的清水,牵引着西山的白云,尽情游览耳闻目见的胜景来自求安适呢!如果不是这样,那么那连绵不断的群山,幽静偏僻的沟谷,

振之以清风，照之以明月，此皆骚人思士之所以悲伤憔悴而不能胜者⁴。乌睹其为快也⁵！

宽广的森林，古老的树木，清风吹拂着它，明月照耀着它，这都是引起骚人思士情绪悲伤、容貌憔悴，而且不能忍受的东西，哪里看得出它是快乐的呢！

注释 1 将：即使。 蓬户瓮牖(wèngyǒu)：指贫苦人的住所。蓬户，用蓬草编的门；瓮牖，用破瓮做窗。 2 濯(zhuó)：洗涤。 3 挹(yì)：牵引。 4 思士：指心里有忧思的人。 胜(shēng)：禁得起，担当。 5 乌：哪里。

寄欧阳舍人¹书
曾巩²

导读 欧阳修给曾巩的祖父曾致尧写了一篇墓志铭，这是曾巩答谢的书信。文章通过对铭志作用及流传条件的分析，来述说"立言"的社会意义，阐发"文以载道"的主张，表达了对道德文章兼胜的赞许与追求。行文舒缓委曲，通过多次转折才归到主旨上来，而整个布局又完整严谨，这正体现了曾巩冲淡平和而结构严密的写作风格。

原文
去秋人还，蒙赐书，及所撰先大父³墓碑铭，反复观诵，感与惭并。

译文
去年秋天，派去的人回来，承蒙先生赐给我书信，以及您撰写的先祖父墓志铭，我反复观看诵读，又感激又惭愧。

[注释] 1 欧阳舍人:欧阳修,当时他任中书舍人。 2 曾巩(1019—1083):字子固,建昌南丰人。古文"唐宋八大家"之一。宋仁宗嘉祐二年(1057)中进士,官至中书舍人。他的文章从容周密而有条理,很早就得到欧阳修的称赏。 3 先大父:指曾巩已去世的祖父曾致尧。

夫铭志¹之著于世,义近于史,而亦有与史异者。盖史之于善恶无所不书;而铭者,盖古之人有功德、材行、志义之美者²,惧后世之不知,则必铭而见之³。或纳于庙,或存于墓,一也。苟其人之恶,则于铭乎何有?此其所以与史异也。

铭志能著称于后世,作用和史书差不多,却也有和史书不同的地方。因为史书不论善、恶,都可以写;可是铭呢,原是古人有美好的功勋、道德、才能、行为、志向、气节,恐怕后人不知道,就一定要写一篇铭刻在碑上来表彰他。有的放在祖庙里,有的立在墓前,作用是一样的。如果这个人邪恶,那有什么可以铭记的呢?这就是铭志跟史书不同的地方。

[注释] 1 铭志:指墓铭和墓志。 2 功德、材行、志义:功勋、道德、才能、行为、志向、骨气。 3 铭:撰写墓铭。这里用作动词。 见:显。

其辞¹之作,所以使死者无有所憾,生者得致其严²。而善人喜于见传,则勇于自立;恶人无有所纪,则以愧而惧。至于通材达识,义烈节士³,嘉言善状,皆见于篇,则足为

铭志文辞的撰写,就在于使死去的人没有什么遗憾,活着的人能够表达他的敬意。好人喜好他的事迹被流传,就会大胆建立功业;坏人没有什么可以记载的,就因此惭愧恐惧。至于才能广博、见识通达、正直守节的人,他们的美言好事,都写在铭文里,那就能够作为后

后法⁴。警劝之道，非近乎史，其将安近？

世的准则。它的警诫和劝勉的作用，不跟史书相近，又跟什么相近呢？

注释 1 其辞：指墓志铭的文辞。 2 致：表达。 严：尊敬。 3 义烈节士：正直刚强、坚守节操的人。 4 后法：后世的准则。

及世之衰，人之子孙者，一¹欲褒扬其亲，而不本乎理；故虽恶人，皆务勒²铭，以夸后世。立言者³既莫之拒而不为，又以其子孙之请也，书其恶焉，则人情之所不得，于是乎铭始不实。后之作铭者，当观其人⁴。苟托之非人，则书之非公与是⁵，则不足以行世而传后⁶。故千百年来，公卿大夫至于里巷之士，莫不有铭，而传者盖少；其故非他，托之非人，书之非公与是故也。

到了世道衰微的时候，做子孙的，一心想褒扬他的先人，却不根据作铭的道理来，所以虽然是坏人，都力求作铭刻碑来向后世夸耀。撰写碑铭的人，既不能拒绝不做，又由于他的子孙的请求，如果写他的坏事，就不合人情，这样，碑铭开始不符合事实。后来作碑铭的，应当看是个什么样的人。假使被请托的人不当，那么写出来的就会不公正、不正确，便不能够流行在世上，传留给后代。所以千百年来，从高官显宦一直到乡野平民，没有一个无铭志，而能够流传的却很少；那缘故不是别的，就是由于被请托的人不当，写的文章不公正，不正确啊。

注释 1 一：一心一意。 2 勒：刻。 3 立言者：指作墓志铭的人。 4 当观其人：《元丰类稿》作"常观其人"。 5 公与是：公正和正确。 6 行世：流行在世上。 传后：传留到后代。

然则孰为其人,而能尽公与是欤?非畜道德[1]而能文章者,无以为也。盖有道德者之于恶人,则不受而铭之,于众人则能辨焉。而人之行,有情善而迹非,有意奸而外淑[2],有善恶相悬而不可以实指[3],有实大于名,有名侈[4]于实;犹之用人,非畜道德者,恶能辨之不惑,议之不徇[5]?不惑不徇,则公且是矣!而其辞之不工,则世犹不传,于是又在其文章兼胜焉。故曰:非畜道德而能文章者,无以为也。岂非然哉!

既然这样,那么什么样的人才能做到完全公正和正确呢?不是富有道德并且会写文章的人是无法做到的。因为富有道德的人对于坏人,就不会接受请托替他作碑铭;对于一般的人,就能辨别该作和不该作。而且,人的行为,有内心善良可是事迹却不见得好的;有内心奸恶可是外表却好像善良的;有善恶相差很大,却很难如实指出来的;有实际作为比名声大的;有名声大过实际作为的。好像用人一样,不是富有道德的人,怎能辨别他而不被迷惑、评论他却不徇私情呢?不被迷惑,不徇私情,就能公正并正确了!然而如果他的文辞不高明,那还是不能在世上流传。在这种情况下,又要靠他的文章同时能取胜。所以说,不是富有道德、会写文章的人,是无法做到的。难道不是这样吗?

注释 1 畜道德:指道德修养很高。畜,通"蓄",积蓄。 2 意:内心。淑:善良。 3 实指:如实指出。 4 侈:夸大。 5 徇(xún):徇私。

然畜道德而能文章者,虽或并世而有,亦或数十年或一二百年而有

然而道德高文章好的人,虽然也许有同时生在世上的人,但也许隔几十年或者一二百年才有。铭志的流传

之;其传之难如此,其遇之难又如此。若先生之道德文章,固所谓数百年而有者也。先祖之言行卓卓[1],幸遇而得铭,其公与是,其传世行后无疑也。而世之学者,每观传记所书古人之事,至于[2]所可感,则往往盡然[3]不知涕之流落也,况其子孙也哉?况巩也哉?其追睎[4]祖德,而思所以传之之由,则知先生推一赐[5]于巩,而及其三世[6],其感与报,宜若何而图之?

是这样难,遇上道德高文章好的人又是这样不容易。像先生的道德文章,真是所说的要隔几百年才会出现的啊。先祖的言行高尚特出,幸运地遇着先生,因而能够在铭志中把他的事迹写得公正和正确,那铭志流行世上、传给后代是无可怀疑的了。世上的学者,每每看传记上所写的古人事迹,到那能够引起感动的地方,便往往悲伤哀痛,不觉流下泪来,何况他的子孙呢?何况我曾巩呢?我追慕先祖的德行,想到先祖的德行能够传世的原因,就知道先生把一篇文章赏赐给我一人,却把恩惠施给了三代人,这感激和报答之情,应该怎样去设法表达呢?

注释 1 卓卓:杰出,卓越。 2 至于:《元丰类稿》作"至其"。 3 盡(xì)然:悲伤痛心的样子。 4 睎(xī):仰慕。 5 推一赐:给予一次恩赐。 6 三世:指祖、父、己三辈。

抑又思若巩之浅薄滞拙[1],而先生进[2]之;先祖之屯蹶否塞以死[3],而先生显[4]之。则世之魁闳豪杰不世出之士[5],其谁不愿进于门?

我又想到,像我这样学识浅薄、才智愚笨的人,先生却提携奖掖;先祖一生困厄不得志而死,先生却来表彰他。那么,世上不常出现的英雄豪杰,哪一个不愿来到先生的门下?隐潜遁幽抑之士[6]，其谁不有望于世？善谁不为，而恶谁不愧以惧？为人之父祖者，孰不欲教其子孙？为人之子孙者，孰不欲宠荣其父祖？

居山林的人，哪一个不希望在世上有所作为？做好事谁不愿意？做坏事谁不感到惭愧恐惧？做父祖的，哪一个不想教育他的子孙？做子孙的，哪一个不想光显他的父祖？

注释　1 滞拙：迟钝愚笨。　2 进：提携奖掖。　3 屯蹶(zhūnjué)：艰难受挫折。　否(pǐ)塞：穷困不得志。　4 显：表彰，揄扬。　5 魁闳(hóng)：器宇不凡，气量宏大。闳，大。　不世出：世上不常有。　6 潜遁幽抑之士：指隐士。潜遁，默默无闻，逃避世俗；幽抑，受压抑不得志。

此数美者，一[1]归于先生！既拜赐之辱[2]，且敢进其所以然[3]。

所论世族之次[4]，敢不承教而加详[5]焉。

愧甚，不宣[6]。

这几桩美事，全都归结到了先生身上。我拜受了先生赏赐的墓碑铭，又大胆地把为什么这样感激您的原因告诉先生。

先生所论述的曾氏家系的次序，我怎敢不接受指教并加以仔细考察呢。

我十分惭愧，不能把我的意思一一说尽。

注释　1 一：全部，整个。　2 拜：敬受。　辱：这里是表示谦恭的词，没有实际意义。　3 敢：谦逊的说法。　进：进言。　4 所论世族之次：指欧阳修《与曾巩论氏族书》里讨论曾氏家系的次序。世族，氏族；次，次序。　5 详：仔细考察。　6 不宣：不能一一说尽。

赠黎安二生序

曾巩

导读 作者针对黎生提出的写作古文遭到时人非议讥笑一事,表明自己的见解,勉励黎安二生要坚持学习古文、反对俗文(五代至宋初占统治地位的华而不实的文章),提出作文要志于道,不取悦于世俗,不要怕非笑,这是一项很重要的主张。文章从"迂阔"二字生发出一篇议论,结合自己的体会娓娓而谈,循循善诱。

原文

赵郡苏轼,[1] 予之同年[2]友也。自蜀以书至京师遗[3]予,称[4]蜀之士曰黎生、安生者。既而[5]黎生携其文数十万言,安生携其文亦数千言,辱以顾予。读其文,诚闳壮隽伟[6],善反复驰骋,穷尽事理;而其材力之放纵,若不可极者也。二生固可谓魁奇[7]特起之士,而苏君固可谓善知人者也。

译文

赵郡苏轼,是我的同年好友。他从蜀郡写信寄到京城给我,赞扬蜀郡士子叫黎生、安生的。不久黎生带着他的文章有几十万字,安生带着他的文章也有几千字,承蒙不弃,送给我看。读他们的文章,确是气势宏壮,意味深长,善于反复辨析,把事理说得很深透;他们的才能奔放,像是使不完用不尽的啊。二生确实可以说得上是杰出特异的人,而苏君真可以说是善于识别人的了!

注释 1 赵郡:即赵州,治所在今河北赵县。苏轼是四川眉山人,但他的远祖是赵州栾城人。所以作者称赵郡苏轼。 2 同年:科举制度中称同科考中的人为同年。曾巩和苏轼同为宋仁宗嘉祐二年(1057)进士。 3 遗(wèi):赠给。 4 称:赞扬。 5 既而:已而,不久。 6 闳(hóng):宏大。 隽(juàn):意味深长。 7 魁奇:杰出。

顷之[1],黎生补江陵府司法参军[2],将行,请予言以为赠。予曰:"予之知生,既得[3]之于心矣,乃将以言相求于外邪?"黎生曰:"生与安生之学于斯文,里之人皆笑以为迂阔[4]。今求子之言,盖将解惑于里人。"予闻之,自顾而笑。

不久,黎生充任江陵府的司法参军,将要起程,请我写几句话来作为赠别。我说:"我对你的了解,已经契合在心里了,却还要用言辞在外面表现出来么?"黎生说:"我和安生学习古文时,同乡邻里都讥笑我们,认为是迂阔。现在请您写几句话,是想解除同乡邻里的疑惑。"我听了,自己想想,觉得可笑。

注释 1 顷之:不久。 2 补:充任。 江陵:府名,治所在今湖北荆州西北江陵故城。 3 得:契合。 4 迂阔:迂远而不切实际。

夫世之迂阔,孰有甚于予乎?知信乎古,而不知合乎世;知志乎道[1],而不知同乎俗:此予所以困于今而不自知也。世之迂阔,孰有甚于予乎?今生之迂,特以文不近俗,迂之小者耳,患为笑于里之人;

世人的迂阔,有谁比我更厉害呢?只知道相信古人,却不懂得迎合当世;只知道立志于圣贤之道,却不懂得随同世俗:这就是我穷困到现在而自己尚且不知道的原因啊。世人的迂阔,有谁比我更厉害呢?现在黎生的迂,只因文章同世俗有距离,是迂中很小的罢了,还担心被同乡邻里讥笑;像若予之迂大矣，使生持吾言而归，且重得罪，庸讵[2]止于笑乎？然则若予之于生，将何言哉？谓予之迂为善，则其患若此；谓为不善，则有以合乎世，必违乎古，有以同乎俗，必离乎道矣。生其无急于解里人之惑，则于是焉必能择而取之[3]。

遂书以赠二生，并示苏君以为何如也。

我的迂才是大的呢，如果黎生拿了我的话回去，将要得到更多的责怪，怎么会只停留在讥笑上呢？既然这样，那么，我对黎生将说什么好呢？说我的迂是好的，可是它的祸害却是这样；说它不好，虽然可以迎合现代，但一定违背古人，可以随同世俗，却一定背离圣贤之道。我劝黎生不要急于解除同乡邻里的疑惑，就一定能在这方面作出选择。

于是写了这些话赠给黎安二生，并且拿给苏君看他以为怎么样吧。

[**注释**] 1 道：指圣人之道，即儒家的学说。 2 庸讵(jù)：也作"庸遽"，岂，怎么。 3 择而取之：指在古文、道与时文、世俗之间作出选择。

读孟尝君传

王安石[1]

[**导读**] 本文是王安石写的一篇读后感，也是一篇驳论文，旨在破"孟尝君能得士"的世俗之见。孟尝君是"战国四公子"之一，以好养士著称。王安石却别出新见，采取以子之矛攻子之盾的论证手法，通过对"士"的标准的鉴别，驳斥了传统观点，把孟尝君推到鸡鸣狗盗的行列。

原文

世皆称孟尝君能得士[2]，士以故归之，而卒赖其力以脱于虎豹之秦。

译文

世上的人都称赞孟尝君能够收揽人才，人才因此都归附他，孟尝君终于倚靠他们的力量，从像虎豹那样残暴的秦国逃出来。

注释 1 王安石(1021—1086)：字介甫，号半山，抚州临川（今江西抚州）人。北宋杰出的政治家、思想家和文学家。王安石在我国文学史上有极其重要的地位，他是古文"唐宋八大家"之一，诗词也写得很好，具有独特风格。 2 孟尝君：田文，战国时齐国的贵族。家里养了几千个食客。 士：人才，即有才能的人。

嗟乎！孟尝君特鸡鸣狗盗之雄耳[1]，岂足以言得士？不然，擅[2]齐之强，得一士焉，宜可以南面[3]而制秦，尚何取鸡鸣狗盗之力哉？鸡鸣狗盗之出其门，此士之所以不至也。

唉！孟尝君不过是鸡鸣狗盗的头目罢了，难道可以谈得上收揽人才？如果不是这样，他依仗齐国的富强，只要得到一个人才，应该南面称王去制服秦国，还用得着借助鸡鸣狗盗的力量吗？鸡鸣狗盗出入在他的门下，这就是人才不来的缘故呀。

注释 1 鸡鸣狗盗：会学鸡叫、会装狗当小偷的人。据《史记·孟尝君列传》载，孟尝君被秦昭王囚禁，秦昭王打算杀害他。他有一件很贵重的狐白裘，已经献给昭王。有个门客装狗做小偷，进入秦宫偷出狐白裘，献给昭王的宠姬，宠姬替他说情，秦昭王就释放了孟尝君。孟尝君连夜逃到函谷关，天还没有亮。按关法规定，鸡叫后才开关放人，而秦昭王又因后悔释放孟尝君，正派人追赶，情况十分紧急，门客中有个会装鸡叫的，这人一学鸡叫,附近的鸡都跟着叫了起来,关吏打开关门,孟尝君这才逃出了关。 雄:长,头目。 **2** 擅:依靠,据有。引申为凭借。 **3** 南面:泛指国君。古时国君听政和接见臣下时,坐北面南,故说"南面"。

同学一首别子固

王安石

导读 本文是作者在青年时期所写的赠别之作,文中没有世俗常见的惜别留念之情,表达了作者想和友人建立共同进步的君子之谊的心意。全文以共同学习圣贤之道的"同学"作为主题,从志同道合上立意,更显示出友谊的基础牢固。

原文

江之南有贤人焉,字子固,[1] 非今所谓贤人者,予慕而友之;淮之南有贤人焉,字正之,[2] 非今所谓贤人者,予慕而友之。二贤人者,足未尝相过也,口未尝相语[3]也,辞币未尝相接也[4]。其师若[5]友,岂尽同哉? 予考其言行,其不相似者何其少也? 曰:"学圣人而已矣。"学圣人,则其师若友,必学圣人者。

译文

长江的南边有一个贤人,名叫子固,不是现在所说的一般贤人,我仰慕他,和他交朋友;淮河的南边有一个贤人,名叫正之,不是今天所说的一般贤人,我仰慕他,和他交朋友。这两个贤人,足迹没有互相来往过,口头交流上没有互相讲过话,也没有书信礼物的互相交往。他们的老师和朋友,难道完全相同么? 我考察他们的言论行为,那不相像的地方为什么这样少呢? 回答是:"学习圣人罢了。"向圣人学习,那么他们的老师和朋友,必定是向圣圣人之言行,岂有二哉?其相似也适然 [6]。

人学习的人。圣人的言论行为,难道有两样吗?因此,他们的相像也恰好是这样的。

注释 1 江之南:长江的南面。这里指江西。王安石与曾巩都是江西人。子固:指曾巩。 2 淮之南:淮河的南面。 正之:孙侔,字正之,吴兴(今浙江湖州)人。 3 语:谈话。 4 辞:言词,指书信。 币:相互赠送的礼物。 5 若:及,与。 6 适然:恰好这样。

予在淮南,为正之道子固,正之不予疑也;还江南,为子固道正之,子固亦以为然。予又知所谓贤人者,既相似又相信不疑也。子固作《怀友》一首遗予,其大略欲相扳以至乎中庸而后已 [1]。正之盖亦尝云尔。夫安驱徐行,轥 [2] 中庸之庭,而造 [3] 于其室,舍二贤人者而谁哉?予昔非敢自必其有至也,亦愿从事于左右焉尔,辅而进之其可也。

噫!官有守,私有系 [4],会合不可以常也。作《同学》一首别子固,以相警,且相慰云。

我在淮南,跟正之谈到子固,正之不怀疑我的话;回到江南,我又跟子固谈到正之,子固也认为我讲得很对。所以我又知道,所谓贤人,既是相像,又互相信任毫不怀疑。子固写了一首《怀友》送给我,它的大意是,要互相帮助,一直达到中庸的境界才停止。正之也曾经这样说过。安稳地驾着车子,慢慢地行走,来到中庸的庭院,而后升堂入室,达到中庸的高境界,除了这两位贤人还有谁呢?以前我是不敢相信自己一定能够达到这境界的,现在也愿意跟随在左右,互相帮助着进步就是了。

唉!各人有官事的职守,有私事的牵挂,不可能经常聚会在一起啊。所以作了《同学》一篇,赠别子固,用来互相劝诫,并且互相慰勉吧。

[注释] 1 扳(bān)：挽救。这里作帮助解。 中庸：儒家伦理思想。指处理事情不偏不倚、无过无不及的态度。儒家认为"中庸"是最高的道德标准。 2 辚(lìn)：车轮辗过。 3 造：往，到。 4 系(xì)：关系，牵挂。

游褒禅山记

王安石

[导读] 本文是王安石在辞职回家的归途中游览了褒禅山后，以追忆形式写下的一篇游记。文章以小见大，借游山说明治学的道理：一是反对半途而废，提倡深入探索，并分析了"志"（志向）、"力"（能力）、"物"（物质条件）三个条件及其相互关系；二是反对道听途说，以讹传讹，主张探本索源，深思慎取。这两点虽只是讲的治学，却反映了王安石那种百折不回、敢于创新的改革家的思想作风。

[原文]

褒禅山¹亦谓之华山。唐浮图慧褒始舍于其址²，而卒葬之，以故其后名之曰"褒禅"。今所谓慧空禅院³者，褒之庐冢⁴也。

[译文]

褒禅山也叫华山。唐朝和尚慧褒当初在这个地方筑屋定居，最后又葬在这里，因为这个缘故，后来就把这座山叫作"褒禅"。现在所说的慧空禅院，就是慧褒生前住的庐舍和死后葬的坟墓。

[注释] 1 褒禅山：在今安徽含山。 2 浮图：僧人，也指塔。是梵语（古代印度语）的音译，也写作"浮屠"或"佛图"。 舍：房屋。这里用作动词，意思是筑舍定居。 3 禅院：佛寺。 4 庐冢(zhǒng)：庐舍和坟墓。

距其院东五里,所谓华山洞[1]者,以其乃华山之阳名之也。距洞百余步,有碑仆[2]道,其文漫灭[3],独其为文[4]犹可识,曰"花山"。今言"华"如"华实"之"华"者,盖音谬[5]也。

距离禅院东面五里,有叫作华山洞的,因为它在华山的南面,就这样称呼它。距离华山洞一百多步,有块石碑倒在路上,它上面的文章模糊不清,只是残存的字还可以认出,是"花山"。现在把"华"字读成"华实"的"华",那是字音读错了。

注释　1 华山洞:有的版本作"华阳洞"。从文意来看,似是。　2 仆(pū):跌倒。　3 其文:这个"文"指整篇文章。　漫灭:磨灭,模糊不清。　4 其为文:这个"文"指碑上残存的字。　5 谬(miù):错。

其下平旷,有泉侧出,而记游者甚众,所谓"前洞"也。由山以上五六里,有穴窈然[1],入之甚寒,问其深,则其好游者不能穷也,谓之"后洞"。予与四人拥火以入,入之愈深,其进愈难,而其见愈奇。有怠而欲出者,曰:"不出,火且尽。"遂与之俱出。盖予所至,比好游者尚不能十一,然视其左右,来而记之者已少。盖其又深,则其至又

山下平整开阔,有股泉水从旁边涌出来,曾经来这里游览并题字留念的人很多,这就是所说的"前洞"。从山脚上去五六里,有个山洞深远幽暗,走进去十分寒冷,问这个洞的深度,就是那些爱好游览的人也不能走到它的尽头,人们叫它"后洞"。我和四个人打着火把走进去,进去越深,向前进就越困难,可是那看到的景色就越奇妙。有人疲倦了,想退出去,说:"还不出去,火把快要熄灭了。"我就跟他们一道出来了。大约我们所到的地方,跟那些爱好游览的人比起来,还不到十分之一,然而看洞的左右两边,到达那里并且题字留念的

加少矣。方是时,予之力尚足以入,火尚足以明也。既其出,则或咎[2]其欲出者,而予亦悔其随之,而不得极乎游之乐也。

已经很少了。看来洞更深,到的人就更少了。这个时候,我的体力还足够继续前进,火把还足够用来照明。出洞之后,就有人责怪那主张退出来的人,而我也后悔跟着他们出来,不能尽情享受游洞的快乐。

注释 1 窈(yǎo)然:幽暗深远。 2 咎(jiù):责怪。

于是予有叹焉。古人之观于天地、山川、草木、虫鱼、鸟兽,往往有得[1],以其求思之深而无不在[2]也。夫夷以近[3],则游者众;险以远,则至者少。而世之奇伟瑰怪非常之观[4],常在于险远,而人之所罕至焉,故非有志者,不能至也。有志矣,不随以止也,然力不足者,亦不能至也。有志与力,而又不随以怠,至于幽暗昏惑[5],而无物以相之[6],亦不能至也。然力足以至焉[7],于人为可讥,

因此,我对这件事有些感慨。古人对天地、山川、草木、虫鱼、鸟兽进行观察,常常有收获,这是因为他们思考得深入而且广泛周密。平坦、距离近的地方,游览的人就多;艰险、偏远的地方,去的人就少。可是,世界上奇妙、雄伟、壮丽、怪异的不同寻常的景象,常常在那艰险偏远、人们很少走到的地方,所以不是有志向的人是不能到达的。有了志向,即使不盲目跟着别人而中途停止,但是体力不够,也不能够到达。有了志向和体力,又不盲目跟从别人而且不怠惰,但到了那幽深黑暗、令人迷糊困惑的地方,如果没有外物帮助他,也不能够到达。可是,有足够的力气可以到达却没有到达,在别人看来是可笑

而在己为有悔;尽吾志也而不能至者,可以无悔矣,其孰能讥之乎?此予之所得也。

的,在自己看来是应该悔恨的。如果尽了我的努力还是不能到达,便可以没有悔恨了,那谁又能够来讥笑呢?这就是我的心得。

注释 1 有得:心有所得,有心得。 2 无不在:无所不在,意思是说对任何事情都加以深思。 3 夷:平坦。 以:连词,"而"。 4 瑰:壮丽。观:可观的景象。这是动词用作名词。 5 幽暗昏惑:幽暗,深远黑暗,指客观情况;昏惑,迷糊困惑,就主观感受而言。 6 物:外力。这里是指火把。 相(xiàng):帮助。 7 然力足以至焉:下边应添上"而不能至"。

予于仆碑,又有悲夫古书之不存,后世之谬其传而莫能名¹者,何可胜²道也哉!此所以学者不可以不深思而慎取之也。

四人者,庐陵萧君圭君玉³,长乐王回深父⁴,予弟安国平父、安上纯父⁵。

我对于倒在路上的石碑也有感叹:古代有些书籍没能保存下来,使得后代以讹传讹竟至无法说明的,哪里能讲得完呢!因此,做学问的人对所学的东西不能够不深刻地思考、谨慎地采择啊。

同游的四个人是:庐陵人萧君圭,字君玉;长乐人王回,字深父;我的弟弟安国,字平父,安上,字纯父。

注释 1 莫能名:无法说明。 2 胜:尽,完。 3 庐陵:今江西吉安。萧君圭君玉:萧君圭,字君玉。 4 长乐:今福建福州长乐区。 王回深父:王回,字深父,宋朝著名的理学家。 5 安国平父:王安国,字平父,安石弟。 安上纯父:王安上,字纯父,安石最幼弟。

泰州海陵县主簿许君墓志铭
王安石

导读 许平是个终生不得志的普通官吏。作者在墓志铭中哀悼许平虽有才能却屈于下位的可悲结局。文章第三段以离俗独行之士和趋势窥利之士的不遇，来衬托许平的不得志，行文忽即若离，情调慷慨悲凉。本文的议论，实际上是针对当时埋没人才的科举制度而发的。

原文

君讳[1]平，字秉之，姓许氏。余尝谱[2]其世家，所谓今泰州海陵县主簿者也[3]。君既与兄元[4]相友爱称天下；而自少卓荦不羁[5]，善辩说，与其兄俱以智略为当世大人所器。

译文

先生名平，字秉之，姓许。我曾经编列过他家族的世系，他就是现在泰州海陵县主簿。先生跟他的哥哥许元相互友爱，曾经受到天下人的称赞；而且他年轻时就非常突出，豪爽不羁，长于辩论，和他的哥哥都由于有智谋、才略被当代的大官器重。

注释 1 讳:名。 2 谱:编列。 3 泰州:州名,治所在海陵。 海陵:县名,即今江苏泰州。 主簿:官名。辅佐县令,主管簿籍文书。 4 兄元:许平的哥哥许元。 5 卓荦(luò):超绝,特出。 不羁:不受约束。

宝元[1]时，朝廷开方略之选[2]，以招天下异能之士；而陕西大帅范文正

仁宗宝元年间，朝廷特开方略科的考试，来招揽天下有奇异才能的人；陕西主帅范文正公和郑文肃公，争着把先

公、郑文肃公³，争以君所为书以荐。于是得召试，为太庙斋郎⁴，已而选泰州海陵县主簿。贵人⁵多荐君有大才，可试以事，不宜弃之州县；君亦尝慨然自许⁶，欲有所为，然终不得一用其智能以卒。噫！其可哀也已！

生所写的书向皇帝推荐。于是先生能够被召入京参加考试，做了太庙斋郎，不久又被选拔做了泰州海陵县主簿。不少地位显贵的人推荐先生有大才，可以试一试担任重要的职位，不应当弃置在州县做小官；先生也曾经激昂慷慨充满自信，想干一番事业，可是最终未能稍微发挥他的智慧才能就死了。唉！这也真值得悲痛啊！

【注释】 1 宝元：宋仁宗年号(1038—1040)。 2 方略之选：宋仁宗时的一种制举科目，即洞识韬略运筹决胜科。 3 陕西：宋代路名。治所在京兆府(今陕西西安)。 大帅：主帅。 范文正公：即范仲淹。 郑文肃公：名戬，谥号文肃，吴县(今江苏苏州)人。 4 太庙斋郎：太庙中祭祀时执事的小吏，品位很低。 5 贵人：指地位显贵的人。 6 自许：自信而又自负。

士固有离世异俗，独行其意，骂讥笑侮，困辱而不悔；彼皆无众人之求，而有所待于后世者也，其龃龉¹固宜。若夫智谋功名之士，窥时俯仰²，以赴势利之会，而辄不遇者，乃亦不可胜数。辩足以移万物，而穷于用说之时；谋

在读书人中间，确实有这么一种人：远离人世，不同凡俗，只按照自己的意志行事，被人谩骂讽刺、讥笑欺侮，一生穷困受屈辱，却不悔恨。他们都是没有一般人对现世的欲望，却对后世有所期待的人，他们不得志，本来是应当的。至于颇有智谋热衷功名的人，他们抓住时机上下应付，来求得获取权势和利禄的机会，可是常常不得志的，却也多得不能够数清。他们能说会道可以移动万物，却在盛行游说

足以夺三军,而辱于右武[3]之国,此又何说哉?嗟乎!彼有所待而不悔者,其知之矣。

的时代遭受困窘;谋略能够镇服三军,却在崇尚武力的国家受到羞辱,这又怎么解释呢?唉!先生是一定有所期待而遭困穷不悔恨的人,大概懂得这个道理吧。

注释 1 龃龉(jǔyǔ):上下齿不相配合,比喻意见不合、不融洽。这里指不合时宜、不被重用。 2 俯仰:上下逢迎应付。 3 右武:尚武。

君年五十九,以嘉祐某年某月某甲子,葬真州之扬子县甘露乡某所之原[1]。夫人李氏。子男[2]瓌,不仕;璋,真州司户参军[3];琦,太庙斋郎;琳,进士。女子五人,已嫁二人:进士周奉先,泰州泰兴[4]令陶舜元。

铭曰:"有拔而起之,莫挤而止之。呜呼许君!而已于斯!谁或使之?"

先生享年五十九岁,以嘉祐某年某月某甲子日,葬在真州的杨子县甘露乡某处的原野。夫人李氏。儿子四个,瓌,没有做官;璋,真州司户参军;琦,太庙斋郎;琳,进士。女儿五个,两个已经出嫁,女婿是进士周奉先、泰州泰兴县令陶舜元。

铭文说:"有人将您提拔起来,就不该排挤您阻止您上进。唉,许君!您却到这个地位就完了。谁使您这样的呢?"

注释 1 真州:州名,治所在扬子。 扬子:县名,故城在今江苏仪征东南。 2 子男:儿子。 3 司户参军:管理户口册籍的官员。 4 泰兴:今江苏泰兴。

卷之十二　明文

送天台陈庭学序

宋濂[1]

导读　本文是一篇赠序。文章先写川蜀山水之奇,突出游川蜀的困难,再写陈庭学能游川蜀且因之"其诗益工";然后笔锋一转,惋惜自己不能出游,衬托陈庭学之能游为快事;再一转提出颜回、原宪,意味深长,勉励陈庭学辞归以后,坐守陋室,修身养性。行文起伏变化,如峰回路转,而又照应严密,无懈可击。

原文

西南山水,惟川蜀[2]最奇,然去中州[3]万里,陆有剑阁栈道之险[4],水有瞿塘、滟滪之虞[5]。

译文

我国西南的山水,只有四川最奇特。可是离开中原上万里,陆路有剑阁、栈道的险阻;水路有瞿塘峡、滟滪滩的艰难。

注释　1 宋濂(1310—1381):字景濂,号潜溪,浦江(今属浙江金华)人,明初文学家。元至正九年(1349)被荐为翰林院编修,借口奉养父母,辞不就职。明初,应朱元璋征聘,任江南儒学提举,给太子讲经,并在朱元璋左右备顾问,官至学士承旨知制诰,被誉为明朝"开国文臣之首"。洪武十年(1377),以年老辞官归家,十三年(1380)因长孙宋慎犯罪,全家流放茂州(今四川茂县),中途死在夔州(今重庆奉节)。 2 川蜀:今四川。 3 中州:即中土、中原。 4 剑阁:在今四川剑阁东北,即大剑山与小剑山之间的一条通道,又叫剑门关。　栈道:在山势险峻无路的地方,凿石架木所构成的通道。　5 瞿塘:即瞿塘峡,长江三峡之一。　滟滪(yànyù):即滟滪滩,又称滟滪堆。在瞿塘峡口,是突出在长江江心的巨石,为长江三峡著名的险滩。　虞:忧虑。

跨马行,则竹间山高者,累旬日不见其巅际;临上而俯视,绝壑万仞[1],杳莫测其所穷,肝胆为之掉栗[2]。水行则江石悍利,波恶涡诡[3],舟一失势尺寸,辄糜碎[4]土沉,下饱鱼鳖。其难至如此!故非仕有力者,不可以游;非材有文者,纵游无所得;非壮强者,多老死于其地。嗜[5]奇之士恨焉!

骑马前往,那竹林覆盖的高山,接连十几天也看不到它的顶端和边际;到山顶,向下一望,只见险峻的山谷,有几万尺深,深得无法探测它的底,令人胆战心惊。从水路去,那江里的礁石狰狞尖利,波涛险恶,漩涡怪异,行船稍一失控,就被打得粉碎,像泥块一样沉没,成了鱼鳖的食物。它的艰险难行,竟到了这个样子!所以不是做官有实力的人,不能够去游览;不是具才情有文采的人,即使游览了也不会有什么收获;不是身体强壮的人,大多老死在那个地方。所以喜爱奇特山水的人感到很遗憾呢!

[注释]　1 绝壑万仞(rèn):绝险的山谷,深不见底。　2 掉栗:因恐惧而颤抖。　3 波恶:形容波浪很大很凶。　涡(wō)诡:指怪异的旋流。4 糜(mí)碎:粉碎。　5 嗜(shì):喜欢,爱好。

天台[1]陈君庭学,能为诗,由中书左司掾[2]屡从大将北征,有劳,擢四川都指挥

天台的陈君庭学,能够写诗,由中书左司掾多次跟随大将讨伐北方,有功劳,提升为四川都指挥司照

司照磨[3]，由水道至成都。成都，川蜀之要地。扬子云、司马相如、诸葛武侯之所居[4]，英雄俊杰战攻驻守之迹，诗人文士游眺饮射、赋咏歌呼之所[5]，庭学无不历览。既览必发为诗，以纪其景物时世之变，于是其诗益工。越三年，以例自免归，会予于京师，其气愈充，其语愈壮，其志意愈高，盖得于山水之助者侈[6]矣。

磨，由水路到成都。成都是四川的要地。扬雄、司马相如、诸葛亮的住处，英雄豪杰战斗防守的遗迹，诗人文士游览玩乐、赋诗歌唱的场所，庭学没有一处不曾游览。已经游览过的，一定抒写成诗篇，来记叙那景物、世道的变化，于是他的诗更加精妙。过了三年，他按照旧例辞官回来，在京师遇到我，他写的诗气势更加充沛，文辞更加豪壮，志向意气更加高昂，原来是从山水里得到很大的帮助呀！

注释 1 天台：县名，今属浙江。 2 中书左司掾(yuàn)：元代以中书省总领百官，与枢密院、御史台分掌政、军、监察三权。中书省下置左右司，分管省事。明初尚沿元制。掾，古代属官的通称。 3 擢：提升。都指挥司：明代在各省设置的地方军事机关。 照磨：都指挥司的属官，主管文书事宜。 4 扬子云：即扬雄，西汉文学家、哲学家、语言学家。司马相如：西汉辞赋家。 诸葛武侯：即诸葛亮，因封武乡侯，故称。5 游眺(tiào)：游览。眺，远望。 饮射：指玩乐。饮，喝酒。射，射箭，古代六艺之一。 6 侈：极多。

予甚自愧：方予少时，尝有志于出游天下，顾以学未成而不暇；及年壮可出，而四方兵起[1]，无所投

我自己很惭愧：正当我年轻的时候，曾经有出外游历天下的愿望，但是因为学业未成没有空闲的时间；等到壮年能够出去了，却全国爆发了反

足；逮今圣主²兴而宇内定，极海之际，合为一家，而予齿益加耄矣³！欲如庭学之游，尚可得乎？

然吾闻古之贤士，若颜回、原宪⁴，皆坐守陋室，蓬蒿没户，而志意常充然，有若囊括⁵于天地者，此其故何也？得无⁶有出于山水之外者乎？庭学其试归而求焉。苟有所得，则以告予，予将不一愧而已也！

元战争，没有一块地方可以去游历；到现在皇上兴起平定了天下，四海之内合成一家，可是我的年纪越发老了！想要像庭学那样游历，还能做得到吗？

然而我听说古代的贤人，像颜回、原宪，都是坐守在简陋的屋子里，野草遮没了门户，可是志向意气却总是很充沛的，好像能包罗天地。这是什么原因呢？莫非有超出于山水之外的东西么？庭学不妨回去探求它啊。如果有什么收获，就把它告诉我，我也会不仅是惭愧一下就完了啊！

注释　1 四方兵起：指元朝末年，全国各地的农民起义。　2 圣主：指明太祖朱元璋。　3 齿：年龄。　耄(mào)：年老。　4 颜回、原宪：都是孔子的学生，一生穷困而德行很高。　5 囊括：包罗。　6 得无：莫非，岂不是。

阅江楼记
宋濂

导读　朱元璋称帝后，下诏于南京狮子山顶修建阅江楼，本文是作者奉朱元璋的旨意而写的一篇景物记，此应制之作颇具特色，颇有明代开国气势。作者在歌颂中未忘规劝皇帝应以国计民生为重，文中写景、叙事和议论也穿插得比较自然。

原文

译文

金陵为帝王之州[1]。自六朝迄于南唐[2]，类皆偏据一方，无以应山川之王气[3]。逮我皇帝，定鼎于兹，[4]始足以当之。

金陵是帝王的住处。从六朝到南唐，大抵都是偏据一方，不能够跟山川的王气相适应。到了我朝皇帝在这里定都，才完全可以跟这王气相称。

注释 1 金陵：今江苏南京。 州：这里作"地方""居所"解。 2 六朝：朝代名。三国的吴，东晋，南朝的宋、齐、梁、陈，均以金陵为京都，历史上合称六朝。 南唐：五代时十国之一。公元937年，李昪代吴称帝，建都金陵，后为宋太祖赵匡胤所灭。 3 王气：古时迷信的说法，帝王所在的地方，有一种祥光瑞气，叫作"王气"。 4 我皇帝：指明太祖朱元璋。定鼎：定都。

由是声教所暨[1]，罔间朔南[2]；存神穆清[3]，与天同体；虽一豫一游[4]，亦可为天下后世法[5]。京城之西北，有狮子山，自卢龙[6]蜿蜒而来；长江如虹贯，蟠绕[7]其下。上[8]以其地雄胜，诏建楼于巅，与民同游观之乐，遂锡嘉名为"阅江"云[9]。

从此声威和教化到达的地方，不分南北；心神所注，有如清风化育万物，跟天一样；即使是游览行乐，也可以作为天下后世的榜样。京城的西北面，有一座狮子山，从卢龙山弯弯曲曲地延伸过来；长江宛如彩虹一样，在它下面盘曲环绕。皇上因为这地方雄伟幽美，下命令在山顶筑座楼，同百姓一道享受游览的欢乐，于是赐一个美名，叫作"阅江楼"。

注释 1 暨(jì)：及、到。 2 罔(wǎng)间：没有间隔。 朔南：北方和南方。 3 穆清：《诗经·大雅·烝民》："穆如清风。"指陶冶人的性情，像清和的风化育万物。 4 一豫一游：指游览行乐。豫，悦乐。 5 法：规范，榜样。 6 卢龙：山名。在南京北，西临长江。 7 蟠(pán)绕：即盘绕。 8 上：皇上，指明太祖。 9 锡：赐予。 嘉名：美名。

登览之顷，万象森列[1]，千载之秘，一旦轩[2]露。岂非天造地设，以俟夫一统之君，而开千万世之伟观者欤？当风日清美，法驾幸临[3]，升其崇椒[4]，凭阑[5]遥瞻，必悠然而动遐思[6]。

登临游览的一刹那间，万千景象便繁密地陈列出来，千年的奥秘，一下子豁然显露。这难道不是天造地设，来等待一统天下的君主，开辟千万代的雄伟壮观么？当那风和日丽的时候，皇上到来，登上这高高的山顶，靠着栏杆向远方眺望，一定会悠然地引起遐想。

注释 1 森列：众多地排列着。森，树木丛生繁茂的样子，引申为众盛貌。 2 轩：显，明朗。 3 法驾：皇帝的车驾。 幸临：来临。 4 椒(jiāo)：山顶。 5 阑：栏杆。 6 遐思：遥想，想得很远。

见江汉之朝宗[1]，诸侯之述职[2]，城池之高深，关阨[3]之严固，必曰："此朕栉风沐雨[4]，战胜攻取之所致也。"中夏[5]之广，益思有以保之。

看到江汉的水流入大海，诸侯的陈述职守，城池的高深，关塞的牢固，一定说："这是我奔波劳苦，战胜攻取才得到的啊。"对于广阔的中国，更会想办法去保全它。

注释 1 朝宗：诸侯朝见天子。这里借指百川流入大海。 2 述职：陈述自己的职守，即汇报工作。 3 阨：同"隘"。要隘。 4 栉(zhì)风沐雨:用风梳发,用雨洗头,形容旅途奔波的辛劳。　5 中夏:即中华。

见波涛之浩荡,风帆之上下,番舶接迹而来庭[1],蛮琛联肩而入贡[2],必曰:"此朕德绥[3]威服,覃[4]及内外之所及也。"四陲[5]之远,益思有以柔[6]之。

看到波涛浩浩荡荡,风帆上下往来,外国船只接连不断地来朝见,边境部族的珍宝肩挨肩地来进贡,一定说:"这是我用恩德安抚,用武力威服,德威普遍地传布到了国内外所能达到的地方啊。"对于遥远的边境,更会想办法去安定它。

[注释]　1 番舶(bó):外国船只。　庭:通"廷",朝廷。这里是朝见的意思。2 蛮:古代对南方各族的泛称,这里指四方的少数民族,含有轻侮的意思。琛(chēn):珍宝。　3 绥(suí):安抚。　4 覃(tán)及:广布。　5 陲(chuí):边境。　6 柔:怀柔。指用和平手段使之归服。

见两岸之间,四郊之上,耕人有炙肤皲足之烦[1],农女有捋桑行馌之勤[2],必曰:"此朕拔诸水火,而登于衽席[3]者也。"万方之民,益思有以安之。触类而思,不一而足。

看到长江两岸,四郊原野,种田的人有烈日熏烤、手脚坼裂的劳苦,农家妇女有采桑送饭的辛勤,一定说:"这是我把他们从水火中拯救出来,才过上安定的日子啊。"对于四面八方的百姓,更会想办法使他们得到安宁。对相类的事引起联想,不可一一列举出来。

[注释]　1 炙(zhì):烤。　皲(jūn):皮肤因寒冷而冻裂。　2 捋(luō)桑:用手采摘桑叶。　馌(yè):给在田地上耕种的人送饭。　3 衽(rèn)席:床上的席子。这里借指太平的日子。

臣知斯楼之建,皇上所以发舒精神,因物兴感,无不寓其致治之思,奚止阅夫长江而已哉!彼临春、结绮[1],非不华矣;齐云、落星[2],非不高矣。不过乐管弦之淫响[3],藏燕、赵之艳姬,不旋踵[4]间而感慨系之。臣不知其为何说也?

我知道这座楼的建造,是皇上用来振奋精神,借外物引起各种感慨,无处不寄寓他要达到太平盛世的思想,哪里只是看看长江的景致就罢了呢?那临春楼、结绮楼,不是不华丽啊;那齐云楼、落星楼,也不是不高峻啊。不过那里面只能享受管弦发出的淫荡音乐,藏匿燕、赵地方的艳丽女子,没有多久,国亡楼毁,人们的感慨也就随着发生了。我不知道那有什么好说的啊!

注释 1 临春、结绮:古时楼阁名,皆南朝陈后主所建。 2 齐云、落星:古时楼阁名。齐云,在江苏苏州,唐朝曹恭王建。落星,三国时吴大帝建。 3 淫响:放荡的声音。 4 旋踵(zhǒng):转一下脚后跟的时间,形容很快。

虽然,长江发源岷山[1],委蛇[2]七千余里而入海,白涌碧翻;六朝之时,往往倚之为天堑[3]。今则南北一家,视为安流[4],无所事乎战争矣。然则果谁之力欤?逢掖[5]之士,有登斯楼而阅斯江者,当思圣德如天,荡荡难名,与神禹疏凿之功[6],

虽然这样,那长江从岷山发源,曲曲折折地流经七千多里才注入大海,白浪汹涌,碧波翻腾;六朝的时候,往往依靠它做天然的防守壕沟。如今却是南北一家,把它看作平静的水流,在战争上没有用场了。那么当真是谁的力量呢?穿着宽大衣服的读书人,有登上这座楼去看这长江的,他们应当想到皇上的恩德宛如苍天一样,浩大辉煌很难用言语表达,跟神禹疏浚江河的功劳,同同一罔极⁷;忠君报上之心,其有不油然而兴耶?

样没有穷尽;忠于皇上、要报答皇上的心情,怎能不自然而然地产生呢?

注释 1 岷山:在四川中北部,绵延川、甘两省边境。古代认为长江发源于岷山。 2 委蛇(yí):同"逶迤",曲折前进。 3 天堑(qiàn):天然的壕沟。这里指长江。 4 安流:平静的水流。 5 逢掖(yè):袖子宽大的衣服。这里代指读书人。 6 神禹:即夏禹。 疏凿:疏导河流,开凿水道。即治水。 7 罔极:无穷。

臣不敏,奉旨撰记。欲上推宵旰¹图治之功者,勒诸贞珉²。他若留连³光景之辞,皆略而不陈,惧亵⁴也。

我没有才能,奉了圣旨写这篇记。想往上推求皇上日夜辛勤、励精图治的功业,刻在碑石上面。至于那些留连风光景物的词句,都省略不说,怕轻慢了建造这座楼的本意啊!

注释 1 宵旰(gàn):"宵衣旰食"的略语。天不亮就穿衣起身,天晚了才吃饭。旧时用来称谀帝王勤于政事。 2 勒诸贞珉(mín):刻在碑石上。勒,刻。贞珉,即"贞石",碑石的美称,意思是能够传留久远的碑石。珉,似玉的美石。 3 留连:留恋不愿意离开。 4 亵(xiè):轻慢。

司马季主论卜

刘基¹

导读 本文出自《郁离子·天道》。作者借善卜者司马季主之口,提出鬼神因人而灵、人灵于物的思想,着重阐述了事物无不向对立面转化的辩证观点。文章能用日常所见的对比鲜明的形象说明抽象的哲理,句式整齐,音韵铿锵。

[原文]

东陵侯²既废,过司马季主而卜焉³。季主曰:"君侯⁴何卜也?"

[译文]

东陵侯已经废为平民,去拜访司马季主请求占卜。季主说:"君侯要占卜什么呢?"

[注释] 1 刘基(1311—1375):字伯温,处州青田(今浙江青田)人。元末进士,曾任江西高安县丞、江浙儒学副提举。因与元朝统治者政见不合,遭到排挤,弃官隐居。后被朱元璋邀请出山,协助朱元璋统一中国,成了明朝的开国功臣,官至御史中丞,封诚意伯,谥号文成。 2 东陵侯:邵平,秦时封东陵侯。秦灭亡后,在长安城东种瓜为生。 3 过:访。 司马季主:复姓司马,汉初人,以占卜闻名。 卜:占卜。 4 君侯:汉代对列侯的尊称。这里是对东陵侯的敬称。

东陵侯曰:"久卧者思起,久蛰者思启¹,久懑²者思嚏。吾闻之:'蓄极则泄³,闷⁴极则达,热极则风,壅⁵极则通。一冬一春,靡⁶屈不伸;一起一伏,无往不复。'仆⁷窃有疑,愿受教焉。"季主曰:"若是,则君侯已喻之矣,又何卜为?"东陵

东陵侯说:"睡久了的人便想起来,隐藏久了的人便想出来与人交往,烦闷久了的人便想打喷嚏。我听说:'积蓄过多就要发泄,闭塞过度就要通达,热度过高就要生风,阻塞过分就要开通。一冬一春,没有老是弯曲而不伸展的事物;一起一伏,没有一去不返的东西。'我私下有疑惑,愿意接受先生的教诲。"季主说:"这样说来,君侯已经明白了,还要占卜做什么呢?"东陵侯说:"我没

侯曰："仆未究其奥也,愿先生卒教之。"

有彻底弄清它的奥妙呢,愿先生尽情开导我。"

[注释] 1 蛰(zhé):冬眠的动物。比喻潜伏。 启:开,出来。 2 懑(mèn):心中烦闷。 3 泄(xiè):散发、发泄。 4 闷(bì):闭塞。 5 壅(yōng):阻塞。 6 靡(mǐ):无,没有。 7 仆:自称谦辞。

季主乃言曰:"呜呼!天道¹何亲?惟德之亲。鬼神何灵?因人而灵。夫蓍²,枯草也;龟³,枯骨也:物也。人,灵于物者也,何不自听而听于物乎?且君侯何不思昔者也!有昔者必有今日。

季主就说:"唉!天道对谁亲近呢?它只亲近有道德的人。鬼神有什么灵验?它是靠了人才显灵验。蓍茎是枯草,龟壳是枯骨,都是物啊!人比任何物都要灵,为什么不听从自己,却去听从物呢?并且君侯为什么不想想过去呢?有过去的显赫,一定有今天的衰败。

[注释] 1 天道:古代的哲学术语。有唯物的天道观,也有唯心的天道观。这里对天道作了唯心的解释。 2 蓍(shī):植物名。又叫锯齿草,古代用蓍草茎占卜。 3 龟:即龟甲,古人占卜吉凶的用具。

是故碎瓦颓垣,昔日之歌楼舞馆也;荒榛断梗¹,昔日之琼蕤玉树²也;露蛩风蝉,昔日之'凤笙''龙笛'也³;鬼磷⁴萤火,昔日之金缸华烛也⁵;秋荼春荠⁶,昔日之象白驼峰⁷

所以碎瓦断墙,原是往日的歌楼舞馆呢;枯树断枝,原是往日繁茂的园林呢;露虫秋蝉,原是往日悦耳的音乐呢;鬼磷流萤,原是往日的辉煌灯火呢;苦菜野荠,原是往日的佳肴美也;丹枫白荻⁸,昔日之蜀锦齐纨⁹也。

味呢;红枫白荻,原是往日的绫罗绸缎呢。

注释 1 荒榛断梗:荒芜的树丛,断枝的草木。榛,树丛。梗,草木枝干。 2 琼蕤(ruí)玉树:绚丽的花草,珍贵的树木。这里是泛指繁茂的园林。 3 露蛩风蝉:露天的野蟋蟀,秋风中的鸣蝉。 凤笙、龙笛:均为管乐器名。因像龙凤之形或饰有龙凤彩绘,故称。这里指悦耳的音乐。 4 鬼磷:即磷火。夜间火焰呈淡绿色,旧时迷信认为是鬼火。 5 金釭:同"金钉",金或铜制的灯盏、烛台。 华烛:有彩饰的蜡烛。这里指辉煌的灯火。 6 荼(tú):苦菜。 荠(jì):荠菜。 7 象白驼峰:大象的脂肪,骆驼的肉峰,都是珍贵的食品。这里指佳肴美味。 8 枫:枫树,叶经霜变红,故称丹枫。 荻(dí):草名,与芦同类,生长在路旁水边,其花白色。 9 蜀锦齐纨(wán):四川出产的锦,山东出产的绢。这里指各种贵重的丝织品。

昔日之所无,今日有之不为过;昔日之所有,今日无之不为不足。是故一昼一夜,华¹开者谢;一春一秋,物故者新;激湍之下,必有深潭;高丘之下,必有浚谷²。君侯亦知之矣,何以卜为!"

过去没有的东西,现在有了不算过分;过去有的东西,现在没有了不能算不足。所以一天一晚,花开了便会谢;一春一秋,事物陈旧了便要更新;急流下面一定有深潭;高山下面一定有深谷。这些,君侯也早已清楚了,为什么还占卜呢?"

注释 1 华(huā):同"花"。 2 浚(jùn)谷:深谷。

卖柑者言

刘基

[导读] 这一篇著名的寓言,写于元朝尚未覆亡的时候,由买卖坏了的柑橘这一小事引起议论,以市场比喻官场,以"金玉其外,败絮其中"的柑橘比喻元末那些外强中干的文臣武将。文章又故作主客论辩之词,构思巧妙;卖柑者的层层反诘,句式整齐,词锋犀利。

[原文]

杭¹有卖果者,善藏柑,涉寒暑不溃²,出之烨然³,玉质而金色⁴;剖其中,干若败絮。予怪而问之曰:"若所市于人者⁵,将以实笾豆⁶、奉祭祀、供宾客乎? 将衒外以惑愚瞽乎⁷? 其矣哉,为欺也!"

[译文]

杭州有个卖水果的人,很会贮藏柑橘,经过严寒酷暑也不腐烂,拿出来光彩鲜艳,玉石般的质地,金黄的颜色;可是把它剖开来看,却干枯得像破旧的棉絮。我很奇怪,就责问他:"你卖给人家的柑橘,是要拿它装到器皿里去供奉神灵、招待宾客呢,还是炫耀它的外表去迷惑傻子和瞎子呢? 太过分了,你这种欺骗手段!"

[注释] 1 杭:杭州。 2 涉:经历。 溃:腐烂。 3 烨(yè)然:光彩耀眼的样子。 4 四部丛刊本《诚意伯文集》卷七,在"玉质而金色"句下是:"置于市,贾十倍,人争鬻之。予贸得其一,剖之,如有烟扑口鼻,视其中,则干若败絮。" 5 若:你。 市:卖。 6 实:充实,盛满。 笾(biān)豆:古代祭祀或宴会时用来放食品的器具。笾是竹编的,豆是高脚器。

7 衒(xuàn)：同"炫"，夸耀。　惑：迷惑。　瞽(gǔ)：盲人。

卖者笑曰："吾业是有年矣[1]，吾业赖是以食[2]吾躯。吾售之，人取之，未闻有言，而独不足子所乎？世之为欺者不寡矣，而独我也乎？吾子未之思也。今夫佩虎符、坐皋比者[3]，洸洸乎干城之具也[4]，果能授孙、吴之略耶[5]？峨大冠、拖长绅者[6]，昂昂乎庙堂之器也[7]，果能建伊、皋之业耶[8]？

卖水果的人笑着说："我干这行当已经多年了，我这职业依靠这种方式来养活我自己。我卖它，人家买它，从来没有听到过闲话，为什么唯独不能满足您的需要呢？世界上玩弄欺骗手段的人不少呀，仅仅我一个人么？您没有去想想啊！现在那些身上佩着虎符、坐在虎皮交椅上的人，看那耀武扬威的样子，好像是能捍卫国家的将才呀，可当真能够传授孙武、吴起那样的谋略吗？那些高高地戴着官帽、腰上拖着长带子的人，看那气度不凡的样子，很像是在朝廷上辅助帝王的重臣，可当真能够建立伊尹、皋陶那样的业绩吗？

〖注释〗 **1** 业：这里用作动词，从事。　是：此。　有年：多年。　**2** 食(sì)：供养。　**3** 虎符：虎形兵符，是古代调兵的凭证。　皋比(pí)：虎皮。
4 洸洸(guāngguāng)：威武的样子。　干城：捍卫国家。干，盾牌，武器名；城，城墙。这都是用来抵御外敌的。　具：才具，才干。　**5** 孙：孙武，春秋时著名的军事家。　吴：吴起，战国时卫国人，军事家。　**6** 峨：高耸。拖：下垂。　绅：古代士大夫束在腰间并垂下一部分作为装饰的大带子。
7 昂昂：气度不凡的样子。　庙堂：宗庙朝堂，指朝廷。　器：才能。
8 伊：指伊尹。　皋：指皋陶，为虞舜时的贤臣。

"盗起而不知御[1]，民困而不知救，吏奸而不知禁，法斁而不知理[2]，坐縻廪粟而不知耻[3]。观其坐高堂、骑大马、醉醇醴而饫肥鲜者[4]，孰不巍巍乎可畏、赫赫乎可象[5]也！又何往而不金玉其外、败絮其中也哉！今子是之不察，而以察吾柑！"

予默默无以应。退而思其言，类东方生滑稽之流[6]，岂其忿世疾邪者耶？而托[7]于柑以讽耶？

"盗贼兴起却不知道怎样控制，百姓困苦却不知道怎样解救，官吏为非作歹却不知道怎样制止，法制败坏却不知道怎样整顿，白费国家的俸禄却不知道羞耻。看他们坐在大堂上，骑着高头大马，美酒喝得醉醺醺的，油腻美味食物吃得饱饱的，哪一个不是看起来高不可攀，使人敬畏，显赫威武，值得人家效法呢？却又无论到哪里不是些外表像金玉、里面像破旧棉絮的人呢？今天您不考察这些，却来考察我的柑橘！"

我沉默着，无话可答。回来再想想他这番话，觉得他像是东方朔那一类能言善辩的人物。难道他是个愤恨世道、厌恶奸邪的人么？假借柑橘来进行讥讽么？

注释 1 御:控制。 2 斁(dù):败坏。 理:整顿。 3 縻:耗费。 廪粟:国家仓库里的粮食。这里指俸禄。 4 醇醴:美酒。 饫(yù):饱食。肥鲜:油腻味美的食物。 5 象:效法。 6 类:好像。 东方生:即东方朔，汉武帝时为太中大夫。 滑(旧读gǔ)稽:能言善辩。 7 托:假借。

深虑论

方孝孺[1]

导读 作者列举历代兴亡的史实，指出历代君王仅仅片面地吸取前代灭亡的教训而忽略了另外一些被掩盖的问题,却将原因归结为非人智所能虑及的天意,写作目的在于给明代统治者提供历史教训,并采取相应的办法。

原文

虑天下者,常图[2]其所难而忽其所易,备其所可畏而遗[3]其所不疑。然而祸常发于所忽之中,而乱常起于不足疑之事。岂其虑之未周与[4]?盖虑之所能及者,人事之宜然;而出于智力之所不及者,天道也[5]。

译文

考虑天下大事的人,常常注意解决困难的问题,却忽视了那容易的问题;防备那可怕的方面,却疏忽了他不疑心的方面。然而祸患却常常在他所忽视的问题上发生,乱子却常常在不必疑心的事情上开始。难道是他的考虑不周密吗?因为能够考虑得到的,是人的力量可以做得到的事;超出人的智力,人无法考虑到的,却是天道啊。

注释 1 方孝孺(1357—1402):字希直,又字希古,人称正学先生,明初浙江宁海人。宋濂的学生。明太祖时授汉中府教授,惠帝时任侍讲学士。燕王起兵入南京后,命他起草登极诏书,不从,被杀,共灭十族,死者达八百七十余人。 2 图:谋划,设法对付。 3 遗:遗弃。 4 与:同"欤"。 5 天道:上天的意志。这里是说人事是由天命所决定的。

当秦之世,而灭诸侯,一[1]天下,而其心以为周之亡在乎诸侯之强耳,变封建而为郡县[2];方以为兵革[3]可不复用,天子之位可以世守,

当秦朝的时候,秦始皇灭亡诸侯,统一天下,他心里认为周朝的灭亡就在于诸侯的强大罢了,因此改分封制为郡县制;正当他认为武器衣甲可以不再使用,皇帝的宝座能够世代

而不知汉帝起陇亩之中⁴，而卒亡秦之社稷⁵。

保住的时候，却不防汉高祖在民间崛起，终于灭亡了秦朝。

注释 1 一：统一，用作动词。 2 封建：指周朝分封疆土，建立诸侯国的制度。 郡县：即秦始皇废除分封制后建立的郡、县两级的中央集权制度。 3 兵革：兵器衣甲的总称。 4 汉帝：即汉高祖刘邦，汉王朝的建立者。他出身平民，所以说"起陇亩之中"。 陇(lǒng)亩：田野。陇，通"垄"。 5 社稷：古代帝王、诸侯所祭的土神和谷神，用来指代国家。

汉惩¹秦之孤立，于是大建庶孽²而为诸侯，以为同姓之亲可以相继而无变；而七国萌篡弑³之谋。武、宣⁴以后，稍剖析之而分其势⁵，以为无事矣；而王莽卒移汉祚⁶。

汉把秦中央政权的孤立作为教训，于是大封子弟做诸侯，认为同姓的亲属可以世代继承下去，不会有变乱了；可是吴、楚等七国却酝酿着篡位弑君的阴谋。武帝、宣帝以后，稍微分割了诸侯王的封地，分散了他们的势力，认为没有事情了；可是王莽却终于夺取了汉的帝位。

注释 1 惩：惩戒，以过去的失败作为教训。 2 庶孽：即庶子，旧时指妾生的儿子。这里泛指亲属。 3 篡弑(shì)：杀死君主，篡夺皇位。 4 武、宣：即汉武帝刘彻，汉宣帝刘询。汉武帝颁行"推恩令"，使诸侯王多分封子弟为侯，来削弱割据势力。 5 剖析：分割。 之：指诸侯王的领地。 6 王莽：字巨君，汉元帝皇后侄。西汉末，以外戚掌握政权，元始五年(5)毒死平帝另立孺子婴，居摄三年(8)篡位称帝，改国号为"新"。十五年后为刘秀所灭。 祚：帝位。

光武之惩哀、平[1]，魏之惩汉，晋之惩魏，各惩其所由亡而为之备；而其亡也，皆出于所备之外。

唐太宗闻武氏之杀其子孙，求人于疑似之际而除之[2]；而武氏日侍其左右而不悟。宋太祖见五代方镇之足以制其君[3]，尽释其兵权[4]，使力弱而易制；而不知子孙卒困于敌国[5]。

汉光武帝把哀帝和平帝的祸患作为教训，魏把汉的祸患作为教训，晋把魏的祸患作为教训，各自把前代灭亡的原因作为教训，并做好防止祸患的准备；然而他们的灭亡，都发生在他们没有防备的地方。

唐太宗听说有个姓武的女人将来要杀他的子孙，就要在有怀疑和相像的人里面寻找对象，把他们通通除掉；但武后天天在他的身旁侍奉，竟不能觉察。宋太祖看到五代时各方藩镇的力量能够控制君主，就全部解除藩镇的兵权，使他们力量薄弱容易控制；却不知道自己的子孙终于被敌国困扰而最终灭亡。

【注释】 1 光武：即光武帝刘秀。 哀、平：即汉哀帝刘欣，汉平帝刘衎(kàn)。 2 "唐太宗闻武氏"两句：武氏，即武则天。唐高宗的皇后，后为武周皇帝。十四岁时被唐太宗选入宫为才人，太宗死后为尼。高宗时复被召为昭仪，永徽六年(655)立为皇后，逐步掌握实权。后来废唐睿宗，自称圣神皇帝，改国号为周，史称武周。据史书记载，唐贞观二十二年(648)，有一种流言说："唐三世之后，女主武王代有天下。"唐太宗问太史令李淳风。李淳风回答说："其人已在陛下宫中，自今不过三十年，当王天下，杀唐子孙殆尽。"唐太宗说："疑似者尽杀之，何如？" 3 宋太祖：即赵匡胤，宋王朝的建立者。 五代：唐朝以后的梁、唐、晋、汉、周五个王朝。方镇：指五代的节度使，是镇守一方的军事长官。 4 尽释其兵权：指宋太祖解除将领兵权的事件。建隆二年(961)，太祖与赵普定策，召集禁军将领石守信、王审琦等宴饮，以高官厚禄为条件，解除了他们的兵权。开宝二年(969),又用同样手段,罢王彦超等节度使,解除了藩镇的兵权,以加强中央集权的统治,防止分裂割据。　**5** 敌国:指契丹、辽、金等国。

此其人皆有出人之智,盖世之才;其于治乱存亡之幾[1],思之详而备之审[2]矣。虑切于此而祸兴于彼,终至乱亡者何哉?盖智可以谋人,而不可以谋天。良医之子多死于病,良巫[3]之子多死于鬼。彼岂工于活人而拙于活己之子哉[4]?乃工于谋人而拙于谋天也!

这些人都有超人的智慧,盖世的才能;他们对于有关治乱存亡的细微迹象,都考虑得详细、防备得周密了。考虑切合这里而祸患发生在那里,终究导致骚乱而灭亡,这原因是什么呢?因为智力只可以用来谋划人事,却不能够用来谋划天道。良医的子女大多死于疾病,良巫的子女大多死于鬼神。难道是他们善于救活别人却不善于设法救自己的子女吗?这是善于谋划人事,却不善于谋划天道啊。

注释　**1** 幾(jī):细微的迹象。　**2** 审:周密。　**3** 巫:古代以为人求神祈祷为职业的人。　**4** 工:善于。　拙(zhuō):笨拙,与"工"相对。

古之圣人知天下后世之变,非智虑之所能周,非法术之所能制;不敢肆[1]其私谋诡计,而唯积至诚、用大德以结[2]乎天心,使天眷其德,若慈母之保赤子[3]而不忍释。故其子孙,虽有至愚不肖者足以亡国,而

古代的圣人懂得天下后世的变化,那不是智慧、思虑能够完全料到的,不是刑法、权术能够制服的;因此不敢放纵他的私谋诡计,只有积聚最真诚的心意,用最大的功德,来紧紧连结上天的心,使上天关注他的功德,像慈母保护婴儿一样不忍舍弃他。所以他的子孙虽然有极愚蠢、最不贤的,完

天卒不忍遽亡之。此虑之远者也。夫苟不能自结于天，而欲以区区之智笼络当世之务，而必后世之无危亡，此理之所必无者也，而岂天道哉？

全可以亡国，可是上天终究不忍一下子灭亡它。这是最有远见的考虑啊。如果不能自己紧紧连结上天，却想靠小小的智谋驾驭当代的事务，又要使后世一定没有危亡，这是必然没有的道理，难道符合天道么？

[注释] 1 肆：放纵，放肆。 2 结：紧紧连结。 3 赤子：初生的婴儿。

豫让[1]论

方孝孺

[导读] 文章标新立异，从传统儒家思想出发，对豫让进行了批评，并说明真正的忠臣烈士应该具有政治预见性，敢于犯颜直谏，防患于未然；而不能在祸患发生之后，凭血气之勇，沽名钓誉。

[原文]

士君子立身事主，既名知己，则当竭尽智谋，忠告善道，销患于未形，保治于未然，俾身全而主安；生为名臣，死为上鬼，垂光百世，照耀简策[2]：斯为美也。苟遇知

[译文]

有道德的人置身在世上，服侍君主，既然叫作知己，就应当尽自己的智慧和谋略，向君主提出忠诚的劝告和好的办法，在祸患没有形成的时候就消除它，在国家秩序没有被破坏的时候就维护它，使自己得到保全，君主得到安宁；活着是有声名的臣子，死后是上等的鬼神，荣誉

己,不能扶危于未乱之先,而乃捐躯殒命[3]于既败之后,钓名沽誉[4],眩[5]世炫俗。由君子观之,皆所不取也。

流传百代,光辉照耀史册。这才算是美好的啊。如果遇到知己,不能在动乱发生前帮忙解除危难,却到已经失败了才牺牲自己的生命,骗取名誉,夸耀于世俗。在君子看来,这是不可取的。

注释 1 豫让:战国时晋人。事见《史记·刺客列传》。 2 简策:编连成册的竹简,即书籍,这里指史册。简,削制成的狭长竹片或木片。上面可刻写文字,是古代的一种主要书写材料。若干简编缀在一起的叫策(册)。 3 捐躯殒(yǔn)命:献出生命。捐,献出。躯,身体。殒,死亡。 4 钓:骗取。 沽:买。 5 眩(xuàn):通"炫",夸耀、炫耀。

盖尝因而论之:豫让臣事智伯[1],及赵襄子杀智伯[2],让为之报仇,声名烈烈[3],虽愚夫愚妇,莫不知其为忠臣义士也。呜呼!让之死固忠矣,惜乎处死之道有未忠者存焉!何也?

因此我曾评论豫让的事:豫让服侍智伯,在赵襄子杀了智伯之后,豫让替他报仇,声名显赫,即使是普通百姓,也没有不知道他是忠臣义士的。唉!豫让的死确实是忠了,可惜他对待死的方法还存在不忠的成分呢!为什么呢?

注释 1 智伯:即智瑶,晋的执政大臣。 2 赵襄子杀智伯:赵襄子,即赵无恤,晋的执政大臣。公元前454年,智伯联合韩、魏攻赵。赵襄子接受谋臣张孟谈的建议固守晋阳。智伯和韩康子、魏桓子联合围攻了三年多,无法攻下。赵襄子派张孟谈潜出围城,对韩、魏说明赵亡之后,智氏必灭韩、魏的利害关系。韩、魏考虑到自身的利益,与赵联合,一举消灭智氏,杀死智伯。事见《战国策·赵策一》。 3 烈烈:威武的样子。

观其漆身吞炭，谓其友曰："凡吾所为者极难，将以愧天下后世之为人臣而怀二心者也！"谓非忠可乎？及观斩衣三跃[1]，襄子责以不死于中行氏，而独死于智伯，让应曰："中行氏以众人待我，我故以众人报之；智伯以国士[2]待我，我故以国士报之。"即此而论，让有余憾[3]矣！

且看他漆身吞炭，改变形貌声音，对他的朋友说："我做的事情，非常困难，将要使天下后代怀有二心的臣子感到惭愧。"说他不忠可以吗？待看他三次跳起来，用剑斩赵襄子的衣服，赵襄子责备他不为中行氏而死，却单替智伯而死的时候，豫让回答说："中行氏把我当作普通人看待，所以我用普通人的行为报答他；智伯把我当作国士看待，所以我用国士的行为报答他。"就这方面来评论，豫让就有不够之处了！

【注释】 1 斩衣三跃：赵襄子外出，豫让暗伏桥下，谋刺赵襄子，没有成功。被捕后，求得赵襄子衣服，"拔剑三跃，呼天击之"，然后自杀。
2 国士：旧称一国中杰出的人物。 3 余憾：即余恨，遗恨，不够之处。

段规之事韩康[1]，任章之事魏献[2]，未闻以国士待之也；而规也、章也，力劝其主从智伯之请，与之地以骄其志，而速其亡也。郗疵[3]之事智伯，亦未尝以国士待之也；而疵能察韩、魏之情以谏智伯。虽不用其言以至灭亡，而疵

段规服侍韩康子，任章服侍魏桓子，没有听说韩康子、魏桓子把他们当作国士看待；可是段规、任章竭力劝他们的主子答应智伯的要求，给智伯土地来使智伯的意志骄傲，从而加速智伯的灭亡。郗疵服侍智伯，智伯也不曾把他当作国士看待，可是郗疵却能够弄清韩、魏的真实意图来劝谏智伯。虽然智伯不肯采纳他的意见因而招致

之智谋忠告,已无愧于心也。

灭亡,可是郗疵已献出他的智谋和对智伯进行忠告,在心里已经没有愧疚了。

注释 1 段规:韩康子的谋臣。 韩康:即韩康子,春秋时晋国贵族。 2 任章:魏桓子的谋臣。 魏献:应指魏桓子,又称魏宣子,春秋时晋国贵族。 3 郗疵:智伯的家臣。

让既自谓智伯待以国士矣;国士,济国之士也。当伯请地无厌之日,纵欲荒暴之时,为让者正宜陈力就列[1],谆谆然[2]而告之曰:"诸侯大夫,各安分地,无相侵夺,古之制也。今无故而取地于人,人不与,而吾之忿心[3]必生;与之,则吾之骄心以起。忿必争,争必败;骄必傲,傲必亡。"谆切恳至[4],谏不从,再谏之;再谏不从,三谏之;三谏不从,移其伏剑[5]之死,死于是日。

豫让既然自认为智伯把他当作国士看待了;国士,是拯救国家的人呢!当智伯贪得无厌地向别国索地的时候,放纵私欲、荒淫暴虐的时候,作为豫让,正应该贡献才力,尽到臣子的职责,反复地劝告他说:"诸侯大夫,各自安于自己的封地,不要互相侵夺,这是古代的制度。现在我们无缘无故向人家索取土地,人家不给我,我必定产生愤恨之心;如果给了我,那么会引起我的骄傲之心。愤恨了一定会争斗,争斗一定会失败;矜骄了一定会傲慢,傲慢了一定会亡国。"诚恳真挚,劝谏一次不听,再劝谏他;再劝谏不听,第三次劝谏他;三次劝谏不听,就把自己的自杀时间移动一下,提早死在这一天。

注释 1 陈力就列:能施展自己的才能就任职。 2 谆谆然:反复地,不厌其烦地。 3 忿心:愤恨的心理。 4 谆切恳至:恳切诚挚。

5 伏剑：即自刎，自杀。

伯虽顽冥不灵¹，感其至诚，庶几复悟；和韩、魏，释赵围，保全智宗，守其祭祀。若然，则让虽死犹生也，岂不胜于斩衣而死乎？让于此时，曾无一语开悟主心，视伯之危亡，犹越人视秦人之肥瘠也²，袖手旁观，坐待成败。国士之报，曾若是乎？智伯既死，而乃不胜血气之悻悻³，甘自附于刺客之流，何足道哉！何足道哉！

虽然，以国士而论，豫让固不足以当矣；彼朝为仇敌，暮为君臣，靦然⁴而自得者，又让之罪人也！噫！

智伯虽然愚昧无知，也会被豫让的诚意所感动，或许可以觉悟；跟韩、魏和好，解除对赵氏的围困，保全智氏的宗庙，守住他的祭祀。如果这样，那么豫让虽然死了，还是像活着一样呢，难道不比斩衣而后去死好？豫让在这个时候，却不曾说一句话去开导主子的思想，看着智伯的危亡，就像越国人看秦国人的胖瘦一样啊。袖着双手在一旁观看，坐着等待他的失败。国士的报答，何曾是这样的呢？智伯已经死了，豫让却禁不住一时的血气冲动，情愿把自己归到刺客一类，有什么值得称道的呢！有什么值得称道的呢！

虽然这样，拿国士来说，豫让固然不够格了；但那些早晨是仇敌，晚上就成了君臣，厚着脸皮自以为得意的人，又是豫让的罪人了！唉！

注释 1 顽冥不灵：愚蠢无知。顽，顽固；冥，愚昧。不灵，无知。2 犹越人视秦人之肥瘠也：意思是好像个毫无关系的人。因为越在东南，秦在西北，相距遥远，秦国人的胖或瘦，与越国人毫不相干。 3 悻悻(xìngxìng)：恼怒的样子。 4 靦(tiǎn)然：厚着脸皮的样子。

亲政篇

王鏊[1]

导读 亲政是皇帝直接了解下情，亲自执政的意思。明朝中叶，武宗朱厚照昏庸无道，只知淫乐嬉游，不过问政事，不接见群臣，国家大事都由宦官刘瑾、谷大用等决定。针对这一情况，王鏊写了本文上奏武宗。文中尖锐地指出上下间隔不通的危害，切中时弊。然而，他提出的恢复内朝亲政的办法没有被采纳。武宗以后，皇帝更加亲信宦官，政治更加腐败，明朝终于走向灭亡的道路。

原文

《易》之《泰》曰[2]："上下交而其志同。"其《否》[3]曰："上下不交而天下无邦[4]。"盖上之情达于下，下之情[5]达于上，上下一体，所以为"泰"；下之情壅阏[6]而不得上闻，上下间隔，虽有国而无国矣，所以为"否"也。

译文

《易经》中的《泰》卦说："上下交好通气，他们的志意就和同。"那《否》卦说："上下阻隔，国家就要灭亡。"因为上面的意图能够通到下面，下面的意见能够传到上面；上下成为一个整体，所以叫作"泰"。如果下面的意见被阻塞，不能传到上面，上下之间有隔膜，虽然名义上有国家，实质上却没有国家，所以叫作"否"。

注释 1 王鏊(ào)：字济之，吴县(今江苏苏州)人。弘治时曾任侍讲学士。正德中，累官至户部尚书，文渊阁大学士。 2《易》：也称《易经》。是古代卜卦之书。《泰》：《易经》六十四卦之一。 3《否(pǐ)》：六十四卦之一。　4 上下不交而天下无邦：这里引的是《否》卦的象辞。意思是说君臣不交好通气，上下阻隔，国家就要灭亡。邦，古代诸侯封国的称号，后用来指代国家。　5 情：意图，意见。　6 壅阏(è)：阻塞。

交则泰，不交则否，自古皆然。而不交之弊，未有如近世之甚者。君臣相见，止于视朝[1]数刻；上下之间，章奏批答相关接[2]，刑名法度相维持而已[3]。非独沿袭故事[4]，亦其地势[5]使然。何也？

上下通气就泰，上下阻隔就否，自古以来都是这样。但上下不通气的弊病，没有像近代这样厉害的了。君臣互相见面，只在皇上临朝的短时间内。上下之间，只不过靠奏章、批答互相关联，用名分、法度彼此维持罢了。这不单是由于遵循老规矩，也是地位形势造成的。为什么呢？

注释　1 视朝：皇帝上朝听政。　2 章奏：古代臣下向帝王进言的文书，包括奏疏、对、状、札子、封事等。　批答：皇帝看臣下的奏章，以确定其可否，叫批答。　3 刑名：君臣上下的名分。　法度：法令制度。　4 故事：旧例，老规矩。　5 地势：地位权势。

国家常朝于奉天门[1]，未尝一日废，可谓勤矣；然堂陛悬绝[2]，威仪赫奕[3]，御史纠仪[4]，鸿胪[5]举不如法，通政司引奏[6]，上特[7]视之，谢恩见辞，惴惴[8]而退。上何尝治一事，下何尝进一言哉！此无他，地

皇上常常在奉天门上朝，没有一天间断，可说是勤于政事了；但是朝堂和台阶相距很远，皇帝的威仪显赫盛大，御史纠察朝见的礼仪，鸿胪检举不合规矩的行动，通政使代为呈上奏章，皇上只是随意看看，臣子就谢恩告退，心神不安地退了下来。皇上何尝处理过一件事，臣子又何尝说过一句话呢！这没

势悬绝,所谓堂上远于万里,虽欲言无由言也。

有其他原因,地位权势悬殊,所谓天子堂上比万里还远,虽然想进言,却无从说起啊。

注释 1 国家:指皇帝。 奉天门:明代殿前的中门。 2 堂:朝堂。陛(bì):帝王宫殿的台阶。 3 威仪:庄严的容貌举止。 赫奕(yì):显耀盛大的样子。 4 御史纠仪:明设都察院,长官为左、右都御史,统率诸御史,分道考察官吏,兼管纠察朝仪。御史,官名,秦以前本为史官。 5 鸿胪:官名。是朝祭礼仪的赞导。 6 通政司:官署名。掌内外章奏、封驳和臣民密封申诉。长官为通政使。这里指通政使。 引奏:指群臣有奏章,概由通政使呈上。 7 特:只是。 8 惴惴:害怕的样子。

愚[1]以为欲上下之交,莫若复古内朝之法。盖周之时有三朝:库门[2]之外为正朝,询谋大臣[3]在焉;路门[4]之外为治朝,日视朝在焉;路门之内曰内朝,亦曰燕朝。《玉藻》[5]云:"君日出而视朝,退适路寝[6]听政。"盖视朝而见群臣,所以正上下之分;听政而适路寝,所以通远近之情。

我认为要做到上下通气,不如恢复古代内朝的制度。周代的时候有三种朝见方式:库门的外面是正朝,顾问大臣守候在这里;路门的外面是治朝,皇上每天在这里受百官朝见;路门的里面是内朝,也叫燕朝。《礼记·玉藻》上说:"君主在太阳出来的时候去上朝,退下来到路寝处理政事。"上朝接见群臣,是用来端正上下的名分;处理政事却到路寝,是用来疏通远近的意见。

注释 1 愚:自称的谦词。 2 库门:古代的宫门。天子有五门,即皋门、库门、雉门、应门、路门。库门为二门。 3 询谋大臣:顾问大臣,指参与讨论决定国家大事的大臣。 4 路门:古代王侯宫廷最里层的门。 5《玉藻》:《礼记》篇名。　6 路寝:古代君主处理政事的宫室。

汉制:大司马、左右前后将军、侍中、散骑、诸吏为中朝[1];丞相以下至六百石为外朝[2]。唐皇城之北,南三门曰承天,元正、冬至[3],受万国之朝贡,则御[4]焉,盖古之外朝也;其北曰太极门,其西曰太极殿,朔望[5]则坐而视朝,盖古之正朝也;又北曰两仪殿,常日听朝而视事,盖古之内朝也。

汉朝的制度:大司马,左、右、前、后将军,侍中、散骑、诸吏是中朝;丞相以下到六百石的官员,是外朝。唐代皇城北面靠南的第三门,叫承天门,元旦和冬至节,接受各国的朝贺进贡,皇上才来到这里,原来就是古代的外朝呢。它的北面叫太极门,它的西面叫太极殿,每月的初一和十五,皇上就坐在这里受群臣朝见,原来就是古代的正朝呢。再北面叫作两仪殿,平日在这里上朝和处理政事,原来就是古代的内朝呢。

注释 1 大司马:官名,三公之一。西汉初为太尉,武帝时废太尉,设大司马,以后各朝沿置,为掌握政权及军事重权的高官。明清用作兵部尚书的别称。　将军:官名。汉代为在皇帝身边统率军队的长官。　侍中、散骑:均为汉代皇帝的侍从,出入宫廷,随时应对顾问。　2 丞相:官名。始于战国时,为百官之长。秦代以后为封建官僚组织中的最高官职,辅佐皇帝综理全国政务。西汉初,称为相国,后改丞相。　六百石:汉代的官秩。汉代以禄石多寡作为官位高低的标志,例如九卿是中二千石,刺史太守之类是二千石,县令是千石到六百石。禄石不同,月俸收入不同。3 元正、冬至:元正,即元旦。冬至,就是冬至节,二十四节气之一。　4 御:登。　5 朔:夏历每月初一日。　望:夏历每月十五日。

宋时常朝则文德殿,五日一起居[1]则垂拱殿,正旦、冬至、圣节称贺则大庆殿[2],赐宴则紫宸[3]殿或集英殿,试进士则崇政殿。侍从[4]以下,五日一员上殿,谓之轮对,则必入陈时政利害;内殿引见[5],亦或赐坐,或免穿靴。盖亦有三朝之遗意焉。盖天有三垣[6],天子象之:正朝,象太微也;外朝,象天市也;内朝,象紫微也。自古然矣。

宋朝时候,平时朝见在文德殿;五天一问皇上的起居,在垂拱殿;元旦、冬至、皇上的生日,祝颂、受贺在大庆殿;赐宴在紫宸殿或者集英殿;面试进士在崇政殿。自侍从官以下,每五天由一名官员上殿,叫作轮班奏对,他必须进来陈说当时政治的得失;皇帝在内殿接见他们,也有时赐坐,有时免穿靴子。这大概还保留有三朝的意思呢。因为上天有三垣,天子就仿效它:正朝,仿效太微;外朝,仿效天市;内朝,仿效紫微。自古以来就是这样的。

[注释] 1 起居:指向皇帝问安。 2 正旦:即元旦,正月初一日。 圣节:皇帝的生日。 3 宸:封建时代指帝王住的地方。 4 侍从:宋代称大学士至待制为侍从官,因常在君主左右备顾问,故名。其后又称在京职事官自六部尚书、侍郎及学士、翰林学士、中书舍人等通为侍从,所指范围较广。 5 引见:旧时皇帝接见臣下或外宾,须由官员引领,叫引见。 6 三垣:我国古代天文学上,将星空分为三垣、二十八宿,共三十一个天区,每区以一垣或一宿为主体。三垣,即太微垣、紫微垣和天市垣。

国朝圣节、正旦、冬至大朝会,则奉天殿,即古之正朝也;常日则奉天门,即古之外朝也;而内朝独缺。然非缺

本朝皇帝生日、元旦、冬至的大朝会,在奉天殿,便是古代的正朝呢;平日就在奉天门,便是古代的外朝呢;可是单缺内朝。然而并不是

也,华盖、谨身、武英等殿,岂非内朝之遗制乎?洪武[1]中,如宋濂、刘基[2],永乐[3]以来,如杨士奇、杨荣等[4],日侍左右;大臣蹇义、夏原吉等[5],常奏对便殿[6]。于斯时也,岂有壅隔之患哉?

缺少、华盖、谨身、武英等殿,难道不是遗留下来的内朝制度么?洪武年间,像宋濂、刘基,永乐以来,像杨士奇、杨荣等,每天侍奉在皇帝身旁;大臣蹇义、夏原吉等,经常在便殿奏对。在这个时候,哪里有阻塞隔膜的忧患呢?

[注释] 1 洪武:明太祖朱元璋的年号(1368—1398)。 2 宋濂:见本书《送天台陈庭学序》注。 刘基:见本书《司马季主论卜》注。 3 永乐:明成祖朱棣年号(1403—1424)。 4 杨士奇:建文初被荐入翰林,充编纂官。仁宗时任礼部侍郎,兼华盖殿大学士。宣宗、英宗时与杨溥、杨荣同辅国政。 杨荣:初名子荣,字勉仁。建文时进士,任编修。明成祖永乐时入文渊阁,后升至文渊阁大学士,以多谋善断著称。仁宗、宣宗两朝和英宗初年,都在朝辅政。英宗即位,与杨士奇、杨溥同辅朝政,并称"三杨"。 5 蹇(Jiǎn)义:字宜之。洪武进士,建文帝擢为吏部右侍郎。永乐初,进吏部尚书,仁宗时,进少保、少师,死赠太师,谥忠定。成祖、仁宗甚为信任,与夏原吉齐名。 夏原吉:字维喆。洪武时入太学,太祖用为户部主事;成祖时升至尚书。永乐元年(1403)赴浙江治水,疏浚吴淞江等河流,曾主持财政二十七年。 6 奏对:奏事和回答皇帝的询问。 便殿:帝王休息宴游的别殿。

今内朝未复,临御常朝之后,人臣无复进见;三殿高闶[1],鲜或窥焉。故上下之情,壅而不通,

现在内朝制度没有恢复,皇上临驾常朝以后,臣子不能再进来朝见;三殿的门高高地关闭着,很少有人能够看到殿内。所以上下的意见阻塞不通;天

天下之弊,由是而积。孝宗[2]晚年,深有慨于斯,屡召大臣于便殿,讲论天下事。方将有为,而民之无禄[3],不及睹至治[4]之美。天下至今以为恨矣。

下的弊病,因此积累起来。孝宗晚年,在这方面深有感慨,屡次在便殿召见大臣,谈论天下的事情。正要有所作为他便去世了,百姓没有福气,不能看到太平盛世的美事。直到现在,天下的人都认为是一件恨事。

[注释] 1 三殿:指前面说的华盖、谨身、武英三殿,即内朝之处所。闼(bì):关闭。 2 孝宗:朱祐樘,宪宗之子,年号弘治。 3 无禄:无福。指孝宗去世。 4 至治:太平盛世。

惟陛下远法圣祖,近法孝宗,尽铲[1]近世壅隔之弊。常朝之外,即文华、武英二殿,仿古内朝之意:大臣三日或五日,一次起居;侍从、台谏[2]各一员,上殿轮对;诸司有事咨决,上据所见决之,有难决者,与大臣面议之。不时引见群臣,凡谢恩辞见之类,皆得上殿陈奏;虚心而问之,和颜色而道之。如此,人人得以自尽[3];陛下虽深居九重[4],而天下之事灿然毕陈于前。外朝所以正上下之分,内朝所以

希望皇上远的效法圣祖,近的学习孝宗,完全铲除近代阻塞隔膜的弊病。常朝以外,就到文华、武英两殿,仿效古代内朝的意思:大臣每隔三天或五天,进来问一次起居;侍从官和御史,各选一员上殿来轮流回答咨询;各部门有事请求决断,皇上根据自己的看法决断它,有不容易决断的,就和大臣当面讨论解决。不时地引见群臣,凡是谢恩、辞行这类情况,群臣都可以上殿陈奏,皇上虚心地问他,和颜悦色地开导他。像这样,人人都能够毫无保留地说出自己的意见;皇上虽然深居皇宫,可是天下的事情却全都清清楚楚地摆在眼前。外朝用

通远近之情。如此,岂有近时壅隔之弊哉?唐虞之时,明目达聪[5],嘉言罔伏[6],野无遗贤,亦不过是而已!

来端正上下的名分,内朝用来沟通远近的意见。像这样,哪里会有近代阻塞隔膜的弊病呢?唐尧、虞舜的时候,耳聪目明,好的言论没有被埋没,民间没有遗漏的贤人,也不过是这样罢了。

注释 1 铲:铲除。 2 台谏:唐宋称主管纠察弹劾的御史为台官,主管进谏的谏议大夫等为谏官。明代合并为都察院,统称台谏。 3 自尽:全部说出自己的意见。 4 九重:指宫禁,极言其深远。 5 明目达聪:视听灵敏。 6 罔伏:没有藏匿,没有埋没。罔,无。

尊经阁记

王守仁[1]

导读 本篇代表王守仁的经学观。王氏主张:心即理,心外无物,心外无事,心外无理。(《传习录》)本文把这一观点应用到儒家的经典上来,提出:"故六经者,吾心之记籍也;而六经之实,则具于吾心。"因而"尊经"便是"求之吾心",其他做法便是舍本求末,甚至是"乱经""侮经""贼经"。这种看法当然是唯心的,但对日趋僵化的程朱理学具有一定的冲击作用。在论述上,本文采用回环往复的句式,层层推进。虽名为"记",实则为"论"。

原文

经,常道也:[2]其在于天谓之命[3],其赋于人谓之性[4],其主于身谓之心[5]。

译文

儒家的经典,是永恒的规范:它存在于自然界时叫作命,它给予人时叫作性,它主宰人的身体时叫作心。心心也、性也、命也，一也，通人物，达四海，塞天地，亘[6]古今，无有乎弗具[7]，无有乎弗同，无有乎或变[8]者也。是常道也！

呀、性呀、命呀，其实是一个东西啊。它遍及人、物，通达四海，充满天地，横贯古今，没有什么地方不存在，没有什么地方不相同，没有什么地方有变化。这是永恒的规范啊！

【注释】 1 王守仁(1472—1529)：字伯安，余姚(今属浙江)人。曾筑室故乡阳明洞中，世称阳明先生。弘治十二年(1499)进士，早年因反对宦官刘瑾，被贬为贵州龙场驿丞。刘瑾被诛后，起用为庐陵知县。后以左佥都御史巡抚南赣，因镇压农民起义和平定明宗室朱宸濠叛乱，封为新建伯，官至南京兵部尚书。卒谥文成。他是明代重要的哲学家、文学家、教育家。他在哲学上反对程朱学派，是主观唯心主义；在文学上反对模仿古人，主张自抒胸臆，成就在复古派之上。 2 经：指儒家的经典。 常道：经久不变的真理。 3 天：泛指物质的客观的自然，即自然界。 命：命运。 4 赋：给予。 性：指人、物的自然质性，通常指人性。 5 心：与“物”相对，指人的意识。 6 亘：连续不断，横贯。 7 具：具备，存在。 8 或变：有变化。或，有。

其应乎感也，则为恻隐，为羞恶，为辞让，为是非；其见于事也，则为父子之亲，为君臣之义，为夫妇之别，为长幼之序，为朋友之信。是恻隐也，羞恶也，辞让也，是非也；是亲也，义也，序也，别也，信也，一也，

它反映在人的情感上，就是同情别人、知道羞耻、懂得谦让、明辨是非；它表现在事理上，就是父子之间的亲近、君臣之间的恩义、夫妇之间的区别、长幼之间的次序、朋友之间的信用。这同情呀、羞耻呀、谦让呀、是非呀，这亲近呀、恩义呀、次序呀、区别呀、信用呀，都是所说的心呀、性呀、

皆所谓心也，性也，命也。通人物，达四海，塞天地，亘古今，无有乎弗具，无有乎弗同，无有乎或变者也。是常道也！

以言其阴阳消长之行[1]，则谓之《易》[2]；以言其纪纲[3]政事之施，则谓之《书》[4]；以言其歌咏性情之发，则谓之《诗》[5]；以言其条理节文[6]之著，则谓之《礼》[7]；以言其欣喜和平之生，则谓之《乐》[8]；以言其诚伪邪正之辨，则谓之《春秋》[9]。

命呀。它遍及人、物，通达四海，充满天地，横贯古今，没有什么地方不存在，没有什么地方不相同，没有什么地方有变化。这是永恒的规范啊！

用它来解释阴阳变化的运行，就叫作《易》；用它来说明典章法制政事的实施，就叫作《书》；用它来反映歌唱思想感情的抒发，就叫作《诗》；用它来叙说各种不同礼仪制度的表现，就叫作《礼》；用它来表达欢愉和平的发生，就叫作《乐》；用它来指出诚实和虚伪、奸邪和正直的区别，就叫作《春秋》。

注释　1 阴阳：中国哲学的一对范畴，用来解释自然界两种对立和相互消长的物质势力。　消长：增减，盛衰。这里指变化。　2《易》：即《周易》，也称《易经》。儒家重要经典之一。　3 纪纲：典章、法制。　4《书》：即《尚书》，也称《书经》。儒家经典之一。　5《诗》：中国最早的诗歌总集。儒家列为经典之一，故称《诗经》。　6 条理节文：指古代从贵族到庶人各个等级的礼节仪式。因为要分别不同等级采用不同礼仪，所以称"条理节文"。　7《礼》：包括《仪礼》《周礼》《礼记》。　8《乐》：即《乐经》，儒家经典之一。　9《春秋》：儒家经典之一。

是阴阳消长之行也，以至于诚伪邪正之辨也，一

这阴阳变化的运行，一直到诚伪邪正的区别，是一个东西啊，都是所

也，皆所谓心也、性也、命也。通人物，达四海，塞天地，亘古今，无有乎弗具，无有乎弗同，无有乎或变者也。夫是之谓六经[1]。

六经者非他，吾心之常道也。是故《易》也者，志[2]吾心之阴阳消息者也；《书》也者，志吾心之纪纲政事者也；《诗》也者，志吾心之歌咏性情者也；《礼》也者，志吾心之条理节文者也；《乐》也者，志吾心之欣喜和平者也；《春秋》也者，志吾心之诚伪邪正者也。君子之于六经也，求之吾心之阴阳消息而时行焉，所以尊《易》也；求之吾心之纪纲政事而时施焉，所以尊《书》也；求之吾心之歌咏性情而时发焉，所以尊《诗》也；求之吾心之条理节文而时著焉，所以尊《礼》也；求之吾心之欣喜和平而时生焉，所以尊《乐》也；求之吾心之诚伪邪正而时辨焉，所以尊《春秋》也。

说的心呀、性呀、命呀。它遍及人、物，通达四海，充满天地，横贯古今，没有什么地方不存在，没有什么地方不相同，没有什么地方有变化。这就叫作六经。

六经不是别的什么东西，它是我心灵里的永恒规范啊。所以《易》是记我心里的阴阳变化的；《书》是记我心里的典章法制政事的；《诗》是记我心里的歌唱思想感情的；《礼》是记我心里的各种不同礼仪制度的；《乐》是记我心里的欢愉和平的；《春秋》是记我心里的诚伪邪正的。君子对于六经：探求自己心里的阴阳变化，及时去运行，便是尊崇《易》；探求自己心里的典章法制政事，及时去实施，便是尊崇《书》；探求自己心里的歌唱思想感情，及时去抒发，便是尊崇《诗》；探求自己心里的各种不同礼仪制度，及时去表现，便是尊崇《礼》；探求自己心里的欢愉和平，及时去抒发，便是尊崇《乐》；探求自己心里的诚伪邪正，及时去辨别，便是尊崇《春秋》。

[注释] 1 六经:《易》《书》《诗》《礼》《乐》《春秋》。 2 志:用文字记载。

盖昔圣人之扶人极[1],忧后世,而述六经也,犹之富家者之父祖,虑其产业库藏之积,其子孙者,或至于遗亡散失,卒困穷而无以自全也,而记籍其家之所有以贻[2]之,使之世守其产业库藏之积而享用焉,以免于困穷之患。故六经者,吾心之记籍也;而六经之实,则具于吾心。犹之产业库藏之实积,种种色色,具存于其家;其记籍者,特名状数目而已。

从前圣人为了树立做人的最高道德准则,考虑后世,因而著述了六经。正像有钱人家的先辈,担心他积蓄的产业和库中贮藏,他的子孙也许会遗亡散失,终于穷困,不能够保全自己,就把他全家所有的财产登记在簿子上,传给子孙,使他们世世代代守住这产业和库藏中的积蓄,并享用它,来免除穷困的忧患。所以六经只是我心里的账簿,六经的实质,却全都保存在我的心里。好像产业和库藏中的实有积蓄,各式各样,都贮存在他的家里,那账簿上记载的,只是名称、式样、数量罢了。

[注释] 1 人极:指古代的道德准则。极,准则。 2 贻(yí):遗留,留下。

而世之学者,不知求六经之实于吾心,而徒考索于影响[1]之间,牵制于文义[2]之末,硁硁然[3]以为是六经矣。是犹富家之子孙,不务守视享用其

可是世上做学问的人,不知道从自己心里探求六经的实质,却仅仅费力气在无根据的猜测中考证探索,被微不足道的文字涵义所牵制,还固执地认为这就是六经了。这正像那有钱人家的子孙,不尽力看守和享用他的产业和库藏

产业库藏之实积,日遗亡散失,至为窭人丐夫⁴,而犹嚣嚣然指其记籍曰⁵:"斯吾产业库藏之积也。"何以异于是?

中的实有积蓄,使它每天遗亡散失,直到成了穷人、乞丐,却还装着自以为得意的模样,指着他的账簿说:"这便是我的产业和库藏的积蓄呢!"某些人对待六经,跟这种情况有什么不同?

[注释] 1 影响:影子和回声。指无根据的猜测。 2 文义:文字的涵义。 3 硁硁(kēngkēng):见识浅陋却很固执的样子。 4 窭(jù)人:贫寒的人。丐夫:乞丐。 5 嚣嚣(áo'áo):自觉得意的样子。 记籍:账簿。

呜呼!六经之学,其不明于世,非一朝一夕之故矣!尚功利,崇邪说,是谓"乱经";习训诂¹,传记诵,没溺于浅闻小见,以涂天下之耳目,是谓"侮经";侈淫词²,竞诡辨³,饰奸心盗行,逐世垄断⁴,而犹自以为通经,是谓"贼⁵经"。若是者,是并其所谓记籍者,而割裂弃毁之矣,宁复知所以为尊经也乎?

唉!六经的学问,它在世上不能发扬光大,不是一朝一夕的缘故了!看重功利,崇尚邪说,这叫作扰乱六经;学习注解,传授背诵,沉溺在肤浅的解说和微小的见识里,来堵塞天下人的视听,这叫作侮弄六经;大放邪说,争作诡辩,掩饰奸邪的心思和丑恶的行为,追随世俗,像商人一样投机取巧,却还自认为精通经典,这叫作毁坏六经。像这种人,是连同他的所谓账簿,也割裂毁弃了,哪里还懂得尊崇儒家经典的道理呢?

[注释] 1 训诂(gǔ):也叫"诂训"。解释古书中词句的意义。 2 淫词:猥亵的言辞。这里指不合儒家正道的言辞。 3 诡辨:颠倒黑白、混淆

是非的议论。　**4** 逐世:追随世俗。　垄断:指像商人一样,把学问当作渔利的手段。　**5** 贼:毁坏。

越城[1]旧有稽山书院,有卧龙西冈,荒废久矣。郡守渭南南君大吉[2],既敷[3]政于民,则慨然悼末学之支离[4],将进之以圣贤之道,于是使山阴令吴君瀣[5],拓[6]书院而一新之。又为尊经之阁于其后,曰:"经正则庶民兴,斯无邪慝[7]矣。"阁成,请予一言以谂多士[8]。予既不获辞,则为记之若是。呜呼! 世之学者得吾说而求诸其心焉,则亦庶乎知所以为尊经也已。

越城从前有座稽山书院,在卧龙冈的西面,荒废很久了。郡守渭南人南大吉,在对百姓施行政令之余,感慨叹息近代无本之学的支离破碎,想要把人们引向圣贤的正道,于是派山阴县令吴君瀣,扩充稽山书院,使它面目一新,又在它的后面筑了一座尊经阁,说道:"能正确理解六经,那么百姓就会振作,便没有邪恶的念头藏在心里了。"尊经阁筑成后,南君请我写一篇文章来规劝那些读书人。我既然不能推辞,就替他作了这样一篇记。唉! 世上学习儒家经典的人,得到我的这一番议论,再在心里探求它,那么也许能够知道怎么样才是尊经吧!

[注释]　**1** 越城:即今浙江绍兴。　**2** 渭南:县名,即今陕西渭南。　南大吉:人名。任绍兴知府。　**3** 敷:布,施。　**4** 末学:无本之学。　支离:本为分散,引申为散乱没有条理。　**5** 山阴:旧县名,因在会稽山之阴(北)得名。　吴君瀣:吴瀣,山阴县令。　**6** 拓(tuò):扩充。　**7** 慝(tè):恶念藏在心里。　**8** 一言:一篇文章。　谂(shěn):规劝。

象祠[1]记

王守仁

导读　在传统观念中，象是一个被否定的人物，王守仁却认为"人性之善，天下无不可化之人"。作者从品德不好的象却受到后人立祠祭祀，推想出傲弟被舜的品德所感化，并以此作为立论的根据，从而说明君子修德的重要性。这也是作者一贯倡导的"致良知"的具体例证。

原文

灵、博之山[2]，有象祠焉。其下诸苗夷[3]之居者，咸神而祠之。宣尉安君[4]，因诸苗夷之请，新[5]其祠屋，而请记于予。予曰："毁之乎，其新之也？"曰："新之。""新之也，何居乎？"曰："斯祠之肇[6]也，盖莫知其原。然吾诸蛮夷之居是者，自吾父、吾祖溯曾、高[7]而上，皆尊奉而禋祀[8]焉，举而不敢废也。"

译文

灵鹫山和博南山有象的祠庙。那山下住着的许多苗民，都把他当作神祭祀。宣慰使安君，顺应苗民的请求，把祠庙的房屋重新修整，同时请我作一篇记。我说："是拆毁它呢，还是重新修整它呢？"宣慰使说："是重新修整它。"我说："重新修整它，这是为什么呢？"宣慰使说："这座祠庙的创建，大概没有人知道它的起源了。然而我们苗民居住在这里的，从我的父亲、祖父，一直追溯到曾祖父、高祖父以前，都是尊敬信奉，并诚心祭祀，全都不敢荒废呢。"

注释　1 象祠：象的祠庙。象，人名，传说中虞舜的弟弟。　2 灵、博之山：即灵鹫山、博南山，均在云南境内。博南山又叫金浪巅山。　3 苗夷：即苗族。　4 宣尉：即宣慰使，官名。元代始置，掌军民事务，明代在大部分少数民族地区仍设此职，以土人世袭，为土官最高职衔。　安君：其人不详。　5 新：用作动词，翻新。　6 肇(zhào)：创建。　7 曾、高：曾祖、高祖。　8 禋(yīn)祀：泛指祭祀。禋，古代祭天的一种礼仪。

予曰："胡然乎？有鼻¹之祀，唐之人盖尝毁之。象之道，以为子则不孝，以为弟则傲；斥于唐，而犹存于今，坏于有鼻，而犹盛于兹土也，胡然乎？"我知之矣！君子之爱若人也，推及于其屋之乌，而况于圣人之弟乎哉？然则祠者为舜，非为象也。意象之死，其在干羽既格之后乎²？不然，古之鸷桀³者岂少哉，而象之祠独延于世。吾于是盖有以见舜德之至，入人之深，而流泽⁴之远且久也。象之不仁，盖其始焉耳；又乌知其终之不见化于舜也？

我说："为什么这样呢？有鼻地方的象祠，唐朝人曾经把它毁掉了。象的为人，作为儿子他属不孝，作为弟弟他属傲慢。他在唐朝受斥责，可是祠庙还存留到现在；他的祠庙在有鼻被拆毁，可是在这里却还兴旺。为什么这样呢？"我懂得了！君子爱这个人，便推广到爱他屋上的乌鸦，更何况是对于圣人的弟弟呢！既然这样，那么兴建祠庙是为了舜，不是为了象呢！我想象的死去，大概是在舜用干舞羽舞感化了苗族之后么？如果不是这样，那么古代凶暴乖戾的人难道还少吗？可是象的祠庙却独独能传到今世。我从这里能够看到舜的品德的高尚，进入人心的深度，和德泽流传的辽远长久。象的凶暴，在开始是这样的，又怎见得他后来不能被舜感化呢？

注释 1 有鼻:古地名,在今湖南道县境内。相传舜封象于此。象死后,当地人为他建了祠庙。 2 干羽:干,即盾。羽,雉尾。都是古代舞人所执的舞具。 格:感化。 3 鸷桀:又作"桀鸷"。凶暴而倔强。 4 泽:本指雨露,引申为恩泽、德泽。

《书》[1]不云乎:"克谐以孝,烝烝乂,不格奸。"[2]瞽瞍亦允若[3],则已化而为慈父;象犹不弟[4],不可以为谐。进治于善,则不至于恶;不底[5]于奸,则必入于善。信乎,象盖已化于舜矣!

《尚书》上不是这样说吗:"舜能用他的孝道使家里和睦,一天天上进向善,不走到邪路上去。"瞽瞍也能顺从,那么他已经被舜感化成为慈祥的父亲了;如果象还不尊敬兄长,就不能够说是全家和睦了。他上进向善,就不至于仍是恶;不走上邪路,就说明一定会上进向善。象已经被舜感化了,这是真实可信的啊!

注释 1《书》:即《尚书》,儒家经典之一。 2 克:能够。 谐:和睦。 烝烝:上进的样子。 乂(yì):治理。 不格奸:不至于做坏事。格,至,到。 奸,奸邪。 3 瞽瞍(gǔsǒu):舜父名。 允若:顺从。 4 弟(tì):同"悌"。敬爱兄长。 5 底:通"抵",到。

孟子曰:"天子使吏治其国,象不得以有为也!"斯盖舜爱象之深而虑之详,所以扶持辅导之者之周也。不然,周公之圣,而管、蔡[1]不免焉。斯可以见象之见化于舜[2],故能任贤使

孟子说:"天子派官吏治理他的国家,象不能有所作为呢!"这大概是舜爱象爱得深,并且考虑得仔细,所以用来扶持辅导他的办法就很周到呢。如果不是这样,那么像周公这样的圣明,可是管叔、蔡叔却不能避免被诛杀呢。从这里能够看到象被舜感化了,所以能够任用贤人,安稳地保有他的位子,把恩泽施加给百

能,而安于其位,泽加于其民,既死而人怀之也。诸侯之卿[3],命于天子,盖《周官》之制,其殆[4]仿于舜之封象欤?吾于是盖有以信人性之善,天下无不可化之人也。然则唐人之毁之也,据象之始也;今之诸苗之奉之也,承象之终也。

斯义也,吾将以表于世。使知人之不善,虽若象焉,犹可改;而君子之修德,及其至也,虽若象之不仁,而犹可以化之也。

姓,因此死了以后,人们怀念他啊。诸侯的卿,由天子任命,是《周礼》的制度,这也许是仿效舜封象的办法吧?我因此有理由相信:人的本性是善良的,天下没有不能够感化的人。既然这样,那么唐朝人拆毁象的祠庙,是根据象最初的行为;现在苗民祭祀他,是信奉象后来的表现。

这个意义,我将把它向世人讲明。使人们知道:人的不善良,即使跟象一样,还能够改正;君子修养自己的品德,到了极点,即使别人跟象一样凶暴,也还能够感化他呢。

注释 1 管、蔡:即周公的弟弟管叔、蔡叔。武王死后,成王年幼,由周公摄政。其兄弟不服,联合纣王子武庚和东方夷族反叛。周公出师东征,平定叛乱。 2 见化于舜:被舜感化。 3 卿:周代诸侯国的高级官员。按规定,诸侯的卿都由周天子任命。 4 殆(dài):大概,也许。

瘗旅文[1]

王守仁

导读 本文是作者埋葬三个客死在外的异乡人以后所作的一篇哀祭文。而在三年前,王守仁因营救被宦官刘瑾迫害的正直人士而触怒刘瑾,被贬谪为贵州龙场驿丞。文章在对吏目主仆三人客死异乡的哀悼中,寄寓着天涯沦落、兔死狐悲的感慨,抒发了自己的抑郁和愤懑心情,并透露出对阉党的不满和不屈服于恶劣环境的意志。

原文

维正德四年秋月三日[2],有吏目[3]云自京来者,不知其名氏,携一子一仆,将之任[4],过龙场[5],投宿土苗[6]家。

译文

正德四年秋季某月的初三日,有一个说是从京城里来的吏目,不知道他的姓名,带着一个儿子一个仆人将要去上任,经过龙场,在当地苗人家里借宿。

注释 1 瘗(yì):埋葬。 旅:客。这里指客死异乡的人。 2 维:发语词,无意义。 正德:明武宗年号。正德四年,即公元1509年。 3 吏目:官名。明代在知州下设吏目,掌出纳文书等官署事务。 4 之任:去赴任。 5 龙场:在今贵州修文境内。 6 土苗:指当地的苗族。

予从篱落[1]间望见之;阴雨昏黑,欲就问讯北来事,不果。明早,遣人觇[2]之,已行矣。薄[3]午,有人自蜈蚣坡来,云:"一老人死坡下,傍两人哭之哀。"予曰:"此必吏目死矣。伤哉!"薄暮,复有人来云:"坡下死者二人,傍一人坐哭。"询其状,则其子又死矣。明日,复有人来云,见

我从篱笆中间望见他。这时阴雨沉沉,天色昏暗,我想前去询问北方近来的事,没有去成。第二天早晨,派人去看他,已经走了。快中午的时候,有人从蜈蚣坡来,说:"有个老头死在坡下,旁边有两个人哭得很悲痛。"我说:"这一定是吏目死了。可悲呀!"傍晚的时候,又有人来说:"坡下死去的有两个,旁边有一个人坐着哭泣。"问哭泣者的模样,那是吏目的儿子又死了。第二天,又有人来说,看见蜈蚣坡下堆积

坡下积尸三焉。则其仆又死矣。呜呼伤哉！

着三具尸体。那是吏目的仆人又死了。唉，可悲呀！

念其暴骨¹无主，将二童子持畚、锸往瘗之²。二童子有难色然。予曰："噫！吾与尔犹彼也！"二童闵然涕下³，请往。就其傍山麓为三坎⁴，埋之。又以只鸡、饭三盂，嗟吁涕洟⁵而告之曰：

我想到他们暴尸露骨，无人收殓，就带领两个童子，拿着畚箕、铁锹前去埋葬。两个童子脸上露出为难的神色。我说："唉！我和你们的处境，正像他们呢！"两个童子悲伤地流下泪来，请求同去。在挨近他们身边的山脚下，挖了三个坑，埋葬他们。又用一只鸡、三碗饭，叹息流泪地祭告说：

"呜呼伤哉！繄¹何人？繄何人？吾龙场驿丞²余姚王守仁也。吾与尔皆中土³之产，吾不知尔郡邑⁴，尔乌乎来为兹山之鬼乎？古者重去其乡⁵，游宦⁶不逾千里。吾以窜逐⁷而来此，宜也；尔亦何辜乎？

"唉，可悲呀！你是什么人？你是什么人？我是龙场驿丞，余姚王守仁啊。我和你都生长在中原地区；我不知道你是哪里人，你为什么来做了这座山上的鬼呢？古人认为离开家乡是不容易的事，出外做官不超过千里远的路程。我因为被放逐来到这里，是应该的。你也有什么罪过？

【注释】 1 繄(yī):犹"是"。 2 驿丞:官名。驿站的主管。 3 中土:内地。古时指黄河、长江中下游的地区。 4 郡邑:指籍贯,即出生的州县。5 重去其乡:古人认为离开家乡是不容易的。重,难;去,离开。 6 游宦:出外做官。 7 窜逐:放逐。指被贬谪。

"闻尔官吏目耳,俸不能五斗[1],尔率妻子躬[2]耕可有也!胡为乎以五斗而易尔七尺之躯?又不足,而益以尔子与仆乎?呜呼伤哉!尔诚恋兹五斗而来,则宜欣然就道,胡为乎吾昨望见尔容蹙然[3],盖不胜其忧者?夫冲冒霜露,扳[4]援崖壁,行万峰之顶,饥渴劳顿,筋骨疲惫,而又瘴疠[5]侵其外,忧郁攻其中,其能以无死乎?吾固知尔之必死,然不谓若是其速;又不谓尔子尔仆亦遽然奄忽[6]也!皆尔自取,谓之何哉?吾念尔三骨之无依而来瘗耳,乃使吾有无穷之怆也!

"听说你的官位不过是个吏目罢了,俸禄不满五斗。如果你带领妻子、儿子,亲自耕种,就能够得到这个数目啊!为什么要用五斗的俸禄来换你堂堂七尺的躯体?又嫌不够,还要带上你的儿子和仆人呢?唉,可悲呀!你若当真是贪恋这五斗俸禄而来,就应当高兴地上路,为什么我昨天看见你愁眉苦脸,像禁不住这忧伤的样子呢?冒着寒霜冷露,在陡峭的山路攀援,爬过无数的山顶,饥饿干渴,劳累困顿,筋疲力竭,再加上瘴气瘟疫侵害你的身体,忧愁郁闷袭击你的内心,这怎能不死呢?我本来知道你一定会死,但没有料到你会死得这样快;又不料你的儿子、你的仆人也一下子死去呢!这都是你自己招来的,有什么可说的呢!我想到你们三堆尸骨没有依托,就来掩埋,却使我产生无穷的悲伤啊!

注释 1 五斗：形容月俸很微薄。 2 躬：亲自。 3 蹙(cù)然：忧愁的样子。 4 扳(pān)：通"攀"。 5 瘴疠：指南方山林间可致疾病的湿热之气。 6 奄忽：死亡。

"呜呼伤哉！纵不尔瘗，幽崖之狐成群，阴壑之虺[1]如车轮，亦必能葬尔于腹，不致久暴尔。尔既已无知，然吾何能为心乎？自吾去父母乡国而来此，三年矣，历瘴毒而苟能自全，以吾未尝一日之戚戚[2]也。今悲伤若此，是吾为尔者重，而自为者轻也，吾不宜复为尔悲矣。吾为尔歌，尔听之！"

歌曰："连峰际天兮飞鸟不通，游子[3]怀乡兮莫知西东。莫知西东兮维[4]天则同，异域殊方兮环海之中。达观随寓兮莫必予宫[5]，魂兮魂兮无悲以恫[6]！"

"唉，可悲呀！即使我不埋葬你，僻静的山崖上狐狸成群，阴暗的深谷中毒蛇大得像车轮，也一定能够把你埋葬在肚子里，不会让你们长久地暴尸山野。你既然已经没有知觉，然而我的心里怎么过得去呢？自从我离开父母和家乡来到这里，已经三年了。经受山林中的湿热毒气，却能够苟且保全，是因为我不曾有一天的忧伤呢。今天悲痛到这个样子，这是我替你想得多，却替自己想得少啊。我不应当再替你悲痛了。我给你作了一首歌，你听罢！"

歌词是："连绵的高峰紧挨着天啊，连飞鸟也无法通行；远离家乡的游子怀念故土啊，不能辨别西和东。不能辨别西和东啊，只有天空相同，他乡异地啊，也是在四海环抱之中。达观的人到处可以安身啊，不一定要住在自己的家中。魂啊，魂啊，不要悲伤，不要苦痛！"

注释 1 虺(huǐ):毒蛇。 2 戚戚:忧惧的样子。 3 游子:指离家远游的人。 4 维:同"惟",只有。 5 随寓:到处可以安身。寓,安身。宫:古代对房屋的通称。 6 恫(tōng):悲痛。

又歌以慰之曰:"与尔皆乡土之离兮,蛮[1]之人言语不相知兮,性命不可期。吾苟死于兹兮,率尔子仆,来从予兮!吾与尔遨[2]以嬉兮,骖紫彪[3]而乘文螭兮[3],登望故乡而嘘唏[4]兮!吾苟获生归兮,尔子尔仆尚尔随兮,无以无侣悲兮!道傍之冢累累兮[5],多中土之流离[6]兮,相与呼啸而徘徊兮。餐风饮露,无尔饥兮;朝友麋鹿,暮猿与栖兮。尔安尔居兮,无为厉于兹墟兮[7]!"

又作支歌来安慰他说:"我和你都是远离家乡的游子啊,苗族的言语一点也不知,生死不能够预料在几时。我如果死在这里啊,你就领着你的儿子、仆人跟我在一起。我和你遨游嬉戏啊,驾着紫色的虎又骑上斑斓的蛟龙,登高远望故乡悲痛地叹息!我如果能够活着回去啊,你的儿子、你的仆人,还是跟着你,你就不会因为没人陪伴而悲伤了!路旁那一堆接一堆的坟墓啊,大多是飘泊流落的内地人士,大家可以在一起呼啸、散步啊。呼吸着清风,喝着甘露,你们不会忍渴受饥啊。早晨和麋鹿交朋友,晚上跟猿猴一同栖息啊。你们安心地居住在这里,不要给这里的村落造成祸害啊!"

注释 1 蛮:我国古代对南方各族的泛称。这里指苗族。 2 遨:游。 3 骖(cān):在两边拉车的马叫骖。这里用作动词,"驾驭"的意思。 紫彪:紫色斑纹的老虎。 文螭(chī):有花纹的蛟龙。 4 嘘唏:哽咽。 5 冢(zhǒng):坟墓。 累累:重叠的样子。形容坟墓多。 6 流离:指流落离散的人。 7 厉:祸患。 墟:村落。

信陵君救赵论

唐顺之 [1]

导读 本文以"信陵君窃符救赵"的事件为题材,对已有的评论予以反驳,并陈述了自己的观点。开篇简练,指出赵国在军事上乃魏国的屏障,赵国灭亡,则魏国凶多吉少,因之,信陵君窃符救赵并无不可。信陵君窃符虽有功,但其蔑视于主、卖恩于如姬、与平原君私交,岂无欺君之罪耳?文章用欲抑先扬、层层剖析的手法,批评信陵君窃符救赵的行为。其主要论点是批评"人皆习于背公死党之行,而忘守节奉公之道。有重相而无威君,有私仇而无义愤"的大权旁落现象。这可能是针对明朝中叶出现的内阁专权、互相倾轧的政治局面而发。

原文

论者以窃符为信陵君之罪 [2],余以为此未足以罪 [3] 信陵也。

译文

评论史事的人把窃取魏王兵符看作信陵君的罪,我认为这件事还不能够归罪信陵君呢。

注释 1 唐顺之(1507—1560):字应德,人称荆川先生,明武进(今江苏常州)人。嘉靖八年(1529)会试第一。官翰林院编修。后以郎中视师浙江,破海寇有功,擢右佥都御史、代凤阳巡抚。他是明代中叶重要的散文家,与王慎中、茅坤、归有光等,反对当时文坛的复古主义倾向,主张学习唐、宋,因此被称为"唐宋派"。 2 符:兵符。古代调动军队用的凭证。公元前257年,秦军包围赵国的国都邯郸,赵向魏求援。魏王派大将晋鄙率领十万军队前往。但晋鄙畏惧秦国,屯驻在邺地不再前进,以观变化。赵相平原君的夫人，是魏相信陵君的姐姐。平原君就派人向信陵君求救，信陵君带领百余门客要去邯郸和秦军拼一死战。看守大梁东门的侯生，教信陵君请魏王的宠姬如姬偷取虎符。如姬果然偷出虎符交给信陵君。信陵君于是夺取了晋鄙的兵权，率兵救赵，解邯郸之围。　信陵君：魏无忌，战国时魏国贵族。魏昭王少子，魏安釐王异母弟，封信陵君。任魏相，有食客三千人。　3　罪：谴责，归罪。

夫强秦之暴亟[1]矣，今悉兵以临赵，赵必亡。赵，魏之障也；赵亡，则魏且为之后。赵、魏，又楚、燕、齐诸国之障也；赵、魏亡，则楚、燕、齐诸国为之后。天下之势，未有岌岌[2]于此者也。故救赵者亦以救魏，救一国者亦以救六国也。窃魏之符以纾[3]魏之患，借一国之师以分六国之灾，夫奚不可者？

然则信陵果无罪乎？曰："又不然也。"余所诛[4]者，信陵君之心也。

强大的秦国暴虐极了，现在出动全国的军队来进攻赵国，赵国一定灭亡。赵是魏的屏障；赵国灭亡了，魏国将跟着它灭亡。赵和魏，又是楚、燕、齐等几个国家的屏障；赵、魏灭亡了，那么楚、燕、齐等几个国家就将跟在后面灭亡。天下的形势，没有比这更危险的了。所以救赵也就是救魏，救一国也就是救六国啊。窃取魏王兵符来解除魏国的祸患，借助一国的兵力来分担六国的灾难，这有什么不可以的呢？

既然这样，那么信陵君当真没有罪么？我说："又不是这样呢！"我所责备的，是信陵君的动机啊。

注释　1 亟(jí)：同"极"。　2 岌岌(jíjí)：危险的样子。　3 纾(shū)：解除。　4 诛：责备。

信陵一公子耳，魏固有王也！赵不请救于王，而谆谆焉请救于信陵；是赵知有信陵，不知有王也。平原君以婚姻激信陵[1]，而信陵亦自以婚姻之故欲急救赵；是信陵知有婚姻，不知有王也。其窃符也，非为魏也，非为六国也，为赵焉耳；非为赵也，为一平原君耳。使祸不在赵，而在他国，则虽撤魏之障，撤六国之障，信陵亦必不救；使赵无平原，或平原而非信陵之姻戚[2]，虽赵亡，信陵亦必不救。则是赵王与社稷之轻重，不能当一平原公子；而魏之兵甲所恃以固其社稷者，只[3]以供信陵君一姻戚之用。幸而战胜，可也；不幸战不胜，为虏于秦，是倾魏国数百年社稷以殉姻戚！吾不知信陵何以谢魏王也！

信陵君不过是一个公子罢了，魏本来还有国王呢！赵国不向魏王求救，却恳切地向信陵君求救；这是赵国只知道有信陵君，却不知道有魏王啊。平原君用姻亲的关系去刺激信陵君，信陵君自己也因为这个缘故，想急速援救赵国；这是信陵君只知道有婚姻关系，却不知道有魏王呢。他窃取兵符，不是为魏，不是为六国，只是为赵国罢了；不是为赵国，是为一个平原君罢了。如果祸患不在赵，却在别的国家，那么即使撤掉魏的屏障，撤掉六国的屏障，信陵君也一定不会去援救；如果赵国没有平原君，或者平原君不是信陵君的姐夫，即使赵国灭亡了，信陵君也一定不会去援救。那么这是赵王和国家的轻重，还抵不上一个平原公子；而魏王依靠来保卫国家的军队和装备，不过供给信陵君的一个亲戚使用。幸而打了胜仗，还可以；若不幸打了败仗，被秦国俘虏，这是推倒魏国几百年的江山来给亲戚殉葬！我不知道信陵君拿什么向魏王请罪呢！

注释 1 平原君:即赵胜,战国时赵国贵族,惠文王之弟,封于东武城,号平原君。任赵相,有食客数千人。 以婚姻激信陵:平原君的夫人是信陵君的姐姐。当魏将军晋鄙留军不进时,平原君就派人责备信陵君说:"胜所以自附为婚姻者,以公子之高义,为能急人之困。今邯郸旦暮降秦而魏救不至,安在公子能急人之困也!且公子纵轻胜,弃之降秦,独不怜公子姊邪?" 2 姻戚:由婚姻关系形成的亲戚。 3 只:仅,不过。

夫窃符之计,盖出于侯生[1],而如姬[2]成之也。侯生教公子以窃符,如姬为公子窃符于王之卧内。是二人亦知有信陵,不知有王也。余以为信陵之自为计,曷若以唇齿之势[3],激谏于王;不听,则以其欲死秦师者,而死于魏王之前,王必悟矣。侯生为信陵计,曷若见魏王而说之救赵;不听,则以其欲死信陵君者,而死于魏王之前,王亦必悟矣。如姬有意于报信陵,曷若乘王之隙[4],而日夜劝之救;不听,则以其欲为公子死者,而死于魏王之前,王亦必悟矣。如此,则信陵君不负魏,亦

窃取兵符的计策,原来出自侯生,却是如姬办成的。侯生教公子去窃取兵符,如姬在魏王的卧室里替公子窃取兵符。这两个人也只知道有信陵君,却不知道有魏王啊。我认为信陵君替自己着想,不如用魏、赵两国唇齿相依的形势,在魏王面前激切劝谏;如果不听,就用他要跟秦军拼死的决心,死在魏王的面前,魏王一定会醒悟的。侯生替信陵君着想,不如进见魏王,劝说魏王援救赵国;如果不听,就用他要为信陵君去死的决心,死在魏王的面前,魏王也一定会醒悟的。如姬有意要报答信陵君,不如乘着魏王的空闲机会,不分日夜地劝他援救赵国;如果不听,就用她想替公子去死的决心,死在魏王的面前,魏王也一定会醒悟的。像这样,那么信陵君不辜负魏国,也不辜负赵国;侯生和

不负赵；二人不负王，亦不负信陵君。何为计不出此？信陵知有婚姻之赵，不知有王；内则幸姬，外则邻国，贱则夷门野人[5]，又皆知有公子，不知有王：则是魏仅有一孤王耳！

如姬不辜负魏王，也不辜负信陵君。为什么不用这种计策？因为，信陵君只知道有婚姻关系的赵国，不知道有魏王；在宫里被宠幸的姬妾，在外面的比邻的赵国，卑贱的东门的野人，又都只知道有公子，不知道有魏王：那这魏国只有一个孤立的君王啊！

[注释]　1　侯生：即侯嬴。战国时魏国人。大梁的守门小吏。后被信陵君迎为上客。　2　如姬：战国时魏安釐王的宠姬。　3　曷若：不如，何不。唇齿：比喻利害关系十分密切。　4　隙：这里指空闲机会。　5　夷门野人：指侯嬴。

呜呼！自世之衰，人皆习于背公死党[1]之行，而忘守节奉公之道。有重相而无威君[2]，有私仇而无义愤。如秦人知有穰侯[3]，不知有秦王；虞卿知有布衣之交[4]，不知有赵王。盖君若赘旒[5]久矣。由此言之，信陵之罪，固不专系乎符之窃不窃也。其为魏也，为六国也，纵窃符犹可；其为赵也，为一亲戚也，

唉！自从世道衰败以来，人们对于不顾公事、为私党卖命的行为都习以为常了，却忘记了坚守节操、奉行公务的道理。有权势很重的宰相，却没有威严的国君；有私人的仇恨，却没有正义的公愤。像秦国人只知道有穰侯，不知道有秦王；虞卿只知道有贫贱时的交情，不知道有赵王。原来君王像连缀在大旗上的装饰品一样，大权旁落已经很久了。从这样讲来，信陵君的罪，确实不只是牵连到偷不偷兵符的事啊。如果他是为魏国，为六国，即使是窃取兵符，还是可以的；如果他只是为赵国，为一

纵求符于王,而公然得之,亦罪也。

个亲戚,即使是向魏王求取兵符,并公开地得到了它,也是罪啊。

注释 1 背公死党:对公事不顾及,替同党尽死力。 2 重相:权势很重的宰相。 威君:威严的国君。 3 穰(Ráng)侯:即魏冉。战国时秦国大臣。原为楚人,秦昭王母宣太后异父弟。秦武王去世,秦内乱,他拥立昭王。初任将军,后一再任相,封于穰,号穰侯。五国合纵破齐后,他加封陶邑,富于王室。 4 虞卿:战国时人。因进说赵孝成王,被任为上卿,称为虞卿。 布衣之交:平民间的交情。 5 赘旒(zhuìliú):连缀在旌旗下边的装饰物。比喻君主为大臣挟制,实权旁落。赘,亦作"缀",连缀附属。旒,旌旗上的飘带。

虽然,魏王亦不得为无罪也。兵符藏于卧内,信陵亦安得窃之?信陵不忌魏王,而径请之如姬,其素[1]窥魏王之疏也;如姬不忌魏王,而敢于窃符,其素恃魏王之宠也。木朽而蛀生之矣。古者人君持权于上,而内外莫敢不肃。则信陵安得树[2]私交于赵,赵安得私请救于信陵,如姬安得衔[3]信陵之恩,信陵安得卖恩[4]于如姬?履霜[5]之渐,岂

即使这样,魏王也不能算是没有罪的啊。兵符在卧室里藏着,信陵君又怎么能偷得到它?信陵君不顾忌魏王,却直接请求如姬,这是向来看出了魏王的疏忽;如姬不顾忌魏王,竟胆敢偷取兵符,这是向来依仗着魏王的宠爱。树木朽腐,蛀虫就在那里生长了。古代的君主,在上面把持权柄,宫内外没有谁敢不肃然起敬的。如果那样,信陵君哪里能够同赵国私自交往,赵国哪里能够向信陵君私下请求援救,如姬哪里能够接受信陵君的恩德,信陵君哪里能够向如姬施予恩德呢?脚踏着霜就知道寒冬即将到来,难道是

一朝一夕也哉?由此言之,不特⁶众人不知有王,王亦自为赘旒也!

一朝一夕的功夫么?从这说来,不只是大家不知道有魏王,魏王也自愿做连缀在大旗上的装饰品呢!

【注释】 1 素:平素,向来。 2 树:建立。 3 衔:接受。 4 卖恩:施恩。 5 履霜:《周易·坤》:"履霜坚冰至。"脚踩白霜就知寒冬将至。比喻由目前的迹象而对未来有所戒备警惕。 6 特:独,只。

故信陵君可以为人臣植党¹之戒;魏王可以为人君失权之戒。《春秋》书"葬原仲²""翚³帅师"。嗟夫!圣人之为虑深矣!

所以信陵君可以作为臣子培植私人势力的鉴戒;魏王可以作为君主失去权势的鉴戒。《春秋》上写着"葬原仲",是谴责鲁季友的培植私人势力;写着"翚帅师",是讥讽鲁君的大权旁落。唉!圣人的思虑,真是深远啊!

【注释】 1 植党:为谋私利而结集党徒,培植势力。 2 原仲:陈国大夫。原仲死后,他的旧友鲁国公子季友私自来到陈国将其埋葬,孔子认为这是结党营私的行为。 3 翚(huī):即鲁大夫羽父。当时诸侯伐郑,宋国派人来求援,遭到鲁隐公的拒绝,后来,羽父强迫隐公出了兵。

报刘一丈书

宗臣¹

【导读】 这是作者写给刘一丈的一封回信。明朝嘉靖年间,宰相严嵩专权,他结党营私,贪污受贿,飞扬跋扈,杀害忠良,一般趋炎附势之徒,争着奔走在他的门下。在这封书信中,作者为了表白自己耿介清白、不趋炎附势的品格,对当时上层社会的污秽、黑暗现象作了生动的描绘。

原文

数千里外,得长者[2]时赐一书,以慰长想,即亦甚幸矣;何至更辱馈遗[3],则不才[4]益将何以报焉!书中情意甚殷[5],即长者之不忘老父,知老父之念长者深也。至以"上下相孚,才德称位"语不才[6],则不才有深感焉。夫才德不称,固自知之矣;至于不孚之病,则尤不才为甚。

译文

在几千里以外,得到您老人家时常赐给的信,安慰我长久的思念,已经很幸福了;怎的又承蒙您赠送东西,那我越发不知道该用什么报答您啊!信里的情意非常深厚,就说明了您没有忘记我的老父,也明白了我的老父为什么深深怀念您呢。至于信中用"上下互相信任,才德和官位相称"的话开导我,我有很深的感慨。才德和官位不相称,本来自己知道这点;至于上下互不信任的弊病,在我尤其显得突出。

注释　**1** 宗臣(1525—1560):字子相,扬州兴化(今江苏兴化)人。明代嘉靖进士,先做刑部主事,后转吏部员外郎。为人刚直,因为在《报刘一丈书》中触犯了宰相严嵩,出为福建参议,后因率众退倭寇有功,升提学副使,病死在任上。他是明代文坛"后七子"之一,著有《宗子相集》。**2** 长者:对长辈或年高德重的人的尊称。这里是称刘一丈。　**3** 馈遗(wèi):赠送礼物。　**4** 不才:不成材的人。自谦之词。　**5** 殷:深厚。　**6** 孚:信任。　称:适应,相称。

且今之所谓"孚"者何哉? 日夕策马候权者

而且现在所讲的"信任"是什么呢? 一天到晚赶着马恭候在权贵的门口,守之门¹,门者²故不入,则甘言媚词作妇人状,袖金以私³之。即门者持刺⁴入,而主人又不即出见,立厩中仆马之间⁵,恶气袭衣袖,即饥寒毒热不可忍,不去也。

门的人故意不进去通报,他就甜言蜜语,装出女人的媚态,把藏在衣袖里的钱拿出贿赂守门人。等到守门人拿了名帖进去,可是主人又不立刻出来接见;他站在马棚里马夫和马的中间,臭恶的气味侵袭衣裳,即使饥饿、寒冷、毒热到了不能忍受的地步,也不离开。

[注释] 1 策:马鞭,这里作动词用。 权者:掌权的人。这里指当时权臣严嵩、严世蕃父子。 2 门者:守门的人。 3 私:贿赂。 4 刺:名帖。 5 厩(jiù):马棚。 仆:仆人。

抵暮,则前所受赠金者出,报客曰:"相公倦,谢客矣。¹客请明日来。"即明日又不敢不来。夜披衣坐,闻鸡鸣即起盥栉²,走马抵门。门者怒曰:"为谁?"则曰:"昨日之客来。"则又怒曰:"何客之勤也!岂有相公此时出见客乎?"客心耻之,强忍而与言曰:"亡奈何矣,姑容我入。"门者又得所赠金,则起而入之,又立向³

到天快黑了,那先前受贿的守门人出来,回答客人说:"相公疲倦了,不见客了。请客人明天来。"到了第二天,又不敢不来。夜里披了衣服坐着,听到鸡叫就起来洗脸梳头,骑上快马去到门前。守门人发怒说:"是哪个?"就说:"昨天的客人来了。"守门人又怒气冲冲地说:"客人为什么来得这样勤快呢?难道相公会在这个时候出来见客么?"客人心里感到受了羞辱,很难过,勉强忍耐着对守门人说:"无可奈何了,暂且让我进去吧。"守门人又得了客人贿赂的钱,就起身让他进去;他又站在昨天站过的马棚里。幸亏主人出来,朝南坐着召见所立厕中。幸主者出,南面召见,则惊走匍匐⁴阶下。

他,他就胆战心惊地跑上去,趴在台阶下。

注释 1 相公:古代称宰相为"相公"。这里指严嵩。 谢客:谢绝宾客。意即不见宾客。 2 盥(guàn):洗手、洗脸。 栉(zhì):梳头。 3 向:以前。这里指前一天。 4 匍匐:身子伏倒地上。

主者曰:"进!"则再拜,故迟不起。起则上所上寿金¹。主者故不受,则固请;主者故固不受,则又固请。然后命吏纳之。则又再拜,又故迟不起,起则五六揖,始出。出,揖门者曰:"官人幸顾我²!他日来,幸无阻我也!"门者答揖。大喜,奔出。马上遇所交识,即扬鞭语曰:"适自相公家来,相公厚我,厚我!"且虚言状。即所交识,亦心畏相公厚之矣。相公又稍稍语人曰:"某也贤,某也贤。"闻者亦心计³交赞之。此世所谓"上下相孚"也,长者谓仆能之乎?

主人说:"进来!"他就拜了两拜,故意迟迟不起来。起来后献上祝寿进见的金银。主人故意不接受,他就再三请求;主人故意再三不接受,他便又再三请求。然后主人叫手下的人收纳了。他就又拜了两拜,又故意迟迟不起来,起来后又作了五六个揖,才出来。出来后,他对守门人作揖说:"请官人以后照顾我!以后再来,请不要阻拦我啊!"守门人回了他一个揖。他兴高采烈地跑出来。在马上碰到认识的人,就挥挥鞭子得意地说:"刚才从相公家里来,相公很看重我,很看重我!"并且虚造宰相厚待他的情状。就是向来熟悉的人,真以为宰相看重他,也心里害怕了。宰相又偶然对人家说:"某人很好!某人很好!"听到的人便挖空心思交口称赞他。这就是世上所说的"上下互相信任"吧。您老人家认为我能这样做么?

注释 1 寿金:祝寿的贺礼。因不便明言贿赂,故说寿金。 2 官人:这里是对守门人奉承的称呼。 幸:表态副词,含有请求、希望之意。下句"幸"字同。 顾:照顾。 3 心计:挖空心思。

前所谓权门者,自岁时伏腊¹一刺之外,即经年不往也。间²道经其门,则亦掩耳闭目,跃马疾走过之,若有所追逐者。斯则仆之褊衷³,以此长不见悦于长吏⁴,仆则愈益不顾也。每大言曰:"人生有命,吾惟守分而已。"长者闻之,得无厌其为迂乎⁵?

前面提到的权贵人家,我除了过年过节投一个名帖以外,就整年不去。平时偶然路过他的门前,便捂了耳朵,闭上眼睛,加鞭催马迅速地过去,好像有什么东西追赶一样。这就是我的褊急心肠,因为这样,长久不为长官所喜欢,我却更加不管呢。我常常说大话:"人生在世,自有命运安排,我只知道安分守己罢了!"您老人家听了这番话,该不会责怪我是迂阔不通人情吧?

注释 1 岁时伏腊:指一年中逢年过节的日子。岁,过年。时,每季的节日。伏,夏天的伏日。腊,冬天的腊日。 2 间(jiàn):间或,偶然。 3 褊:褊急,气量狭隘。 衷:内心。 4 长(zhǎng)吏:地位较高的官员。 5 据明刻本《宗子相集》卷七,在"得无厌其为迂乎"句后有如下一段文字:"乡园多故,不能不动客子之愁。至于长者之抱才而困,则又令我怆然有感。天之与先生者甚厚,亡论长者不欲轻弃之,即天意亦不欲长者之轻弃之也,幸宁心哉!"

吴山图记

归有光 [1]

[导读] 本文借《吴山图》颂扬县令魏用晦的政绩。文章从吴民思念县令和县令不忘吴民两个方面着笔,又用宋代的韩琦来抬高魏用晦的身价,是颇费匠心的。

[原文]	[译文]
吴、长洲二县 [2],在郡治所 [3],分境而治;而郡西诸山,皆在吴县。	吴县和长洲两县,治所同在苏州府,只是分地区治理;苏州府西面的许多山,都在吴县境内。

[注释] 1 归有光(1507—1571):字熙甫,明代昆山(今江苏昆山)人。三十五岁才中举人。以后八次考进士都未被录取,于是迁居嘉定(今上海嘉定区)安亭江上讲学,人称震川先生。年近六十才中进士,授浙江长兴县令,官至南京太仆寺丞。著有《震川先生集》。他极力反对当时文坛上的复古倾向,是明代后期有名的古文家。2 吴:即吴县(今江苏苏州)。长洲:旧县名。武则天时分吴县置,治所与吴县同城。 3 在郡治所:指吴县、长洲的县治同在苏州府治所。

其最高者穹窿、阳山、邓尉、西脊、铜井 [1],而灵岩,吴之故宫在焉,[2] 尚有西子 [3] 之遗迹;若虎丘、剑池及天	其中最高的就是穹窿、阳山、邓尉、西脊、铜井,特别是灵岩山,有战国时吴王的故宫在上面,还有西施的遗迹;至于虎丘、剑池,以及天平、尚

平、尚方、支硎⁴，皆胜地也；而太湖汪洋三万六千顷⁵，七十二峰⁶沉浸其间，则海内之奇观矣。

方、支硎，都是著名的风景地区；太湖广阔无边，有三万六千顷，七十二座山峰沉浸在湖中，那是海内的奇特景象啊！

【注释】 1 穹窿、阳山、邓尉、西脊、铜井：山名，都在吴县境内。 2 灵岩：在今江苏苏州西南。 吴之故宫：指馆娃宫。吴王夫差为西施建造。 3 西子：即西施，春秋末年越国人。由越王勾践献给吴王夫差，成为夫差最宠爱的妃子。 4 虎丘：在今江苏苏州，相传吴王阖闾葬在这里。 天平：在今苏州市西，群峰环峙，山顶正平。 尚方：即楞伽山，也叫上方山，在今苏州西南。 支硎(xíng)：在今苏州西，东晋佛教徒支道林曾在这里隐居。 5 太湖：位于江苏南部，苏州之西，是我国第三大淡水湖。汪洋：水宽大无边的样子。 顷：面积单位，一顷为一百亩。 6 七十二峰：概指太湖中的山峰。

余同年¹友魏君用晦为吴县，未及三年，以高第召入为给事中²。君之为县有惠爱，百姓扳³留之不能得，而君亦不忍于其民；由是好事者绘《吴山图》以为赠。

我的同年好友魏用晦做吴县县令，不到三年，因为考绩列入优等，被召入朝做给事中。魏君做县令，对百姓有恩德，百姓想挽留他没有成功，而魏君也不忍心离开他的百姓；因此好事的人画了一张《吴山图》来作为赠别纪念。

【注释】 1 同年：科举制度中称同科考中的人为同年。 2 高第：这里指官吏考绩列入优等。第，等第。 给事中：官名。汉代为加官，掌顾问应对，隋唐以后为门下省的要职。 3 扳(pān)：同"攀"，挽留。

夫令之于民诚重矣。令诚贤也，其地之山川草木，亦被其泽[1]而有荣也；令诚不贤也，其地之山川草木，亦被其殃而有辱也。君于吴之山川，盖增重矣。异时吾民将择胜于岩峦之间[2]，尸祝于浮屠、老子之宫也[3]，固宜。而君则亦既去矣，何复惓惓[4]于此山哉？

县令对于百姓真的重要啊。县令如果贤明，那地方的山川草木也叨他的恩泽而享有荣耀；县令如果不贤明，那地方的山川草木也遭到他的祸殃而蒙受耻辱。魏君给吴县的山川，实在是增添了光彩，以后我们吴县的百姓将要选一个风景优美的地方，把他的牌位放在佛寺道观里供奉，那是理所当然的。然而魏君已经离开了吴县，为什么还会对这些山深切地眷念呢？

注释 1 泽：本指雨露，引申为恩泽。 2 异时：他时，将来。 岩峦 (luán)：山。 3 尸祝：尸是祭祀时的神主，开始由活人代替，后来改为画像。祝是司祭祀的人。尸祝引申为祭祀。 浮屠：即"佛"。 4 惓惓 (quánquán)：同"拳拳"，诚恳、深切的意思。

昔苏子瞻称韩魏公去黄州四十余年[1]，而思之不忘，至以为《思黄州》诗；子瞻为黄人刻之于石。然后知贤者于其所至，不独使其人之不忍忘而已，亦不能自忘于其人也。君今去县已三年矣。一日，与余同在内庭[2]，出示此图，展玩太息，因命余记之。嘻！

从前苏轼称赞韩琦离开黄州四十多年，却思念它不忘记，以至做了《思黄州》的诗；苏轼替黄州人把这首诗刻在石碑上。从这件事我才知道贤人在他所到的地方，不单是使那里的百姓不忍忘记他罢了，他也不会忘记那里的百姓啊。魏君现在离开吴县已经三年了。有一天和我同在后院，他拿出这张图来，展开赏玩，深深地叹息，因此叫我记叙这件事。唉！魏君

君之于吾吴有情如此,如之何而使吾民能忘之也!	对我们吴县,情意真挚到这个地步,我们的百姓怎么能忘记他呢!

[注释] 1 苏子瞻:即苏轼。 韩魏公:即韩琦,北宋大臣,封魏国公。黄州:地名。今湖北黄冈。 2 内庭:后院。

沧浪亭记
归有光

[导读] 本文用朴素简洁的语言,自然流畅的笔调,记述了沧浪亭演变的始末。并从沧浪亭的变迁和古迹的兴衰中,得出一个结论:使人永垂不朽的东西不是经不起时代风雨的纪念物,而是人的品德文章。

[原文]

浮图文瑛居大云庵[1],环[2]水,即苏子美沧浪亭之地也[3]。亟[4]求余作《沧浪亭记》,曰:"昔子美之记,记亭之胜也;请子记吾所以为亭者。"

[译文]

僧人文瑛住在大云庵,四面环水,就是苏子美筑沧浪亭的地方。他多次求我写一篇《沧浪亭记》,说:"从前苏子美写的《沧浪亭记》,记的是沧浪亭的优美风景;请你记我再次筑亭的原因。"

[注释] 1 浮图:僧人。 大云庵:又名结草庵。 2 环:环绕。 3 苏子美:即苏舜钦(1008—1049),字子美,开封(今属河南)人。北宋著名的文学家,与梅尧臣齐名。著有《苏学士文集》。他因主张革新政治,被排挤罢官,长期退居苏州。庆历五年(1045),苏舜钦在原五代吴越广陵王钱

元璙的花园内建亭,名曰沧浪,并写了一篇《沧浪亭记》。"沧浪"取义于古代民歌"沧浪之水清兮,可以濯我缨;沧浪之水浊兮,可以濯我足",寓有政治污浊则隐退闲居的意思。文章描写了在沧浪亭优美的自然环境中所感到的乐趣,借以自我安慰。 4 亟(qì):屡次。

余曰:"昔吴越[1]有国时,广陵王镇吴中[2],治园于子城[3]之西南;其外戚[4]孙承佑,亦治园于其偏。迨淮南纳土[5],此园不废。苏子美始建沧浪亭,最后禅者[6]居之。此沧浪亭为大云庵也。有庵以来二百年,文瑛寻古遗事,复子美之构于荒残灭没之余。此大云庵为沧浪亭也。

我说:"从前吴越国存在的时候,广陵王钱元璙镇守苏州,在小城的西南面建造园林;吴越王的外戚孙承佑也在它的旁边建造园林。到后来吴越降宋,把土地交给宋朝,这座园林仍旧没有废弃。苏子美开始筑沧浪亭,最后僧人又住在这里,这沧浪亭就成了大云庵。有大云庵以来两百年,文瑛寻访古代的遗迹,在荒芜残破的废墟上,恢复苏子美的建筑。这大云庵又变成了沧浪亭。

注释 1 吴越:五代十国之一,据有今浙江全部及江苏的部分地区。 2 广陵王:即钱元璙,钱镠子。 吴中:旧时对吴郡或苏州府的别称,这里指苏州。 3 子城:大城所属的小城。 4 外戚:指帝王的母族或妻族。 5 淮南纳土:指吴越于公元978年向北宋投降。淮南,指吴越。纳土,交出领土,意即投降。 6 禅(chán)者:即僧人,俗称和尚。

"夫古今之变,朝市改易。尝登姑苏之台[1],望五湖[2]之渺茫,群山之苍翠,太

"古今不断变迁,朝廷、市集常常更改。我曾经登上姑苏山的姑苏台,眺望烟波辽阔的五湖,树木苍翠

伯、虞仲[3]之所建，阖闾、夫差[4]之所争，子胥、种、蠡之所经营[5]，今皆无有矣。庵与亭何为者哉？

的群山。太伯、虞仲所建立的，阖闾、夫差所争夺的，子胥、文种、范蠡所经营的，现在都没有了。大云庵和沧浪亭算什么呢？

注释 1 姑苏之台：在吴县（今江苏苏州）西南的姑苏山上，又名胥台。 2 五湖：先秦泛指太湖流域一带的所有湖泊。 3 太伯、虞仲：周文王祖父太王的两个儿子。 4 阖闾（hélú）、夫（fū）差：均春秋末年吴国国君。 5 子胥：伍子胥，名员。 种、蠡（lǐ）：文种和范蠡，两人都是越王勾践的大夫。

"虽然，钱镠因乱攘窃[1]，保有吴越，国富兵强，垂及四世[2]，诸子姻戚，乘时奢僭[3]，宫馆苑囿[4]，极一时之盛；而子美之亭，乃为释子[5]所钦重如此。可以见士之欲垂名于千载，不与其澌[6]然而俱尽者，则有在矣。"

"即使这样，钱镠趁着乱世窃取王位，占有吴越，国富兵强，传到四代，他的许多子孙和姻戚，趁着这机会，奢侈僭越，宫馆园林在当时非常兴盛；然而只有苏子美的沧浪亭，才被佛教徒钦佩敬重到这个地步。可见士人要传留美名到千年之后，不跟自己的形体一同消失，那是另有东西存在啊。"

注释 1 钱镠（liú）：五代时吴越国的建立者。唐末任镇海节度使。唐亡后，后梁开平元年（907）封为吴越王，不久自立，建都杭州。 攘窃：窃取帝位。 2 垂及四世：传到四代。吴越从钱镠建国（公元907年）至公元978年降于北宋，共历五主，传国四代，七十二年。 3 奢僭（jiàn）：奢侈僭越。 4 苑囿：畜养禽兽并种植林木的园林。 5 释子：和尚的通称，取释迦牟尼弟子的意思。 6 澌（sī）：尽。

文瑛读书喜诗,与吾徒[1]游,呼之为沧浪僧云。

文瑛喜欢读书写诗,跟我们交游,我们叫他沧浪僧。

注释　1 吾徒:即吾辈,指读书人。

《青霞先生文集》序

茅坤[1]

导读　青霞先生指沈炼,沈炼因弹劾奸臣严嵩而被杀害,因此受到天下士人推崇,将他的作品汇编成《青霞先生文集》。本文是作者为该文集撰写的序言。序言突出沈炼的为人与他的诗文创作的关系,又用《诗经》、屈原、伍子胥、贾谊、嵇康、刘蕡等人作陪衬,高度评价了这些诗文的价值。

原文

青霞沈君[2],由锦衣经历上书诋宰执[3]。宰执深疾之,方力构[4]其罪;赖天子仁圣,特薄其谴,徙之塞上[5]。当是时,君之直谏之名满天下。

译文

沈青霞先生,以锦衣卫经历的身份上书弹劾宰相。宰相特别恨他,正要尽力罗织他的罪名;幸靠皇上仁德,特地从轻发落,把他流放边塞。在这个时候,沈君直谏的名声,整个天下都知道了。

注释　1 茅坤(1512—1601):字顺甫,号鹿门,归安(今浙江湖州)人,嘉靖进士。负文武才,好谈兵。官广西兵备佥事时,曾镇压广西瑶民的反抗斗争,后升大名兵备副使。在文学上,不满前后七子"文必秦汉"的论点,提倡学习唐宋古文,与王慎中、唐顺之、归有光等,同被称为"唐宋派",他评选的《唐宋八大家文钞》,在当时与后世都影响很大。　2 沈君:名炼,字纯甫,号青霞山人。明会稽(今浙江绍兴)人。嘉靖年间进士。　3 锦衣:明代官署锦衣卫的简称,原为皇帝亲军侍卫,即禁卫军,管理侍卫、缉捕、刑狱等事。后来成为特务机构。　经历:锦衣卫设有经历司,掌管公文出纳。诋(dǐ):诋毁,这里是弹劾的意思。　宰执:宰相执国家政柄,故称宰执。
4 构:罗织罪名。　5 徙(xǐ)之塞上:流放到边塞地区。徙,流放。

　　已而,君累然[1]携妻子,出家塞上。会[2]北敌数内犯,而帅府以下束手闭垒[3],以恣[4]敌之出没,不及飞一镞[5]以相抗。甚且及敌之退,则割中土[6]之战没者,与野行者之馘[7]以为功。而父之哭其子,妻之哭其夫,兄之哭其弟者,往往而是,无所控吁。

　　不久,沈君失意地带着妻室儿女,全家搬到边塞。恰巧北方的敌人多次侵入境内骚扰,可是从总督府到以下各级官府都束手无策,紧闭军营,任凭敌人出没,没有射一支箭去抵抗。更坏的是等到敌人退兵,就割取战死在疆场的中原人和野外行人的左耳,把它拿来邀功。于是父亲哭儿子的、妻子哭丈夫的、哥哥哭弟弟的,到处都是,却没有地方控诉呼吁。

注释　1 累(léi)然:不得志的样子。　2 会:适逢,恰巧。　3 帅府:指总督杨顺,他是严嵩的干儿子。垒:军营四周所筑的堡寨,即营墙。
4 恣:听任。　5 镞(zú):箭头。　6 中土:泛指黄河、长江中下游地区。
7 馘(guó):古时作战凭割取所杀敌人的左耳来计功,也指所割的左耳。

　　君既上愤疆场[1]之日弛,而又下痛诸将士日营

　　沈君既然对上愤恨朝廷的边疆军务一天天松弛,又对下痛恨将士们每天

刈[2]我人民以蒙国家也，数呜咽欷歔，而以其所忧郁发之于诗歌文章，以泄其怀，即集中所载诸什[3]是也。君故以直谏为重于时，而其所著为诗歌文章，又多所讥刺，稍稍传播，上下震恐，始出死力相煽构[4]，而君之祸作矣[5]。

随意残杀百姓来蒙骗国家，因此常常哭泣叹息，并把他心中的忧郁表现在诗歌文章里，来发泄他的情怀，文集中所载的许多篇章就是。沈君本来因为能够直谏被当时的人所敬重，而他所作的诗歌文章，又大多有讥议讽刺的内容，渐渐传播开来，上上下下当权的人都感到震惊恐惧，便下死劲煽动罗织罪名来陷害他，因此沈君的灾祸就发生了。

[注释] 1 疆埸(yì)：边界，边境。 2 菅(jiān)刈(yì)：指随意杀人。菅，一种小草。刈，割。 3 什：指书篇。 4 煽构：煽动罗织罪名，进行陷害。 5 君之祸作矣：当时宰相、边帅对沈炼恨之入骨，就将他的名字列入白莲教教众名单，杀害于狱中。

君既没，而一时阃寄[1]所相与谗君者，寻且坐罪罢去[2]；又未几，故宰执之仇君者亦报罢。而君之门人给谏[3]俞君，于是哀辑[4]其生平所著若干卷，刻而传之；而其子以敬，来请予序之首简[5]。

沈君死后，那些当时一同在外面带兵、勾结在一起陷害沈君的人，不久都因罪罢官；又没有多久，原来仇视沈君的宰相也得到报应被罢官。沈君的门生给事中俞君，于是搜集编辑他生平所著的诗文若干卷，刻出来让它流传；他的儿子以敬，来请我作篇序，放在书的前面。

[注释] 1 阃(kǔn)寄：统兵在外的人。阃，外城的门槛；寄，托付。意即外城城门以外的事委托全权处理，所以用来专指在外负责军事专职的

人。　**2** 寻:不久。　坐罪:因犯法而获罪。　**3** 给谏:宋代为给事中及
谏议大夫的合称。职掌均为纠正及规谏。这里指给事中。　**4** 裒(póu)辑:
搜集编辑。　**5** 首简:书的开篇。

茅子[1]受读而题之曰:

若君者,非古之志士之遗乎哉? 孔子删《诗》[2],自《小弁》[3]之怨亲、《巷伯》[4]之刺谗以下,其忠臣、寡妇、幽人、怼[5]士之什,并列之为《风》[6],疏之为《雅》[7],不可胜数。岂皆古之中声[8]也哉? 然孔子不遽遗[9]之者,特悯其人,矜其志,[10]犹曰"发乎情,止乎礼义","言之者无罪,闻之者足以为戒"焉耳。

茅坤接受下来读着文稿给它题记说:

像沈君这样的人,难道不是古代留下来的志士么? 孔子删定《诗经》,从怨恨父亲的《小弁》篇、讥刺谗言的《巷伯》篇开始,那些忠臣、寡妇、隐者、怨士的篇章,都把它们编为《国风》,或者分别编为《大雅》《小雅》,篇目多得数也数不清。难道这些都是古代的中和之声么? 然而孔子不一下子删掉它的缘故,只是怜悯那些人,同情他们的志向,还说"发生在情感上,不超出礼义的规范","说的人没有罪,听的人可以把它作为警诫"。

注释　**1** 茅子:茅坤自称。　**2** 孔子删《诗》:过去有一种说法,认为《诗经》是孔子删定的。　**3**《小弁》:《诗经·小雅》篇名。周幽王娶申后,生太子宜臼,又娶褒姒,生子伯服,于是废太子宜臼。宜臼被废后,作《小弁》,抒写自己被弃逐以后的忧怨。　**4**《巷伯》:《诗经·小雅》篇名。相传巷伯被谗后受宫刑,气愤之下作《巷伯》。　**5** 怼(duì):怨恨。　**6**《风》:《诗经》中的《国风》。　**7** 疏:分别。　《雅》:《诗经》包括《风》《雅》《颂》三部分。《雅》又分为《大雅》《小雅》。"雅"有"正"的意思。　**8** 中声:

中和的乐声。《礼记·中庸》:"喜怒哀乐之未发谓之中,发而皆中节谓之和。" 9 遽遗:骤然删除。 10 悯:同情,哀怜。 矜(jīn):顾惜。

予尝按次春秋以来,屈原之骚[1]疑于怨,伍胥之谏疑于胁[2],贾谊之疏疑于激[3],叔夜之诗[4]疑于愤,刘蕡[5]之对疑于亢,然推孔子删《诗》之旨而裒次[6]之,当亦未必无录之者。

我曾经按着从春秋到现在的次序来观察古代的诗文,觉得屈原的《离骚》近于怨恨,伍子胥的规谏近于胁迫,贾谊的奏章近于激烈,嵇叔夜的《幽愤诗》近于愤恨,刘蕡的对答近于过分。然而遵循孔子删定《诗经》的宗旨,去搜集整理他们的作品,也不见得就一定不能采录啊!

[注释] 1 屈原之骚:即屈原的抒情长诗《离骚》。 2 伍胥:即伍子胥。谏:指劝吴王拒绝越王勾践的求和并停止伐齐两事。 胁:逼迫。 3 贾谊:世称贾生,西汉初期杰出的辞赋家、政论家。他曾多次上疏论政,建议削弱诸侯王势力,主张重农抑商,并力主抗击匈奴的骚扰。 疏:奏章。 4 叔夜之诗:指嵇康的《幽愤诗》。《幽愤诗》是嵇康被捕后在狱中写的。诗中含蓄地控诉了司马氏对正直人士的迫害,抒发了诗人本想逃避现实斗争而终于不可得的孤愤心情。 5 刘蕡(fén):字去华,唐代人。唐文宗(李昂)时应贤良对策,慷慨激昂,极言宦寺之祸。 6 裒(póu)次:搜集整理。

君既没,而海内之荐绅[1]大夫,至今言及君,无不酸鼻[2]而流涕。呜呼!集中所载《鸣剑》《筹边》诸什,试

沈君已经去世,但国内的官员、士大夫现在一谈到他,没有不悲痛流泪的。唉!文集中所载的《鸣剑》《筹边》等许多篇章,如果让后世的

令后之人读之,其足以寒贼臣之胆,而跃塞垣³战士之马,而作之忾⁴也,固矣。他日国家采风⁵者之使,出而览观焉,其能遗之也乎?予谨识⁶之。至于文词之工不工,及当⁷古作者之旨与否,非所以论君之大者也,予故不著。

人读到它,足可以使奸臣心惊胆战,使边塞战士振奋,兴起保国杀敌的愤怒,这是必定的了。将来国家采集诗歌的使者出来看到了,能够遗弃这些诗文么?我恭谨地记述下来。至于文章辞句的好不好,以及跟古代作者的宗旨合不合,这不是用来评定沈君大节方面的东西,所以我不涉及。

注释 1 荐绅:同"搢绅""缙绅"。本指旧时官吏的装束,这里代指官员。 2 酸鼻:形容悲痛。 3 塞垣:边塞的城垣。这里指边防。 4 忾(kài):愤恨,愤怒。 5 采风:古代称民歌为风,因称搜集民间歌谣为采风。后人通称采诗为采风。 6 识(zhì):记。 7 当:适合。

蔺相如完璧归赵论

王世贞¹

导读 本文是王世贞所作的一篇史论。蔺相如完璧归赵是千古传诵的一段史事,作者却从形势与事理两个方面,认为蔺相如的做法不是政治上的万全之策。作者指出,问题的关键在"得其情"或"不得其情"。从这入手,分析予或不予的利害,最后指出蔺相如是侥幸全璧,回到文章开头所说的"予未敢以为信",说服力很强。

原文

蔺相如之完璧²，人皆称之，予未敢以为信³也。

译文

蔺相如保全和氏璧，人们都称赞他，我却不敢认为是诚实的。

注释 1 王世贞（1526—1590）：字元美，号凤洲，太仓人。明嘉靖进士，官至南京刑部尚书。王世贞早年与李攀龙同为"后七子"领袖，倡导复古摹拟，主张"文必秦汉，诗必盛唐"，在当时产生了不好的影响。晚年主张稍有改变。 2 蔺相如：战国时赵国大臣。赵惠文王得到世上稀有的宝玉——楚国和氏璧，秦昭王称愿意用十五座城交换这块璧。当时秦强赵弱，赵王怕给了璧得不到城，蔺相如自愿奉璧前往。蔺相如到秦国后，见秦王无意偿城，就叫随从化装成老百姓，从小路逃走，将和氏璧送回了赵国。 3 信：诚实。作者认为蔺相如一面答应给秦王璧，一面却派人把璧送回赵，不是诚实的做法，所以说"未敢以为信"。

夫秦以十五城之空名，诈赵而胁其璧。是时言取璧者情¹也，非欲以窥²赵也。赵得其情则弗予，不得其情则予；得其情而畏之则予，得其情而弗畏之则弗予。此两言决耳，奈之何既畏而复挑其怒也？

且夫秦欲璧，赵弗予璧，两无所曲直³也。入璧而秦弗予城，曲在秦；

秦用十五座城的空名，欺骗赵国并且威逼着要它的和氏璧。这时说求取和氏璧确是真情实意，并不是想来打赵国的主意啊。赵如果了解秦的真情就可不给，不了解秦的真情而怕秦就给；了解秦的真情但怕它就给，了解秦的真情却不怕它，就不给。这只要两句话就解决了，为什么既然怕它却又要挑起它的怒气呢？

况且秦想得到和氏璧，赵不给它和氏璧，双方都没有什么理亏、理直可说。和氏璧到了秦国，秦却不给城，理亏在秦出城而璧归,曲在赵。欲使曲在秦,则莫如弃璧;畏弃璧,则莫如弗予。夫秦王既按图以予城,又设九宾,斋而受璧,[4]其势不得不予城。

秦国;秦拿出城而和氏璧却送回去了,理亏在赵国。要想使理亏在秦国,就不如放弃和氏璧;怕放弃和氏璧,就不如不给秦国。秦王已经按照地图来给城,又设置了九宾的大礼,斋戒沐浴来接受和氏璧,那情势看来是不会不给城了。

[注释] 1 情:实情。指秦国的目的只是为了求得和氏璧。 2 窥:窥探,暗中打主意。 3 曲直:理亏和理直。 4 设九宾:这是古代举行朝会大典用的极隆重的礼节。九宾,九个迎宾赞礼的官吏。 斋:即斋戒。古人在祭祀前,沐浴更衣,不饮酒,不吃荤,以示诚敬。这里说秦王设九宾、斋戒,表示对接受和氏璧特别重视。

璧入而城弗予,相如则前请曰:"臣固知大王之弗予城也。夫璧非赵璧乎?而十五城秦宝也。今使大王以璧故而亡其十五城,十五城之子弟,皆厚怨大王以弃我如草芥[1]也。大王弗予城而绐[2]赵璧,以一璧故而失信于天下,臣请就死于国,以明大王之失信。"秦王未必不返璧也。今奈何使舍人[3]怀而逃之,

如果秦王受了和氏璧,却不给城,相如就可以上前请求说:"我本来知道大王是不会给城的。和氏璧不是赵国的璧么?那十五座城却是秦国的宝地啊。现在如果大王因为和氏璧的缘故,失去这十五座城,十五座城的子弟,就都会深深埋怨大王,因为大王抛弃他们就像抛弃小草一样。如果大王不给城却骗取了赵的璧,为着一块璧的缘故,却在天下人面前丧失信用,那么我请求死在秦国,来揭露大王的不讲信用。"这样,秦王未必不退还和氏璧啊。现在怎么却派随从怀抱和氏璧逃回去,使人们

而归直于秦？	认为秦国理直呢？

注释 1 草芥：比喻轻贱。芥，一种小草，引申为指轻微纤细的事物。
2 绐(dài)：欺骗。 3 舍人：左右的亲随。这里指随行人员。

是时秦意未欲与赵绝耳。令秦王怒，而僇相如于市[1]，武安君十万众压邯郸[2]，而责璧与信，一胜而相如族[3]，再胜而璧终入秦矣。吾故曰："蔺相如之获全于璧也，天也！"	这个时候，秦的意思还不想跟赵国断绝关系罢了。如果秦王发怒，在市朝上杀掉相如，派武安君带领十万大军逼近邯郸，索取和氏璧和要求赵国守信，那么，秦国打一次胜仗，相如就会灭族，打两次胜仗，和氏璧便最终会归入秦国了。我因此说："蔺相如使和氏璧能够得到保全，是天意啊！"

注释 1 僇(lù)：通"戮"，杀戮。 市：市朝，指人众会集的地方。
2 武安君：即白起。战国时秦国名将。 压：迫近。 邯郸：战国时赵国国都。故址即今河北邯郸。 3 族：灭族。刑及父母兄弟妻子。

若其劲渑池[1]，柔廉颇[2]，则愈出而愈妙于用。所以能完赵者，天固曲全之哉！	至于他在渑池会上的顽强坚决，对廉颇的忍让团结，那方式方法越出越运用得巧妙了。因此赵国能够完好不受损害，也是上天在曲意保全它啊！

注释 1 劲渑(miǎn)池：公元前279年，秦王约赵王相会于渑池。在宴会上，秦王请赵王鼓瑟，以侮辱赵王。当时蔺相如随赵王前往，就请秦王击缶。秦王不肯，相如就用刺杀相威胁。秦王无奈，只得勉强敲了一下

缶。　**2** 柔廉颇:柔,安抚,这里有忍让、团结的意思。廉颇,战国时赵国
的大将。蔺相如由于完璧归赵和渑池之会的功劳很大,赵王拜他为上卿,
地位在廉颇之上。廉颇不服,欲侮辱相如。相如以国家利益为重,总是
躲避他。后廉颇感动,负荆请罪,两人终成刎颈之交。

徐文长传[1]

袁宏道[2]

[导读]　本文是作者为同时代文学家、戏曲家、书画家徐渭所作的传记。
徐渭性格狂放不羁,因而不容于世俗,政治上很不得志。这篇传记对徐
渭给予了最深切的同情与惋惜,同时揭露了封建制度对特出人才的
摧残。

[原文]

徐渭[3],字文长,为山阴
诸生[4],声名籍甚[5]。

[译文]

徐渭,字文长,是山阴县的秀
才,名声很大。

[注释]　**1** 据崇祯刻本《新刻钟伯敬增定袁中郎全集》卷四,开头尚有一
段,说明作传的缘起。　**2** 袁宏道(1568—1610):字中郎,湖广公安人。
明万历进士,官至吏部郎中。他与兄宗道、弟中道都是"公安派"的领袖
人物。　**3** 徐渭(1521—1593):字文长,号天池山人、青藤道士。山阴(今
浙江绍兴)人。二十岁时为诸生,后屡应乡试不中,终生不得志。他是明
代一位具有多种艺术才能的作家,在诗文、戏曲、书画等方面,都有一定
的成就和影响。　**4** 诸生:明代凡经过本省各级考试取入府、州、县学的,
通称诸生或生员,俗称秀才。　**5** 声名籍甚:名声很大。

薛公蕙校越时[1]，奇其才，有国士之目[2]。然数奇[3]，屡试辄蹶[4]。中丞胡公宗宪[5]闻之，客[6]诸幕。文长每见，则葛衣乌巾[7]，纵谈天下事，胡公大喜。

薛蕙主管浙江考试的时候，对他的才学特别赞赏，把他当作国士看待。可是他命运不好，多次应乡试都失败了。巡抚胡宗宪听到他的名声，请他到幕府做幕宾。文长每次进见，总是穿着葛布衣，头裹黑纱巾，漫谈天下的事情，胡公非常高兴。

注释 1 薛公蕙：薛蕙，字君采，亳州人。明正德进士，官至吏部考功司郎中。 校越：掌管越中考试。校，校考；越，今浙江。 2 国士：一国中杰出的人物。 目：用作动词，看待。 3 数奇(jī)：命运不好，遇事多不利。 4 蹶(jué)：失败。 5 中丞胡公宗宪：浙江巡抚胡宗宪。中丞，官名，指副都御史。明代常以副都御史或佥都御史任巡抚，故称巡抚为中丞。 6 客：做幕宾，即任参谋、秘书之类职务。 7 葛衣乌巾：古时隐士或平民的穿戴。徐文长在胡宗宪幕下，却这种打扮，是表示不做胡的属吏。

是时，公督数边兵[1]，威镇东南，介胄之士，膝语蛇行[2]，不敢举头；而文长以部下一诸生傲之，议者方之刘真长、杜少陵云[3]。

当时，胡公总督几个边防地区的大军，声威镇服东南，披甲戴盔的将官，跪着跟他讲话，像蛇一样匍匐前进，不敢抬头；文长却凭着他部下一个秀才的身份毫不卑屈地对待他，因此，议论的人把文长比作刘惔、杜甫呢。

注释 1 公督数边兵：嘉靖年间，倭寇猖獗，朝廷议设总督大臣，总督江南、江北、浙江、山东、福建、湖广诸军。胡宗宪继张经、周琉、杨宜之后任总督，所以说"督数边兵"。 2 介胄(zhòu)：即"甲胄"，披甲戴盔。介，甲；

胄,头盔。　膝语蛇行:跪着讲话,匍匐前进。形容十分畏惧。　3 方:比。
刘真长:名惔,东晋人,有名的清谈家,曾在晋简文帝司马昱的幕中当过
上宾。　杜少陵:即唐代大诗人杜甫。杜甫曾居少陵(今陕西西安南)附近,
自号少陵野老。

会得白鹿,属文长作表[1];表上,永陵[2]喜。公以是益奇之,一切疏计[3],皆出其手。文长自负才略,好奇计,谈兵多中,视一世事[4]无可当意者,然竟不偶[5]。

恰好胡公得到两只白鹿,委托文长作一道奏表;奏表呈上去,世宗看了很是高兴。胡公因此更加赞赏他,一切公文奏章,都出自他的手笔。文长自恃有雄才大略,喜欢提出出人意料的计谋,谈论军事大多中肯,在他看来,世上的事没有能够合他心意的,然而他竟不得志。

[注释]　1 表:古代奏章的一种。　2 永陵:明世宗朱厚熜的陵墓。宋元明人都用陵名称呼已死的皇帝。　3 疏计:公文,奏章。计,同"记"。
4 视一世事:《新刻钟伯敬增定袁中郎全集》为"视一世士"。　5 不偶:不遇时,不得志。

文长既已不得志于有司[1],遂乃放浪曲糵[2],恣情山水,走齐、鲁、燕、赵之地,穷览朔漠[3]。其所见山奔海立,沙起云行,雨鸣树偃[4],幽谷大都,人物鱼鸟,一切可惊可愕之状,一一皆达之于诗。

文长既然已经在科举考试上不得志,于是就放肆地饮酒,尽情地游览山水,跑遍了齐、鲁、燕、赵等地方,深入观览了北方的沙漠。他所见到的高山奔聚,大海壁立,沙石飞扬,雷电疾行,暴雨轰鸣,树木倒拔,幽静的山谷,大的都市,人、物、鱼、鸟,一切可惊可怕的形状,全都表现在诗歌里。

注释 1 不得志于有司:指多次参加乡试不中。 2 曲蘖(niè):酒母,这里指酒。 3 朔漠:指北方的沙漠地带。 4 偃:倒下,倒伏。

其胸中又有勃然[1]不可磨灭之气,英雄失路[2]、托足无门之悲,故其为诗,如嗔[3],如笑,如水鸣峡,如种出土,如寡妇之夜哭、羁人之寒起。虽其体格[4]时有卑者,然匠心独出,有王者气[5],非彼巾帼[6]而事人者所敢望也。

他胸中又有蓬勃奋发不可磨灭的志气,和英雄不得志、立足无门的悲痛,所以他写诗,像愤怒,像嬉笑,像河水在峡谷中鸣响,像种子从泥土里萌发,像寡妇在夜晚哭泣,像漂流异地的旅客在寒夜里启程。虽然诗的体裁格调有时也有卑下的,然而构思巧妙有创造性,具有高贵昂扬的气派,不是那些奴颜婢膝、阿谀奉承的文人所敢比拟的啊!

注释 1 勃然:奋发的样子。 2 失路:不得志。 3 嗔(chēn):怒。 4 体格:指诗的体裁格调。 5 王者气:自成一家的高昂气派。 6 巾帼:古代妇女的头巾和发饰,后来作为妇女的代称。

文有卓识,气沉而法严,不以模拟损才,不以议论伤格,韩、曾之流亚也[1]。文长既雅[2]不与时调合,当时所谓骚坛[3]主盟者,文长皆叱而奴之,故其名不出于越。悲夫!

他的文章有卓越的见解,气度沉静而且章法谨严,不用模仿比拟来损害自己的才情,不用空洞的议论来损伤自己的格调,真是韩愈、曾巩一流的人物啊!文长既然向来不能跟世俗合拍,当时所谓诗坛的领袖人物,文长都呵叱抔击了他们,所以他的名声不能传出越地。可悲呀!

注释 1 韩、曾之流亚也:韩愈、曾巩一流的人啊。流亚,同一类人物。

2 雅:素常,向来。　3 骚坛:诗坛,诗歌界。

喜作书,笔意奔放如其诗,苍劲中姿媚跃出,欧阳公所谓"妖韶[1]女老自有余态"者也。间以其余,旁溢为花鸟[2],皆超逸[3]有致。

文长喜欢写字,笔意奔放像他的诗,苍老刚劲中显露出秀丽的姿态,正如欧阳公所说的"艳丽的女人老了,却还保留着优美的姿态"呢。间或用他多余的精力顺便画些花鸟,都高超豪放,别有一番情趣。

[注释]　1 妖韶:艳丽美好。　2 花鸟:指花鸟画。　3 超逸:高超豪放。

卒以疑,杀其继室[1],下狱论死。张太史元汴[2]力解,乃得出。晚年愤益深,佯狂[3]益甚。显者[4]至门,或拒不纳;时携钱至酒肆[5],呼下隶[6]与饮;或自持斧击破其头,血流被面,头骨皆折,揉之有声;或以利锥锥其两耳,深入寸余,竟不得死。

后来,他因为疑心,杀了他的后妻,被关到监狱里,定了死罪。翰林侍读张元汴尽力解救,才得到保释。晚年的时候愤恨更深,假装癫狂愈加厉害。显贵的人到他家门口,他都拒绝不让进来;他经常带了钱到酒店里,招呼地位卑贱的人一道喝酒;有一次自己拿了斧头敲破自己的脑袋,血流得满脸都是,头骨都折断了,揉着它发出响声;有一次拿了锋利的锥子刺自己的两只耳朵,刺进去一寸多深,竟然不死。

[注释]　1 继室:后妻。　2 张太史元汴:字子荩,别号阳和,浙江山阴(今浙江绍兴)人。明穆宗隆庆年间进士,官至翰林侍读。太史,史官名。修史之事归于翰林院,因此翰林也称太史。　3 佯(yáng)狂:假装疯癫。

4 显者:有声望有地位的人。显,高贵。 5 酒肆:酒店。 6 下隶:地位低下的人。

周望[1]言:晚岁诗文益奇,无刻本,集藏于家。余同年[2]有官越者,托以钞录,今未至。余所见者,《徐文长集》《阙编》[3]二种而已。然文长竟以不得志于时,抱愤而卒。

陶周望说他晚年的诗文更加奇特,没有刻本,文集在家里藏着。我的同年中有在浙江做官的,委托他抄录,现在还没有寄来。我所看到的,只是《徐文长集》和《阙编》两种罢了。但文长终究因为在当时不得志,怀着愤恨死了。

注释 1 周望:陶望龄,字周望,会稽(今浙江绍兴)人。明万历十七年(1589)进士。曾任编修。袁宏道的朋友。 2 同年:同科考中的人。 3《阙编》:残缺不全的书。这里作为书名。阙,同"缺"。

石公曰:先生数奇不已,遂为狂疾;狂疾不已,遂为囹圄[1]。古今文人,牢骚困苦未有若先生者也。虽然,胡公间世豪杰,永陵英主;幕中礼数异等[2],是胡公知有先生矣;表[3]上,人主悦,是人主知有先生矣。独身未贵耳。

石公说:先生的命运一直很不好,就得了癫狂病;癫狂病一直没有好,就成了囚徒。古往今来的文人,牢骚和困苦没有像先生这样的厉害啊。即使这样,但是还有胡公这样隔几世才出现的豪杰,还有世宗这样英明的皇帝;胡公幕府中对先生的礼数跟别人不同,这是胡公深知先生;表章呈上去,世宗高兴,这是皇帝知道有先生了。只不过先生自身没有显贵罢了。

注释 1 囹圄(língyǔ)：牢狱。 2 礼数：礼节，礼遇。 异等：不同于别人。 3 表：指前面所说的献白鹿的表。

先生诗文崛起[1]，一扫近代芜秽之习，百世而下，自有定论。胡为不遇哉！梅客生[2]尝寄予书曰："文长吾老友，病奇于人，人奇于诗。"余谓文长，无之而不奇者也，无之而不奇，斯无之而不奇也。[3]悲夫！

先生的诗文特出，一扫近代文坛荒芜污秽的积习，百代以后，自有定论。怎么是不遇呢！梅客生曾经寄给我一封信，说："文长是我的老朋友，他的病比人奇特，人比诗奇特。"我认为文长的诗文行为没有一样不是奇特的呢，没有一样不是奇特的，所以就没有一处不倒霉啊！可悲呀！

注释 1 崛起：特出。 2 梅客生：名国桢，麻城（今属湖北）人，万历年间进士，官至兵部右侍郎。 3 无之而不奇，斯无之而不奇也：第一个"奇"是奇特的奇；第二个"奇"是数奇的奇。

五人墓碑记[1]

张溥[2]

导读 这是一篇夹叙夹议而以评论为主的碑记，记叙了苏州市民不畏强暴与魏忠贤宦官集团进行斗争以及五位壮士因此被害的事件。作者高屋建瓴，提出"激于义而死"作为全文的纲领，再从多方面展开对比——通过与庸人对比，突出五人死得有价值；通过与变易志向的士大夫对比，突出五人死得伟大；通过与阉党人物对比，突出五人死得光明磊落。然后总结为一个理论："亦以明死生之大，匹夫之有重于社稷也。"充分肯定了市民斗争的作用。文章采用反诘、感叹的长句,反复咏叹,感情深厚。

【原文】

　　五人者,盖当蓼洲周公[3]之被逮,激于义而死焉者也。

【译文】

　　这五人,就是当周蓼洲先生被逮捕的时候,激于义愤而死的。

【注释】　1 明熹宗天启年间(1621—1627),宦官魏忠贤专权,大肆捕杀坚决反对他的东林党人。当东林党人魏大中被捕经过苏州时,周顺昌曾招待他,于是阉党又逮捕了周顺昌。周被捕时,激起苏州人民的义愤,几万人自动聚集,包围来捕人的官吏和差役,当场打死一人,打伤多人。事后魏党逮捕了市民颜佩韦等四人和周顺昌的轿夫周文元,诬以暴乱处死。2 张溥(pǔ)(1602—1641):明末太仓人,字天如。崇祯四年(1631)进士,文学家。他在崇祯初年,继东林党之后,组织四方士人,创立复社,与在朝的腐朽势力进行斗争。后来复社成为抗清的政治集团。　3 蓼(liǎo)洲周公:周顺昌,号蓼洲,明末吴县(今江苏苏州)人。明熹宗时任吏部主事等职,后辞职回家。为人刚正方直,不畏权贵,当众斥责魏忠贤及其党羽的奸邪误国,深为魏党所忌恨。被捕后受尽酷刑,死在狱中。

　　至于今,郡[1]之贤士大夫请于当道[2],即除魏阉废祠之址以葬之[3],且立石于其墓之门,以旌[4]其所为。呜呼!亦盛矣哉!

　　到了现在,苏州府一些贤明的士绅向官府请求,划拨已废除的魏阉生祠遗址用来安葬他们,并在他们的墓前立了石碑,以表彰他们的义勇行为。唉,这也是隆重极了啊!

【注释】　1 郡:指苏州。苏州地区在古代为吴郡。　2 当道:执掌政权的人,官府。 3 除:修治,拨给。魏阉:魏忠贤。 4 旌(jīng):表彰。

夫五人之死,去今之墓¹而葬焉,其为时止十有一月耳。夫十有一月之中,凡富贵之子,慷慨得志之徒,其疾病而死,死而湮没²不足道者,亦已³众矣,况草野之无闻者欤!独五人之皦皦⁴,何也?

从这五个人的牺牲,到现在建墓和安葬,时间不过十一个月罢了。在这十一个月里,那些富贵人家的子弟,快意得志的人物,他们害病死去,死后便埋没不值得称述的,也太多了,何况乡间默默无闻的人呢。唯独这五个人的名声光辉永耀,这是为什么呢?

[注释] 1 墓:这里用作动词,修墓。 2 湮(yān)没:埋没。 3 已:甚,太。 4 皦皦(jiǎojiǎo):同“皎皎”,明亮的样子。

予犹记周公之被逮,在丁卯三月之望¹。吾社之行为士先者²,为之声义³,敛⁴资财以送其行,哭声震动天地。缇骑⁵按剑而前,问:“谁为哀者?”众不能堪,抶而仆之⁶。

我还记得周公被逮捕,是在天启七年三月十五日。我们复社里那些品德可以做读书人表率的人,替他伸张正义,募集财物给他送行,哭声惊天动地。前来抓人的缇骑手按剑柄冲上前责问:“你们是为什么人悲哀?”大家再也不能忍受了!把他打翻在地。

[注释] 1 丁卯:即明熹宗天启七年(1627)。 望:夏历每月十五日。 2 吾社:指复社。 行:品行。 为士先:做士人的表率。 3 声义:伸张正义。 4 敛:募集。 5 缇骑(tíqí):穿红色军服的马队。本指古代贵官的侍从,这里指魏忠贤派来捕人的爪牙。 6 抶(chì):击。 仆:倒下。

是时以大中丞抚吴者[1]，为魏之私人，周公之逮所由使也。吴之民方痛心焉，于是乘其厉声以呵，则噪而相逐。中丞匿于溷藩[2]以免。既而以吴民之乱请于朝，按[3]诛五人，曰颜佩韦、杨念如、马杰、沈扬、周文元，即今之傫然[4]在墓者也。

这时候，以大中丞身份做江苏巡抚的，是魏忠贤的党羽，周先生的被捕，就是由他主使的。苏州的老百姓恨透了他，于是趁他大声叱骂的时候，索性哄闹起来并追赶他。这位中丞躲到茅厕里才逃脱。后来，他以苏州百姓暴动作为借口，向朝廷请示，追究这事件，杀了五个人。他们是：颜佩韦、杨念如、马杰、沈扬、周文元，就是现在聚集一起葬在这坟墓里的啊。

【注释】 1 以大中丞抚吴者：指魏忠贤的党羽江苏巡抚毛一鹭。大中丞，右副都御史的别称。明代的巡抚都带右副都御史衔。吴，今苏州。 2 溷(hùn)藩：厕所。 3 按：追究。 4 傫(lěi)然：堆积、聚集的样子。

然五人之当刑也，意气扬扬[1]，呼中丞之名而詈[2]之，谈笑以死。断头置城上，颜色不少变。有贤士大夫发五十金，买五人之脰而函之[3]，卒与尸合。故今之墓中，全乎为五人也。

然而，这五个人临刑的时候，昂然自若，叫着中丞的名字痛骂他，在谈笑中死去。他们的脑袋被砍下来挂在城上，脸色没有一点改变。有贤明的士绅拿出五十两银子，买下这五个人的脑袋，用木匣子装着，终于跟各人的尸体合在一起，因此现在的坟墓里，是五个人的全身啊。

【注释】 1 扬扬：昂然自若的样子。 2 詈(lì)：骂。 3 脰(dòu)：脖子，此处指代头颅。 函：用木匣盛着。

嗟夫！大阉之乱，缙绅[1]而能不易其志者，四海之大，有几人欤？而五人生于编伍[2]之间，素不闻诗书之训[3]，激昂大义，蹈死不顾，亦曷[4]故哉？

唉！当大宦官魏忠贤当权作乱的时候，做官的人能够不改变志节的，天下这样大，又有几个呢？可是，这五个人出身平民，从来没有听过经书上的教训，却能为正义所激发，置身死地毫不顾忌，这又是什么缘故呢？

注释 1 缙绅：古代做官的人经常把笏牌插在腰带里，所以称做官的人为"缙绅"。缙，插。绅，大带。 2 编伍：民间。古时编制户口，以五人或五家为一"伍"。 3 诗书：《诗经》和《尚书》。这里泛指一切经书。 训：教育。 4 曷：同"何"。

且矫诏[1]纷出，钩党[2]之捕，遍于天下，卒以吾郡之发愤一击，不敢复有株治[3]。大阉亦逡巡[4]畏义，非常之谋难于猝发[5]，待圣人之出，而投缳道路，[6]不可谓非五人之力也。

并且，当时伪造的圣旨纷纷下传，全国到处都在搜捕东林党人，终于因为我们苏州府城的这次奋起反抗，他们才不敢再来株连追究了。魏忠贤也因为害怕正义力量而迟疑不决，篡夺帝位的阴谋事变难以突然发动。等到当今皇上即位，魏忠贤就在被流放的路上吊死了。这些，不能不说是这五个人的功劳啊。

注释 1 矫诏：假托皇帝名义伪造的诏书。 2 钩党：牵引为同党。钩，牵引，牵连。 3 株治：因为一个人而牵连许多人都被治罪。 4 逡(qūn)巡：犹疑不决。 5 非常之谋：指魏忠贤企图篡夺帝位的阴谋。 猝：突然。 6 圣人：封建时代对帝王的尊称。这里指崇祯皇帝。 投缳(huán)：自缢。

由是观之,则今之高爵显位,一旦抵罪[1],或脱身以逃,不能容于远近,而又有剪发杜门[2],佯狂不知所之者[3],其辱人贱行[4],视[5]五人之死,轻重固何如哉?

从这种情况看来,现在这些做大官、居高位的人,一旦被判有罪,有的抽身逃跑,远近都不能容身;又有人剪去头发,紧闭大门,装疯卖傻,不知道哪里是归宿。他们那可耻的人格,卑贱的行为,跟这五个人的死相比较,轻重究竟又是怎么样呢?

【注释】 1 抵罪:犯罪应受惩治。 2 剪发杜门:剪发装疯,闭门不出。杜,闭。 3 佯狂:装疯。 之:往。 4 辱人贱行:可耻的人格,卑贱的行为。 5 视:比较。

是以蓼洲周公,忠义暴[1]于朝廷,赠谥美显[2],荣于身后;而五人亦得以加其土封[3],列其姓名于大堤之上[4],凡四方之士,无有不过而拜且泣者,斯固百世之遇也。

所以,周蓼洲先生的忠诚节义,在朝廷里显露出来,皇帝赠给他谥号以赞美光显他,使他身后得到荣耀。而且这五个人也能够因此修建坟墓,列出他们的姓名刻在大堤上面,凡是从四方来的士人,经过他们的墓前,没有一个不跪拜并且哭泣的,这真是百代难遇的光荣啊。

【注释】 1 暴(旧读 pù):显露。 2 赠谥(shì)美显:指崇祯皇帝赠给周顺昌"忠介"的谥号。美显,美好而光荣。 3 加其土封:修建坟墓。土封,指坟墓。 4 列:排列,列出。 大堤:指吴县虎丘前苏州河上的大堤。

不然,令五人者保其首领[1],以老于户牖[2]

如果不是这样,叫他们五个人保住自己的脑袋,老死在家里,活到他们的生之下,则尽其天年,人皆得以隶使之,安能屈³豪杰之流,扼腕⁴墓道,发其志士之悲哉? 故予与同社诸君子,哀斯墓之徒有其石也,而为之记。亦以明死生之大,匹夫之有重于社稷也。

命结束,人们都能把他们当佣人来使唤,又怎么能够使那些英雄豪杰拜服,在他们墓前紧握着自己的手腕,抒发有志之士的悲愤呢? 所以,我和同社的许多朋友,叹惜这座坟墓空有一块石碑,就替他们写了这篇碑记。也借此来说明生死意义的重大,百姓对于国家大事也能发挥重要作用啊。

注释 1 首领:脑袋。 2 户牖(yǒu):门窗。这里指家。 3 屈:使……拜服。 4 扼腕:用一只手握住另一只手腕,形容感情激动。

贤士大夫者,冏卿因之吴公¹,太史文起文公²,孟长姚公也。

贤明的士绅是:太仆卿吴公因之、太史文公文起、姚公孟长。

注释 1 冏卿:太仆卿的别称,为九卿之一,掌管皇帝的车马。 因之吴公:吴默,字因之。 2 太史:史官,明清两朝修史的事由翰林担任,因此,对翰林官亦称"太史"。 文起文公:文震孟,字文起。

图书在版编目(CIP)数据

古文观止/阙勋吾等译注;陈蒲清校订.—长沙:岳麓书社,2021.3
(2024.8重印)

ISBN 978-7-5538-1387-5

Ⅰ.①古… Ⅱ.①阙…②陈… Ⅲ.①古典散文—散文集—中国
②《古文观止》—译文③《古文观止》—注释 Ⅳ.①H194.1

中国版本图书馆CIP数据核字(2020)第186786号

GUWEN GUANZHI

古文观止

译 注:阙勋吾 许凌云 张孝美 喻岳衡 曹日升

校 订:陈蒲清

责任编辑:曾 倩

责任校对:舒 舍

封面设计:罗志义

岳麓书社出版发行

地址:湖南省长沙市爱民路47号

直销电话:0731-88804152 0731-88885616

邮编:410006

版次:2021年3月第1版

印次:2024年8月第23次印刷

开本:890mm×1240mm 1/32

印张:30

字数:823千字

ISBN 978-7-5538-1387-5

定价:78.00元

承印:长沙超峰印刷有限公司

如有印装质量问题,请与本社印务部联系

电话:0731-88884129